国家出版基金项目
NATIONAL PUBLICATION FOUNDATION

2016 年国家社科基金重点项目“西北抗战大后方文献资料整理研究”（项目编号：16AZD037）

2019 年国家社科基金重大项目“抗战时期西北国际通道资料整理及研究”（项目编号：19ZDA218）阶段性成果

中国抗战大后方分省研究 丛书

总主编：潘洵 周勇

抗战大后方的甘肃

尚季芳 主编

西南大学出版社
SWUP 国家一级出版社 全国百佳图书出版单位

图书在版编目(CIP)数据

抗战大后方的甘肃 / 尚季芳主编. -- 重庆 : 西南大学出版社, 2023.1
(中国抗战大后方分省研究丛书)
ISBN 978-7-5697-1724-2

Ⅰ.①抗… Ⅱ.①尚… Ⅲ.①抗日战争—史料—甘肃 Ⅳ.①K265.06

中国国家版本馆CIP数据核字(2023)第018574号

中国抗战大后方分省研究丛书

总主编 潘洵 周勇

抗战大后方的甘肃

KANGZHAN DAHOUFANG DE GANSU

尚季芳 主编

出 品 人：张发钧
图书策划：黄 璜 段小佳
责任编辑：刘江华
责任校对：唐 诗
排 版：吴秀琴
书籍设计：观止堂__未氓
出版发行：西南大学出版社(原西南师范大学出版社)
地址:重庆市北碚区天生路2号
邮编:400715
经 销：全国新华书店
印 刷：重庆美惠彩色印刷有限公司
成品尺寸：170 mm × 240 mm
印 张：25.25
字 数：451千字
版 次：2023年12月 第1版
印 次：2023年12月 第1次
书 号：ISBN 978-7-5697-1724-2

定 价：168.00元

《中国抗战大后方分省研究丛书》

编纂委员会

作者简介

尚季芳，1976年2月生，甘肃省张家川县人。先后毕业于西北师范大学、四川大学，分别获历史学硕士、博士学位。现为西北师范大学历史文化学院教授、博士生导师，学报编辑部主任，国家社科基金重大项目“抗战时期西北国际通道资料整理与研究”首席专家。兼中国历史研究院田澍工作室研究员、四川大学中国西南文献研究中心研究员，河北师范大学“近代毒品问题协同创新中心”兼职教授，中共青海省委党校兼职教授。担任甘肃省历史学会副会长、中国现代史学会常务理事、中国社会史学会理事、中国毒理学会毒理史专业委员会副主任委员。主要从事中国近现代史研究。主持国家社科基金重大项目、重点项目等国家级、省部级科研课题14项；在人民出版社出版《民国时期甘肃毒品危害与禁毒研究》《兰州通史·中华民国卷》等专著2部，参著3部，译著1部；在《中国经济史研究》《中国边疆史地研究》等刊物上发表学术论文80余篇；获甘肃省哲学社会科学优秀成果奖、甘肃省青年教师成才奖、明德教师奖等奖励20余项。

总 序[①]

潘 洵

战略后方是“赖以执行自己的战略任务，达到保存和发展自己、消灭和驱逐敌人之目的的战略基地。没有这种战略基地，一切战略任务的执行和战略目的的实现就失掉了依托”[②]。“抗战大后方”是抗日战争时期与根据地、沦陷区相对应的战时中国的三大政治版图之一，是支持和支援前方对日作战的战略保障基地，为抗日战争的最终胜利做出了巨大的历史贡献。当前，随着抗日战争研究备受国家重视，特别是西南大学中国抗战大后方研究中心成立以来，在学界同仁持之以恒的关心、支持和参与下，有关抗战大后方的研究越来越受到学界关注，已成为抗日战争史研究的一个新热点，无论是史料整理还是专题研究，均已取得相当可观的研究成果，在海内外产生了良好反响。

---

① 总序参考《论抗战大后方战略地位的形成与演变——兼论“抗战大后方”的内涵和外延》(《西南大学学报》2012年第2期)、《抗战大后方研究的新进展及新趋向》(《光明日报》2020年8月13日)。

② 毛泽东：《抗日游击战争的战略问题》，《毛泽东选集》第2卷，北京：人民出版社，1991年，第418页。

一、关于“抗战大后方”的内涵与外延

任何研究首先必须要有明确的研究对象。如果一项研究工作没有对其研究对象的明确界定，往往会导致“越界”研究或出现研究“盲区”，不仅不能达到深化研究的初衷，而且也容易造成不良的学术和社会影响。长期以来，虽然涉及抗战大后方史研究的论著甚多，但对其内涵、外延并没有形成共识，主要是从“国统区”的政治性视角或“西南”“西北”等区域性视角进行研究，而很少将抗战大后方作为一个特定的研究对象来开展研究。

所谓“大后方”或“后方”，是与“前线”或“前方”相对应的一个概念，专指远离战区的地区，包括后方地域及其区域内的军事、政治、经济、文化、科技等的建设与发展和对战争的支持、支援力量。因此，“抗战大后方”或“抗战后方”便主要是指抗日战争时期支持和支援对日作战的战略基地。

“抗战大后方”是抗战时期中国各派政治势力和社会各界普遍使用的概念，在抗战时期的文献及后来的学术研究中，“抗战大后方”与“抗战后方”的表述基本同义，“大后方”只是强调其后方地域的广大而已。关于“抗战大后方”或“大后方”这个概念，是何时由何人最先提出的，已难以考证。就笔者目力所及，蒋介石最早提及“大后方”是在1936年5月4日，在前往芜湖的军舰上修正《峨眉训练集》时谈及四川“能否作为大后方之根据，尚当煞费心力也”。[①]而作为抵抗日本侵略之根据地的“后方”一词，蒋介石则是在《国府迁渝与抗战前途》一文中正式提出的：“到了二十四年进入四川，这才找到了真正可以持久抗战的后方。”[②]

① 蒋介石：《蒋中正总统档案：事略稿本》，卷36，“国史馆”印行，2008年10月，第514页。

② 蒋介石：《总统蒋公思想言论总集》卷14演讲，中国国民党中央委员会党史委员会1984年印，第653页。

"大后方"比较多地出现在报刊文献中,是在1940年以后,如《建国月刊》1940年第2期发表署名"子明"的文章《今日中国的西南大后方》,《经济周报》1941年第11期发表署名"孟宪章"的文章《迅速跃进中之大后方采金业》,《大众生活》1941年第22期发表的《大后方民主运动的信号》,等等。在正式的官方讲话和文件中,较多使用的是"后方",而较少使用"大后方"的表述。

与"抗战大后方"或"抗战后方"表述相关的概念还有"西部""华西""内地""国统区""民族复兴根据地""民族复兴的基础"等。在抗战以前蒋介石或国民政府对后方的经营,均没有使用"大后方"或"后方"的概念,更多的是使用"根据地"的概念。而在抗战时期,虽然"后方"的表述使用频繁,但"西部""华西""内地"等概念也同样流行,如翁文灏《开发内地》、简贯三《开发华西产业与产业革命》、胡焕庸《我国西部地理大势与公路交通建设》,均谈及大后方的建设问题,但"西部""华西"和"内地"完全属于地理概念。"民族复兴根据地""民族复兴的基础"的表述则主要强调了国防上的意义。另外,"国统区"的表述是在抗战胜利以后才逐步使用的,主要是一个政治概念。"抗战大后方"或"抗战后方"与抗战时期地域性的"西部""华西""内地"和政治性的"国统区"等概念虽有联系,但内涵具有本质区别。

"抗战大后方"也是中国共产党话语体系中的重要概念。1938年5月,中共驻共产国际负责人任弼时向共产国际提交的报告中正式出现了"大后方"的提法。①1938年10月,毛泽东在中共六届六中全会的政治报告,首次明确提出了中共的抗战"大后方"概念,强调大后方是"敌无

① 任弼时:《中国抗日战争的形势与中国共产党的工作和任务》(1938年5月17日),中共中央文献研究室,中央档案馆:《建党以来重要文献选编(1921-1949)》第15册,北京:中央文献出版社,2011年,第333页。

法占领”的云、贵、川等地，指出“在云、贵、川等省大后方中，尚有许多城市与许多工业，尚可与外国联络，尚可建设”。[①]1939年3月，周恩来在分析全国形势时，表示“西北、西南可以成为我们的大后方”。[②]周恩来1941年在《“七七”四年》一文中讲道：“抗战的后方——中国的整个西部和各战区的后方，成为全中国人民所重视的国防生产和战争动员的根据地。”[③]这里的“后方”包括了整个西部地区和未被敌人占领的战区。特别是在抗战后期，中共大量文献涉及抗战大后方，如1943年八路军留守兵团政治部摘录编印的《大后方生活相》，1944年抗战日报社编印的《大后方舆论》，1944年12月8日董必武应约在陕甘宁边区参议会上做的报告《大后方的一般概况》。中共中央大量的文件也使用“大后方”概念，如《关于大后方文化人整风问题的意见》(1945年1月18日)，《中共中央关于开展大后方农村工作给周恩来的指示》(1945年1月28日)，《王若飞关于目前大后方民主运动概况及今后方针给毛泽东等的电报》(1945年5月30日)。1945年4月，在延安召开的中共七大上还设置了专门的“大后方代表团”，叶剑英、陈铁铮(即孔原)任代表团正副主任。包括周恩来、叶剑英、邓颖超、吴玉章等南方局领导人和大后方各省负责人，正式代表58人，候补代表26人。[④]

综合各方面的论述，关于“抗战大后方”的内涵与外延，大致可以从三个方面进行界定。

① 毛泽东：《论新阶段——抗日民族战争与抗日民族统一战线发展的新阶段》(1938年10月12日—14日)，中共中央文献研究室，中央档案馆：《建党以来重要文献选编(1921—1949)》第15册，北京：中央文献出版社，2011年，第599-600页。

② 周恩来：《目前形势和新四军的任务》(1939年3月)，中共中央文献编辑委员会，《周恩来选集》(上卷)，北京：人民出版社，1980年，第102页。

③ 周恩来：《“七七”四年》(1941年7月7日)，中共中央文献研究室、中国人民解放军军事科学院：《周恩来军事文选》第2卷，北京：人民出版社，1997年，第351页。

④ 中共中央党史研究室第一研究部：《中国共产党第七次全国代表大会代表名录》(下)，北京：中共党史出版社，上海：上海人民出版社，2005年，第727页。

首先是价值边界。“抗战大后方”或“抗战后方”的核心价值属于国防战略的范畴，是抗日战争时期支持和支援前线战争的战略基地。从严格意义上讲，没有战争，就没有战略后方。从这个意义上讲，抗战大后方是与沦陷区、战区相对应的一个概念，是战区、沦陷区以外的地区，是战争时期的“民族复兴的根据地”或“民族复兴的基础”。

其次是空间边界。关于“抗战大后方”的空间地域众说纷纭，有讲四川为“大后方”的，有讲西南为“大后方”的，有讲西南西北为“大后方”的，还有讲国民政府控制区域为“大后方”的。作为战略后方基地，根据国民政府战略考虑的差异，“抗战大后方”空间地域大致可以分为三个层次，即核心地区，重庆、四川①；拓展地区，包括西南的云南、贵州、广西和西康，西北地区的陕西、甘肃、宁夏、青海；②外围地区，包括上述地区以外的国民政府控制的地区。在抗战时期国民政府的相关文献中，有后方15省（川滇黔湘粤桂闽浙赣鄂豫陕甘宁青）③、20省（川康滇黔桂粤闽湘赣浙苏皖陕甘青宁绥鄂豫晋）④等多种说法。

最后是时间边界。“抗战大后方”还是一个动态的时间范畴，其战略地位随抗战的兴起而确立，随抗战的发展而演变，也随抗战的结束而结束。在不同的历史时期，其地域空间重心也在随着局势的变化而发生变动。

---

① 1939年重庆从四川行政区划中独立出来，成为行政院直辖市。

② 关于抗战大后方的空间地域，当时即没有统一的认识，有学者认为后方大致即指西南的川、黔、滇、康、藏和西北的陕、甘、宁、青、疆共10省区（陈长蘅：《论战时人口变动与后方建设》，《财政评论》1940年第3卷第1期）。

③《中国战后之粮食问题》，《中华民国史档案资料汇编》第五辑第二编，财政经济（八），南京：江苏古籍出版社，1997年，第284页。

④《经济部统计处关于战时后方工业统计报告》（1943年5月），《中华民国史档案资料汇编》第五辑第二编，财政经济（六），南京：江苏古籍出版社，1994年，第340页。

二、关于抗战大后方战略地位的形成与演变

毋庸讳言,抗战大后方战略地位的形成、演变与日本侵华造成的民族危机密不可分,也与国民政府对日本侵略、中国抗战实力与形势的认识和判断有密切关系,其形成和演变大致可以划分为四个阶段。

第一阶段,西北后方根据地的筹划。1931年"九一八"事变后,鉴于日本的局部侵华和中国首都南京的危险境地,国民政府开始筹划在中国内陆地区寻求一个安全的战略基地,并初步打算以西北为长期抵抗之后方根据地。1932年"一·二八"事变爆发后,面对日本的步步紧逼,蒋介石和国民政府开始酝酿迁都,并加强了对西北根据地的经营。在1932年"一·二八"事变的次日,蒋介石在日记中表示,"余决心迁移政府于洛阳与之决战……否则随时受其威胁,必作城下之盟也"。[①]1932年1月29日,国民党政府主席林森和行政院长汪精卫联合发表《国民政府移驻洛阳办公宣言》,谓:"兹者政府为完全自由行使职权,不受暴力胁迫起见,已决定移驻洛阳办公。"[②]国民党中央在洛阳召开四届二中全会,决议:一、以长安为陪都,定名西京。二、以洛阳为行都。三、关于陪都之筹备事宜,应组织筹备委员会,交政治会议决定。[③]为此,很快成立了西京筹备委员会,加紧对陪都长安(即西安)的筹划与建设,并先后讨论通过了蒋介石提议的《切实进行长安陪都及洛阳行都之建设事宜案》和行政院秘书长褚民谊等人提出的《开发西北案》,决定设立行政院直辖的西北拓殖委员会,负责陕、甘、绥、宁、青、新各行省全境及外蒙西部等处的开发建设。国民政府对西北根据地的重视直接引发了"开发西北"

① 蒋介石:《蒋介石日记》(手稿本),1932年1月29日。
② 军事科学院军事历史研究部:《中国抗日战争史》(上卷),北京:解放军出版社,1991年,第215页。
③ 荣孟源:《中国国民党历次代表大会及中央全会资料》(下册),北京:光明日报出版社,1985年,第156页。

的热潮，并取得了一定成绩，为后来抗战时期成为支持支援前线的战略基地奠定了重要的基础。

由此可见，在"一·二八"事变后，当时的南京国民政府是以西安为陪都、以西北为战略后方准备对日作战的。然而，国民政府选择西北地区，只是根据当时具体的历史情况和政治经济环境进行的战略考虑。西北地区经济落后，自然条件较差，文教相对落后，人力资源不足；在地理上，西安靠近华北，一旦华北沦陷，西安和西北地区容易受到威胁；加之西北地区接近社会主义国家苏联，对于坚持反苏、反共的国民政府来说，其感受到的威胁并不小于日本；再者，西北地方军阀一直未被国民政府完全控制，也是一块不小的心病。因此，将西安作为未来的战时首都，将西北作为未来抗战的核心后方基地并不是一个理想的选择。

第二阶段，西南政局变动与抗日后方根据地的调整。由于西北地区条件所限，国民政府一直谋求新的战略大后方。不少有识之士鉴于日本扩大对华侵略的不可避免和中国当时的政治、经济、军事状况，逐渐认识到四川及西南地区在未来战争中的重要地位及其与国家治乱、民族复兴的关系。于是以四川为中心的西南地区成为国民政府的又一重要选择。

实际上，自1935年起，以蒋介石为首的国民党中央势力即利用追剿长征中的红军的机会进入并逐步掌控西南地区，使西南政局发生了重大变化：四川的防区制趋于解体，川政归于统一，川军整编也渐次推进；与此同时，国民党又加强了对贵州、云南的直接控制，这种政局的变化成为抗日大后方发生转移的重要前提条件。

1935年，蒋介石先后两度入川，遍历西南诸省，其理想中的抗日后方根据地随之由西北地区转向西南地区。自3月2日蒋介石由武汉飞抵重庆，到10月7日离开成都前往西安，在长达7个多月的时间里，蒋介石围绕抗战根据地问题形成了较为明确的思路，提出了“对倭应以长江以南与平汉线以西地区为主要阵线，而以川黔陕三省为核心，甘滇为后方”。[①]10月6日，蒋介石在成都行辕对四川各高级将领讲演《四川治乱为国家兴亡之关键》时提出：“今后的外患，一定日益严重，在大战爆发以前，华北一定多事，甚至要树立伪政府都不一定。但是我们可以自信，只要四川能够安定，长江果能统一，腹地能够建设起来，国家一定不会灭亡，而且定可以复兴！日本人无论在东四省或者将来再在华北弄什么伪组织，都不相干，都不足以致我们的死命。我们今后不必因为在华北或长江下游出什么乱子了，就以为不得了，其实没有什么！只要我们四川能够稳定，国家必可复兴！”[②]很明显，此时蒋介石已经明确将日本侵略与四川及西南之地位联系起来，完全形成了以四川及西南作为抗战重要根据地的思想，这充分表明了国民政府的抗战后方基地的重心逐渐由过去的西北地区转向西南地区。此后，蒋加紧了对抗战后方基地的筹建，开始把将西南地区建成抗战大后方的思想付诸行动，重点经营西南抗战根据地。

第三阶段，西南地区大后方战略地位的确立。1937年全面抗战爆发后，随着平津等重要城市的陷落与华东局势的日益紧张，首都南京的安全引起国民党高层的关注，迁都是亟须直面的问题。此时，位于西南后方的重庆成为国民政府迁都的不二之选。

重庆是一座具有悠久历史的文化名城，是西南地区最大的工商业

① 薛光前：《八年对日战争之国民政府》，台北：台湾商务印书馆，1978年，第59页。
② 蒋介石：《总统蒋公思想言论总集》卷13演讲，中国国民党中央委员会党史委员会1984年印，第480页。

城市和经济中心，与西南各省联系密切，具有丰富的人力、物力资源；两江环抱，三面临山，具有绝佳的天然屏障；且有西南、西北两大国际交通线为依托，加之此时四川省主席刘湘大力支持国府迁渝抗战，可以说国府迁渝的基本条件业已具备。

1937年8月13日，日军大举进攻上海，淞沪会战爆发。10月下旬，淞沪战事急转直下，首都南京危在旦夕，政府已不能正常办公，转移国都已迫在眉睫。1937年10月29日，蒋介石在南京召开国防最高会议，正式决议国民政府迁往重庆办公。11月20日，国民政府公开发布《国民政府移驻重庆宣言》，宣布移驻重庆。12月8日，蒋介石率军事委员会办公厅、委员长侍从室及其他有关军事人员迁驻重庆办公，其他各军事机关也相继迁抵重庆。直至此时，国民政府迁都重庆的过程才得以最终完成，重庆也成为名副其实的中国战时首都。

国民政府迁都重庆，意义重大而深远，表明了以四川为中心的大后方的战略地位得以正式确立。"长江南北各省既多数沦为战区，则今后长期抗战之坚持不懈，必有赖于西南、西北各省之迅速开发，以为支持抗战之后方。"[①]此后，以四川为中心，以西南其他省区为重点，包括西南与西北的抗战大后方，成为支持抗日战争的战略基地。国民政府的西迁，带动了中国沿海和中部地区工厂、企业、高校、文化机构等大规模内迁，给抗战大后方经济、科技、文化的发展创造了一个特殊的、前所未有的机遇。通过对西南、西北的建设，建立了一个长期抗战的战略后方基地，为支撑长期抗战，争取抗战最后胜利奠定了坚实的基础。

第四阶段，太平洋战争爆发后抗战大后方战略地位的变化。西迁

① 荣孟源：《中国国民党历次代表大会及中央全会资料》（下册），北京：光明日报出版社，1985年，第556页。

后，国民政府抗战大后方的重心一直放在以战时首都重庆为中心的西南地区，当地军民亦为支援抗战做出了重大的历史贡献。然而，随着国内外形势的发展，特别是太平洋战争的爆发，抗战大后方的战略地位又发生了重要变化：一方面，国民政府由此前注重后方建设、自力更生为主，逐步转变为重点依靠外援争取抗战胜利；另一方面，由相持阶段前期重点加强西南大后方建设逐步转向关注西北地区的建设。

在太平洋战争爆发以前，国民政府的主要注意力集中在后方根据地的建设上，尽可能动员后方人力、物力、财力，以苦撑待变。但由于国民政府对后方准备本不充分，战时建设又受种种限制，战争消耗巨大，加之国民政府的政策失误，到太平洋战争爆发前，西南大后方的种种危机开始暴露：通货膨胀、物价高涨已严重影响经济的发展和民众的生活，田赋征实、征借已使后方民众不堪重负，各项生产能力也难以满足战时的需要。若单纯只是依靠西南大后方则难以继续维持国民政府的抗战。因此，在太平洋战争爆发后，中国终由单独抗战进入与同盟国联合作战阶段，国际形势对中国越来越有利。在蒋介石看来，“中国抗战与世界反侵略战争业已联成一片，此诚我中国转危为安，转败为胜重要之时机”。①“今后我国之处世之道，反形简单，即对内建设根据地，对倭更作持久抗战到底，以待世界战争之结果而已。”②在此形势下，蒋介石和国民政府的内外政策均有调整，其大后方战略也在此背景下发生了变化。

太平洋战争爆发前后，日本迫使法国、英国先后封锁了滇越铁路、越桂公路和滇缅公路，而香港沦陷，缅甸被占，致使西南国际援华陆路交通线完全断绝。西北的资源开发、拓殖增产、文化再发扬，都足以补

① 蒋介石：《总统蒋公思想言论总集》卷18演讲，中国国民党中央委员会党史委员会1984年印，第438页。
② 张其昀：《党史概要》第5册，台北：中央文物供应社，1979年，第1759页。

助抗战根据地西南的不足。[①]尤其是在抗战胜利已成定局的情况下，西北的“共产党问题”已成为蒋介石和国民政府的“一大隐忧”。[②]于是西北的战略地位变得更加重要。

1942年冬，蒋介石巡视西北，8月17日，蒋介石出席甘肃各界扩大纪念周时，发表了《开发西北的方针》的演讲。回到重庆后曾大力宣扬“西南是抗战的根据地”“西北是建国的根据地”，引起了强烈反响。在蒋介石的倡导下，“开发西北”的声势再次高涨了起来，时人称“自总裁于去冬巡视西北归来后，‘开发西北’‘建设西北’等口号风起云涌，颇有雨后春笋之势”[③]。从表面上看，蒋介石似乎是对大后方的西南和西北进行了重新的定位，而实际上此时蒋介石关心的重点已经由如何争取抗战的胜利，转向了如何在抗战中完成“建国”的任务，无疑表明西南抗战大后方的战略地位开始弱化，这种趋势一直持续到抗战的最终胜利。1945年8月15日，日本宣布无条件投降后，虽然在抗战中确立的重庆战时首都之地位仍在，虽然蒋介石对四川、贵州等地建设依旧寄予很大希望，但无可否认的是，抗战大后方的战略地位从日本投降的那一刻起就已正式宣告结束了。

三、关于抗战大后方研究的新进展与新趋向

抗战大后方研究是中国抗日战争史研究的重要组成部分。十余年来，抗战大后方的研究取得了一系列重要学术进展，主要体现在如下方面：

① 徐旭：《西北建设论》，上海：中华书局，1944年，第21页。
② 赵宏宇：《如何巩固西北》，《西北论衡》1941年第9卷第6期。
③ 蔡鼎：《从国防观点泛论西北工业建设》，《军事与政治》1943年第4卷第5期。

深化了对抗战大后方的新认识。首先，厘定了“抗战大后方”概念的内涵及外延。长期以来，对抗战大后方概念的内涵、外延并未形成共识，学界很少将抗战大后方作为一个特定的研究对象进行探讨。抗战大后方是抗日战争时期国民政府和后方民众支持和支援前线对日作战的后方战略基地，有着特定的战略价值。其次，形塑了中共的大后方话语体系，充分彰显了共产党在大后方的作用。中国共产党是中国人民抗日战争的中流砥柱，在大后方也发挥了重要作用：努力维系国共合作，争取中间势力，为抗战胜利奠定政治基础；贯彻统一战线经济政策，团结工商界，为抗战胜利壮大进步力量；实践持久战军事战略，联络协调两个战场，为赢得对日作战胜利尽心竭力；推动和领导大后方文化繁荣发展，保存民族文化精英，为抗战胜利凝聚万众一心的精神力量；开展民间外交，推动建立国际反法西斯统一战线，营造有利于中国抗战胜利的国际环境。最后，深化了对抗战大后方战略地位及作用的认识，突破了“抗战大后方是国民党或国民政府的大后方”的认识误区，客观地分析和评价其地位及作用。大后方不仅是中国正面战场的指挥枢纽和战略保障基地，而且是中国共产党领导的抗日民族统一战线的前沿阵地，战时中国与世界的联结点，中国参与世界反法西斯战争指令的发出地，战后代表同盟国接受日本投降命令的下达地，台湾光复的决策地和收复台湾的中国使团组建地与出发地，中国参加联合国制宪会议的代表团的组建地和出发地，以及战时废除中国与英国等西方国家不平等条约及签订新约的地方。

形成了抗战大后方研究的新格局。第一，近十年来，得力于重庆中国抗战大后方历史文化研究与建设工程的推动，抗战大后方研究走向活跃，由传统的侧重于地方史或区域史的研究发展成为国际国内学术界关注的热点话题，成为抗战史研究的重要板块。第二，构建了西南西北大后方研究的学术联盟。2016年以来，西南大学中国抗战大后方研究中心发起成立“中国抗战大后方研究高端论坛”，每年举办一次学术论坛，在推动西南、西北乃至全国的抗战大后方研究、打造西部高校抗战研究学术联盟等方面发挥了积极作用。第三，研究并非局限于西南、西北地区，而是逐渐与根据地研究、沦陷区研究形成有效互动。第四，形成中日战争国际共同研究机制。在重庆先后举办了两届中日战争国际共同研究会议。

取得了抗战大后方研究的新成果。出版100余卷的《中国抗战大后方历史文化丛书》，入选《国家哲学社会科学成果文库》并在日本翻译出版产生积极影响的《抗日战争时期重庆大轰炸研究》；出版涉及众多领域的《中国共产党抗战大后方历史》《抗战大后方金融研究》《抗战大后方工业研究》《抗战时期西南大后方城市发展变迁研究》等学术著作，以及《中共中央南方局历史文献选编》《中国共产党关于抗战大后方工作文献选编》《抗战大后方工业史资料丛刊》等档案文献资料。

抗战大后方研究在不断取得新进展的同时，也呈现出一些新的发展趋向，这主要体现在：

在研究视角上，更加注重宏观视野与本体突破。其一，多向多维视角。在横向上，把抗战大后方置于世界反法西斯战争的总体背景和中国抗日战争的发展进程中进行考察；在纵向上，从近代以来中华民族复兴的曲折变迁中来探讨和分析抗战大后方的历史。其二，超时空视域。在空间上，突破大后方的地域范围，更加注重大后方与根据地、沦陷区的互动；在时间上，突破大后方的时间范围，注重战前、战后同一区域发展变迁的联结，深入探讨大后方的变迁及其影响。其三，跨学科聚焦。在学科上，除历史学外，马克思主义理论、经济学、社会学、教育学、艺术学等学科纷纷聚焦抗战大后方研究，多学科、跨学科的研究必将推动抗战大后方研究不断走向深化。

在研究资料上，更加注重新史料的发掘和深度解读。其一，发掘、征集、整理新资料。学界已在抗战大后方党的文献、抗战损失、抗战大后方经济、抗战大后方文学等方面的资料整理上取得了较大成就，但仍有相当数量的地方档案馆、图书馆，海外学术机构典藏的档案文献资料，以及个人传记（口述）资料并未被学界所关注，亟待整理。其二，系统发掘整理专题史料。根据战时后方的实际情况，设定专题史料整理方案，比如侵华日军轰炸、后方国际交通线、大后方科技、大后方艺术等史料，通过专题史料的归类发掘和整理，推进相关专题的深化研究。其三，海量数字资源的处理及利用。建设大后方文献资料数据库，利用大数据技术手段，处理海量数字资源，提高研究整体分析的可能性。

在研究取向上，更加注重在地化的现实关怀。服务国家和地方发展战略，是抗战大后方研究的重要趋向。其一，旨在增进国际社会和海峡两岸的历史认同、构筑政治互信、探索构建人类命运共同体及推动国家统一大业，有关战时反法西斯战争的国际合作以及国共合作等方面的研究必将持续推进。其二，紧扣"一带一路"、西部大开发、成渝双城经济圈及中国（西部）科学城的建设等，抗战大后方的资源调查、经济开发、科技创新等方面的研究仍是热点话题。其三，形塑共同历史记忆、引导公众社会认知的抗战大后方历史文化遗产的研究将持续受到关注，并与区域文化与文明建设形成同频共振。其四，弘扬以爱国主义为核心的伟大民族精神的抗战大后方红色文化、大后方民众抗战及抗战精神等研究将成为新的学术增长点。

显而易见，抗战大后方研究越来越受到社会重视，并且已经取得了丰硕的研究成果。而《中国抗战大后方分省研究丛书》正是在相关研究工作欣欣向荣、蓬勃开展的背景下酝酿、策划、研究、编写而成的。丛书在编写过程中始终坚持以唯物史观为指导，以习近平总书记关于历史研究和抗日战争研究的重要论述为指引，以还原历史真实，彰显抗战地位，弘扬抗战精神为宗旨，坚持国际视野、中国立场和学术标准。

本丛书的重要研究特色为，丛书对抗战时期大后方各省政治、经济、文化、社会等领域的重大问题进行深入系统的研究，特别是把抗战大后方各省历史文化研究放在中国共产党领导的新民主主义革命历史的大背景中去探讨，放在中华民族由衰败走向振兴的重大转折历史进程中去研究，放在世界反法西斯战争的大背景中去审视，从而全面反映抗战时期大后方各省的历史文化面貌，探讨抗日战争给大后方各省带来的重大影响和变化，彰显大后方各省对抗日战争最终胜利的重大贡献。

《中国抗战大后方分省研究丛书》是重庆市社科规划抗战文化重大专项“西部省区市抗战大后方历史系列研究”的最终成果，同时也得到国家社科基金抗日战争研究专项重大项目“中国抗战大后方文献资料整理与研究”和国家出版基金项目的资助，丛书包括《抗战大后方的四川》《抗战大后方的贵州》《抗战大后方的云南》《抗战大后方的广西》《抗战大后方的甘肃》《抗战大后方的宁夏》《抗战大后方的陕西》等，编著者们皆系长期从事中国近代史、抗战大后方历史研究的专家学者。丛书自2012年立项以来，历经近10年的研究、撰写、评审和修改完善，力图全面系统呈现抗战大后方各省区波澜壮阔的历史画卷，对四川、贵州、云南、广西、甘肃、宁夏、陕西等西部7省区进行深入精细的个案研究，对拓展抗战大后方研究领域、改变大后方研究区域失衡、加深中国抗战大后方历史文化研究有重要意义，也是抗战大后方研究突破学术弱项瓶颈、实现“可持续发展”的一次学术创新。

丛书最终得以顺利出版，除了要感谢各卷编著者辛苦耕耘、精诚协作之外，还要感谢西南大学出版社的鼎力支持。同时，也要由衷感谢各位评阅专家提出的真知灼见，编著者们在学习吸收专家们宝贵意见的基础上，不断修改打磨，使丛书以当前更为完善的面貌呈现，顺利付梓。

是为序。

目 录

总 序 / 001

绪 论 / 001

第一章 抗战时期甘肃政治格局刍议 / 011

第一节 国民党中央集权向甘肃渗透 / 012
第二节 “宁马”“青马”地方实力派与甘肃省政权之博弈 / 027
第三节 甘肃政治中甘人与外地人之角力 / 033
第四节 抗战时期甘肃的政治建设 / 043

第二章 八路军驻甘肃办事处与甘肃抗日战争 / 053

第一节 “八办”成立及独立开展的主要工作 / 054
第二节 “八办”与甘肃工委配合下的甘肃抗战 / 070
第三节 “八办”指导下的甘肃抗战运动 / 074

第三章　抗战时期甘肃经济开发 / 091

第一节　抗战时期甘肃农牧业发展 / 092

第二节　抗战时期甘肃工业建设 / 105

第三节　抗战时期甘肃商业发展 / 120

第四节　抗战时期甘肃金融业 / 132

第五节　抗战时期甘肃交通运输事业 / 142

第六节　抗战后甘肃经济之衰退 / 155

第四章　抗战时期甘肃城市建设——以兰州为中心 / 169

第一节　设市之前兰州概况与设市意义 / 170

第二节　设市初期兰州市容之初步改观 / 177

第三节　兰州市民之主人翁意识与城市建设 / 191

第四节　兰州城市发展与市民生活状况之提升 / 199

第五节　兰州城市发展之地域影响 / 207

第五章　抗战时期甘肃教育变革 / 217

第一节　抗战时期甘肃教育制度改革概述 / 218

第二节　抗战时期甘肃的初等教育 / 225

第三节　抗战时期甘肃的中等教育 / 232

第四节　抗战时期甘肃的高等教育 / 241

第五节　抗战时期甘肃的社会教育与边疆教育 / 254

第六节　战时教育与甘肃社会变迁 / 263

第六章　抗战时期甘肃社会生活变动 / 269

第一节　抗战时期甘肃社会生活方式变革 / 270
第二节　抗战时期甘肃娱乐生活 / 279
第三节　新文化输入与社会风气转变 / 291
第四节　抗战时期甘肃社会生活变迁的基本特征 / 303

第七章　抗战时期日本轰炸甘肃与反轰炸 / 309

第一节　日本轰炸甘肃之缘起 / 310
第二节　日本轰炸甘肃过程考述 / 320
第三节　日本轰炸对甘肃社会之影响 / 334
第四节　轰炸后难民救济问题 / 345
第五节　甘肃防空建设和反轰炸斗争 / 356
第六节　甘肃防空建设评价 / 368
第七节　中苏空军的反轰炸斗争及其意义 / 371

后记 / 378

绪论

近代以来，在帝国主义列强的侵略下，中华民族陷入了空前的危机和灾难之中。中国百年近代史，也是一部中华民族苦难和屈辱的历史。日本，是中国隔海相望的近邻，曾在政治、经济、文化等方面长期受哺于中华民族。然而日本自明治维新开始，长期奉行对外侵略扩张的国策，蓄谋侵略中国，妄图称霸亚洲，因此成为第二次世界大战的东方战争策源地。1931年9月18日，日本发动九一八事变，自此开始了长达14年的侵华战争。1937年7月7日，日本挑起卢沟桥事变，悍然发动了全面的侵华战争。

日本发动的侵华战争严重破坏了中国的国家安全、主权独立和领土完整，对中国经济、文化事业产生了毁灭性影响，严重滞碍了中国社会的发展与进步。侵华战争期间，日军对中国人民犯下了罄竹难书的罪行，譬如震惊中外的南京大屠杀、对敌后抗日根据地实施的“三光”政策、“731部队”违背国际公约把中国民众当作实验品进行活体实验、强征妇女充当随军“慰安妇”等等，给中国人民带来巨大的灾难。

中国作为东方反法西斯战争的主战场，抗击和牵制了日本70%的陆军兵力和30%的海军兵力，从而迫使日本放弃了北上和德国夹击苏联的计划，削弱了南下日军的实力，有力地支援了盟军作战，对稳定东方反法西斯战局起到了决定性作用。习近平总书记在中共中央政治局就中国人民抗日战争的回顾和思考进行的集体学习上指出：“中国人民经过艰苦卓绝的浴血奋战，打败了穷凶极恶的日本军国主义侵略者，赢得了近代以来中国抗击外敌入侵的第一次完全胜利。这一伟大胜利，彻底粉碎了日本军国主义殖民奴役中国的图谋，洗刷了近代以来中国抗击外来侵略屡战屡败的民族耻辱；重新确立了我国在世界上的大国地位，中国人民赢得了世界爱好和平人民的尊敬；开辟了中华民族伟大复兴的光明前景，开启了古老中国凤凰涅槃、浴火重生的新征程。这一伟大胜利，也是中国人民为世界反法西斯战争胜利、维护世界和平作出的重大贡献。”①因此中国的举国抗战，不仅是中华民族救亡图存的反侵略战争，更是世界反法西斯战争的重要组成部分。目前，中国抗战史的研究已经有了细致而全面的发展，

① 新华社:《习近平在中共中央政治局第二十五次集体学习时强调　让历史说话、用史实发言　深入开展中国人民抗日战争研究》,《人民日报》2015年8月1日第1版。

抗战大后方的研究成果也是颇为丰富。仅就甘肃而言，已有档案资料汇编出版问世，如赵国强的《甘肃抗战实录》[①]、甘肃省委党史研究室编《甘肃省抗日战争时期人口伤亡和财产损失》[②]，都系统整理了抗战时期甘肃经济、社会生活等各方面的文献资料，《西北通史》第5卷[③]、《甘肃通史》（中华民国卷）[④]、《甘肃文史资料选辑》、《兰州文史资料选辑》等著作和文献中也有关于甘肃抗战情况的零星篇章。关于甘肃抗战时期社会发展变迁的研究论文更是硕果累累，如：黄正林的《论抗战时期甘肃的农业改良与推广》[⑤]和《民国时期庆阳农村经济研究——以20世纪30—40年代的国统区为中心》[⑥]，阐释了抗战时期甘肃农村经济的发展对抗战的贡献；裴庚辛的《以皮毛、水烟运销为中心看抗战前后甘肃区域市场》[⑦]从小处着手研究抗战时期甘肃经济的发展；赵宏林的《抗战时期甘肃省社会教育发展概论》[⑧]一文指出因为抗战的需要，甘肃的社会教育较战前有了更快的发展，教育成效较显著。除此之外，西北地区高校硕博士毕业论文研究抗战时期甘肃政局变动、驿运公路、皮毛贸易、城市建设、政治人物、空袭的也较多。

总体而言，甘肃省作为中国抗日战场的大后方，对抗战贡献颇大，在此撮其荦荦大者进行简述。

一、统筹西北，支援全国

在东南大片领土沦陷的情况下，作为后方的西北地位尤为重要。为了支援全国抗战，西北数省应有一个中心，从整体上对西北抗战进行统筹规划。而甘肃省，即担当了这一角色。尤其是省会兰州，依山傍河，地势险要，战时成为大西北的政治、军事、经济、交通中心。战时国民政府在兰州设立第八战区司令长

① 赵国强主编《甘肃抗战实录》，兰州：甘肃文化出版社，2015年。

② 甘肃省委党史研究室：《甘肃省抗日战争时期人口伤亡和财产损失》，北京：中共党史出版社，2014年。

③ 谷苞主编《西北通史》第5卷，兰州：兰州大学出版社，2005年。

④ 刘光华主编《甘肃通史》（中华民国卷），兰州：甘肃人民出版社，2009年。

⑤ 黄正林：《论抗战时期甘肃的农业改良与推广》，《史学月刊》2014年第9期。

⑥ 黄正林：《民国时期庆阳农村经济研究——以20世纪30—40年代的国统区为中心》，《宁夏师范学院学报》2010年第2期。

⑦ 裴庚辛：《以皮毛、水烟运销为中心看抗战前后甘肃区域市场》，《史学月刊》2011年第4期。

⑧ 赵宏林：《抗战时期甘肃省社会教育发展概论》，《教育评论》2010年第3期。

官公署，辖甘肃、新疆、青海、宁夏、绥远一部，蒋介石兼司令长官，朱绍良任副长官；1941年2月在兰州设立陕甘公路线区司令部，统筹西北后方的军事运输；为了方便与苏联联络，国民政府外交部在兰州设立了特派员办事处；交通部在兰州设置了陕甘车驮运输队、甘肃省驿运管理处、西北富华公司驿运处等运输机构，以便接送苏联援华物资供应到前线抗日，又于1936年在兰州设立了甘宁青电政管理局，在省内外直接发报，快捷便利。

中共中央在对甘肃地区的工作指导中指出：甘肃是国际交通要道，不仅国民党注意在此，日本亦注意此地。所以这地方今天虽为远后方，如果西安失守的话，将来可能变成近后方，同时成为西北的政治中心。因此，我们应该很好地注意此地工作。[①]1937年8月25日，八路军驻甘办事处在兰州成立，谢觉哉为中共中央和毛泽东驻甘肃代表，积极地开展统战工作，宣传中国共产党的抗战政策和主张，广泛开展抗日民族统一战线活动，团结一切爱国社会团体和个人。时任甘肃省政府主席的贺耀组思想开明进步，在共产党的说服争取下，表示与共产党友好合作，一致对外，使得兰州的抗日救亡运动空前高涨。在国共双方的共同努力下，甘肃的抗日救亡运动蓬勃发展，各类抗日救亡团体如雨后春笋纷纷成立，如“甘肃省青年抗战团”“西北青年救亡读书会”“中华民族解放先锋队”“甘肃青年抗敌自卫队”等，这些抗日救亡团体通过讲演、办报、散发传单、展览、演出等多种形式，宣传抗日救国。同时，各种抗日救亡的刊物也纷纷出版发行，如《妇女旬刊》《战号》《回声》《抗敌》等。许多进步书店还销售发行《新中华报》《新华日报》等中国共产党创办的报刊，这些刊物使得中国共产党的抗日主张深入人心，在兰州乃至全甘肃出现了同仇敌忾、团结抗战的喜人形势。

二、西北文化中心，孕育民族未来

蒋介石在抗战期间有言道：现代国家的生命力，系由教育、经济、武力三个要素所构成；教育是一切事业的基本，亦可以说教育是经济、武力相联系的总枢纽，所以必须以发达经济，增强武力，为我们的教育方针。[②]可见，在战争年代，

① 王一林：《甘肃抗战史实录》，《党的建设》2005年第8期。

② 罗廷光：《教育行政》，福州：福建教育出版社，2010年，第47页。

教育是尤为重要的。抗战期间，甘肃大力发展教育文化事业，为民族的未来培养了大量人才。

1939年1月，甘肃制定了《甘肃教育实施方案》，从此甘肃全面、有计划地推行战时教育政策，如设国立高等学校，分区增设中等学校，推行“国民义务教育”，推进“边疆教育”，办理社会教育等。从1938年起至1946年期间，甘肃各级各类教育发展较快，达到解放前的最高水平。

此外，在战火的洗礼中，著名大学纷纷迁移到大后方，产生了著名的西南联大和西北联大。西北联大师范学院于1939年9月成立国立西北师范学院，在1941年迁往兰州，大批教育工作者住土顶平房，喝毛驴驮来的黄河水，在艰苦的条件下仍然坚持教书育人，一时西北师院名流荟萃，集中了如黎锦熙、袁敦礼、李建勋、孔宪武等全国闻名的专家学者。在此期间，学术成果亦颇为丰硕，如黎锦熙先生就著有《国语运动史纲》《词类大系》《中华新韵》《方志今议》《汉字形义通典》《全国注音字母总表》《同官方言谣谚志》《钱玄同先生传》等12种著作。甘肃最早的大学兰州大学，在抗战时期也是学者云集、阵容庞大，如顾颉刚、史念海、张舜徽、盛彤笙、董爽秋等，顾颉刚先生讲《楚辞》，听者云集，场场爆满，兰大一时间成为中国之名校。此外，还有以“以教授应用科学，培植技术人才，发展西北生产事业”为宗旨的国立西北技艺专科学校，着力培养医学人才、提高西北卫生水平的国立西北医学专科学校等各类院校也在这一时期应运而生。

总之，在抗战期间，甘肃一方面接纳大量内迁的工厂、学校，为之提供一个相对稳定的环境，使生产不致停滞，教育不致荒废，在困境中孕育民族的未来；另一方面则发挥中转站的作用，统筹清理募集而来的各类物资，支援前线。

三、重要的军需补给基地

在持续的抗战中，战略能源的供给是必不可少的。20世纪初，因我国自身技术落后，许多能源都要靠国外进口。而自1938年，侵华日军占领我国东南大片国土，沿海各港口相继失陷，各类战略能源的进口渠道基本断绝。

仅以石油为例，石油作为极其重要的工业原料，对支持抗战有重要的价值和意义。当时后方交通物资的运输主要靠汽车，没有石油，交通运输一度陷入瘫痪。夏季后方征集来的食品，堆在仓库里直至腐烂也无法运输至前线；冬季棉衣棉鞋无法及时供应前线将士；因为急需的疗伤药品不能及时抵达，延误了伤病员救治，造成了大量的减员。因此，甚至有“一滴石油一滴血”的说法。

在“油荒”如此严重的情况下，时任国民政府经济部长的翁文灏四处奔走斡旋，国民政府决定在玉门勘探开发石油资源，并组建甘肃油矿筹备处，进行统筹负责。在人迹罕至的祁连山深处，严爽、孙健初等爱国知识分子和广大工友怀着抗日救亡的信念，寻找石油。经过几个月的艰苦勘查，他们确定了玉门油田的工业开发价值。1939年8月11日，玉门的第一口油井正式投产。至1942年，玉门油矿的汽油年产量达180万加仑，到1944年，汽油产量达4045936加仑，煤油产量达2160647加仑，柴油产量达155374加仑，并规划在油矿建筑完成后，便在兰州建设炼油厂，以便供应。[①]生产的汽油、柴油除供给军政部门外，还先后在甘肃、陕西、四川、贵州、云南等省销售。其销售盛况在档案中有如下记载：“抗战军兴，海疆封锁，外油几频断绝，本局营业蒸蒸，乃一时之特殊现象。因供求之极端失衡，各界用户迫切需要，不得不跋涉荒凉，前来接洽，面交上级机关之函电，亦带恳求之意，油款先付与后付，情皆自甘，数量更不计较，只要有油可给，即可满足。提油之车，盛油之桶，莫不用户自理，无须我方预售”。[②]玉门油矿提供的各类油品，不仅缓解了大后方的油荒，更是直接支持了抗战。1943年，日军企图强渡风陵渡，入侵陕西省，玉门油矿紧急供应汽油3000吨，交由国民政府交通部组织力量将苏联援华的火炮从新疆运至前线；1944年，美国空军的飞机使用玉门油田提供的汽油，从四川成都起飞，对东京进行了轰炸。

除石油外，甘肃还生产并为抗战提供了大量的煤矿、稀有金属、建材等资源。甘肃省政府与资源委员会于1941年合资兴建永登煤矿局，1943年与阿甘镇煤矿合并成立为甘肃煤矿局，又在静宁大力开采罐子峡煤矿，直至1945年，全省煤产量较战前增长十余倍。建筑防御工事，修路办厂，构筑房屋都离不开

① 中国第二历史档案馆：《中华民国史档案资料汇编 第五辑 第二编 财政经济（六）》，南京：江苏古籍出版社，1997年，第315-316页。

② 中国第二历史档案馆：《中华民国史档案资料汇编 第五辑 第三编 政治（四）》，南京：江苏古籍出版社，1997年，第39页。

水泥。抗战爆发后，原有水泥企业大多陷于敌手，国民政府为了缓解水泥紧缺，投资1200万元成立甘肃水泥公司，1942年冬季正式生产，日产水泥40桶（每桶170公斤），到抗战胜利前共生产22540桶，销售20608桶。[①]

此外，在抗战大背景下，甘肃“工业合作社运动”也蓬勃发展，有力地支持了抗战。“工合”是一种为适应战争环境应运而生的特殊经济形式，是抗战期间在国统区和抗日根据地开展的一场经济救亡运动，在国际友人的倡议和各种抗日进步力量共同努力下产生，其最初发起人是新西兰友人路易·艾黎和美国进步记者斯诺及其夫人尼姆·韦尔斯等。“工合”介于新旧工业之间，它将零散的旧式手工业加以组织改良，进行协作生产，不仅创造出一种新式生产力，而且使战时流离的难民劳动力资源与西北丰富的自然资源加以结合，用简陋的设备进行高效生产。此外，“工合”运动不仅促进了经济发展，在抗战大后方的西北还有着特殊的政治意义，“在延安创办合作社以后，‘工合’成了一个跨越国民党和共产党边界的组织，某种意义上维系了统一战线”。[②]更为重要的是，工合运动同教育、生产紧密联系，培养和训练了一批经济建设人才，这些人才不仅是战时经济建设的中流砥柱，在战后仍发挥了重要作用。

总而言之，尽管甘肃地瘠民贫，在抗战中也做出了巨大的财力、物力和人力的贡献。捐献军粮每年都有几十万石，全省捐款仅1942年就达22868580元，1943年高达71087500元，1943至1945年献马11800多匹。城乡妇女们也还不断地为前方将士缝制棉衣和鞋袜等。为了抗战救国，甘肃人民的确是在人力物力和财力上做到了竭尽所能。

四、重要交通运输线

在战略物资的运输方面，甘肃更是起到了重要的中转和枢纽作用。首先，兰州是抗战时期的西北国际交通线的终点，这条国际交通线的大致走向是：萨雷奥泽克—迪化（今乌鲁木齐）—哈密—安西—肃州—凉州—兰州。自这条交通线开通后，古时骆驼行走的丝绸之路，奔驰着苏联军火汽车队；沙漠戈壁上

---

① 王致中、魏丽英：《中国西北社会经济史研究》（下册），西安：三秦出版社，1992年，第76页。

② 路易·艾黎研究室：《艾黎自传》，兰州：甘肃人民出版社，1987年，第114页。

空，飞翔着巨大的运输机。中国通过这条路线获得了大量的苏联援华物资，为中国抗日战争和西北开发做出了巨大贡献。

国民政府颁布的《西北交通建设方案》指出：建设西北虽千头万绪，而以建设交通为首要之图。[①]在该方案的指示下，甘肃的交通事业有了显著的发展。公路运输方面，除抗战全面爆发前的1935年修成的西兰（西安至兰州）公路以外，1938年修建了新兰（迪化至兰州）公路，1939年初国民政府修建了兰州到天水、天水到双石铺的公路干线，同年8月铺建了甘川公路（兰州到通北口段），全长364公里。至1942年，全省已建成公路全长2037公里，县乡道路奉令自修筑者计51县，总长约9750公里。[②]航空运输方面，1939年，由中德合办的欧亚航空公司开辟的沪新线正式通航，兰州是其中转站。同年中央航空公司开辟的渝哈线（由重庆经兰州至哈密）、兰包线（兰州至包头）、兰渝线（兰州至重庆）、兰宁线（兰州至西宁）开始通航营业。

值得注意的是，甘肃在发展运输方面可谓是不遗余力，因地制宜，甘肃人民不仅在政府的统筹安排下修公路、建机场，开辟了现代化的运输渠道，更使用了骆驼、皮筏等具有地域特色的运输工具，将一批批物资运抵目的地。在档案中，此类记录不可胜数，譬如为了接收囤于新疆的援华航油，时任甘肃省政府主席的朱绍良就致电盛世才：据车驼局签称，截至十月真日止，已由猩运出航油190余吨，并已由兰、肃、甘州等处派出胶车312辆、骆驼4997头赴猩接运，预计本月底仍可续派出车100辆、驼5000头接运等情……[③]又如1937年11月，甘肃军事运输处利用兰州水上皮筏运输队，转运宁夏地区的苏联援华汽油1.2万加仑，军粮15万多斤。1942年夏，兰州皮筏航运队满载重要的抗战物资汽油抵达重庆。重庆市民前来参观，中外记者登筏采访，并摄制电影，兰州水上皮筏运输队受到了热烈的欢迎。

在谈及抗战时期甘肃的交通运输时，原甘肃省社会科学院研究员司俊介绍：在修建甘肃交通运输网络方面，除国民政府的投资外，人民群众更是积极地

---

① 中国社会科学院近代史研究所《近代史资料》编辑部、中国第二历史档案馆：《抗战时期西北开发档案史料选编》，北京：中国社会科学出版社，2009年，第245页。

②《甘肃统计要览》，1943年，第17页，甘肃省图书馆藏。

③《甘肃省政府主席朱绍良为由兰、肃、甘州等处派出胶车、骆驼赴猩接运航油事给新疆省政府主席盛世才的电》，甘肃省档案馆藏档案，档号21（全宗号）-1（目录号）-295（案卷号）。本书以下档案未注明出处者均为甘肃省档案馆藏。

投入到抗战的后备建设中，仅国统区内，就征调民力达1712万人次。甘肃的交通从天、地、水三方面形成了一个立体化的运输网络，源源不断地将外援物资以及支前物资运送到抗战第一线。[①]甘肃作为抗战物资运送的中转站，在抗日战争中发挥了巨大的后勤保障作用。

五、兰州空战是抗日战争的重要组成部分

基于上述的诸多贡献，侵华日军也意识到甘肃作为中国抗战大后方的重要性，自1937年11月起就开始对兰州及周边地区进行了持续的狂轰滥炸，至1943年10月，累计出动飞机1081架次，投弹4090枚。其妄图以残酷的轰炸，对甘肃这个抗战大后方进行破坏，以此来打击中国人民的抗战信心。在近六年的时间里，甘肃人民付出了惨痛的代价，据档案记载：自1937年7月至1941年9月，日机空袭甘肃各市县共造成1426人死亡、受伤，其中死亡821人（男578人、女243人），受伤605人（男444人、女161人），损毁房屋24124间，[②]财产损失6478928956502元[③]。

整个兰州空战，历时将近六年，无论日军持续轰炸时间之长久、破坏之巨大，抑或是兰州军民损失之惨痛、战争之激烈，可以同淞沪、武汉、重庆等地的空战相提并论，都是中国抗战空战史的重要组成部分。而由于淞沪、武汉等地在日军的进攻下最终沦陷，故持续造成的尤其是普通民众的伤亡反而不及兰州空战。在此要强调的是，甘肃兰州地处祖国西北，地瘠民贫，抗日军民在敌我力量对比悬殊的情况下，同日军进行了殊死搏斗，取得了空战的辉煌胜利，不仅保障了以兰州为中心的国际交通线的畅通和西北抗战基地的巩固，挫败了敌人的战略企图；更对侵略者造成了沉重的打击：在空战中共击落敌机47架，并且在1939年2月5日，我空军趁日机轰炸兰州返航时，尾随其后，在敌机降落于山西运城机场之时，展开轰炸，投弹60余枚，炸毁敌机40多架，[④]立下奇功。敌机残骸以及侵略者遗物在甘肃、新疆等地展览，观者如潮，极大地增强了中国人民抗

① 于文杰：《兰州经济在抗战中的起飞》，《兰州晚报》2005年9月18日B8版。
②《甘肃省境内遭受敌机空袭损害统计表》，档号14-2-566。
③《甘肃省战时财产直接损失汇总报表》，档号4-2-174。
④《我神勇空军空前奇功，飞运城轰炸敌机场》，《甘肃民国日报》1939年2月7日第1版。

战必胜的信心。与此同时，甘肃人民同援华的苏联志愿航空队在共同抗击日本侵略者的战斗中结下了深厚的友谊。苏联志愿航空队的果尔杰耶夫、波拉基诺夫、司切帕诺夫、伊萨耶夫、雅士、古力芝、马特7名飞行员血洒长空，长眠于甘肃大地。[①]

兰州空战是中国人民抗战史的重要组成部分，是甘肃全体军民万众一心，与敌人进行的一场殊死搏斗，虽然付出了惨痛的代价，但取得了最终的胜利。

总之，甘肃作为抗战的大后方，在全国的抗战大潮中亦发挥了重要的作用，为中华民族的抗战胜利做出了巨大的贡献。

①《抗日战争时期空军阵亡烈士花名册》，档号5-2-12。

第一章

抗战时期甘肃政治格局刍议

1931年起，日本通过一系列事件不断侵蚀中国领土。1937年7月7日的卢沟桥事变，使形势趋于白热化，全民族抗战爆发。随着国际国内形势的变化，甘肃的战略地位逐渐凸显。“甘肃原属禹贡雍州之域，北瞰宁绥，黄河中贯；东连三秦直下泾渭；南通汉沔，遥援荆襄；又扼巴蜀，蔽翼两川；西邻青海，经康藏而达印度；西北接壤新疆，道出苏联以达欧陆，居全国之中心，扼国际之通道，亦内地之屏障。”[①]优越的地理位置，让甘肃顺理成章地成为抗战的大后方。以甘肃为基地，奠定统治西北的根基，进而向宁夏、青海进行渗透，直至深入新疆，成为南京国民政府在这一特殊时期的经营策略。与此同时，中国共产党也在积极部署，领导群众运动，组织抗战力量。此外，作为地方实力派的“宁马”“青马”军阀，更是随时观察形势，不断调整对策，确保自身地位。各方力量的抗衡、博弈，成为这一时期甘肃政治生态的一个主要表现。

第一节 国民党中央集权向甘肃渗透

20世纪30年代开始，日本不断向我国入侵，面对外敌，国家危机日益严峻。有鉴于此，开发西北、巩固边防的呼声逐渐高涨。甘肃作为西北地域中的重要省份之一，在此特殊时刻，成为抗战的大后方，也不断从国人视野的边缘向中心迈进。国民党中央权势的渗透，更让甘肃政治日趋复杂。

一、邵力子主政甘肃：国民党中央权威的初步渗透和成效

邵力子，浙江绍兴人，“初名景奎，字仲辉，取义‘奎壁连辉’”，力子是其在1910年10月创办《民立报》时所用的笔名，“谓勤劳之人”。[②]从1928年2月开始，邵力子先后担任国民党中央政治会议委员、陆海空军总司令部秘书长、国民党三届中央监察委员等职务。1931年12月，邵力子被南京国民政府任命为甘

① 朱迈沧：《甘肃之特产·序二》，载甘肃省银行经济研究室：《甘肃之特产》，兰州：兰州俊华印书馆，1944年，第1页。

② 朱顺佐：《邵力子传》，杭州：浙江大学出版社，1988年，第1页。

肃省政府主席，1932年4月正式赴任，成为南京国民政府时期中央大员主政甘肃第一人。作为国民党中央大员，邵力子深得蒋介石信任，所以透过邵力子入甘主持甘肃政治，可以窥见南京国民政府对西北地方的整体态度，以及相关统治策略。关于邵力子入甘主政，时人评论道，邵“外表像个书生，他一贯是做文官的，并无一兵一卒，光杆来做封疆大吏”，其结果或许不如人意。[①]其实，参照当时的国内国际背景，南京国民政府之所以在此时派文士邵力子入甘，主要基于以下两方面的考虑和权衡。

第一，从国内方面看，即以甘肃当时的政局观之，国民党中央这样的决定，无疑是为防止地方形成新的实力派，做大做强，尾大不掉。因为，1930年中原大战之际，国民军旧部几乎全部离开甘肃投入战争，仅留雷中田一旅维持残局。及至中原大战中冯军瓦解，甘肃各地回汉军阀势力乘机恢复，省政府令仅行于兰州及附近数县。如此情形，治理管控的艰难程度可想而知。至于南京国民政府，更是鞭长莫及。所以，国民党中央权势向地方的渗透迫在眉睫。而此时，在分省不久的青海，马步芳家族势力猛增，一度发展到河州。1931年8月25日，兰州又发生了“雷马事变”，蒋介石派驻甘肃的党务观察员马文车，联合新编第八师师长雷中田，扣押原代理甘肃省主席马鸿宾，实施夺权。但由于实力不济，不能左右形势，恰逢吴佩孚来甘，使局势有所缓和，劝说雷中田释放马鸿宾，而吴自己则以兰州政界主宰自居。[②]

吴佩孚入甘，并在甘肃大肆活动，很快引起蒋介石的恐慌，为防止吴佩孚东山再起，蒋遂派杨虎城率领陕军入甘，接收政权，平定叛乱。接到命令后，杨虎城即派孙蔚如带领陕军第17师进军甘肃。1932年1月，叛乱肃清，孙蔚如被南京国民政府任命为甘肃宣慰使。作为杨虎城的心腹，孙蔚如为给杨虎城在西北的扩张计划打下坚实基础，分别在军事、金融等方面进行了积极的活动。军事上，一面笼络甘肃地方军阀，缓和与地方实力派之间的矛盾：为陈珪璋划定陇东17县为其筹饷区，为马步芳划定河西16县为其筹饷区，为鲁大昌划定陇西南9县为其筹饷区，使这些地方军阀直接敲诈勒索人民的活动更加合法化；一面削除反叛军阀，收编残余武装，扩充军事实力。[③]财政金融方面，孙蔚如先后委任

① 魏晋：《兰州春秋》，兰州：甘肃人民出版社，2002年，第528页。
② 王劲：《邓宝珊传》，兰州：兰州大学出版社，1988年，第90页。
③ 丁焕章主编《甘肃近现代史》，兰州：兰州大学出版社，1989年，第343页。

心腹接管甘肃财政大权，同时在兰州成立陕西省银行甘肃分行，在平凉、天水等地设立了办事处，接管甘肃省金库。[①]此外，为巩固地位，孙蔚如还设立了"甘肃清乡总局"，在各地设分局，颁发"清乡规定"。[②]孙蔚如如此举动，让蒋介石更加不安，为防止杨虎城在西北势力不断膨胀，邵力子作为国民党中央大员，于此时主政甘肃，可谓恰如其分。

第二，国际方面，日本侵华日益加剧，政府准备西迁，开发西北呼声渐高。甘肃作为西北重镇，国民党中央自不能等闲视之，任由日本侵略、破坏。邵力子于此时入甘，恰能反映南京国民政府对甘肃，乃至西北的重视，体现了"救亡图存"的国族主义意识。同时，国民政府成立后，于1928年就确定开发西北、建设西北为要务之一，相继派出西北科学考察团、西北实业考察团等进行实地考察，为实施开发西北做准备。1928年1月，国民政府成立建设委员会。1930年7月，该委员会制定了《西北建设计划》。1931年九一八事变后，东北丧失，国民政府要以西北为复兴基地，于是提出了各种开发西北的计划和决议。[③]所以，邵力子入甘主政，也是题中应有之义。

20世纪30年代的甘肃，作为西北开发的重镇之一，军阀林立，割据局面严重，面对军阀的压榨，人民生活困苦，社会经济凋敝。"处在各种势力交相摧残下的甘民，如大旱之望云霓，切盼南京国民政府势力能够早日进入西北，解甘民之倒悬"。[④]所以，当邵力子正式入甘，出任甘肃省政府主席时，甘民欣喜万分，奔走相告："'今而后吾可以安居乐业，苛捐杂税，或可尽免，太平日子，将从此重度可见焉！'真使忧者以喜，病者以愈"。[⑤]但作为文吏的邵力子，此时入甘，无疑显得势单力薄。尽管如此，邵力子入甘之后，确实殚精竭力，积极改革，为稳定甘肃政局做出了一定贡献。

首先，组成以贺耀组、孙蔚如、马鸿宾、邓宝珊、谭克敏等为委员，杜斌丞为秘书长的省政府。[⑥]统一甘肃军政，稳定社会秩序。利用统一军政的名义，约束地方军阀的扩兵和横征暴敛。尽量减轻民众负担，贯彻其入甘工作的基调，即

① 丁焕章主编《甘肃近现代史》，兰州：兰州大学出版社，1989年，第344页。

② 丁焕章主编《甘肃近现代史》，兰州：兰州大学出版社，1989年，第344页。

③ 魏永理主编《中国西北近代开发史》，兰州：甘肃人民出版社，1993年，第34页。

④ 尚季芳：《民国时期甘肃毒品危害与禁毒研究》，北京：人民出版社，2010年，第179页。

⑤ 周选德：《我对朱主席兼任驻甘绥靖主任后之希望》，《崆峒》1933年第2期，第5页。

⑥ 丁焕章主编《甘肃近现代史》，兰州：兰州大学出版社，1989年，第344页。

"不做百姓父母官，宁为民众知情人"。[①]

其次，整顿财政，恢复生产。军阀割据，唯利是图，使甘肃财政状况异常紊乱。为此，邵力子借助邓宝珊之力，实施财政整顿工作，通过全省军粮饷会议，核定了各军粮数及饷款，初步统一了全省财政与部队经费。[②]同时，积极安抚流亡，恢复生产。

再次，设立禁烟公署，积极禁烟。民国时期，毒品在西北进一步泛滥，甘肃更是深受其害，无论种植、贩运，还是吸食人数方面，就全国范围而言都"名列前茅"，对社会民生和经济状况造成了严重影响。20世纪30年代，曾有旅行者这样描述甘肃：一进甘肃的交界，那真好像入了云雾了。一个小小的村庄，十家之内有八家总是云烟缭绕，一家之内，老子有老子的灯，儿子有儿子的灯，媳妇有媳妇的灯，听差还有听差的灯。一家商店里上自掌柜职员，下至工匠学徒都各有各的灯，所以凡是西北的男女老幼，大部分总都是会吞云吐雾。[③]面对如此情况，在邵力子的主持下，甘肃省政府制定禁烟规程，经省务会议通过，设立禁烟公署，实施禁烟活动。

邵力子入甘后，颇有振作气象，但终究无法扭转局面。所以，不得不慨叹："兄弟到甘，已经四月，不能替甘肃人民增加幸福，也不能替甘肃人民减少痛苦，自己十分惭愧，十分难过，有时厚着脸皮想，只要我自己绝对不再增加甘肃人的痛苦，我个人良心上总还对得住甘肃人；这本是一种无耻的想法，负了全省政治的责任，不能为人民增加幸福，减除痛苦，还能腼颜说对得住人们吗？但兄弟实在太没有能力，兄弟只能抱定决心想在甘肃一天，保持甘肃一天的和平，并想趁自己在甘肃的时候，把甘肃以后和平的基础多建立一点。"[④]然而，事与愿违，邵力子最终还是未能在甘肃坚持长久，实现远大抱负，最后选择辞职结束自己在甘肃的主政。从其最后的解释中，颇能体味他的无奈，"兄弟之所以辞职，是因为财政没有办法，以全省之收入不足军费。要不发军费有两种结果，一是要挟

① 朱顺佐：《邵力子传》，杭州：浙江大学出版社，1988年，第222页。

② 王劲：《邓宝珊传》，兰州：兰州大学出版社，1988年，第95页。

③ 着：《黑化了的西北》，《甘肃民声》1931年第2期，第8页。

④《和平奋斗救甘肃——邵主席九月十二日在省政府纪念周上讲演词》，《甘肃省政府公报》1932年第1卷第18、19、20、21期合刊，第118-119页。

政府,一是剥削百姓”。[1]此时的甘肃,已被陕军、青马、宁马等几方势力所控制,政府政令推及的范围十分有限,所谓“能力所及,不过兰州道属九县”。[2]

此外,邵力子离甘,也和段象武与马华瑞发动的“倒邵”学潮有关。1932年11月,甘肃学院、省一中、省工校等兰州市七校教职员向省政府请愿,索要欠薪。省财政厅长谭克敏措置失当,与教师代表互殴。在兰州警备司令段象武(十七师旅长)、省会警察局长马华瑞的鼓动下,发展成上千学生游行,捣毁谭克敏等人的住宅,矛头直指邵力子。有人认为这是陕军(十七师)和甘肃地方势力联合的一次倒邵活动。[3]面对各方势力的夹击,身为文弱书生的邵力子自然力不从心,势单力薄,孤立无助之下,选择离开是必然结局。邵力子在甘肃的政绩有限,但总体观之,作为国民政府中央大员,邵力子入甘,在一定程度上加强了甘肃地方政府与南京中央政府之间的联系,使得甘肃渐渐由政治的边缘向中心走近。

二、朱绍良的治甘策略及得失:国民党中央与地方势力的博弈

邵力子离甘后,如何加强南京国民政府与甘肃地方之间的联系,以增强国民党中央政府对甘肃地方的统治,再次被提上议事日程。1932年10月,共产党逐渐向着陕、甘地区发展。面对这样的形势,蒋介石忧心忡忡,为遏制革命势头的发展,力求自身实力扩大,更为防止杨虎城在西北做大做强,蒋介石最终选择自己的亲信朱绍良入甘,代替离职的邵力子,加强对甘肃的治理。[4]

朱绍良,原名宝瑛,字一民,也称逸民。祖籍江苏武进,生于福建福州,国民党高级将领。因长期追随蒋介石,颇受蒋的重视和信任。在蒋介石势力入据甘肃、控制西北的过程中,起到了十分重要的作用。

虽然,邵力子和朱绍良都受蒋介石重用,但与邵力子的文人形象有所不同,朱绍良更多体现了一个武将的风范。这或许更加符合南京国民政府对西北地方治理的策略,即先文后武,由温和渐向强势的转换。因为,即便南京国民政府

---

①《开发西北,要利用科学集中经济力量,先决条件为谋交通之便利——邵力子在西北协会讲演词》,《大公报》(天津版)1933年2月24日第4版。

②《西北三省灾情概观,五年之间死人三百万》,《大公报》(天津版)1931年6月18日,第5版。

③ 刘光华主编《甘肃通史》(中华民国卷),兰州:甘肃人民出版社,2009年,第74页。

④ 丁焕章主编《甘肃近现代史》,兰州:兰州大学出版社,1989年,第345页。

拥有统治的合法权，但对于西北的完全治理，则非朝夕之事。与邵力子相比，朱绍良有在福建陆军小学堂担任教官的经历，参加过讨伐袁世凯的“二次革命”，在日本的宇都宫野炮兵第十四联队实习过，人称“黔军小诸葛”，胆识和谋略可见一斑。而此时甘肃的混乱政局，恰需要一个强势人物，朱即成为不二人选。1933年春，蒋介石命令杨虎城专任西安绥靖公署主任，调邵力子接替杨虎城任陕西省政府主席，另调朱绍良接替甘肃省政府主席。但时任第六路军总指挥的朱绍良，以甘肃偏远，地处边陲，民族成分过于复杂，地方秩序混乱，难于治理，国民党中央政令难以推广、实施等为由，一再推辞，迟迟不肯赴任。最后，在蒋介石的强令之下，朱绍良以暂在甘肃试办公三月为请求，得到蒋介石允诺后，遂于1933年5月赴甘。

鉴于邵力子的失败教训，为进一步树立国民党中央在甘肃地方的权威，同时，也为表现自己对蒋介石的无上忠诚，朱绍良计划并提出“安定中求进步”的治甘总方针。在朱绍良看来，甘肃偏处西陲，地瘠民贫，军阀割据，汉回分歧，秩序混乱。[①]因此，统一军政是第一要务。不过，“强龙压不过地头蛇”，所以积极拉拢地方士绅，联络地方军队头领，建立私人关系，以此取得他们的帮助和拥护，进而使省政府政令得以推行，最终实现国民党中央权威向地方的渗透，成为朱绍良的治甘方略。

（一）与地方士绅建立良好关系

朱绍良时常喜好舞文弄墨，习惯故作雍容雅儒之态，因此博得一些地方人士的称誉。“志趣相投”拉近了他与地方士绅的距离，建立了二者之间的对话基础，朱绍良也因此取得了这批地方士绅的支持与拥护。借助地方士绅的威信，朱绍良打开了自己在甘肃的统治局面。

（二）拉拢地方军阀人物，笼络西北诸马

朱绍良初到西北时，主要依靠的是胡宗南的部队。其深知蒋介石要培植胡宗南，加之朱绍良自己又对蒋介石抱“士为知己者死”的绝对忠诚，所以“爱屋及乌”，极力迎合蒋介石，对胡宗南极度“忍让”，表现自己的“虚怀若谷”和诚挚态

① 拜襄华、张鹤鸣：《朱绍良在西北》，载中国人民政治协商会议甘肃省委员会文史资料研究委员会《甘肃文史资料选辑（第三辑）》，兰州：甘肃人民出版社，1987年，第10页。

度。而胡宗南鉴于自己实力、声望比较薄弱，需要借助朱绍良的适度“保护”，故而表面上也竭力支持和拥护朱绍良。二人相互利用，达成表面共识。除拉拢胡宗南部外，朱绍良还极力拉拢西北马家军阀，即马步芳、马步青、马鸿逵和马鸿宾。朱绍良入甘主政，羁縻诸马，原本就是蒋介石派给他的重要任务之一。为此，朱绍良到甘后，先是提拔“青马”的马步芳为青海省政府主席，取代马麟。在其二次入甘时，朱绍良保荐宁夏省政府主席马鸿逵为第八战区副司令长官兼十七集团军总司令，成功使得马鸿逵对其态度有所改变，马鸿逵表示：“我过去对朱的认识和估计都不够，今后一定要改正。”同时，朱绍良也不忘提携马鸿宾为第十七集团军副总司令，将其子马惇靖升为八十一军军长。[①]马步芳和马步青，马步芳与马鸿逵，以及马鸿逵和马鸿宾，彼此之间都有不和，关系也不甚融洽，而朱绍良却对他们多有提拔。正是利用他们之间的矛盾，朱绍良才得以在“宁马”“青马”之间周旋，而且游刃有余，同时得到他们的积极拥护。

（三）执行蒋令，阻击北上抗日红军

1934年10月，红军开始长征。次年2月24日，蒋介石特任朱绍良为“剿匪”军第三路总司令。朱绍良即对甘肃境内的中央军和杂牌部队作了统一部署，并修筑碉堡，加强防御工事，企图阻挡北上抗日的红军从甘肃境内通过。[②]为阻击北上抗日红军，蒋介石在1935年8月25日，向当时兼任甘肃绥靖公署主任的朱绍良发来电报：

“川北理番已克，则四川各县皆已收复，匪部已无重要踞地，在川必不能久立，预料不久必向甘南、青东偷窜，务转甘、青、宁各师、旅、团长，加紧准备，并严密检阅坚壁清野之法。如有失陷县城及重要市镇者，唯各该防地军民主官是问，照失地纵匪论罪。切切！”[③]

早在该年夏天，红二十五军由川、陕、甘边境向陕北进发。8月2日红军进入陇南后，朱绍良就把部队编为四路，每一路都划定了追击路线。红军攻克两当县城，又北进攻打天水城，敌第三军第十二师补充团增援围追。红军遂放弃攻天水之计划，继攻占秦安县城，经该县魏店、通渭新景乡进入静宁县境。朱绍

① 拜襄华、张鹤鸣：《朱绍良在西北》，载中国人民政治协商会议甘肃省委员会文史资料研究委员会《甘肃文史资料选辑（第三辑）》，兰州：甘肃人民出版社，1987年，第16-17页。

② 沉度、应列等：《国民党高级将领传略》，北京：华文出版社，2005年，第21页。

③ 郝成铭、朱永光主编《中国工农红军西路军·文献卷》（下），兰州：甘肃人民出版社，2004年，第379页。

良令邓宝珊新一军下属之新十一旅刘宝堂部堵击红军。刘部时驻静宁、会宁、庄浪、隆德等县，在邓宝珊授意下，放弃庄浪，集中于静、会、隆三个县城。红军绕过静宁县城，沿葫芦河北上，进入隆德兴隆镇、静宁单家集（今属宁夏西吉县）一带休整，受到回民群众热情欢迎。继沿西兰公路北侧东进，克隆德县城。其实，新十一旅所属部队并未积极与红军作战。红二十五军后经甘肃平凉、泾川、灵台、崇信、华亭、镇原、庆阳、合水，一路战胜尾追之敌，到达陕甘根据地保安县（今志丹县）豹子川。9月16日，红二十五军在陕北延川县永坪镇同陕甘红二十六军、红二十七军胜利会师。[①]就在9月13日，朱绍良还向岷县、临洮、陇西、渭源、天水及武都各县县长转发了蒋介石关于"悬赏缉拿"毛泽东等人的电文，全文如下[②]：

岷县、临洮、陇西刘县长并转渭源赵县长，天水、武都孔县长：

奉委员长蒋阳亥[③]电开：据报，北窜之匪毛、彭、林等均在内，饥疲不堪，不难消灭。兹再申擒斩匪首赏格如下：

（1）毛匪泽东生擒者奖十万元，献首级者奖八万元；

（2）林匪彪、彭匪德怀生擒者各奖六万元，献首级者各奖四万元；

（3）博古、周恩来二匪生擒者各奖五万元，献首级者各奖三万元；

（4）凡伪中央委员、伪军团政委、伪军长及伪一、三军团之伪师长等各匪首生擒者各奖三万元，献首级者各奖二万元；

（5）其他各著名匪首，凡能生擒或献首级者，仍照前颁赏格各给予奖赏。希通饬各县及地方军民人等，一体知照。等因。

特电遵照

朱绍良

覃午，总参池

面对蒋介石的围追堵截，共产党方面与之斗智斗勇。国共两党的角逐与斗争，在抗战的特殊时期，在甘肃这块广袤的土地上不断进行着。同时，为了阻击红军队伍向甘肃中部进发，蒋介石组织成立"西北剿匪总司令部"，自己担任总

① 王劲：《甘宁青民国人物》，兰州：兰州大学出版社，1995年，第99-100页。

② 郝成铭、朱永光主编《中国工农红军西路军·文献卷》（下），兰州：甘肃人民出版社，2004年，第379页。

③ 阳亥：指9月7日夜。"阳"为7日韵目代称，"亥"指21时至23时。

司令，张学良任副司令，朱绍良任第一路总司令。1935年11月，朱绍良辞去甘肃省主席一职，由朱绍良领导的阻击红军的任务暂由于学忠代行。在甘肃阻击红军、打击共产党的活动中，朱绍良可谓煞费苦心，虽最终未能成功，但更加深得蒋介石信任。

（四）强化保甲制度，加强特务组织活动

朱绍良二次主甘期间，国民党党团活动相比之前明显加强。其中，强化保甲制度，成为朱绍良治甘方略“安定”中的又一举措。通过颁布《限制异党活动办法》《县各级组织纲要》等文件、法令，保甲制度得到不断强化与完善。保甲长也成为国民党的忠实党员，在接受了政治、军事训练之后，成为“政治警察”。在地方基层，保甲制度实行三位一体，保长、校长、壮丁长全由一人兼任。而朱绍良的辖区内，加强特务活动，实行特务政治，则成为促成“安定”的重要措施。

当然，朱绍良两度担任甘肃省政府主席，同时作为第八战区司令长官，其个人无论对甘肃政治，还是对抗击日本侵略都产生了一些有益的影响。在1934年的一次演讲中，朱绍良曾指出：这种举动（指伪满帝国的出笼），对于我们国家和民族前途的危险，自不待言，我们负军事政治责任的人及全国同胞，亟应早日觉悟，一致地努力自强，共同来扼救共同的困难。[①]从这番言论来看，朱绍良无论作为军人，还是省政府主席，其个人在抗战时期，还是具有一定的使命感和责任意识。另外，从当时甘肃整体状况来看，朱绍良入甘，确实从一定程度上改变了甘肃军阀林立、政令难以达于统一的状况。虽然，朱绍良对甘肃地方势力的掌控也只是一种表面现象，各军阀对朱绍良也只是表面服从，他们之间归根到底是一种相互依附、相互利用的关系，但必须承认这样的关系确实对安定地方秩序起到了一定作用。

三、于学忠、贺耀组治理下的甘肃

作为蒋介石的心腹，朱绍良曾两度担任甘肃省政府主席，而在其第一次离甘，辞去甘肃省政府主席一职的过程中，南京国民政府为应对局势，先后派于学忠、贺耀组接任其职务，对甘肃进行短暂的治理。虽然时间不长，但在其二人的

---

①《修明政治与挽救国难》，《甘肃省政府公报》1934年第3卷第1、2、3、4期，第65页。

努力之下，甘肃的政治环境曾一度好转，民众抗战热情高涨，国共关系缓和，抗日民族统一战线得以维持。

（一）于学忠来甘，将甘肃抗战推向高潮

于学忠，字孝侯，山东蓬莱县人。其父于文浮曾任毅军帮统，与米振标、张作霖等同为毅军创建人宋庆的部下[①]。由于父亲的影响，于学忠幼年就随父在军中生活。1908年，于学忠考入通州速成随营学堂步兵科，从此开始了他的戎马生涯。凭借自己的聪明才智和骁勇善战，他从基层军官一路晋升到直系军阀吴佩孚的联军第九军军长兼荆襄警备区边防总司令，成为吴佩孚属下的一员大将。北伐战争中吴佩孚的失败，使于学忠一时间成为炙手可热的人物，蒋介石和张作霖对其都有拉拢之意。但因于学忠之父和张作霖曾同于毅军从军，而张作霖又和于父关系交好，所以面对蒋介石派人送来的委任状，于学忠不为所动，最终选择投靠张作霖。1927年夏于学忠正式加入张作霖部，被任命为奉系第四方面军团第二十军军长，归张学良指挥。[②]1928年6月4日，皇姑屯事件后，同年12月29日，张学良宣布东三省改旗易帜，追随南京国民政府。[③]张学良随即被任命为国民革命军陆海空军副总司令，同时兼任东北边防军司令长官。作为张学良麾下的一员大将，于学忠则始终追随左右。九一八事变的爆发，将张学良再次推向风口浪尖，因为执行蒋介石的不抵抗政策，东北军几乎在一枪不发的情况下退居关内，致使整个东三省被日本侵占。作为东北边防军司令长官的张学良难辞其咎，加之1933年热河的沦陷，张学良所背负的骂名与日俱增，令其不堪忍受，张学良被迫下野，前往欧洲考察，将整个26万东北军中的16万交予于学忠统辖，可见张学良对于学忠的信任和认可。之后，蒋介石又任命于学忠为华北军第一军团总指挥兼陆军第五十一军军长，辖第一一三、一一四、一一八师3个师，驻扎天津、塘沽一带。南京政府还根据张学良的推荐，任命于学忠兼任行政院驻北平政务整理委员会委员，并兼任天津市市长，后来又任命他为河北省政府主席。[④]

于学忠出任甘肃省政府主席一年多的时间里，最大的贡献就是参与张学

① 黄德昭、王秦：《于学忠》，载政协蓬莱县文史资料研究委员会《蓬莱文史资料（第四辑）》，1988年，第1页。

② 王贞勤：《东北军将领于学忠发动“兰州事变”始末》，《文史春秋》2012年第12期。

③ 万新平主编《天津近代历史人物传略（一）》，天津：天津人民出版社，2016年，第299页。

④ 王贞勤：《东北军将领于学忠发动“兰州事变”始末》，《文史春秋》2012年第12期。

良、杨虎城的“兵谏”。而集军政大权于一身的于学忠，之所以会被调到甘肃，接替朱绍良任甘肃省政府主席一职，主要是因为在对日态度上蒋介石一再坚持不抵抗，但于学忠则坚持积极备战。1935年7月6日《何梅协定》的签订，成为于学忠调离河北的最后“助推器”。在这之前，日本采取软硬兼施手段，拉拢于学忠就范，但于都严词拒绝，“并警告亲日分子和汉奸‘我是地方官吏，个人守土有责，用不着听谁的’。使日本的阴谋没有得逞”。[①]为此，日本遂向国民党政府北平军分会及蒋介石方面施压，要求撤销于学忠的军政大权，面对日本方面的压力，南京国民政府屈从，命令于学忠率部开赴西北，实施“剿共”。

于到达甘肃后，依然加强抗战准备，响应西安事变，并发动了“兰州事变”，将甘肃抗战推向高潮。西安事变发生后，本在西安的于学忠急调一一四师、一一八师即刻回兰，与一一三师一起共同控制局势，加强兰州防务。12日晚，五十一军参谋长刘孝同等以宴请甘肃绥靖公署首脑为名，顺利扣押甘肃绥靖公署参谋长章亮琛、总参议张春蒲等要员十多人。接着，在五十一军一一三师参谋长窦光殿指挥下，其所属部队分头直扑预定目标。五十一军首先攻入甘肃绥靖公署院内，短暂交锋后，成功解除其武装并占领甘肃绥靖公署。同时，在甘肃军警督察处、兰州警察局等处的军事行动也进行顺利。当晚10时许，中央军驻兰部队及特务武装被全部缴械，其中被俘1200多人，被毙伤70多人。[②]

12月13日，于学忠乘专机由西安返回兰州，着手处理善后事宜，任命周光烈为兰州警备司令，加强城防，维护城内治安，保护绥靖公署以及中央军家眷，并派部队昼夜巡逻，严防汉奸造谣生事。同时，下令释放集中营中犯人，其中包括很多被国民党中央军俘获的参加长征的红军战士。[③]

接着，以于学忠为主席的甘肃省政府组织召开兰州各界人士代表大会，宣传抗日救国主张，以此掀起了兰州抗日救亡运动的高潮。兰州事变作为西安事变的重要组成部分，不仅扩大了西安事变的声势和影响，同时在国内也引起了很大的震动，引起了国内各方的关注。

（二）贺耀组治甘

争取国共合作，实践全民抗战。贺耀组，号贵严，湖南宁乡人，早年毕业于

① 封汉章：《东祸西渐与华北社会——“华北自治运动”研究》，北京：国际文化出版社，2004年，第45页。
② 王贞勤：《东北军将领于学忠发动“兰州事变”始末》，《文史春秋》2012年第12期。
③ 王贞勤：《东北军将领于学忠发动“兰州事变”始末》，《文史春秋》2012年第12期。

日本陆军士官学校，后在湘军任职。西安事变后，南京国民政府再次任命朱绍良来甘主政，朱未到职，遂于1937年5月，派贺耀组出任甘肃省政府委员兼代省政府主席。贺耀组就职后，首先在民政方面展开工作，在兰州东教场组织成立“甘肃省公务人员训练所”，对基层行政人员进行业务和爱国抗日方面的训练，该训练所共办两期，前后受训人员达1000多人。通过受训，使得基层地方骨干在宣传抗战、教育群众、发动群众、征兵、征粮、扶持农业、发展生产、支援抗日前线等方面，起到了一定积极作用。同时整顿了县政、整理了税收。政绩卓著，深得民心。[①]

七七事变爆发后，建立广泛的抗日民族统一战线，实现全民抗战成为大势所趋，甘肃的抗战局面也一度好转。此时中国共产党在兰州创办八路军驻甘办事处，这个被周恩来誉为“革命的接待站，战斗的指挥所”的办事机构，在推进国共合作方面发挥了不可小觑的积极作用。尤其在谢觉哉作为中共中央和毛泽东驻甘肃代表，被派往甘肃期间，同贺耀组之间的合作，让兰州乃至甘肃的抗战环境有了很大改观。

在谢觉哉的努力劝说之下，贺耀组开始转变思想，认识到实现国共合作，建立抗日民族统一战线的重要性。为此，贺耀组下令将国民党CC派控制的《民国日报》和国民党蓝衣社控制的《西北日报》合并，并任命思想进步的人士担任总编辑，以加强对抗日救亡民众运动的宣传。召集国民党省党部、省政府各部门会议，从抗战实际需要出发，具体讨论修改不合时宜的政策，研究制定促进抗战的新规定。同时，号召政府工作人员一致对外，恪尽职守。改变对共产党的态度，强调与共产党加强合作，共同抗战。批准甘肃的国民党报纸刊登八路军前线的消息，刊载过去禁止刊载的彭德怀的《抗日战争的先决问题》一文，同意公开发行延安出版的《解放》杂志等。并且下令兰州市公安局释放政治犯，写信给当时的张掖县长，要求帮助寻找西路军政委陈昌浩。“对营救西路军被俘、流落的干部、战士，贺耀组也积极从中斡旋，力所不及时，也能将获得的情况及时通报谢觉哉等，并建议中共中央直接向蒋介石要人。西路军重要干部黄火青、刘秉甫、刘瑞龙、魏传统等释放归队，都与贺耀组的积极配合是分不开的”。[②]

① 春浦：《贺耀组在抗战初期任甘肃省主席的政绩》，载中国人民政治协商会议兰州市委员会文史资料委员会《兰州文史资料选辑（第八辑）》，内部发行，1988年，第158页。

② 王一林：《甘肃抗战史实录》，《党的建设》2005年第8期。

同时，在对八路军的物资补给方面，贺耀组也曾指派相关人员协助解决，在活动经费方面，给予了很大帮助。全民族抗战爆发后，兰州成为苏联援华物资、人员的中转站，为了迎接苏联志愿空军来华帮助抗日和援华军用物资，贺耀组曾下令动员了大批人力、物力、财力，日夜赶修兰州、武威、张掖、酒泉的4个飞机场，迎接从苏联飞来的200多架飞机。修通了从兰州到星星峡的一段甘新公路，并在沿途设置了接待转运站，迎接了从苏联运来的300余辆汽车及所载的大批军械及飞机零部件①。因为兰州是抗战时期苏联援华物资的中转站，所以也就成了日本方面轰炸的主要目标地区。为了保护援华物资和兰州百姓生命安全，贺耀组动员成立了"兰州省会防空协会"。"这是甘肃省在抗战期间成立的第一个防空机构，贺耀组兼任会长，下设防护团和情报通讯所"②。虽然，该机构成立后没有开展什么实质性的工作，而且两个月后就被甘肃省会防空司令部所取代，但作为抗日战争期间兰州建立的第一个防空机构，其为后来甘肃防空事业的发展奠定了初步基础。

贺耀组在积极主张抗战，并付诸实践的同时，也鼓励自己的妻子倪斐君参与力所能及的工作，一起为抗战做贡献。倪斐君在兰州组织成立"中国妇女慰劳抗战将士会甘肃分会"，并担任会长。与此同时，在谢觉哉和八路军驻甘办事处的指导下，倪斐君还创办了《妇女旬刊》，鼓励各阶层群众和进步妇女，广泛开展慰劳抗战将士工作。对于倪斐君创办《妇女旬刊》的胆识和勇气，谢觉哉曾在《祝〈妇女旬刊〉的诞生》中这样说道："我对甘肃妇运的领导者旬刊主编人斐君女士表示敬意，因为斐君女士的不畏难不避谤，使得无妇运的甘肃——妇女的组织与宣传工作——并不后于男子，相信在她的努力下，妇运干部必然层出不穷，妇女组织必然深入普遍，甘肃三百多万妇女贡献其力量于抗战，同时也会解放自己"③。

贺耀组担任甘肃省政府主席一职虽时间较短，但贺氏夫妇为抗战的顺利进行，民族团结、国共合作的实现，争取全民抗战的胜利，所做的贡献却是有目共睹的。

---

① 春浦：《贺耀组在抗战初期任甘肃省主席的政绩》，载中国人民政治协商会议兰州市委员会文史资料委员会《兰州文史资料选辑（第八辑）》，内部发行，1988年，第161页。此星星峡，即猩猩峡，后者命名出自左宗棠。

② 王艾邦：《抗战时期甘肃防空及救济组织机构概况》，《档案》2002年第2期。

③ 谢觉哉：《祝〈妇女旬刊〉的诞生》，载《谢觉哉文集》，北京：人民出版社，1989年，第250页。

四、谷正伦治甘:“进步中求安定”

1940年11月,国民党政府决议改组甘肃省政府,由谷正伦接替朱绍良担任新一届甘肃省政府主席,朱绍良则专任第八战区司令长官一职。由此,谷开始了其在甘肃长达6年之久的统治时期。

谷正伦,字纪常,贵州安顺人。他早年留学日本,加入同盟会,留学归国后在黔军中任职,北伐时担任师长。谷正伦家族是“黔中望族”,有“诗礼传家”之说。谷氏四兄弟,在其父谷兰皋的悉心培养下,最后都官居高位。“特别是1935年的国民党‘五大’上,谷正伦、谷正纲同被选为国民党中央执行委员,两年后谷正鼎又选补中执委,‘谷氏兄弟三中委’一时成为官场中的‘美谈’”①。

谷正伦主政甘肃时,正值抗日战争中期阶段,国民政府迁都重庆。西南、西北相互呼应,成为抗战的大后方。所以,作为甘肃省政府主席,同时有“宪兵之父”之称的谷正伦,一上任便紧跟国民党中央步调,及时将国民党中央政策向地方渗透,并着实推行,以此稳定并加强自己在甘肃的统治。

首先,提出“进步中求安定”的施政方针,宣布施政三原则:(1)团结精神,安定地方,集中力量,进谋开拓;(2)用抗战推进建设,以建设充实抗战;(3)借助中央,开发地方富源,培养地方,提供抗战需要②。其实,谷正伦“进步中求安定”方针的提出,很重要的一个原因是针对朱绍良。因为,朱绍良在任甘肃省政府主席期间,曾提出“安定中求进步”的施政方针,并且多有实施,也使甘肃政治曾一度趋于表面稳定。但因朱绍良与谷正伦早在任贵州王文华部下时就经常意见相左,所以,二人之间早有嫌隙。所谓“一山难容二虎”,而且作为新上任的甘肃省政府主席,谷正伦也确实需要以全新姿态开展自己的统治,所以,提出新的施政理念也在情理之中。同时,此时的甘肃,确实也在之前邵力子、朱绍良、于学忠、贺耀组的治理下,使得国民党中央政权渗入地方基层,社会秩序基本趋于稳定。因此,“进步中求安定”,以此辅助抗战,也是题中应有之义。

其次,雷厉风行,整饬官场风气。所谓“新官上任三把火”,谷正伦亦是如此。在提出自己的施政三原则,确定统治的基调之后,谷正伦便开始逐步切实

① 张其遵:《谷正伦在甘肃》,《贵州文史丛刊》2005年第4期。

② 王劲:《甘宁青民国人物》,兰州:兰州大学出版社,1995年,第136页。

实施。1940年，谷正伦先是将陇南11个县长全部撤掉，名义是“调省另有任用”，实际上是公开搞“一朝天子一朝臣”。[1]同时，重视选拔专员、县长，对中选者亲笔题书“不说谎，不作假，守本分，尽职责”，[2]加以训诫，致使官场之风，一时得以转变。

再次，响应“开发西北”呼声，筹划兰州设市。1941年为响应国民党中央“开发西北”的口号，谷正伦致电蒋介石，建议兰州设市。建议获得批准后，谷正伦又将原武汉市警察局长蔡孟坚调往兰州，作为兰州首任市长，协助自己工作。7月，在蒋介石“要把兰州市建设成为开发西北的模范城市”的指示下，兰州市正式设立。兰州设市后，遵循“省辖市组织，特别市规模”的总体方针，设立警察、社会、工务、财政和卫生五个局，积极开展市政建设，成效甚大。[3]

最后，整顿财政，发展经济。为扩大财政预算计划，谷正伦政府严厉打击偷税漏税行为，积极兴办甘肃省贸易公司，发展地方资本企业，带动经济。同时，成立经济纠察队，监管经济秩序，平衡物价，抵制投机倒把。

当然，谷正伦作为蒋介石十分看重的国民党中央大员之一，在其主政甘肃期间，推行蒋的政策，并将其付诸实施，自不在话下。所以，积极拉拢“宁马”“青马”，对其实行羁縻、控制的同时，又让其能有所发挥。而“宁马”“青马”为保全自身实力，确保在地方稳固地位，对谷正伦更是曲意逢迎。同时，谷正伦在甘之时，破坏八路军驻甘办事处等反动行为，也是不争的事实。总体而言，谷正伦在甘期间的所作所为，有其积极的一面，也有反动倒行逆施的一面。不过，其在抗战时期的甘肃建设方面确实出力颇多，成绩有目共睹，基本上实现了其最初的施政基调，即“进步中求安定”的目标。

---

① 马廷秀：《百年见闻录》，兰州：甘肃民族出版社，1992年，第22页。
② 童世璋：《谷正伦传》，台北：近代中国出版社，1986年，第72页。
③ 张其遵：《谷正伦在甘肃》，《贵州文史丛刊》2005年第4期。

第二节 “宁马”“青马”地方实力派与甘肃省政权之博弈

七七事变之后，全民族抗战爆发，于中华民族而言，这是真正的乱世，更是民族危难、国家生死存亡之际。如此背景下，国民党中央政权为应对抗战需要，着力“开发西北”之实践，加之战时南京国民政府迁都重庆，西北和西南相互呼应，成为抗战大后方。随着战争的开启，西北政局日趋复杂。作为地方实力派的“宁马”和“青马”，一时成为各方力量极力拉拢的对象。在与各方势力相互博弈的过程中，“宁马”“青马”既有妥协逢迎，壮大自身实力，“明哲保身”的行为，也有在民族危难时期积极抗战，体现其国家担当的一面。而这期间，他们对甘肃政局的影响与作用可谓巨大。诚如许宪隆所言：诸马左右甘宁青政局的民国时期，正是中国社会在西方近代文化冲击下，从传统社会向近现代社会演进的转型时期。①这种转型无疑是在阵痛中发生，并逐步迈进的，这也就是“晚发外生型”的“中国早期现代化”时期，处在社会巨变的洪流中的马家军阀无论如何都不可能置身事外。同时，面对日本的侵略与民族大义，诸马再次担负国家责任，积极抗日，他们的抗日行为符合国家民族利益。

一、“宁马”军阀与抗战时期的西北政局

宁夏和青海在1929年前，是甘肃的一部分，在这之前甘肃的回族军阀头领，一般人常称之为“西北马家军”或者“马家军”，分省之后人们则以“宁马”和“青马”将其进行分别。“宁马”与“青马”虽都是“马家军阀”，都是马家姓氏，但从其祖源上讲，却是互不相干的三大家族。②

“宁马”军阀，起源于清末民初，是西北地区地方军阀之一。他们与“青马”军阀并驾齐驱，是西北重要的割据政权。其最初“发迹于马千龄、马福禄”，“崛起腾达于马福祥、马鸿宾、马鸿逵。其中马福祥、马鸿宾、马鸿逵相继统治宁夏近四十年，成为独霸宁夏的‘宁夏王’，故人称‘宁夏三马’或‘宁马’”。③

---

① 许宪隆：《诸马军阀集团与西北穆斯林社会》，银川：宁夏人民出版社，2001年，第3页。

② 胡平生：《民国时期的宁夏省（1929—1949）》，台北：台湾学生书局，1988年，第87页。

③ 张振德、赵喜民：《西北革命史》，西安：陕西人民教育出版社，1991年，第313页。

经历了马福祥的统治之后，“宁马”军阀迎来了马鸿宾的统治时期。中原大战结束，冯玉祥被迫下野。在马福祥斡旋之下，1930年11月，马鸿宾部被蒋介石收编为新编第七师，马福祥被任命为师长。次年8月，马鸿宾由甘肃省代理主席被正式任命为甘肃省主席。但马鸿宾在甘肃省政府主席任内，时间并不长久，“雷马事变”后黯然下台，并于1931年12月被免去主席职务，被任命为甘、凉、肃州边防司令，因马步芳的反对，未能到任。之后，马鸿宾重返宁夏，再次主政宁夏。三主宁夏的马鸿宾，在政绩方面并没有什么大的建树，但还能勉强维持一方秩序，保境安民。

1932年9月，蒋介石任命马鸿逵为宁夏省政府主席，马鸿逵即以十五路军总指挥兼三十五师师长身份，率部北上。1933年3月1日，马鸿逵在宁夏正式宣誓就职，从此开始了其对宁夏长达17年之久的统治。

“宁马”作为西北地方军阀之一，在抗日战争的关键时期，能够在社会秩序失控的情况下发展壮大，这正说明了地方集权系统和地方政治势力逐渐崛起的事实。虽然，宁夏、青海分省之初，其省主席分别由门致中和孙连仲担任，这对“宁马”“青马”而言是政治上不小的打击。但是，随着中原大战中国民党新军阀的混战，“宁马”和“青马”在“陇上八镇”中汉族军事力量不复存在的情况下，再次成为地方实力派。加之，蒋介石对他们一手打一手拉的羁縻之策，让其得以有发展的空间。其实，蒋介石与西北回族军阀之间，并非就是单纯“笼络”与“输诚”的一团和气，同样存在着控制与反控制、渗透与反渗透的利益争斗……马鸿逵、马步芳控制的宁夏、青海省政府、省党部，更是水泼不进，连无孔不入的“中统”“军统”都无可奈何。从国民党中央与地方关系的角度，我们把这种现象称为“离心倾向”。导致离心倾向产生的根本原因是回族军阀集团的地盘割据意识，以及由此衍生的排异性，围绕着“向心积淀”和“离心倾向”展开的迂回曲折的明争暗斗，起决定作用的是利益均衡的原则。[①]所以，国民党政权对其总是根据国内形势的变化，时而打击，时而笼络，而后者常居多数。同时，“甘肃省政府因应中央政府对诸马的态度，大多以笼络羁縻为主，对其在甘肃境内的所作所为敢怒不敢言”。[②]因此，马鸿逵主政期间，政治上大权独揽，集党政军大权于一

① 许宪隆：《诸马军阀集团与西北穆斯林社会》，银川：宁夏人民出版社，2001年，第28页。
② 尚季芳：《民国时期甘肃毒品危害与禁毒研究》，北京：人民出版社，2010年，第183页。

身，培植力量，排除异己，建立特务组织，强化保甲制度。经济上，利用军事权力，扩张领地，聚敛财物。军事上，则不断扩充兵力。同时，为配合蒋介石的反共政策，对北上红军围追堵截，构筑“防共碉堡线”。但在抗日战争这样的民族危难时刻，“宁马”并未倒向日本，体现了他们的国家担当。1938年，日军进犯绥西地区，南京国民政府命令马鸿宾出任绥西防守司令，率部组织军队抵御西进日军。马鸿宾上任后，要求所部将士时时刻刻记着“国家至上，民族至上，保土卫国，尽职尽责”的根本准则。绥西抗战期间，“马鸿宾所部以陈旧的武器、简易的装备，付出了极为惨重的代价，最终与傅作义部一起联手，将日军赶出了绥西大地。促成绥西抗战最终取得胜利的因素有很多，但马鸿宾及其部众对于中华民族的民族认同和以爱国主义精神为核心的国家认同，是发挥了精神支撑作用的”。[①]

同时，统治宁夏长达17年之久的马鸿逵，虽然其统治方式备受争议和批评，但就宁夏当时的建设而言，马鸿逵也做出了一定贡献。比如：成立银川市政筹备处，负责整顿市容，规划道路；培养人才，开办学校，派遣留学生；取缔妓院，改善社会风气；兴办工业，增加财政收入等。[②]其所提倡的“一个人生存于社会之上，而不受一切横暴之侵凌，必须要藉国家来保护”[③]的理念，说明其有较强的国家意识。马鸿逵任内，在回汉民族关系的处理方面，能够做到主动先从本民族自身找问题，认为“一些不明白的阿訇，因为错认了教理，以至于产生狭隘的排斥与汉族往来的思想”。[④]为此，“马鸿逵任职期间，一直主张并且鼓动回汉一家、回汉亲睦。他始终认为，若是能够将宗教里合乎政治、经济、教育以及其他方面的先进理念采入国策，才算是宗教大放光彩”。[⑤]在国家危难之际，马鸿逵作为西北权倾一时的重要军阀，能够有如此认识，并且能够践行，确实难能可贵，这对维持地方稳定，同仇敌忾抵御日本侵略而言，作用也是积极的。

---

① 马世英：《民国时期“宁夏诸马”的国家担当》，《兰州大学学报（社会科学版）》2012年第5期。

② 赵贵春：《马鸿逵统治宁夏时期概况》，载中国人民政治协商会议银川市委员会文史资料委员会《银川文史资料（第二辑）》，内部发行，1984年，第123页。

③ 马鸿逵：《马氏族谱》（刻本），1945年，甘肃省图书馆藏，无页码。

④ 马鸿逵：《马少云回忆录》，香港：文艺书屋，1984年，第10-11页。

⑤ 马世英：《民国时期“宁夏诸马”的国家担当》，《兰州大学学报（社会科学版）》2012年第5期。

二、"青马"军阀与抗战时期的西北政局

民国时期的甘肃，乃至西北政局，很显著的一个特点就是军人干政。如此情况，省政府实质上就成了一个软弱无力，不能行使其职能的空有其表的政治实体。造成这种局面的原因是多方面的。其中，特殊的地域格局和复杂的民族关系是很重要的一点。具体到甘宁青而言，这里的"地形总体上属于山地高原区……甘宁青地区地貌类型的多样性和差异性，使这一地区的经济形态表现出多样性，这里既有以畜牧为主的沙漠、草原牧区，又有以旱作农业为主的农业文化区，又有二者混合型，并表现为与其地理生态相适应的民族、文化和生计方式的立体分布格局"。[①]同时，甘、宁、青、新是我国多民族聚居的主要区域之一，除汉族外，西北少数民族基本上分属于信仰伊斯兰教或信仰藏传佛教两大体系。由于历代封建统治者长期实行歧视、压制和分而治之的民族压迫政策，民族宗教问题历来就是西北地区最敏感和复杂的政治问题。

如此特殊的地域格局和复杂的民族关系，国民党中央势力又鞭长莫及，所以，地方实力派能够独霸一方，尾大不掉，便不足为奇。从清末民初，一直到解放前夕，长期统治青海的"青马"军阀，即是如此。"青马"军阀的发家史，从马步芳祖父马海宴起，历经马步芳的父亲马麒、叔父马麟、兄马步青，直到他本身及其子马继援止，四代相承，凭借其不断增长的武力，对青海各族人民进行了长达四十年之久的封建专制统治，成为名副其实的青海土皇帝。[②]

"青马"军阀的正式形成始于马麒。马麒（1869—1931），字阁臣，曾担任河州靖南马队哨官。其父马海宴去世后，马麒沿袭父亲职位。马麒曾一度依附并追随素有"西北天子"之称的马安良。1912年8月，马麒开始担任西宁镇总兵，自此脱离马安良部，走上其家族独立发展之路。作为"青马"军阀的奠基人，马麒明白，要巩固自身实力，掌控军队至关重要，他常说：从中央到地方皆是军人当道的世界。升官靠军队，发财靠军队，扩充地盘也靠军队，没有军队就难以立足。[③]所以，他从那些偏远的地方寻找得力能干的小伙子，目的是将他们训练得

① 秦永章：《甘宁青地区多民族格局形成史研究》，北京：民族出版社，2005年，第7页。

② 张振德、赵喜民：《西北革命史》，西安：陕西人民教育出版社，1991年，第304页。

③ 全国政协文史资料研究委员会、青海省政协文史资料研究委员会、《青海三马》编辑组：《青海三马》，北京：中央文史出版社，1988年，第9页。

温顺、有素，以备日后之用。在征调兵员，扩充军队的同时，马麒也在不断拓展自己的财路，开办商号，扩大经营范围。1920年到1923年曾在甘肃及其周边地区旅行传教的英国女传教士金乐婷在其书中，对马麒有这样一段评价：他了解这些民族的实力，懂得羊毛、皮革、矿产，以及产自西藏的黄金和钻石的价值，更了解那些一流的角斗士，他的野心很大，对这些地区充满了兴趣。[①]自担任西宁镇守使开始，马麒连同宁夏镇守使马福祥，不断开始扩充实力，巩固自身地盘，甚至为此常与省政府发生冲突。到南京国民政府时期，"宁马""青马"的军事实力更加强大，宁夏、青海逐渐成为马家军阀的独立王国，一度致使国民党中央政令在此难以推行。瑞典考察家斯文·赫定在酒泉时，就曾听说："甘肃的军事首领——五位'大马'都坚决反对建设一条从西安经兰州和肃州至敦煌和喀什的铁路，因为这会增强南京在甘肃的势力，而他们的权势就会有名无实了。近来，由于广州事态平息，共产党人被逐出江西，南京方面的力量确实增强了。正是由于甘肃这些将军们的反对，从敦煌到西安的铁路迟迟不能动工"。[②]如此说辞，是否真实，尚待证明，不过西北诸马与国民党中央政权相抗衡的事件确实时有发生。

马麒去世后，其弟马麟曾一度掌控青海政权，不过马麟无论是在政局的应对，还是权势的驾驭，以及势力的扩张方面，其能力都远不及兄长马麒，终于在1936年被迫下台，将青海省政府主席职位交给侄子马步芳。"青马"在马步芳时期，发展达于顶峰。在马步芳正式就任青海省政府主席时，河西张掖、高台、民乐、山丹、临泽5县公推代表20余人，携带大宗礼物前去恭贺……张掖等河西地区皆属甘肃管辖，与青海毫不相干，然老百姓却带大宗礼物到青海恭祝一番，感谢马步芳给民众的"恩惠"，其在该地区的权威和控制力由此可见一斑。[③]到1943年，来西北考察的何廉在其回忆录中，对马步芳及其军阀统治，曾有这样的文字记录：这是一个过时的军阀，土生土长，关心保存自己的权势。他对从中央政府得到的支持，发展"他的"省份的经济感兴趣，但是有一定的保留。他认为，政府应在资本上及技术上帮助他，但管理和建设大权应完全由他掌握。对他这样性格的人，没有旁的办法。另外，在青海考察期间，他还看到"商店接受买者所付法币，却用银元作找头。这说明青海经济的绝对地方性和独立于全国系统

① [英]金乐婷：《大西北的呼唤：女传教士西北见闻录》，尚季芳、咸娟娟译，兰州：甘肃文化出版社，2015年，第118页。

② [瑞典]斯文·赫定：《丝绸之路》，江红、李佩娟译，乌鲁木齐：新疆人民出版社，1997年，第232页。

③ 尚季芳：《民国时期甘肃毒品危害与禁毒研究》，北京：人民出版社，2010年，第184页。

的程度”。[①]对于如此情形，美国学者默利尔·亨斯博格分析认为：中国西北在1928—1937年间不愿在政治和军事方面受国家控制，原因之一是这里与国家首都的距离遥远。狄娜·拉利（Diana lary）很有说服力地认为，南京十年期间（1928—1937），相对于南京，各省的自治程度是多种多样的，但是一般说来，这些省中离南京最近的是被国民党中央政府控制最严的，这些省位于第一圈的是：浙江、江苏、安徽——自从第一批被占领以来，就被南京紧紧地加以控制。位于中间一圈的省有：江西、湖南、福建、河南——被控制的程度有所减弱，因为这些省离南京稍远一些。位于外圈的省是：广东、广西、贵州、云南、四川、山西和山东——在南京十年中，实际上不受国民党中央政府的控制，有时甚至确实是敌对关系。西北诸省比起这些外围省份来享有更大的自主权，国民政府无力控制西北决定性事务的状况，造成了这里的政治“真空”。[②]而马步芳所代表的“青马”，就是打破这样的政治“真空”，步入半自治的地方军阀之一。

因为马步芳所代表的“青马”在西北的重要权势和影响，所以，在国民党中央权势向西北地方渗透的过程中，“青马”一直是其所极力拉拢的对象。尤其是蒋介石为对付共产党，实行“剿共”政策，对“青马”的态度转变更是巨大。当然，为保全自身实力，马步芳作为“青马”最具代表性的领导人之一，对蒋的政策也是“积极”配合。在打击共产党人方面，可谓“出力颇多”。

但是，在面对日本侵略，国家陷于危难的关键时刻，作为西北拥有雄厚军事实力的马步芳所代表的“青马”军阀，却没有投敌卖国的举动，反而表现出了极强的民族国家意识，并且在抗击日本侵略方面表现积极。马步芳、马步青的武装，抗战时期隶属于第八战区东路指挥部，国民政府命令他们抽调一个骑兵师到前线作战，马步芳将驻守在青海南部的马彪主力师大部，加上常年在河西征战的马步青骑五师的精锐第二旅，共约8000人组成暂编骑兵第一师，由“青马”老将马步芳的叔父马彪指挥，调驻潼关，担任保卫陇海线铁路运输安全的任务。1938年6月，日军攻占河南开封，骑一师奉命入豫作战，破袭多处日伪据点，连战皆胜，当地群众送给马彪“万民伞”表示对骑一师奋勇杀敌的拥护。1939年春，骑一师围攻淮阳，利用骑兵的机动性出其不意地打击日军，经过激战，歼灭

① 何廉：《何廉回忆录》，朱佑慈等译，北京：中国文史出版社，1988年，第231页。
② [美]默利尔·亨斯博格：《马步芳在青海（1931—1949）》，崔永红译，西宁：青海人民出版社，1994年，第8–9页。

日军1000余人，俘虏数10人，但骑一师也付出了伤亡2000余人的惨重代价，开往豫西休整。1940年7月，骑一师改编为整编骑兵第八师，调往皖北牵制日军，打得日军闻风丧胆，“马胡子军”威名远播。在马彪部转战豫陕皖期间，马步芳曾多次函电指示他们“痛下决心，奋勇苦斗”，“应付裕如，以赴时机”，勉励回族将士“勿负众望”，马彪也号召部下“恨不得马踏倭鬼，给我已死先烈雪仇，与后辈争光”。[①]同时，在抗日战争的特殊时期，马步芳作为西北回族军阀，能从大局出发，化解民族矛盾，寻求民族团结的行为也是值得称道的。他曾说：“过去因为一部分人感情的作用，使西北的民族间不断地发生摩擦，诚属不幸。本人的祖若父都曾辅佐政府，绥靖地方；本人谨当发扬祖若父尽忠国家的精神，努力于抗战建国的工作，决不使回教民众因我一人职责的未尽，而重复蒙上‘回贼’‘回匪’等名称的羞辱”。[②]事实证明，马步芳此言也绝非空谈。

总体观之，在抗日战争时期，作为西北地方军阀的“宁马”和“青马”，他们一方面在斡旋中与蒋介石国民政府既有抗衡，又有逢迎。在各自所辖地域内，其所实行的政策，虽有不合时宜之处，但也不乏积极成分。另一方面，面对日本的侵略，他们能从国家利益出发，懂得民族大义，为抗战贡献力量，担负起军人该有的责任和使命，这些确实难能可贵。

第三节　甘肃政治中甘人与外地人之角力

近代以降，随着民族危机的加深，西北的国防地位逐步上升，开发建设西北成为历届中央政府的重要举措之一。大体上看，开发西北表现在两个方面，一则为文字上的呼吁，撰文陈述西北的重要性，如魏源的《圣武记》，张穆的《蒙古游牧记》，何秋涛的《朔方备乘》，范长江的《中国的西北角》，林鹏侠的《塞上行》，顾颉刚的《西北考察日记》，等等；一则为前往西北为官者，他们将开发西北的理

① 许宪隆：《诸马军阀集团与西北穆斯林社会》，银川：宁夏人民出版社，2001年，第136页。
② 孙绳武：《第二期抗战与西北》，《回民言论半月刊》1939年第1卷第6期，第15–16页。

论变为实践，是西北近代化的主要推手，诸如左宗棠、陶模、谭钟麟、魏光焘、冯玉祥、朱绍良、谷正伦等。此外，近代开发西北的主体是西北人民，但从外地进入西北施政者也不少，他们中绝大多数为诚心实意建设西北者，但也不乏抱五日京兆之心者。因是之故，近代西北的政治格局中本地人与外地人既有合作，亦有冲突和矛盾。抗战时期，随着大量人口的西进，这一政治图景表现得尤为明显。

一、“向西北去”，外地人对甘肃认识的转变

20世纪30年代，随着东北三省的相继沦陷和七七事变的爆发，西北开始得到国人进一步关注，国际地位陡然提升。“上至国民政府，下至普通民众，整个社会都把西北看成是取得抗战胜利的可靠大后方”。①一时间，“向西北去”的口号响彻入云，从个人到团体，纷纷奔赴西北。国民党的一批大员，不仅亲自前往，同时发表政见，为“开发西北”作社会动员。宋子文郑重指出：西北建设，不是一个地方问题，是整个国家的问题②。在政府的宣传倡导之下，大批的考察家和考察团纷至沓来，考察西北地域文化、风土人情，借助个人专著与考察报告，向世人介绍西北社会的实际情况，很大程度上改变了时人对西北的认识。国人对甘肃认识上所存在的偏见，亦在此情景下得到了很大程度的改观。③

国民政府时期，奔赴西北的考察家们，通过自我亲身经历和见闻，以较为客观、公正的态度，将西北社会的种种社情民情向世人进行了介绍。在他们的著作和报告中，国人不仅了解到西北包括甘肃军阀林立，国民政府虽在形式上达到了统一，但实际情形却是还没有实现全国政治、军事的真正统一，就西北而言，其势力尚未达到陇西。④在甘肃、青海和新疆等地，沿途的旅社和饭馆在其墙上大都贴着“莫谈国事，莫论军情”的纸条，以示警告。就整个西北范围而言，政局混乱，政治黑暗，究其深层原因，主要是因为地方性太浓，有许多事体还不能跳出家族、乡里、宗教及派别的范围。依靠家族、宗教等所确立的统治地位，其封建性根深蒂固。生活在此地的劳苦大众，命运多舛。面对如此情境，考察

---

① 尚季芳：《国民政府时期的西北考察家及其著作述评》，《中国边疆史地研究》2003年第3期。

② 秦孝仪主编《革命文献(第八十八辑)》，台北：中央文物供应社，1981年，第103页。

③ 尚季芳：《国民政府时期的西北考察家及其著作述评》，《中国边疆史地研究》2003年第3期。

④ 新疆社会科学院历史研究所：《新疆简史》，乌鲁木齐：新疆人民出版社，1980年，第185页。

家们不禁发问：黄河自白云中来，向白云中去，黄土高原上的沟渠犹存，我们的先民胼手胝足，在这里立下中华文化的基础。随手拾起一块黄土来尝尝，那下面掺和着我们列祖列宗的血汗，今天这个高原上的生活是简单而艰苦的，羊群吃的草地不茂盛了，白面粉是一种珍馔，一对对大而天真的眼睛，在无邪的脸上望着你，下身常常没有裤子穿，是孩子们应得的生活吗？[①]鸦片种植的危害至大且深，“甘肃人民烟枪之数，多于饭碗”。[②]复杂的民族、宗教关系，让原本混乱的政局更加动荡。

在一些考察家的笔下，这块地域有其独特的魅力和现实的价值。荒漠、戈壁是最天然的屏障，更是美好的自然景观，“只看观察的人能不能领会罢了！”[③]茫茫的大草原，“沿途青草满滩，百花盛开，其色或黄或白，或紫或蓝，其形或垂如钟，或细如缨，或分散如星，或贴地如钉，无论山上平原，遍铺青草，满布艳花，真所谓锦绣山河。人行滩中，花拂衣巾，无异一大公园。此种奇景，非亲至草地者，绝难梦想。此种风味，亦非亲至西北者，不易尝得。人皆知行草地之苦，而不知此中之乐无穷也”。[④]西北并非传闻中的不毛之地，更非蛮夷之处，尽管交通闭塞，气候条件与外地有所差异，但适宜人类居住的地区众多。西北民众有其特有的魅力和特色，朴实憨厚的性格，显得平易近人。独特的地域文化塑造的人群，与东南人群并无实质性差别，如果有也只是生活方式的不同，“东南人有东南人的长处，西北人有西北人的长处”。[⑤]轻易地诋毁和污蔑，都是不正确的，所谓“一方水土养一方人”，正是因为多元地域文化的存在，才造就了中华民族丰富多彩的文明。发扬西北先民的精神何尝不是当时救斯民于水火的有效路径？在当时的人们看来，只有在西北这块古老的土地上，还保存着中华民族吃苦耐劳、坚忍勇敢、强悍不屈的精神，而东南地区则由于物质文明的“畸形”发展丧失了这些精神，反而存在着一种颓靡之风。

在国民政府的倡导之下，借助众多考察家的宣传、报告，国人对西北的认识逐渐改变。尤其是在全面抗战爆发后，为支援抗战建设，大批外地人开始进入西北，进入甘肃，他们的到来，为西北，为甘肃带来了新气象，注入了新鲜血液。

① 赵敏求：《跃进中的西北》，西安：新中国文化出版社，1941年，第2–3页、189页。
② 凤玄：《卓尼归来》，《西北论衡》1938年第6卷第18期，第8页。
③ 杨钟健：《西北的剖面》，朱秀珍、甄暾点校，兰州：甘肃人民出版社，2003年，第81页。
④ 马鹤天：《甘青藏边区考察记》，胡大浚点校，兰州：甘肃人民出版社，2003年，第109页。
⑤ 范长江：《中国的西北角》，北京：新华出版社，1980年，第102–103页。

二、现实困境中的冲突与融合

西北成为抗战的大后方，国际地位随之提高。在新的形势下，国民政府对这块地域的管制也不断加强。甘肃作为西北众地区之一，情形亦如此。尤其是抗战的特殊时期，甘肃政局多由外地人士掌控，更是成为一种突出现象。从邵力子到朱绍良、于学忠、贺耀组，再到谷正伦，无不都是国民党中央大员，其下属外省籍人员也大都担任要职。统计数据显示，民国时期，甘肃境内县政府主要任职者，还是以外省籍人士为主，甘肃人士在本省任县政府主要职务者，大约只占1／3。在民国初期任职极少，民国后期有所增加。[①]

近代，就整个西北而言，虽在培养本地人才方面着力甚多，但由于经济水平等诸多因素的限制，始终未能有质的突破，尤其是接受过高等教育的人才更是寥寥无几。即便是受过高等教育，但在专业方面，依旧存在文科居多，技术类人员缺乏的事实。甘肃省截至1946年止的大学生专业分布情况，学文学者181人，理学者38人，法学者654人，商学者62人，教育者65人，农业者168人，工学者29人，医学者23人，艺术者29人，新闻者6人，共1255人。[②]现实的困境急需引进大批外来人才。随着抗战形势的发展，大量外来人口陆续进入甘肃，一时间，在甘肃从业人口中，外省籍人员所占比重明显增多。单就1945年兰州市本籍人口和外省籍人口的职业分布情况，便可窥探许多。

表1–3–1　1945年兰州市的本籍人口和外籍人口的职业分布统计表[③]

职业	本籍		寄籍	
	男	女	男	女
合计	33898	27722	31034	19861
农业	7525	9500	1252	1946
矿业	280	46	384	48
工业	4554	2943	4001	2289

① 吴晓军：《近代甘肃外来人口的作用与影响浅析》，《社科纵横》2010年第9期。

② 田澍主编：《西北开发史研究》，北京：中国社会科学出版社，2007年，第436页。

③《甘肃省各县市局本、寄籍职业性别统计表》，载甘肃省档案局编《甘肃历史人口资料汇编（第二辑）》，兰州：甘肃人民出版社，1998年，第385页。

续表

职业	本籍		寄籍	
	男	女	男	女
商业	6035	2730	9282	3407
交通运输	875	254	2052	209
公务	5138	912	5584	1408
自由职业	1869	588	1409	821
人事服务	2069	2449	1957	1648
其他	2384	2489	1178	1204
无业	3169	5811	3935	6881

从上表中,可以清楚地知道,1945年的兰州市从业人口中,外籍人口所占比重和本籍人口相差无几,且在这些职业当中,甘肃本籍人口无论在技术方面,还是在行政方面,都不占优势。如此情形,势必为外地人与甘人之间在争取生存空间、生活资源,以及职务和权力之间的博弈埋下伏笔。如果说上表反映的是甘肃本地人才缺乏,尤其是技术类人才的短缺的话,那么“民国以来至解放前夕武都县长专员的姓名、籍贯和任职时间一览表”[①]则体现的是甘肃本籍行政人才的不足:

表1-3-2　民国以来至解放前夕武都县长专员的姓名、籍贯和任职时间一览表

姓名	籍贯	任职时间	姓名	籍贯	任职时间
谭　焯	河北	1911—1914	张佐树	河南	1927
张廷武	河北	1914—1917	冉宽洪	甘肃武都	1927—1928
李嘉藩	河北	1917	王绍武	甘肃固原	1928—1929
李　华	河北	1917—1919	刘　鑫	河南	1929
张若金	甘肃成县	1919	蓝田玉	甘肃临夏	1929
王　祯	北京	1920—1922	马绳武	甘肃洮州	1929
吴　荣	河北	1923	刘凤山	四川	1929—1930
许慕衡	山东	1924	赵志戡	四川	1930—1931

① 田波、王兆庆:《民国以来至解放前夕武都县长专员简介》,载中国人民政治协商会议甘肃省武都县委员会文史资料研究委员会《武都文史资料选辑(第一集)》,内部发行,1986年,第83-88页。

续表

姓名	籍贯	任职时间	姓名	籍贯	任职时间
于镜湖	江苏	1924—1927	袁传藻	甘肃	1930
李夔基	甘肃两当	1932	常绍先	陕西	1933
张国华	甘肃临洮	1933	倪子明	山东	1934
孔　渭	浙江	1934—1936	苏心谷	云南	1936
舒兆熊	湖南	1937	张东野	安徽	1938
任育周	甘肃甘谷	1939	高其畅	甘肃泾川	1939—1940
曾协卿	湖南	1941	吴松涛	不清	1942—1944
丁　玺	甘肃秦安	1943—1945	黄治安	安徽	1945
滕秉枢	江苏	1945—1948	王尚仁	甘肃陇西	1948
李永瑞	河南	1948—1949	蒋华选	浙江	1949
马步援	甘肃甘谷	1949	孙振邦(以下为专员)	河北	1942—1945
彭之祺	江苏	1945	丁　玺	甘肃秦安	1946—1948
孙宗濂	山西	1948	李永瑞	河南	1949

通过上表,从1911年到1949年,38年的时间,武都县县长先后更换38人,其中以甘肃以外人士居多,这中间河北人在外省籍人当中又相对占一定优势,而甘肃本籍人士数量有限,显得势单力薄。为此,甘人多有抱怨:人家说甘肃无人,真正是无人,自民国成立以来,除了杨思老先生代理了两天省长而外,甘肃人领导省政的就没有一个……甘肃的知识青年本来不多,但许多大机关的主要角色,甘肃人有谁呢?民政厅,教育厅,财政厅,专员县长之流,甘肃人有几个呢?交通上,银行界,以及算不清的大机关,甘肃人掌权的有谁呢?就是连大商人也算在内,甘肃人在商界真是太可怜了,唉!真是,甘肃人只有种几亩薄田,吃几碗饿不死的饭,那(哪)一天才有苦出头的日子。[①]

从任期上看,在中华民国38年的时间中,武都县长更换了38人,几乎是每年更换一个。在38位县长中,任期最长的也只有3年,大部分都是1年,有些几个月时间。短促的任职,快速的离职,所造成的问题基本上是一种恶性循环。毫无疑问,很多人仅仅只是将这一任职作为一个跳板,或者晋升阶梯,时机一旦

① 熊蒂:《夜话甘肃》,《甘肃民国日报》1946年4月17日第4版。

成熟，就离职走人，另谋高就。还有一些人，在短暂的任职期内，利用不正当手段谋求不义之财，期限一到，立马走人，寻求下一个敛财目的地。如此情形，县长基本毫无政绩可言，而频繁调动所造成的问题则是，前一任县长的主张还未付诸实施，新任县长的政令又要下达，一任接着一任，没有成果，只有形式，朝令夕改，生活于基层的民众根本赶不上县长调任的步伐，由此造成的财政和社会危机更是巨大。

地方政局中，本籍人才与外省籍人员比例的严重失调，带给甘肃的现实问题是甘人与外籍人士在各领域中的相互博弈。前者依靠其地方性，尾大不掉，后者则借助国民党中央权势，步步紧逼。对此，有人曾言："今日甘肃之政局，可谓暗无天日，较诸满清时代，殆有过之而无不及"。[①]同时，因为甘肃经济条件的欠发达，社会总体状况落后，所以，即使很多外地人来了甘肃，也很难坚持长久，而且其中不乏对甘肃人存在偏见，以及轻蔑态度的。例如，20世纪30年代，国民党中央曾为甘肃派过一位厅长，且不说这位厅长是否有过任何助推甘肃发展的功绩，单就他对甘肃兰州通火车后的认识，就足以说明其对甘肃经济的不抱希望，以及对甘肃人的看不起，其曾言："再过几年火车如果通过兰州以后，你们甘肃人不但没有饭吃，而且吃屎也没有……"[②]作为国民党中央派遣的厅长，言论如此不负责任，信口雌黄，要祈求这样的人为甘肃民众谋福利，显然不现实。当然这样的人，也谈不上什么"人才"。殊不知，兰州一旦通上火车，便利的交通对甘肃发展而言，必将是大有裨益。

针对外地人对甘肃人的排斥和轻视，甘肃人也产生了排外情绪。有人就此提出：要想把地方治理得好，还是多利用本地人，可得事半功倍之效。……这样做，既可培植地方干部，更可使之政府与人民很容易地打成一片，以中华民族之秉性来说，没有一个人不爱护家乡的，本地人对于家乡的治理，自然会针对时弊的革兴一切！政府对于西北所派遣之大员和官吏，他们本人不见得有什么私见，可是他们的干部，多半是由亲友保荐和"关系"方面而来，这样无形中便成了地方优秀分子怀才不遇，而官吏和大员们带去的干部，对于环境认识不清，对于各项工作除"等因奉此"之外无法展开，只好闭门造车，[③]此语虽有些言过其实，

① 刘文海：《西行见闻记》，李正宇点校，兰州：甘肃人民出版社，2003年，第39页。

② 韶英：《秦陇蜀杂记》（续），《西北晨钟》1941年第2卷第4、5期合刊，第32页。

③ 韶英：《秦陇蜀杂记》（续），《西北晨钟》1941年第2卷第4、5期合刊，第32页。

但也不无道理。

然而，甘人与外地人之间的矛盾冲突并非常态。从近代甘肃整体来看，外省人大量涌入所带来的积极影响，使得发展、变迁、进步仍是当时当地的主流趋势。许多外省籍人士入甘后，为甘肃省诸方面不尽如人意所感，致力于设法使甘肃面貌得到一定程度的改观。暂且不论其主观目的如何，仅就其作为而言，或多或少都促使甘肃的形象有了一定的转变和焕新。

近代中前期，西北工业以机器为主导进行生产的工业，在各方人士的努力下得到了初步发展。作为洋务运动时期代表的西北近代工业，均与左宗棠有关，如西北第一家近代工厂，即为出自左宗棠之手的兰州制造局，而该局的具体局务由总兵赖长主持。赖长，字云亭，广东人，[①]他能“仿造洋枪洋炮，其灵巧不亚于外国军器”，[②]他在兰州领导的许多工匠，多为宁波“浙匠”与广东“粤匠”，一些技师则来自德国。这些人甘愿背井离乡，跋涉至甘肃，让甘肃人第一次接触近代工业，沐浴了近代化新风，为近代甘肃工业做出了无法磨灭的贡献。

20世纪20年代，国民军刘郁芬部进入甘肃，底定全省，对中国共产党在甘肃建立早期组织，开展革命活动，产生了一定积极影响。此外，国民军联军政治部副部长刘伯坚从五原途径宁夏、陇东期间，在宁夏创办了《中山日报》，在平凉建立了青年社、学生会和平凉总工会。基于打破平凉风气闭塞的落后状态，提高人民群众的革命觉悟的目的，他还创办了《新陇民报》和“新文化剧社”。[③]这些举措都为封闭凝滞的甘肃带来了些许开放和进步的风气，对当地百姓的日常生活和精神面貌的改变，产生了积极的推动作用。

全面抗战期间，在国民党中央政府“开发西北”政策的推动下，甘肃经济建设出现了前所未有的高潮，外省籍的科技人员更是功不可没。在水利建设中，“高级及中级技术人员，十分之九以上都是从外省来的，就是大部分技术工人，也是借重河南、山西、四川等省的人”。[④]如1940年，甘肃修建湟惠渠，其中小工

① 秦翰才：《左文襄公在西北》，长沙：岳麓书社，1984年，第173页。

② 贾熟村：《创办中国第一家近代机器毛纺织工厂的赖长》，《岭南文史》2003年第4期。

③ 丁焕章主编《甘肃近现代史》，兰州：兰州大学出版社，1989年，第300页。

④ 张心一：《六年来甘肃生产建设（一九四一至一九四六年）》，载中国人民政治协商会议甘肃省委员会文史资料研究委员会《甘肃文史资料选辑（第二十六辑）》，兰州：甘肃人民出版社，1987年，第3页。

全是从甘肃、青海招募，但技工却多从河南、陕西招募。[①]

20世纪30年代到40年代末，马步青在武威等地创办青云中学，凡是从外地聘请来的教师，几乎全都是全国各大学的本科毕业生，他们博文广识，思想开明自由，将浓厚的学术气氛带至内地，[②]使内地教育水平有所提升。而这一切也确保了当地的教学质量，提高了升学率，在当时享有良好的社会声誉。

从民国初年至全面抗日战争爆发之际，以西北近代工业论，由于政治和经济等一系列原因，总体发展迟滞，甘肃工业更是步履维艰。民国以降，整个西北地区的日用及交换商品，凡本地区生产者，主要仍依赖于手工业生产，甘肃也不例外。由于战时环境所致，我国东部地区原有的大批资金、人才和技术装备不得不向西部转移，在这种背景下，一批外省籍人士来到甘肃，其中尤以技术工人居多。他们利用自己在家乡已掌握的技术资源，在甘肃各地寻找施展技艺的机会。也正是因为这些人的到来，甘肃工艺发展迟缓的局面得到改善。

从轻工业方面来看，西北陶瓷原料丰富，陶瓷业因而成为重要的建材工业，但抗战前西北的陶瓷业一直是手工生产。抗战时期，由于需求大幅度增加，再加上外来陶瓷的断绝，在此形势下，西北各地陶瓷业得以迅速发展，如陶瓷业发展最为集中的甘肃华亭安口镇，以前仅数家，全面抗战爆发后几年间就增加至77家。1937年，华亭安口镇出现了由商人创办的陶瓷职业学校；1941年出现了集资达5万元的光华瓷厂；翌年，资源委员会在华亭安口镇建立华亭电瓷厂，这是西北机器生产电力陶瓷的开端。到抗战中后期，在陶瓷业发展的带动下，一向颇受冷落的华亭安口镇发生了很大的转变，根据1944年的调查："近两年来，省立华亭陶瓷职业学校，资源委员会华亭电瓷厂相继设立，技术工人，由湖南、江西、四川、河南、陕西各省籍者接踵而来，粗细瓷厂七十七家，其时作时辍者，尚不在其列。各厂员工多者近五十人，少者至十数人，该镇各种事业，均以陶瓷业之兴败为转移，人口近万人，银行邮局亦次第开幕"。[③]从默默无闻到繁华市镇，可以说，华亭县的变化很大程度上是因为外省籍人士的参与其中，并与他们

① 江余：《湟惠渠的过去与现在》，载中国人民政治协商会议甘肃省委员会文史资料研究委员会《甘肃文史资料选辑（第二十六辑）》，兰州：甘肃人民出版社，1987年，第23页。

② 王希轩：《解放前的武威青云中学》，载中国人民政治协商会议甘肃省委员会文史资料研究委员会《甘肃文史资料选辑（第二十三辑）》，兰州：甘肃人民出版社，1985年，第131-133页。

③ 王致中、魏丽英：《中国西北社会经济史研究》（下册），西安：三秦出版社，1992年，第97页。

的积极运作有着密切关系。

随着近代工业的发展，机器生产因为节省人力，提高生产效率，成为无法抵挡的自然趋势，而手工业由于费时费人费力，也慢慢失去了原有的重要地位。一些外省籍人士自经济技术较西北发达的东部沿海地区而来，同时携以机器生产的先进理念，为西北地区注入了新鲜的血液。以西北洗毛厂为例，该厂建于1942年，系刘鸿生（祖籍浙江定海，生于上海）与复兴商业公司合资经营。全面抗战时期，兰州是全国最重要的羊毛集散地，各地毛纺厂的羊毛供应多依赖兰州提供，但由于旧式购销中的兰州羊毛杂质、沙土多且重，不仅使运输费用变得极为昂贵，而且还不能直接使用，严重影响了毛织品的质量。因此，亟须筹建机器洗毛厂。西北洗毛厂机器主要是进口设备，原为刘鸿生在重庆的毛纺厂进口纺织机成套设备之一。为筹建西北洗毛厂，刘鸿生又仿造了一整套洗毛机和脱水机，将其运往兰州，并将厂址设在兰州黄河北岸草场街。由于战时各地毛纺织业日益兴盛，而西北洗毛厂所洗羊毛质量最好，很受纺织厂欢迎，所以产销两旺，生产供不应求，应当说该厂对战时西北的毛纺事业做出了极大贡献。[①]而这些都与刘鸿生等外省籍人士的到来及其尽心尽力的作业不无关系。

近代甘肃，由于生产力不发达和交通不便等因素，商业贸易领域也难以摆脱落后状态；但总体而言，近代是一个商品经济渐趋活跃的时代，甘肃也不能排除在外，其中尤以兰州商业为代表。清季，由于与各地市场中介联系频繁广泛，兰州贸易呈现出繁荣的景象，其中最具特色且市场占有率最高的，仍是大宗传统贸易，如兰州茶叶贸易，其在清末之繁盛，可由当时茶商约40余家得证，最著名的有马合盛、新泰和、天泰运等。其中马合盛，祖籍山西，后由陕西迁居甘肃民勤，商号遍布西北。

综合而论，从19世纪末至20世纪30年代，在兰州经商的商人中本地人只占少数，而以山、陕、平津商贾居多。到抗战时期，军兴人旺，内地京、津、沪等地的商人及商业资本大量涌入兰州，使兰州商业随之繁荣。[②]借助于“外力”，即人才与资金技术的引入，以及自身的积淀，兰州商业最终取得了较大的进步，而其中外省籍人士与甘人的良好互惠协作，是其发展的重要前提之一。

---

① 王致中、魏丽英：《中国西北社会经济史研究》（下册），西安：三秦出版社，1992年，第110页。

② 王致中、魏丽英：《中国西北社会经济史研究》（下册），西安：三秦出版社，1992年，第201页。

故此，在甘人与外地人之间也并非只有矛盾与冲突。总体观之，合作与相互之间的融合始终都是主流。“外籍人士思想、文化、教育、科技素养大多高于本省人士，他们的到来，有利于甘肃解放思想、开化风气、振兴教育、传播和应用科学技术。特别是受自然与社会环境的多种影响，近代甘肃科技落后，人才十分匮乏，这成为影响经济社会发展的主要因素。通过人口流动，使一些急需的人才和劳动力来到甘肃，有效地弥补了这方面的不足”。[①]其无论是带动甘肃发展，还是抗战建国，作用都是积极且巨大的。

第四节　抗战时期甘肃的政治建设

抗日战争的爆发使西北的国际地位随之提高，西北作为抗战的大后方，在整个抗战时期发挥着举足轻重的作用。配合国民政府“开发西北”的呼声和实际行动，大批人才为支援抗战，纷纷进入西北。正如徐旭在其著作《西北建设论》中所言：“西北建设问题，在今天已引起每个优秀国民的注视，所以讨论的意见，已逐渐从理论到实际，从理想到实践，从主观到客观，盖大家明白西北建设的目的，乃要配合今天抗战的需要和奠定明天建国的基础”。[②]但就整个西北而言，其建设的关键，或者说建设的重中之重，在时人看来，依旧还是政治建设。对此有人言之：“我们要晓得西北建设，并不是自今日始，其建设成败的症结问题，一面不在经济建设事业的本身，而是在西北各省的政治……西北政治问题的症结一解，则一切建设都可以迎刃而解”。[③]为此，南京国民政府更是煞费苦心，不仅调动一批国民党中央大员前往西北，担任西北各省政府主席，控制西北大局，而且在基层社会采取保甲制度，宣布实施新县制等政策，推行“管教养卫”，对基层民众实行严格管控。其中，县长、保甲长等基层政治人员扮演着十分重要的角色，他们与上层权力机关、西北各地军阀，以及普通民众之间的合

① 吴晓军：《近代甘肃外来人口的作用与影响浅析》，《社科纵横》2010年第9期。
② 徐旭：《西北建设论》，上海：中华书局，1944年，第1页。
③ 徐旭：《西北建设论》，上海：中华书局，1944年，第1页。

作、纷争与纠葛，体现了西北基层政治建设的面貌与特色。甘肃作为西北重要省份之一，其抗战时期的基层政治建设同样如此。

一、抗战时期甘肃保甲制度的推行及成效

保甲制度始于北宋时期的王安石变法，是封建时代国家控制地方基层社会的行政制度和重要手段。南京国民政府建立后，为稳固自身地位，统治地方秩序，再次采取这一措施，对地方基层进行严密控制。

虽然，南京国民政府把在地方基层推行保甲制度作为统治地方的一大法宝，但作为最终必须参与其中的基层民众对这一制度的认识却依旧停留在封建时代。在他们眼中，保甲制度就意味着抓壮丁，实行连坐，是损人不利己的事情。所以，对于是否要参与其中，做国民政府统治下的顺民，大都心存疑虑，甚至有抵触心理。在甘肃，这种情形依然存在，基层民众的生活远离政治，与其生活直接相关的才是关键的大事。[①]比起如何积极配合保甲制度，他们更关心的往往是怎样在确保温饱的情况下，还能保全性命，在乱世中"苟活"。他们是大历史背景下最不起眼的小人物，是被称为"乌合之众"的大多数，但常常在不得已和不自觉中参与了政治，充当了炮灰。所以，纵然"以为编组保甲，即为准备作战"。[②]再怎么不愿意参与其中，但最终还是被迫加入，这就是普通大众的命运，往往身不由己。为对保甲制度进行积极正面的宣传，消除民众的疑虑，1934年11月甘肃省政府公布《甘肃省各县编查保甲户口分期进度表》，将正面宣传保甲制度作为工作初期的重中之重，尤其是对普通民众的宣传更是其中的重点。省政府要求，各县在接到颁布的各项保甲法令后，应该"将各条例详细研究，用白话布告民众，说明推行之理由及其主义与施行程序"。[③]但事实证明，民众的参与热情并不高，即使参与，也多有敷衍。为此，1938年至1939年，省政府再次拟订《本府为整理各县保甲告民众书》，希望借助各县广泛宣传动员，普遍张贴的形式，"唤起民众"[④]，促成保甲制度在抗日阶段的有效实施。但现实的结果依旧是成效不高，即便政府强制实施，又有诸如"各乡镇长于清查户口时，对

---

① 杨剑利：《女性与近代中国社会》，北京：中国社会出版社，2007年，第59页。

② 朱绍良：《自卫卫国，胥赖保甲》，《甘肃省政府公报》1935年第4卷第33、34、35、36期，第89页。

③ 卢毅彬：《动员与抵制——国民政府时期甘肃民众与保甲制度的推行》，《陇东学院学报（社会科学版）》2007年第3期。

④《甘肃省政府训令（民二寅字第394号）》，《甘肃省政府公报》1939年第470期，第23页。

于查询各项拒不报告或作虚伪之报告及拒不签具联保连坐切结者，处1元以上20元以下之罚金；处罚后仍行违反者得连续加重处罚”[①]这样严厉的条款，但整体观之，如此的基层政治建设成效依旧微乎其微，而且最终几乎是以失败告终的。

事实上，保甲制度作为国民政府统治地方基层的重要制度，在国民党中央上层虽然热情鼓吹，积极推行，但在地方实施的过程中，却与倡导者的意愿大相径庭、事与愿违。[②]

首先，保甲制度从根本上而言是封建时代的政治产物，其封建性和危害性早有历史见证。南京国民政府，在民国新纪元的时期，再次重拾历史遗物，虽有传承历史文化制度的意义，但毕竟时代不同，推陈出新是大势所趋，这样开历史倒车和逆潮流而动的行为势必不能得到绝大多数人的认同，同时也不能及时适应时势。尤其在抗战这一特殊时期，基层民众本就陷于水深火热之中，政府还要实行如此政治制度，对民众而言只能是雪上加霜，所以从疑虑到敷衍，再到抵制，也是种必然。

其次，对于南京国民政府而言，推行保甲制度虽有与地方自治相互配合之意愿，最终达到自上而下使政权达于统一，实现加强国民党中央集权的功效，但事实却是保甲制度和地方自治的双重失败。因为，保甲要求严格的服从，而地方自治则强调民主。所以，二者就是矛盾的结合体，希冀通过类似政策的推行达到好的成效，说到底是不切实际的幻想。

再次，从民众方面来说，封建时代被保甲制度毒害的情境还历历在目，他们希望能在新时代获得好政策，求得安稳的生活，但旧的噩梦还未过去，新的危机又再次降临。保甲制度的推行，无论是经费的摊派，还是其他与保甲相关的诸如连坐等政策的实施，都扰乱了民众平静的生活秩序。范长江在其著作《中国的西北角》中就曾记录其考察西北经过酒泉黄泥坝村时，听闻那里“不是今天‘练壮丁’，就是明天‘编保甲’，弄得大家鸡犬不宁”。[③]况且，中国的基层社会，具有极强的乡土性，是典型的“熟人社会”，聚村而居的乡村社会，因为每家住户所耕地面积的狭小，所以造就了乡里之间在住宅和农场等基本生存空间的毗

① 甘肃省政府秘书处：《甘肃省户口总编查办法》，载《甘肃省各种单行法规》，1942年，第78页，甘肃省图书馆藏。
② 尚季芳：《控制与消解：从保甲长的难局看国民政府时期的地方基层社会》，《历史教学》2010年第6期。
③ 范长江：《中国的西北角》，北京：新华出版社，1980年，第135页。

邻。而且，很多地方，在“土地平等继承的原则下，兄弟分别继承祖上的遗业，使人口在一地方一代一代地积起来，成为相当大的村落”，由此形成“有机的团结”[①]的礼俗社会。基层民众之间拥有的是最淳朴的信任和相互间的互助，而保甲制度的实行，要原本相安无事、相互提携、相互信任的人群，彼此监督，彼此举报，还要连坐。这样的做法，扰乱了基层社会原有的和谐面貌。所以，失去群众基础，难以实行，便不足为奇。

最后，由于基层政权的劣质化，担任乡镇保甲长者多为土豪劣绅和地痞流氓，稍有名望的人，为了不致陷于进退维谷的境地，大都不愿担此“重任”。而土豪劣绅，不仅拥有盘剥下层民众的经验，又在地方上握有一定的武装力量和经济实力，且往往与上层领导者之间有着千丝万缕的联系。由他们担任保甲长，只能是“任意向民间摊派款项”，借机从中牟利，中饱私囊。“在办理兵役的过程中，则徇情偏袒，以致经常出现‘应征者不征，而不应征者征之，应缓役免役者不予缓免，而不应缓免者反缓免之’的不公现象，甚至‘强征勒索，骚扰多端，使民怨沸腾’”。[②]由此可见，基层保甲长与民众之间的关系可谓水火不容，百姓对其除害怕之外，还有厌恶和痛恨。如此关系，保甲长方面强制推行保甲制度，民众方面必然起而反抗，所以对于诸如户口调查等活动，民众往往不但不肯亲自到指定地点来报告，就是公家派人前往正式调查时，亦往往有所隐藏，不肯实报。[③]

二、新县制的实施与县长的艰难处境

为进一步加强国民党中央对地方基层的控制和管理，实现其中央权力的高度集中，防止共产党在基层民众中的作用和影响，阻止共产党政权的发展，南京国民政府在推行保甲制度之后又实施了新县制政策，以期二者相互配合，达到对基层民众全面、有效的管理。

以孙中山先生的“县自治”学说为依据，国民政府从1939年9月开始，相继公布《县各级组织纲要》《各县保甲整编办法》《乡（镇）组织暂行条例》等法令，以“三年为期”，要求各县推行新县制。甘肃当局为积极响应国民党中央政策，于

① 费孝通：《乡土中国》，北京：人民出版社，2008年，第5页、第6页。

② 卢毅彬：《国民政府时期甘肃保甲制度推行透析》，《甘肃联合大学学报（社会科学版）》2006年第1期。

③ 郭寄峤：《甘肃省三十五年度年终视察及行政会议总检讨》，《甘肃省政府公报》1947年第642期，第7页。

1940年2月至5月先后颁布《县各级组织纲要甘肃省施行细则》和《本省实施新县制办法要点》，并计划从1940年7月开始，到1942年止，两年内全省完成新县制。"新县制主要内容之一就是建立县议会，但到1943年甘肃省也没有建立起来，后又根据国民政府的要求改县参议会为县临时参议会，直到1944年底，在施行新县制的66个县中，建立临时参议会的只有41个县，其余25个县在以后才陆续成立"。[①]显然，新县制在甘肃的推行并不顺利，其成效也极其有限，甘肃实行新县制之后，总体呈现的政治局面则是教育的专制化和财政的危机化，以及干群关系的紧张化。

首先，保甲制度与新县制的结合，使得国民党在地方基层的政权达到了一种高度集权化的趋势，民主成为空谈，地方管制出现"特务化""警察化"和"军事化"，基层行政人员大都被洗脑，县长、保甲长等多一身兼数职，担任县长、保甲长的同时，还担任国民兵团司令部司令和国民学校校长。在这些经过国民党洗脑的官员的监督和管制下，建立的教育机制，推行的只能是国民政府希望的人生观和价值观，是如何做顺民和积极反共的思想，这样，教育不仅失去了其独立性，而且在人才培养方面也受限颇多。

其次，"经济基础决定上层建筑"，新县制得以推行的最主要支柱性力量就是财政支持，而且其推行的最初目标之一就是达到各县财政的自我管理，在取得一定自治程度的基础上，在国民党中央统一要求之下，进行税收等的上缴，以此打击地方横征暴敛、巧立名目、任意摊派等不法行为。但甘肃地处西北边陲，国民党中央权力向来鞭长莫及，纵使国民党中央大员远赴甘肃担任省政府主席，传达国民党中央政令，配合国民党中央政策，整治甘肃政局，但现实的困境却常常是主席权力，不出省城百里以外[②]。所以，甘肃省县财政往往是"恒向人民举行摊派，摊收数额，既无标准，摊派次数，亦无限制"。[③]沉重的经济负担，使本就经济不景气的甘肃更加雪上加霜，财政危机不断加剧。

再次，新县制推行的初衷虽是标榜所谓的"民主"，以期地方自治，希望能在地方基层树立国民党中央权威和争取民众支持。但事与愿违，因为保甲与新县制相结合，保甲融于新县制，专制与独立的矛盾体使得二者的最终结局都是失

① 马玉彬：《民国时期甘肃新县制述略》，《青海师范大学民族师范学院学报》2013年第2期。

② 愚：《三陇何以自立?》，《陇钟》1931年第7期，第10页。

③ 梁敬錞：《抗战三年来之甘肃财政与金融》，《中央银行经济汇报》1940年第2卷第1-2期，第126页。

败。况且,新县制从实质上讲并未给基层民众带来现实的实惠,反而是剥削和经济负担的加重。新县制在推行时,往往官民隔绝,而且官员任意妄为,不顾民生,肆无忌惮摊派赋税,这样的结果只能是使官民关系更加紧张,甚至恶化。民国时期在甘肃基层行政管理体制中常常存在县长们“平日总是深居县府,一切事情,假手书吏,老百姓的痛苦一点也不知道”[①]的情况。而基层民众对这样“深居简出”的官老爷,则常视为和自己没多大关系的陌生人,只有摊派赋税和征兵抓丁时,才是二者相互较量的关键时期。故而,民众对这样的县级官员往往存在防范、抵触和抗拒心理。谢觉哉曾言:“(河西)民众家家有洞,不是防空而是防官,洞深长至若干丈尺,通山岗,一闻官警,就从洞里走了”。[②]官民关系之紧张可见一斑。

最后,新县制之所以推行不力,还与民国复杂的官场环境有关,县长难为现象突出。

(一)军阀林立,县长成为军队的军需官

虽然南京国民政府为加强甘肃统治先后派邵力子、朱绍良等大员前往治理,但实际情况却是全省形成割据局面,彼争此夺,稍有野心者,即欲乘机而起,主席权力受到极大限制。[③]地方实力派名义上拥护国民党中央,服从省府,实际上则号令一切,割据称雄!省府要放一个县长,自然要得到他们同意,就是要派几个局卡人员,若没有当地实力派的谅解,也常有拒绝交代的情事发生。[④]因此,民国甘肃普遍的政治情形是军政大于民政。作为基层官员的县长,受军阀摆布,为其征粮征款,不遗余力,倘若稍有怠慢,往往遭受皮肉之苦,甚至有性命之危,时人常称县长是军队的“军需兼副官”。以甘肃河西地区为例,该区本受甘肃管辖,但实际情况却是青马集团中马步芳的外府。当时,马步芳作为西北重要军阀之一,其势力范围除青海之外,还占据武威附近之庄浪河和白亭河流域,而马步青则占据着弱水和疏勒河流域之张掖、酒泉、安西、敦煌等处,马步芳集团实际掌握着河西地方真正的权力。该地县长迫于马家军阀势力所逼,往往

① 朱绍良:《县长为亲民之官应以身作则为民努力》,《甘肃省政府公报》1934年第3卷第41、42、43、44期,第130页。

② 谢觉哉:《谢觉哉日记》(上),北京:人民出版社,1984年,第260页。

③《开发西北,要利用科学集中经济力量,先决条件为谋交通之便利——邵力子在西北协会讲演词》,《大公报》(天津版)1933年2月24日第4版。

④ 苏振甲:《建设甘肃的几个先决问题》,《民岩》1932年第1期,第14-15页。

畏首畏尾，惟马氏兄弟之命是从，而为其筹措军费，便是该地县长的主要任务之一。遇到军费困难时期，县长若不能及时筹措到相应数目，往往人身自由都会受到限制。明驼在其书《河西见闻记》中就曾记载，在其离开高台县时，该县县长为他送行，但最终却不能成事，县长“走到城门口，却被守卫挡了驾。据说他们是奉上峰的命令，目前军款急如星火，不要放县长出门，因为前任县长是为了款子太急借机会跑到省里去了的，县长无法，只好折回县政府”。[①]更有甚者，县级人员，因不能及时上缴军阀要求的军费，“畏罪自杀”的也大有其人。

（二）士绅对基层政权的干预与制衡，是县长难为的又一要因

陈旭麓曾言：中国的绅士与官员不一样，因为他们不食君禄。但他们又不是普通老百姓，因为他们有某种功名、身份，并因此而享有一定特权。这是一种介于官民之间的社会阶层。由于他们长期定居一地，实际上往往成为地方领袖，有平章乡里是非的权威。这些人不是统治者，但在某些地方又起着统治者的作用。绅士阶层在近代中国一直发生着很大的社会影响。[②]南京国民政府成立之后，“国家权力虽然已大幅向乡村社会渗透，但其正规的权力建构也只到达区乡层面，而区或乡也只是一个行政管理的概念，而非‘民居’的实体”。[③]区乡等政治机构依旧不能完全行使国家权力，要通过地方上和村庄里的显要人物来控制农村。[④]所以，常居一方、安土重迁的绅士阶层便成为首选人物。不过在民国时期，这些绅士阶层从其总体构成上来说已不比从前。尤其是在科举制废除后，稍有学识、有理想抱负之人都开始热衷于新式学堂教育，加紧学习西方先进科学文化知识，加入救国救民之大军，身体力行，践行国人的责任。还有一些则武断于乡曲，把持地方政权，要挟地方官员。谢觉哉有言：“西北社会，封建势力占主要成分，从省到乡，土豪劣绅把持着一切，虽然土豪劣绅口里也可以喊出打倒土劣的口号，但一切政治与经济结构不变，内容是无从变的。因为封建是落后的、野蛮的，所以西北社会的黑暗，比东南任何地方都来得凶”。[⑤]面对此种情

① 明驼：《河西见闻记》，载顾颉刚《西北考察日记》，达浚、张科点校，兰州：甘肃人民出版社，2002年，第131页。

② 陈旭麓：《近代中国社会的新陈代谢》，北京：中国人民大学出版社，2015年，第56页。

③ 王先明：《士绅构成要素的变异与乡村权力——以20世纪三四十年代的晋西北、晋中为例》，《近代史研究》2005年第2期。

④［美］黄宗智：《华北的小农经济与社会变迁》，北京：中华书局，2000年，第298页。

⑤ 谢觉哉：《谢觉哉日记》（上），北京：人民出版社，1984年，第185页。

况，县长为能在一县之内求得与绅士群体的“和睦相处”，在上任之初，都会亲自登门拜访，以表诚意。稍有不合其意之处，土劣必处处刁难，使政治推动迟滞，或且蜚语毁人，出无名之宣言，或且捏词上控，造假名之状纸，此种情形，层见迭出。[①]倘若县长生性懦弱，又没有能力与之抗衡，通常情况下，就只能苟延残喘。时人有言：“甘肃吏治黑暗，县长如不和豪劣勾结一气，必站不住，若和豪劣一同剥刮，那钱得了，官声也好”。[②]此言虽多有批判之意，却于愤懑中道出了事实真相，不失为县长难为的又一侧面反映。

当然，县长难为的原因还有频繁调动以及县府财政匮乏等原因。在上一节中，单就武都县县长的调动问题，我们就不难窥见县政不发达的既定事实。频繁调动，政绩难以达成，县政治理自成一纸空谈，或都半途而废。同时，因为县长的任命大权一般都掌握在省主席与民政厅长手中，所以新任省主席的上台，往往意味着县长人选的更换。时人将之描述为：更换一次首长，荐信三尺，带员数十，赶走一半。[③]西安事变之后，朱绍良担任甘肃省政府主席，为排挤前主席于学忠的势力，将陇南原11个县长中的10个相继撤走，真正是县长大换血。1940年，谷正伦接任甘肃省政府主席时，人事调动上又出现了同样的情况，陇南11个县长全部撤掉。[④]走马观花式的上任、调动，没有政绩可言，县长之威严何以建立？而且，民国县长的个人薪俸也是相当微薄的，从某种程度上讲，县长也是贫困阶层一族。为此，曾有人指出：县长受多头长官的指挥，拿着比银行工役还低的官薪，指挥着半饥半寒的职员，负着无所不包的任务，溷筹拮据不堪的财政，天天肆应为劳，没有余力办地方福利事业，故纵有出众的县令，也无法持久。至于下层职员，拿着低微可悲的薪津，仰事俯蓄，无法赡养，其工作效率之低落，自在意料中。[⑤]最后，县府财政空虚，很多政策举措难以实施，政令不能下达，行政效率低下，不作为现象突出。

纵观抗战时期的甘肃地方政治，情势复杂多变，风云诡谲，体现着统一性和多变性的特点。南京国民政府力图在甘肃建立坚固的统治基础，牵制宁青，控制共产党势力，进而绥服新疆。不可否认，国民党中央政府的努力取得了相当

① 李静应：《所望于王应榆者》，《旭光》1935年第1卷第1期，第2页。
② 谢觉哉：《谢觉哉日记》（上），北京：人民出版社，1984年，第188页。
③ 湖南安乡县政府：《安乡示范县政纪实》，湖南：长沙新中国书店，1948年，第200页。
④ 马廷秀：《百年见闻录》，兰州：甘肃民族出版社，1992年，第19页、第22页。
⑤ 鲁得周：《论基层政治》，《甘肃民国日报》1949年1月13日第3版。

的成效，尤其在抗战时期蒋介石的个人形象和政治权威达到了顶峰，其中华民族领袖的地位逐步树立，全国各地方实力派基本都能在蒋的统一领导下开展抗日救亡。“宁马”和“青马”也不例外，他们都能在抗日的大旗下共赴国难。此外，蒋介石派往甘肃的封疆大吏大多都能励精图治，刷新吏治，发展经济，地方社会整体向近代化迈进。在此情形下，马家军阀势力意图染指甘肃政治的能力逐渐被削弱，因之甘肃政治向着良性和统一局面发展。但是另一方面，由于南京国民政府在甘肃实施保甲制和新县制政策方面不尽如人意，对地方基层社会的控制仍然软弱无力，地方土劣士绅把控基层政权，县长、乡镇保甲长难为现象突出，他们仰人鼻息，施政多被掣肘，地方民众被幽禁在黑暗的深渊里。加之此时军队数量众多，征兵抓丁现象时有发生，军粮款项催逼等，让民众苦不堪言，官民关系极其紧张，政府的公信力逐渐下降，民众离心倾向严重，这成为导致南京国民政府最终败退西北乃至大陆的重要诱因。

参考文献：

[1] 甘肃省银行经济研究室:《甘肃之特产》，兰州:兰州俊华印书馆，1944年。

[2] 朱顺佐:《邵力子传》，杭州:浙江大学出版社，1988年。

[3] 王劲:《邓宝珊传》，兰州:兰州大学出版社，1988年。

[4] 丁焕章主编《甘肃近现代史》，兰州:兰州大学出版社，1989年。

[5] 魏永理主编《中国西北近代开发史》，兰州:甘肃人民出版社，1993年。

[6] 刘光华主编《甘肃通史》(中华民国卷)，兰州:甘肃人民出版社，2009年。

[7] 郝成铭、朱永光主编《中国工农红军西路军·文献卷》，兰州:甘肃人民出版社，2004年。

[8] 封汉章:《东祸西渐与华北社会——“华北自治运动”研究》，北京:国际文化出版社，2004年。

[9] 许宪隆:《诸马军阀集团与西北穆斯林社会》，银川:宁夏人民出版社，2001年。

[10] 胡平生:《民国时期的宁夏省(1929—1949)》，台北:学生书局，1988年。

[11] 张振德、赵喜民:《西北革命史》,西安:陕西人民教育出版社,1991年。

[12] 全国政协文史资料研究委员会、青海省政协文史资料研究委员会、《青海三马》编辑组:《青海三马》,北京:中央文史出版社,1988年。

[13] [英]金乐婷:《大西北的呼唤:女传教士西北见闻录》,尚季芳、咸娟娟译,兰州:甘肃文化出版社,2015年。

[14] [瑞典]斯文·赫定:《丝绸之路》,江红、李佩娟译,乌鲁木齐:新疆人民出版社,1997年。

[15] 何廉:《何廉回忆录》,朱佑慈等译,北京:中国文史出版社,1988年。

[16] [美]默利尔·亨斯博格:《马步芳在青海(1931—1949)》,崔永红译,西宁:青海人民出版社,1994年。

[17] 杨钟健:《西北的剖面》,朱秀珍、甄暾点校,兰州:甘肃人民出版社,2003年。

[18] 马鹤天:《甘青藏边区考察记》,胡大浚点校,兰州:甘肃人民出版社,2003年。

[19] 刘文海:《西行见闻记》,李正宇点校,兰州:甘肃人民出版社,2003年。

[20] 徐旭:《西北建设论》,上海:中华书局,1944年。

[21] 杨剑利:《女性与近代中国社会》,北京:中国社会出版社,2007年。

[22] 范长江:《中国的西北角》,北京:新华出版社,1980年。

[23] 费孝通:《乡土中国》,北京:人民出版社,2008年。

[24] 王亚南:《中国官僚政治研究》,北京:中国社会科学出版社,2005年。

[25] 明驼:《河西见闻记》,载顾颉刚《西北考察日记》,兰州:甘肃人民出版社,2002年。

[26] [美]黄宗智:《华北的小农经济与社会变迁》,北京:中华书局,2000年。

[27] 谢觉哉:《谢觉哉日记》(上),北京:人民出版社,1984年。

[28] 马廷秀:《百年见闻录》,兰州:甘肃民族出版社,1992年。

[29] 刘慧英:《遭遇解放:1890—1930年代的中国女性》,北京:中央编译出版社,2005年。

[30] 夏晓虹:《晚清女性与近代中国》,北京:北京大学出版社,2004年。

第二章

八路军驻甘肃办事处与甘肃抗日战争

九一八事变后，以蒋介石为首的南京国民政府实行不抵抗政策，日本迅速占领东三省，继而建立了伪满洲国，加紧了对中国内地的侵略。与此同时，中国共产党高举抗日救亡的旗帜并及时调整策略方针，推动了抗日救亡运动的广泛发展。七七事变后，中共中央发出了《中国共产党为日军进攻卢沟桥通电》，主张坚决抗战，呼吁国共合作，共御外侮。在全民族一致抗日救亡的呼声下，1937年9月22日，国民党中央通讯社发表了《中共中央为公布国共合作宣言》，次日，蒋介石发表了承认中国共产党的合法地位和国共两党合作抗日的谈话。至此，以抗日民族统一战线为标志的第二次国共合作正式形成，中国的革命从此进入了一个新的阶段。正如毛泽东所说："这在中国革命史上开辟了一个新纪元。这将给予中国革命以广大的深刻的影响，将对于打倒日本帝国主义发生决定的作用。"[①]

国共第二次合作正式形成后，中共中央为了更好地发展抗日民族统一战线，在国民党重要统治区设立办事机构，并在重要城市派驻党代表，八路军驻甘肃办事处（以下简称"八办"）在此背景下成立。"八办"作为中共中央设立在兰州的唯一公开机构，对推动甘肃乃至全国的抗战胜利起了非常重要的作用。

第一节　"八办"成立及独立开展的主要工作

1936年红军长征到达陕北后，中共中央提出了总的战略思想，其中包括：首先造成西北地区的抗日局面，以达到逼蒋抗日，停止内战，组成全国抗日民族统一战线。[②]为实现这一战略任务，中共中央准备适时打通与苏联的国际通道，取得苏联的援助。正如中共中央和毛泽东同志指出的：打通苏联为实现抗日战争，首先为实现西北局面进行部分抗日战争之主要一环。[③]西路军肩负着开辟甘肃河西根据地、奠定抗日后方、打通国际路线的重任。经过5个月浴血奋战，

① 毛泽东：《国共合作成立后的迫切任务》，载《毛泽东选集》第2卷，北京：人民出版社，1991年，第364页。
② 中共甘肃省委党史资料征集研究委员会：《悲壮的征程》（上册），兰州：甘肃人民出版社，1991年，第2页。
③ 徐向前：《历史的回顾》，北京：解放军出版社，1987年，第336页。

约有7000人战死疆场，近万人被俘，4000余人流落甘肃、青海各地。[1]中共中央对西路军的援救工作是全方位的。为尽快营救西路军失散人员，中共中央决定就近在兰州设立红军联络处（即甘肃“八办”的前身）。国共第二次合作正式形成后，为了发展抗日民族统一战线，党在国民党统治区的武汉、西安、桂林、重庆、乌鲁木齐等城市先后建立了八路军办事处，并在重要城市派驻中共中央代表。八路军驻甘肃办事处于1937年8月正式成立。

“八办”成立后，利用自身的合法地位，运用各种方式宣传中共抗日民族统一战线政策和主张，开展抗日民族统一战线工作，并输送进步青年转赴延安。办事处通过多种渠道与国民党甘肃省政府反复交涉，把营救和收容西路军失散人员作为其主要的工作之一。此外，办事处还通过苏联驻兰州的外交代表处和军事代表处与苏共保持着联系，负责来往于中苏之间人员的接待和各种苏联援华物资的转运。“八办”的以上工作，为大后方抗战运动的积极开展做出了重要贡献。

一、宣传党的抗日救亡政策，开展抗日民族统一战线

“八办”成立后，在中国共产党的领导下，积极在国统区开展抗日民族统一战线工作，宣传中国共产党的抗战方针、政策，向延安和抗战前线输送革命干部和进步青年，为争取抗日战争的胜利发挥了极其重要的作用。

（一）争取国民党上层统治者，建立最广泛的统一战线

当时任国民党甘肃省政府主席的贺耀组，原系湖南军阀，大革命时期谢觉哉曾受中国共产党的委派，以国民党党员的身份做过贺耀组的工作，争取他参加了革命。谢觉哉在兰州期间，利用自己和贺耀组的同乡、同学、朋友关系，对贺耀组做了大量的工作，使他逐步解除了对中国共产党及其领导的抗日武装的疑虑，接受了中共中央的抗日民主政策，为西北抗日民众运动的发展做了一些有益的工作。

谢觉哉抵达兰州后，贺耀组特派高级顾问驱车到机场迎接，当晚，举行了盛

① 中共兰州市委党史办公室：《中国共产党兰州历史 上卷（1925—1949年）》，兰州：甘肃人民出版社，2002年，第182-183页。

大宴会为谢觉哉洗尘。国民党甘肃省的党政要员和各界知名人士聚集一堂，并纷纷提出各种问题请谢觉哉析疑。这种场合给谢觉哉提供了一个演讲的好机会，他把这个洗尘的宴会变成了宣传党的抗日主张的讲台。正如《谢觉哉日记》所记述："九时贺主席派郭顾问用车来接，谈至十一时……今晚谈的是国共合作问题。"[①]这次演讲，在处于西北边陲的兰州激荡起了抗日救亡运动的波潮。

谢觉哉到达兰州的第三天晚上，"九时，贺主席来谈至十一时"，[②]他们畅叙旧谊。8月13日，贺耀组公开召集国民党上层人士党部官员邓宝珊、田昆山、马愚忱等在励志社宴请谢觉哉和彭加伦。这标志着当局公开承认共产党在甘肃的合法存在，以国共合作为基础的抗日民族统一战线已经初步形成。[③]宴后，双方一起讨论了办事处提出的民运问题。贺称："共党是民运专家，过去因为如此，所以国民党总处于民运反面，词义间颇怀疑民运即是阶级斗争，说不没收土地了，恐共党发动民运的法子也有限；又说，民运是有力量的，但仅民运于国防是不够的。"[④]期间，田昆山称，一切须有国民党中央明令才好做，国民党中央要如何就如何。虽然其他官员对中国共产党的提议均无异议，但是，正如谢、彭所说："此间抗日工作仍甚沉寂，当局虽同意我方所提之意见，然因合作未公开，尚多疑虑，不能断然进行。"[⑤]谢觉哉感到贺耀组的认识是无视人民群众的政治偏见，便耐心地启发他。

此后，谢觉哉抓紧了对贺耀组的工作，对贺的模糊认识、错误观点逐一地进行了指正帮助。8月20日，谢觉哉在给贺耀组的信中，就民众运动与组织之根本改善向贺指出："西北民运，自主席莅任后，大有进展，然而不放心者尚大有其人，是宜从根本上加以纠正。所谓虑人操纵民运，及民运为力无多之说，类皆捉影捕风，不合真理……为发扬并领导民运计，开放言论，输进先进报纸杂志尤为必要。西北民运仅解放还不足，必须诱导奖进之。不在防其错误，而在防其不能急起而追。"[⑥]第二天，谢觉哉又去信给贺，针对其对民众运动的种种疑虑，提出了

① 谢觉哉：《谢觉哉日记》（上），北京：人民出版社，1984年，第121页。
② 谢觉哉：《谢觉哉日记》（上），北京：人民出版社，1984年，第122页。
③ 谷苞主编《西北通史》第5卷，兰州：兰州大学出版社，2005年，第506页。
④ 谢觉哉：《谢觉哉日记》（上），北京：人民出版社，1984年，第126页。
⑤《谢、彭1937年8月18日给中央电》，载中共兰州市委党史资料征集研究委员会《抗战时期党在兰州的革命斗争》（上册），内部发行，1985年，第26页。
⑥ 谢觉哉：《谢觉哉日记》（上），北京：人民出版社，1984年，第136页。

开展民运的具体办法，指出“不能预做一个匣子样的去限制民运”“党对民运保持其指导地位，但党不能命令民运，党只能命令党员在民运中起核心作用”。[①]

一封封书信、一次次交谈，谢觉哉忧国忧民、发自肺腑的直言善谏，使贺耀组受到感动和启发，他的政治态度渐渐有所转变，逐步接受了谢觉哉传达的中共关于国共合作、团结抗战的主张，表示愿为抗战效力。此后，贺耀组时常摆脱国民党密探的监视，在夜晚来“八办”与谢觉哉叙谈，他们谈甘肃民情、谈抗战前途，一谈就是两三个小时，谢觉哉也时常去国民党甘肃省政府看贺。为了避免门卫的盘问，贺耀组亲自送给谢觉哉一枚甘肃省参议会的证章，以便进出自如。谢觉哉还经常提醒贺：“甘肃是西北国防中心，为日寇西进要冲，你身为老成谋国之主席，受中枢之重托，系国家之安危，可要全局在胸。”[②]面对这些真诚的话语，贺每每点头称是。他在多次会议上，从抗战的观点出发，公开号召国共两党团结合作、一致对外，还修改了一些不合时宜的政策，制定了一些有关促进全民抗战的措施。正如谢、彭所说：“兰州环境大有转变，贺比前更进步，对我们提出之问题，均愿照行。”[③]

贺耀组还自任民政厅长，以加强抗日救亡运动的领导宣传工作，批准兰州的《甘肃民国日报》《西北日报》刊登八路军抗战的前线消息，允许公开发行延安出版的《解放》杂志，并积极协助谢老在兰州创办刊物，同意八路军在“八办”设立电台，以加强与八路军总部及各方面的联系。在贺耀组任代理甘肃省政府主席期间，是国民党由国内战争转向抗日民族战争的转变时期，[④]贺与中共中央和毛泽东驻甘肃代表谢觉哉以及八路军驻甘肃办事处合作，在一定程度上执行了开放民众运动，允许人民抗日救亡言论、集会、结社的政策，出现了甘肃省抗战初期群众运动高潮的局面[⑤]。

谢觉哉在重点做好贺耀组统战工作的同时，还指导“八办”的工作人员，将工作面扩展到甘肃国民党上层军政人员和各族、各界知名人士之中。省政府秘

---

① 谢觉哉：《谢觉哉日记》（上），北京：人民出版社，1984年，第137页。

② 王定国：《红色堡垒——回忆八路军驻甘办事处》，载中国人民政治协商会议兰州市委员会文史资料委员会《兰州文史资料选辑（第八辑）》，内部发行，1988年，第55页。

③《谢、彭在兰州之统战及党的工作报告》，载中共兰州市委党史资料征集研究委员会《抗战时期党在兰州的革命斗争》（上册），内部发行，1985年，第40页。

④ 刘光华主编《甘肃通史》（中华民国卷），兰州：甘肃人民出版社，2009年，第130页。

⑤ 王劲：《甘宁青民国人物》，兰州：兰州大学出版社，1995年，第106页。

书长丁宜中，是比较开明的，在谢觉哉及“八办”抗战救亡政策的宣传下，他认为共产党的宣言，不只是联合抗战的，而且是共同合作建国的。在以后的抗日救亡运动中，他和他的爱人王德谦以及王德谦的妹妹王德芬为抗日救亡运动和“八办”做了不少实际工作。此外，民政厅长施奎龄、国民党八战区参谋长章亮琛、国民党中央政府派驻兰州的外交特派员李铁铮、八战区经济委员张效良、甘肃省参议杨干丞等，都与“八办”经常往来，相互间十分友好。“八办”也常与地方绅士和教育名流如张维、水梓、慕少堂和乡师校长浦敏政等广泛接触，争取他们为抗日救国贡献力量。正如伍修权所说：“我们和当地的士绅如张维、水梓等也曾接触，利用一切可以利用的机会，阐明党的政策和主张，团结一切拥护抗日的阶层和个人。”①水梓“积极主张坚持抗日，曾接待进步团体‘新安旅行团’，与八路军驻甘肃办事处谢觉哉等同志频繁交往”。②

国民党新编第一军军长邓宝珊，是中国共产党忠实的老朋友③。谢觉哉抵兰后，便“致信邓宝珊，请约期会面”④，邓宝珊欣然允诺。之后，邓宝珊在国民政府召集的一些会议上，对民主、民运问题，多次发表意见，支持中共的主张，还将自己二女儿邓友梅送往延安学习，不久，邓友梅便参加了革命并加入中国共产党。在整个抗战期间，邓宝珊坚持以团结为重，与陕甘宁边区建立了长期友好的关系，在国民党反动派多次发动反共运动、制造摩擦时，指示所属部队必须维护边区到榆林交通安全，保护往来人员和物资顺利出入。1944年12月22日毛泽东写信赞誉他：“去年时局转换，先生尽了大力，我们不会忘记。八年抗战，先生支撑北线，保护边区，为德之大，更不敢忘。”⑤邓宝珊部下有一团长，名叫杜汉三，比较进步，“公开地倾向了我们，经常来办事处找谢老交谈，积极要求参加抗日工作。还邀请我们派人到他的团里去做政治工作”。⑥

甘肃是一个多民族地区，做好民族团结工作是统一战线的一个重要方面。

---

① 伍修权：《回忆八路军驻兰办事处》，载中国人民政治协商会议甘肃省委员会文史资料研究委员会《谢老在兰州》，兰州：甘肃人民出版社，1985年，第219页。

② 李甲中：《西北名流水梓》，载中国人民政治协商会议兰州市委员会文史资料委员会《兰州文史资料选辑·1992年第1辑（总12辑）近现代人物史料专辑》，兰州：兰州大学出版社，1992年，第96页。

③ 孙作宾：《党的抗日民族统一战线在甘肃的实践》，载中共甘肃省委党史资料征集研究委员会《甘肃党史资料（第五辑）》，内部发行，1989年，第257页。

④ 谢觉哉：《谢觉哉日记》（上），北京：人民出版社，1984年，第122页。

⑤ 毛泽东：《致邓宝珊》，载《毛泽东书信选集》，北京：人民出版社，1983年，第250页。

⑥ 伍修权：《我的历程》，北京：解放军出版社，1984年，第119-120页。

1937年7月，中共中央成立了少数民族工作委员会，下设回民工作部和蒙古工作部。8月，洛川会议通过的《抗日救国十大纲领》，明确提出动员蒙、回及一切少数民族在民族自治原则下共同抗日的主张。盘踞甘、宁、青的马步芳和马鸿逵是回族军阀，在西北占有重要的地位。正如孙作宾所说："在全国抗日运动不断高涨和国共合作，一致抗日的政治形势下，在甘肃各抗日力量的配合下，他们也会是站在抗日方面的。"[①]因此，"八办"亦积极开展对他们的争取工作。谢觉哉初到兰州，就宴请路过兰州的青海民和县县长马滕云、大通县县长刘希古（二人均是回族），与他们畅谈了团结抗日问题和营救西路军问题，希望他们多做马步芳的工作。二人同意谢觉哉的意见，赞成团结抗日，允诺介绍谢觉哉和马步芳、马麟见面。[②]谢觉哉在兰州还亲自会见了驻防甘肃武威的马步芳兄长马步青，向他宣传了党的抗日主张和在河西收容西路军问题。谢觉哉与回族上层人士省政府参议马凤图、马公章交往频繁，常在一起讨论民族问题、宗教问题和国共合作问题。谢觉哉、彭加伦还数次接见到"八办"求助的爱国阿訇，对他们的抗日爱国热情表示大力支持。

1937年12月，由于贺耀组对谢觉哉和"八办"的友好态度，"蒋介石于同年12月10日以'入京襄助'为由，免去贺耀组甘肃省政府代主席及西安行营驻兰州办公厅副主任职，携眷离兰"，[③]甘肃省主席由朱绍良担任。早在1936年9月毛泽东就写信致朱绍良，表示："先生而同意统一战线，则鄙人竭诚以迎。"[④]但是，朱上任后，明确提出了以巩固国民党在甘肃统治为目的的"在安定中求进步"的施政方针，推行了许多反共、防共措施，限制民众运动，宣称他的敌人有两个，一个是日本帝国主义，一个便是共产党。"朱初来时，尚有撤销办事处及组暗杀团的谣言"，[⑤]"在办事处门前（正对着门口）派一位警士站岗，昼夜轮换不断"[⑥]。面对这种状况，谢觉哉和"八办"坚持党的团结抗日主张，一方面对他采

① 孙作宾：《党的抗日民族统一战线在甘肃的实践》，载中共甘肃省委党史资料征集研究委员会《甘肃党史资料（第五辑）》，内部发行，1989年，第258页。

② 谢觉哉：《谢觉哉日记》（上），北京：人民出版社，1984年，第138–139页。

③ 春浦：《贺耀组在抗战初期任甘肃省主席的政绩》，载中国人民政治协商会议兰州市委员会文史资料委员会《兰州文史资料选辑（第八辑）》，内部发行，1988年，第162页。

④ 中央统战部、中央档案馆：《中共中央抗日民族统一战线文件选编》（中），北京：档案出版社，1985年，第257页。

⑤ 谢觉哉：《抗日战争时期甘肃政治概况》，载《谢觉哉文集》，北京：人民出版社，1989年，第269页。

⑥《甘肃工委张堃工作报告》，载中共兰州市委党史资料征集研究委员会《抗战时期党在兰州的革命斗争》（下册），内部发行，1985年，第98页。

取团结争取的方针，进行耐心的说服，另一方面进行了“有理、有利、有节”的斗争，迫使朱绍良等反共分子不得不面对国共合作的现实，与“八办”勉强维持着表面的团结友好局面。

（二）输送进步青年转赴延安，增强持久抗战的新力量

抗日战争爆发后不久，周恩来便根据当前的抗战形势，在谈论青年运动的性质时就指出：在国家环境整个的变动下，青年在这时代里所占的地位是最困难而又最重要的，并且呼吁青年在民族救亡的事业中担负起应有的责任，在谈论青年应该努力的方向时，号召青年，第一，到军队里去——这是在今天挽救民族危亡的最有效的方法；第二，到战地服务去——战地的民众缺乏组织，到处在流浪着，彷徨着。[①]毛泽东亦指出：单纯的政府抗战只能取得某些个别的胜利，要彻底地战胜日寇是不可能的。只有全面的民族抗战才能彻底地战胜日寇。他提出今后的任务是动员一切力量争取抗战胜利，[②]号召全中国人民动员起来，武装起来，参加抗战，实行有力出力，有钱出钱，有枪出枪，有知识出知识。[③]

“八办”成立后，大力宣传党的政策和主张，开展抗日民族统一战线工作。谢觉哉指出：“要知道发动全甘肃民众起来抗敌，保卫西北，学生是个关键。”[④]受谢觉哉和“八办”同志鼓舞和支持，许多进步的青年学生、教师、职员等，对八路军和共产党倍感亲切，常常找谢觉哉和伍修权交谈并听取中共对时局的意见。谢觉哉和“八办”的同志对此都来者不拒，竭诚接待，鼓励他们参加抗日救亡运动。据伍修权回忆，“后来有许多人接受了进步思想，奔赴革命圣地延安，投身于新民主主义革命斗争”。[⑤]例如邓宝珊将军的二女儿邓友梅在“八办”的影响下于1937年底奔赴延安学习，不久便参加了革命。兰州女师的两名女学生女扮男装，留下遗书，奔赴抗日前线。[⑥]“八办”还在《甘肃民国日报》上刊登了“抗大”和“陕公”招生广告，在各学校、单位张贴。“八办”通过金素兰（省立兰州医院护士长）在省立兰州医院散发抗大和陕北公学的招生简章，该院的医护人员李

---

① 周恩来：《现阶段青年运动的性质和任务》，载《周恩来选集》（上卷），北京：人民出版社，1980年，第88页、第89–90页。

② 毛泽东：《为动员一切力量争取抗战胜利而斗争》，载《毛泽东选集》第2卷，北京：人民出版社，1991年，第325页。

③ 中央档案馆：《中国共产党抗日文件选编》，北京：中国档案出版社，1995年，第184页。

④ 谢觉哉：《甘肃教育的商榷》，载《谢觉哉文集》，北京：人民出版社，1989年，第276–277页。

⑤ 伍修权：《回忆八路军驻兰办事处》，载中国人民政治协商会议甘肃省委员会文史资料研究委员会《谢老在兰州》，兰州：甘肃人民出版社，1985年，第219页。

⑥ 王晋林：《抗战初期党领导的甘肃学生运动述评》，《社科纵横》1991年第3期。

尚忠、梁景明、沈强、郑宏民等，先后奔赴延安参加了革命工作。兰州进步青年岳维俊、安鼎铭、杜琳、刘珍、张生强、陈定邦、高尊输、何明渊、周新民、张恕、周世俊、曾莹、闫达寅、任震宇、陆钟斐、王君朗等大批青年摆脱各种羁绊，毅然投奔延安学习和工作。①

抗战期间，“八办”先后输送到延安的青年达三百人左右。1939年毛泽东写道：三年以来，我党我军在吸收知识分子方面，已经尽了相当的努力，吸收了大批革命知识分子参加党，参加军队，参加政府工作，进行文化运动和民众运动，发展了统一战线，这是一个很大的成绩。②所有这一切，与八路军设在各地的办事处的努力工作是紧密相连的，其中，“八办”的贡献也是不可忽视的。

二、营救西路军失散人员

“八办”成立后，遵照毛主席和中共中央的指示，一方面向贺耀组、朱绍良、马步芳、马步青据理力争，营救西路军被俘人员；另一方面派人在武威、张掖寻找和收容失散的西路军干部和战士。在“八办”和当地群众的帮助和掩护下，许多西路军战士辗转归队，并经“八办”转送延安，回到革命队伍，为党保存了一批宝贵的革命力量。

（一）基督徒高金城大夫从事的秘密营救

高金城，又名高固亭，河南省襄城县蓦岭乡高庄人，1888年生于一个贫农家庭。他自幼聪颖好学，秉性忠厚侠义，少时在乡间福音堂做勤杂工而入基督教。从1917年起，他先后在甘州、肃州（今酒泉）创办福音堂医院，把布道和治病结合在一起，广泛结交社会各阶层人士，为他之后开展营救西路军失散人员打下了坚实的社会基础。1927年，甘肃省政府任命高金城为平凉后方医院院长，9月后，随冯玉祥到达郑州，任西北军伤病医院院长。在这期间，他结识了吉鸿昌、浦化人、余心清、吴波等人，这些人的辉煌经历，对高金城的政治倾向产生了重大的影响。蒋、冯、阎中原大战后，高金城离开军队到北京协和医院工作。1932年他参加了协和医院组织的战地医疗队，奔赴上海支援十九路军抗战。面

① 中共兰州市委党史办公室：《中国共产党兰州历史 上卷（1925—1949年）》，兰州：甘肃人民出版社，2002年，第275-276页。

② 毛泽东：《大量吸收知识分子》，载《毛泽东选集》第2卷，北京：人民出版社，1991年，第618页。

对时局，他切实悟出只有共产党才能救中国的真理。1933年10月高金城不幸丧偶，年底，他回到兰州，在友人的帮助下，高金城租赁了齐鲁会馆创办了福陇医院。1934年，协和医院护士长牟玉光因敬仰高金城的为人而转赴兰州，同他结为夫妻。不久，他们开办了牟玉光助产事务所，夫妇共同造福甘肃人民。

"八办"成立以来，立即派人深入河西营救流落于此的西路军战士。吴波马上想到了高金城，并向张文彬作了推荐。面对办事处同志的请求，高金城慨然允诺亲赴河西参加营救西路军失散人员的工作，并将医院的各种家具赠送给办事处作办公和住宿用。1937年8月1日，中共中央和毛泽东驻甘肃代表谢觉哉到达兰州的第四天，便和"八办"的彭加伦、朱良才同志一起约高金城大夫在五泉山会面，密商到甘州去寻找陈昌浩及西路军失散人员的具体办法，议定由高金城重开福音堂医院以掩护营救工作，蔡光波随同协助，并给高金城大夫一笔活动经费。一周以后，高金城以甘肃省甘凉肃抗敌后援会主任的名义，拿着甘肃省政府的介绍信与蔡光波一起到了张掖，积极展开了营救西路军失散人员的工作。

早在1937年6月初，流落在张掖的西路军战士刘德胜、邱均品、蔡文良就秘密成立了张掖地下党支部，由刘德胜担任党支部书记，以便更好地扩大组织，团结同志，营救西路军失散人员回到党的怀抱。高金城来到甘州后，以基督教办慈善事业为掩护，按照既定计划，他首先开展对国民党上层人士的统战工作。他以甘凉肃抗敌后援会主任的身份，广交各界，宴请地方官员和绅士，其中有张掖县长马鹤年、师长韩起功和驻军团长以上军政要人。他在各种场合号召各族各界积极参加抗战，并声明要重开福音堂医院，以接受抗日战士伤病员住院治疗。他抓住各种机会宣传国共合作的重要性，甚至以传教士的名义要求国民党当局释放政治犯出来参加抗战，还建议当局召开抗日动员大会。随后，高金城以修复福音堂、重开医院为名，向韩起功要回被其军队据为伤兵医院的福音堂。迫于形势，韩不得不下令把伤兵医院迁至附近的文昌庙内。福音堂医院重开后，高金城留下前门给群众治病，留下后院的两个客厅专为红军治疗。当年高金城在这里培养的徒弟张明新、陈大伟、卢合林、张秀玉、傅从俭等知道高金城来意后都回到福音堂做医护工作，担任起了配合寻找西路军失散人员的任务。

此时，以刘德胜为书记的张掖地下党支部也分头与流落于此的红军战士取得联系，正寻找机会与党取得联系。福音堂医院开诊后，刘德胜拄着双拐时常进出福音堂医院，这引起了高金城的注意。随后高金城曾两次派人请刘德胜来治病，并探询他的来历。刘德胜始终守口如瓶，保守着党的秘密。直到第三次，在蔡光波向刘德胜说明高金城的来由后，刘德胜仍然半信半疑，直到认识蔡光波的张掖地下党成员王定国考察清楚、确信无疑后，才向高金城、蔡光波汇报了张掖临时党支部的分布和活动情况。随后，高金城以医院缺少护理人员为由，先后向韩起功要回被俘女红军王定国、徐世淑、苟正英、廖春芳4人，加上高金城的徒弟们，就以福音堂为据点，在张掖地下党同志的配合下，全面开始了秘密营救西路军失散人员的工作。高金城、蔡光波写信告知谢觉哉："甘州已有我党临时支部，内有女的王定国、徐世淑，已在医院。"①

福音堂医院专设20张病床以收容流落于此的红军战士，医院后门专供被收容的红军出入，以敲门三声为暗号，由王定国、傅从俭等人接应。经过治疗，伤愈者大都发给路费，带着高金城的名片到兰州找"八办"；有的则介绍到牟玉光助产事务所，由牟玉光派人送到"八办"。残废不能走的，也绝不放弃。红军营长刘克先和女连长万子英等伤情严重，双腿残废，高金城通过关系，把他们安全地送到了"八办"。经过暗访，高金城了解到陈昌浩已在群众的护送下渡过了黄河，他将这一情况密信告知谢老并转报中共中央。

1937年11月后，高金城收到彭加伦"民乐县南山隐藏红军干部极多"的电报，要他设法营救。此时，南山一带是洪水区区长兼民团团长孙振铎的势力范围，高金城利用曾与孙振铎有旧交的关系，冒险与孙振铎商谈并达成协议。随后，高金城复写了一百多张字条，上写："中国工农红军改为第十八集团军，在兰州设有办事处，地址在兰州南滩街五十四号，朱良才在那里接应你们"，且派王定国、张明新、陈大伟带上字条来到民乐县孙家庄南山一带散发。一个星期后，找到了一批流落于此的红军，其中有西路军野战医院院长丁世芳、西路军派出的甘州中心县委书记吴建初等，他们由高金城介绍到达"八办"，后经西安回到了延安。

福音堂在高金城的带领下，先后从河西各县寻找到了200多名流落于此的西路军战士，并通过"八办"安全转运到了延安，可是他频繁的活动引起了国民

① 谢觉哉：《谢觉哉日记》（上），北京：人民出版社，1984年，第132页。

党的注意。1938年2月3日凌晨4时，韩起功派他的中校副官马兆祥到福音堂医院找高金城，谎称“韩师长得急症，请高院长出诊”。当高金城来到韩起功司令部后，韩便逼问高金城，要他交出共产党名单，交代放走了多少共产党分子。面对韩的质问，高金城临危不惧，高声颂扬共产党爱国爱民，是抗日救国的民族英雄，终遭韩残忍地杀害。1951年甘肃省人民政府民政厅追认高金城为革命烈士，以表彰他的事迹。谢觉哉高度评价高金城烈士“热情奔放，严肃负责，负伤战士赖以获得安全，但他却因此为匪帮所捕而光荣的牺牲了！他对于人民解放事业的忠诚是值得崇敬的”。[①]

（二）与国民党上层交涉开展的营救

办事处成立初期，张文彬、彭加伦曾先后三次与贺耀组和九十七师会谈，交涉营救西路军问题，但是，“贺耀组态度亦不甚好，对我们极冷淡敷衍，并且歪道理很多。法西斯分子监视很严，各方面的线索一点也没有，处境非常困难……党员仍未找到一个”，[②]收容工作很难开展。

西路军失散后，被俘人员分别集中在西宁、张掖和武威等地，其中干部多被关押在监狱，战士大部被编入国民党的补充团。编入补充团的西路军人员大都交付驻兰州的国民党九十七师集中“感化”。“八办”成立后，谢觉哉多次向贺耀组、朱绍良、马步青、马步芳及九十七师师长孔令恂交涉，还亲自会见马步青及马步芳派驻兰州的代表马绍武，要求归还被俘人员。办事处把获得的被俘人员名单交给贺耀组，通过贺耀组敦促马步芳释放关押的西路军战士。这样，陆续从武威和西宁营救了一些失散的西路军战士，还有一些被俘干部。

谢觉哉抵达兰州后，根据吴鸿宾的调查了解到西路军“在河西尚有千余人……工兵营约五百人修汽车路……妇女两百多，在工厂、医院做工……小孩百多，散在旅馆、澡堂当伙计及官长家当勤务。歌舞团两个……各约三十余人……其余散在各部队”，并将这些情况立即写信告知贺耀组，请电青马索要。在获得贺耀组的允许后，谢觉哉转告中共中央：“青海流落人员，贺俟红军改编公布才能电索。”1937年8月18日，谢觉哉“会九十七师韩副师长，交涉要回干部五

① 学习杂志社组编《谢觉哉书信选》，北京：中国卓越出版公司，1989年，第111页。

②《彭加伦关于兰州工作报告》，载中共兰州市委党史资料征集研究委员会《抗战时期党在兰州的革命斗争》（上册），内部发行，1985年，第28页。

人。称查明交还”。9月3日，“九七师送来干部两人：一医生陈凤祥，一何兰阶秘书”。13日，甘肃省政府送来由青海归来之工人男妇十五名，“八办”接到九十七师信，说：“伊处只有红军士兵二十余人，已全部送西安。”[1]22日，刘瑞龙、魏素清等党的重要干部回到党的怀抱，这也是谢觉哉通过贺耀组亲自出面与马步青交涉的结果。[2]

1937年冬，青海马步芳把被俘的红军战士2000余人编为一个新兵团，送往第一战区拨交卫立煌部队。当部队达到兰州时，谢觉哉派王定国从席天明那里了解到，该团除了团、营、连长是马步芳的人，班、排长都是红军战士。谢觉哉知道情况后，一面报告中共中央，请中央设法营救，一面向国民党八战区长官朱绍良交涉，要求把这批红军战士拨交八路军。谢觉哉还亲自找该团杨团长谈话，对他讲中共团结抗战的主张，并劝他把该团红军交给八路军。彭加伦也给战士们讲了话，暗示他们要坚定信心。当部队提前离开兰州后，谢觉哉立即给在西安的林伯渠发了电报，请西安方面想办法营救。部队到达西安后，西安办事处处长伍云甫看望了战士并发表了讲话。之后，当部队到达三原县的安吴堡时，由八路军驻三原留守处周必泉负责接收，并编到八路军各部队，使这批红军战士回到党的怀抱。这次营救活动是“八办”与八路军驻西安办事处配合营救的结果。

（三）在兰州直接收容

西路军失散后，不少人员流落到了兰州，靠从事卖水、理发等体力劳动维持生活。“八办”成立后经常派人到街头访问，以进行收容。“八办”的同志对外地来到兰州，直接找到办事处的红军流落人员都非常热情，为他们提供替换的衣服，帮他们理发、沐浴、检查身体，并治疗伤病，还组织他们进行时事学习，然后转送到延安。收容工作一直延续到1940年，收容人员总共200余人，大部分是战士，也有少部分是连、排、营、团干部。比较集中的一批是1937年冬，马步青将被他们俘虏的100多名伤残红军，放出交给“八办”。但是由于办事处没有交通工具，限于当时所处的艰难条件，很难将这批红军战士都收容归队，更不要说全部

① 谢觉哉：《谢觉哉日记》（上），北京：人民出版社，1984年，第123页，第130页，第146页，第150页。

② 春浦：《贺耀组在抗战初期任甘肃省主席的政绩》，载中国人民政治协商会议兰州市委员会文史资料委员会《兰州文史资料选辑（第八辑）》，内部发行，1988年，第160页。

送回边区。在接到中共中央的指示后,“八办”只留下了少数干部,并经过交涉,向国民党八战区要了一些钱,分发给其余的伤残战士,动员他们各自回原籍。后来,许多同志服从党的决定,陆续回到了家乡,也有少数同志因为伤病未能回到家乡。还有的同志由于深陷敌手或僻远的农牧区,一直流落在甘、青一带,度过了几十年悲惨的生活。1940年春,一大批原来突围至新疆的西路军战士,分别乘坐40多辆汽车,从新疆来到兰州。由于国民党方面的阻挠,这批红军战士未能进城,只好在郊区的十里店暂住。“八办”为他们送去了大量的熟食,并通过与甘肃国民党政府交涉,使他们在十里店住了两天后离开兰州,后来都回到了延安。

在营救和收容西路军失散人员这件事上,尽管留下了许多遗憾,但是在“八办”的努力下,在力所能及的范围内,仍然营救和收容了许多红军战士及干部,并经过八路军驻西安办事处的接应,回到了八路军部队,为党的革命事业保存了力量。1938年8月,八路军西安办事处给中共中央的报告中写道:“八路军在河西失去联络的战斗员和大部分干部,由甘肃省政府遣送前来的1200人,从其它各方面零星收集的也有500人左右”,[①]这些与“八办”的努力是紧密相连的。

三、第三国际交通线的开辟及其与苏联代表处的联络工作

抗日战争爆发后,中国共产党与第三国际保持联系的东北交通线被切断,海上交通同时也受到阻隔。为了获得第三国际的援助,争取抗日战争的胜利,中国共产党利用西安事变后出现的国共两党第二次合作的有利形势,通过建立公开的或半公开的机构,为打通向苏联的国际交通线做出了努力。其中以伍修权领导的“八办”为交通站和中转站,连接起了阿拉木图—迪化(今乌鲁木齐)—兰州—西安—延安的国际交通线,在抗日战争期间加强了中共与苏联和第三国际的联系。苏联援助中国的军用物资,主要是经过新疆运至兰州(另一个转运点是咸阳)后,再转向各战区。[②]“八办”的成立为获得国际援助,取得抗日战争的胜利做出了贡献。

---

① 中共兰州市委党史办公室:《中国共产党兰州历史 上卷(1925—1949年)》,兰州:甘肃人民出版社,2002年,第187页。
② 谷苞主编《西北通史》第5卷,兰州:兰州大学出版社,2005年,第475页。

(一)传递党的情报,增强双方联系

抗战时期,甘肃是我国的国际交通要道,根据苏联政府与国民党政府达成的协议,苏联负有物质援助中国抗战的义务,大量援助中国的抗战物资都要经新疆、甘肃转运至各地。因此,当时的兰州在政治上、军事上都占据着重要的地位,苏联在兰州设立了外交代表处和军事代表处,苏联支援我国的空军也驻扎在这里。1937年9月,根据苏联政府和国民党政府签订的协议,苏联代表抵达兰州,10月,在兰州正式设立了军事代表处和外交代表处。军事代表处代表初为阿基莫夫中将,1938年由杜特喀姆接任,副代表为弗拉基米洛夫,主要负责情报方面的工作,之后他作为塔斯社驻华记者转赴延安。"八办"遵照中共中央的指示,通过代表处与苏联保持着经常性的联系。由于国共两党合作抗日局面的形成,"八办"在甘肃抗战方面具有重要的地位,苏联代表处举办的各项活动特别是节日期间的重大招待宴会,都会请"八办"的主要负责人参加。初期,由于"八办"没有电台,"八办"曾通过苏联代表处的电台与中共中央保持联系,苏联代表处的萨夫隆诺夫秘书也时常来到"八办",与伍修权等人交谈。在伍修权的直接领导下,从德滋、任震英、侯竹友组成情报小组,并将侯竹友安排到苏联代表处任中文教员,以便在必要时进行联系和传递信件。从德滋、于千主编的民众通讯社,在谢觉哉和伍修权的支持下,也配合"八办"向苏联代表处传递情报。1939年冬,伍修权还介绍马明德到苏联代表处与马格列夫斯基秘书一起共事。1940年,"八办"应苏联代表处的请求,为派到兰州做情报工作的盛先传和王克业安排了社会职业进行掩护,伍修权也曾应苏联代表处的请求帮助他们翻译过一些资料。"我们同俄国同志的来往是公开的……往苏联代表处拜会,至离兰时,还未遇到意外阻挠。"①伍修权领导下的"八办"通过与苏联代表处的联系,保持了中国共产党与苏联和第三国际的联系,为获取援华物资、支援前方战士抗战贡献了一份力量。

(二)接待来往于中苏之间的人士

中国共产党往返苏联的人员,常常由伍修权代表"八办"与苏联代表处交涉,为他们解决交通工具,并且由"八办"安排往返中苏人员的食宿问题。无论

①《兰州办事处工作报告》,载中共兰州市委党史资料征集研究委员会《抗战时期党在兰州的革命斗争》(上册),内部发行,1985年,第72页。

是乘坐飞机或汽车，伍修权都谨慎地进行安排，保证了过往人员的人身安全。“八办”成立后不久，就接待了中国共产党派往新疆的人员。1937年10月10日，“张元夫（新盛代表）、杜重远（铁部代表）、周小舟（延安代表）自陕飞来，住办事处”。[①]10月，周恩来派李延禄、宋昌克陪同东北抗日将领李杜赴苏联，在兰州停留时，“八办”也给予了接待；12月，蔡树藩、钟赤兵、贺子珍、刘英等人去苏联，1938年1月，泽民、作抚夫妇经兰州去新疆都是由“八办”接待的[②]。

伍修权担任“八办”处长期间，“八办”与苏联代表处的联系愈加频繁。当时，党的许多同志如周恩来、邓颖超、蔡畅、邓发、陈郁、萧三、刘亚楼、李天佑、杨至诚、谭家述、孔原、冯铉、常乾坤、王弼、朱德海、王范、毛泽民夫妇、陈昌浩、博古的妻子刘群先等，去苏联治病或回国工作，都是通过“八办”与苏联代表处联系办理的。1938年林彪赴苏联疗养，经过兰州时，住在八路军驻甘办事处；1939年9月，周恩来因臂伤赴苏联治伤，伍修权亲往机场迎接，并安排在“八办”居住，同行的还有共产国际驻华军事代表李德，邓颖超、孙维世等；1940年2月，周恩来、邓颖超从苏联返回延安，途经兰州时仍然留住“八办”，同行人员有日本共产党主席野坂参三和印度尼西亚共产党领导人阿里亚罕等；越南共产党主席胡志明也受到过“八办”的接待。这些均由伍修权负责接待。除此之外，中共派往新疆工作的陈云、滕代远、徐梦秋等，以及从新疆返回延安的李先念、李卓然等西路军干部，也受到了“八办”的接待。

为了保证过往人员的安全，“八办”采取了多种保护措施。从苏联回国的同志到达兰州后，一般先隐藏在苏联代表处，待约好时间后，再由苏联代表处的汽车送到“八办”；有时也用苏联代表处的汽车送到郊外马路上，在约定的地点由伍修权接回“八办”；“八办”还通过给过往的同志发放军服和符号，起个假名，安排个军衔，掩护过往。过往同志离开兰州时，都派副官护送，有的藏在苏联运军火的汽车内，送到西安。如1938年王稼祥回延安时，“八办”派了四个同志一起护送。还有一些同志去苏联时，由于等待顺便飞机需要很长的时间，有时甚至需要几个月，“八办”在伍修权直接负责下便组织他们学习俄语，刘亚楼、杨至诚、谭家述等住在“八办”时，就曾参加过这种临时的俄语学习班。在“八办”的

① 谢觉哉：《谢觉哉日记》（上），北京：人民出版社，1984年，第157页。
② 谢觉哉：《谢觉哉日记》（上），北京：人民出版社，1984年，第204页。

保护下，除1940年底郑德等五人中途被扣外，其他同志都安全地回到了延安。[1]“八办”本来地方不大，人多时只能搭地铺睡觉，经常炕上地下都睡满了人。[2]就是在这样极其艰苦的条件下，“八办”在伍修权的领导下与国民党特务们斗智斗勇，常常避开国民党特务的监视，保证了过往人员的安全。

（三）接受并转运来自国外苏联和国内新疆的援助

1937年8月21日，苏联与中国政府签订了《中苏互不侵犯条约》，确立了两国战时互助合作关系。根据国民党政府与苏联政府达成的协议，苏联方面负有援助中国抗战的义务，大量援华物资就在兰州集中后再转运到各地。因此，接收并转运来自苏联和新疆的各种物资，也成了“八办”的一项重要任务。

当时，苏联政府给中共的支援仅限于医药、书籍等，这些物资也只能在兰州交接。1938年，苏联送给中共的医药、书籍和自行车等，都由八路军驻甘办事处接收，雇车转运到陇东。[3]这些物资通常是由汽车从苏联经新疆长途运来，有时只经过兰州，仍由原车运出兰州送到边区，“八办”便派人押运和领路，“八办”副官况步才曾数次押运军火物资到陕西长武县转交驻庆阳的八路军。当时，虽然苏联对中国共产党并未提供军事援助，但在中国共产党与新疆盛世才合作时期，却利用这条交通线争取和运输了一部分军事物资。从1937年11月起，新疆各族人民支援八路军的皮衣、西药、武器装备等源源不断运到兰州，由“八办”雇车派人押运到陇东交八路军三八五旅接收，其中有滕代远携带来的“高射机枪四挺，子弹两万及西药约八百斤”，[4]高自立等五十七人带皮衣军火等共十辆车[5]。1938年11月29日，新疆反帝会组织的献金会于10天内动员新疆人民献金2亿多万两（白银）、皮衣20万件、机枪20挺和西药、汽车等经兰州运往延安，支援前方抗战。[6]每逢物资运达时，“八办”的同志总是全体参加装卸、清点和收存。“八办”在这条交通线上起到了接待站和转运站的作用，为抗战前线直接贡献着力量。

① 中共兰州市委党史资料征集研究委员会：《八路军驻甘办事处》，载中共甘肃省委党史资料征集研究委员《甘肃党史资料（第二辑）》，兰州：甘肃人民出版社，1985年，第14页。

② 况步才：《“八办”的光辉业绩》，载中共甘肃省委党史资料征集研究委员会《甘肃党史资料（第二辑）》，兰州：甘肃人民出版社，1985年，第179页。

③ 中共兰州市委党史办公室：《中国共产党兰州历史 上卷（1925—1949年）》，兰州：甘肃人民出版社，2002年，第273-274页。

④ 谢觉哉：《谢觉哉日记》（上），北京：人民出版社，1984年，第203页。

⑤ 谢觉哉：《谢觉哉日记》（上），北京：人民出版社，1984年，第223页。

⑥ 中共兰州市委党史办公室：《中国共产党兰州历史 上卷（1925—1949年）》，兰州：甘肃人民出版社，2002年，第274页。

第二节 “八办”与甘肃工委配合下的甘肃抗战

“八办”与中共甘肃工委以兰州为中心，积极宣传中共抗日民族统一战线的方针、政策，激发民众的抗日救亡热情。“八办”对甘肃工委的组织建设、思想建设等都起着指导、协助的作用，甚至在某些具体工作上发挥着领导作用，而甘肃工委则在各个方面积极配合“八办”开展抗日救亡运动。“八办”与工委的关系十分密切，但不公开来往。“八办”侧重以公开合法的方式尽量争取国民党在甘肃的成员参加抗日民族统一战线；甘肃工委则主要以秘密隐蔽的方式，发动和联系广大中下层人民群众，推进抗日救亡运动。[①]他们互相紧密配合，共同领导着甘肃的抗日救亡运动。

一、“八办”帮助中共甘肃工委重建

早在大革命时期，甘肃就有过共产党员和组织的活动，但大革命失败后，党在甘肃的组织遭到破坏，以致大革命失败后到1931年期间，中共在甘肃没有或很少进行活动。在孙蔚如主甘的1931至1932年期间，曾由陕西去甘的一些同志开展党的活动，并成立了甘青宁特委，领导甘肃一带的工作。但是，党开展的工作没有深入到农村去，地方积极分子也吸收得非常少。在1933年党的组织被破坏后，党在甘肃的活动又停滞了下来。

抗日战争全面爆发后，中共中央在兰州设立办事处，进行统一战线的领导与宣传工作。但是，“八办”作为党在兰州唯一的公开机构，人员编制少，并且主要从事的是与国民党上层打交道的统战工作，而群众工作很难全面顾及，这影响着抗日民族统一战线工作的开展。面对如此情形，1937年8月，“八办”数次电告中共中央，“云阳旅长蒋之师〔连〕长来接头……请派一二个做党的秘密工作〔者〕来”；“杜曾屡次向我们要人，望即送二个得力的政治干部，以便去蒋、杜两部工作……你处能找到甘肃党员或进步分子，望多介绍几个来。我们不能进

① 刘光华主编《甘肃通史》（中华民国卷），兰州：甘肃人民出版社，2009年，第160页。

行秘密工作,请找一个做秘密工作的人来"[①]。8月21日,谢觉哉得到中共中央"干部须在本地物色"[②]的电示。这一切都促使了中共甘肃工委的重建。

1937年8月,中共中央派孙作宾来到兰州重建党的地下组织,"八办"协助他发展党员、配备干部,为建立甘肃党组织做了许多工作。孙作宾抵达兰州后,首先与邓宝珊将军的副官、共产党员杨子实取得联系,并定居于南关旅社。9月下旬至10月中旬,刘杰、蔺克义、刘日修、郑重远、窦至安陆续来到兰州,先后与孙作宾取得联系。在初步掌握了原有的党员的情况后,他们四处秘密进行串联活动,在考察培养的基础上,恢复和发展了一批党员。在兰州市,孙作宾通过王子勤恢复了赵子明的党组织关系,赵子明又先后介绍尹有年、贺进民加入共产党。郑重远到达兰州后,首先恢复了兰州师范教员陈成义、陆长林的党组织关系,后又吸收陆云龙、金焯三、陆泰安三人入党;在农村方面,郑重远在榆中金家崖、郦家湾及城关一带物色对象,进行培养,吸收了周彦领等人入党。截至10月中旬,在兰州、榆中等地建立党小组四个,共有党员24人,为建立省工委奠定了基础。[③]12月25日、26日,按照中共中央的决定和通知,孙作宾等人在"八办"召开会议,正式成立了甘肃工委(当时称为"兰州工委"),统管全省党的工作。工委成员明确了分工:孙作宾为书记,郑重远负责组织工作,吴鸿宾负责宣传兼回民工作,刘日修负责青年工作,刘杰负责妇女工作,会议还讨论了近期的工作计划和党组织的经费预算。

工委成立后,"八办"积极协助其加强组织建设和思想建设,并通过上层统战关系,掩护工委开展工作。1938年上半年,兰州工委改为甘肃工委,罗云鹏来兰州任甘肃工委副书记。"八办"协助甘肃工委举办党建训练班,培训党员,还吸收了一部分救亡运动的先进分子参加,训练班就设在"八办"。谢觉哉和伍修权亲自给训练班讲党课,讲授马列主义基础知识,还给每个人发了《联共党史简明教程》《论民族主义问题》等书籍。"八办"还通过各种办法掩护工委开展工作,比如:"八办"通过甘肃省建设厅主任秘书李剑华给孙作宾造了个记者身份,并安

---

① 《谢、彭1937年8月18日致洛毛电》,载中共兰州市委党史资料征集研究委员会《抗战时期党在兰州的革命斗争》(上册),内部发行,1985年,第26页。

② 谢觉哉:《谢觉哉日记》(上),北京:人民出版社,1984年,第138页。

③ 《抗战时期甘肃地下党概况》,载中共甘肃省委党史资料征集研究委员会《甘肃党史资料(第五辑)》,兰州:甘肃人民出版社,1989年,第6页。

排郑重远在建设厅当录士；对去延安的地下工作人员，“八办”也总是以军人职衔送其离开兰州。

二、“八办”与中共甘肃工委配合开展的抗日救亡运动

1937年8月25日，中共中央政治局洛川会议通过的《关于目前形势与党的任务的决定》指出：“共产党员及其所领导的民众和武装力量，应该最积极地站在斗争的最前线，应该使自己成为全国抗战的核心，应该用极大力量发展抗日的群众运动。不放松一刻工夫一个机会去宣传群众，组织群众，武装群众。”[①]毛泽东在《和英国记者贝特兰的谈话》中也指出：“反对日本帝国主义侵略的战争而不带群众性，是决然不能胜利的。”[②]为了贯彻中共中央的指示精神，针对甘肃的特殊形势，甘肃工委成立后，明确了党在甘肃的中心任务：广泛地进一步地深入宣传党的抗日救亡主张，鼓动群众起来参加抗战；要求民主，改善生活；在群众觉悟提高的基础上，建立、发展、壮大党的组织；在甘肃兰州广泛地发展统战对象，到中下层积极主动地开展抗日民族统一工作。[③]

（一）宣传党的抗战政策，扩大抗战统一战线

为了争取千百万民众加入抗日民族统一战线的行列，中共甘肃工委成立后，立即派出了一批党员深入到群众之中，大力宣传党的抗战政策，并有组织有计划地发起或参加各种抗日群众团体，使这些党员成为各团体的领袖和骨干。从1937年8月起，先后成立了一批抗日群众救亡团体，如抗敌后援会、妇女慰劳会、省外留学生抗战团、西北青年救亡读书会、甘肃青年抗战团、伊斯兰教协会、回民教育促进会、中华民族解放先锋队、西北抗战剧团、血花剧团、联合剧团等。其中，以共产党员罗扬实、樊大畏、蔺克义和万良才为骨干的甘肃青年抗战团，在全省25个县建立了72个分团，团员发展到3000多人。[④]

---

①《中共中央关于目前形势与党的任务的决定》，载中共中央文献研究室中央档案馆《建党以来重要文献选编（一九二一——一九四九）》（第14册），北京：中央文献出版社，2011年，第474页。

② 毛泽东：《和英国记者贝特兰的谈话》，载《毛泽东选集》（第2卷），北京：人民出版社，1991年，第375页。

③ 孙作宾：《党的抗日民族统一战线在甘肃的实践》，载中共甘肃省委党史资料征集研究委员会《甘肃党史资料（第五辑）》，兰州：内部发行，1989年，第259页。

④《抗战时期甘肃地下党概况》，载中共甘肃省委党史资料征集研究委员会《甘肃党史资料（第五辑）》，兰州：甘肃人民出版社，1989年，第15页。

为了宣传和贯彻党的政策和主张，党把“创办刊物，改造舆论”作为自己的工作方针。1937年11月，甘肃工委委员刘日修和党员樊大畏首先创办了《西北青年》，接着在“八办”和甘肃工委的指导下，《妇女旬刊》《回声》《甘院学生》《民众通讯》《抗敌》等一批抗战刊物陆续出版，这些刊物的主编或编辑，几乎都由共产党员担任。为了进一步扩大抗战宣传面，1937年底，甘肃工委还创办了兰州书报社，销售《解放》《新中华报》《群众》《中国妇女》《中国青年》等党的报刊。在甘肃工委的影响和资助下，一些书店和群众组织如生活书店、同仁消费合作社等也开始销售党所创办的抗战刊物。这一时期，受中共抗日主张的感召，一批全国知名人士如茅盾、张仲实、顾颉刚、肖军、塞克、吴渤等和省外抗战宣传团体如新安旅行团、平津学生演剧队等也纷纷来兰州出版刊物或演出，极大地激发了甘肃人民的抗日救国热情。党还通过读书会、时事研究会、座谈会、识字班等各种形式，向群众进行抗战教育，提高群众对抗日救亡的认识。如1938年，“八办”的谢觉哉和伍修权应邀参加国民党在农民银行举办的时事座谈会时，把它变成了宣传党的抗日救亡政策的阵地。

“八办”在极力争取党领导抗日救亡运动的同时，有力地配合了甘肃工委开展的各种救亡运动，而所有的这一切都是在极端秘密的状态下进行的。

（二）指导文艺宣传和出版发行，激发民众的抗日救亡热情

甘肃工委和“八办”对于文艺宣传和出版发行工作都特别重视，并在方针上和具体工作上给予指导。正如谢觉哉所说：“特别是不识字的民众，他们不能接受书本上的教育，但耳目是聪明的，情感是热烈的，一句戏，一曲歌，能使他永世不忘，可以把他的人生观改变……今后应多组剧团、歌咏队”。[①]在谢觉哉和伍修权的直接主持下，于千、丛德滋、吴渤等文化人在“八办”定期举办时事座谈会，讨论“抗日民族统一战线”“怎样保卫西北”和“怎样领导民运”等问题，以之培训骨干。“八办”的领导人经常接见各个剧团的骨干，从演出方针和斗争策略上给予指导。对兰州出版的报刊，“八办”的领导人除亲自为其写稿改稿外，还帮助、指导他们办好刊物。各个报刊的负责人也经常到“八办”登门拜访求教，接受指导。谢觉哉在兰州的一年多时间里，在甘肃工委创刊的《西北青年》《妇

① 谢觉哉：《甘肃教育的商榷》，载《谢觉哉文集》，北京：人民出版社，1989年，第278页。

女旬刊》《老百姓》《热血》等刊物上发表了政论文章和杂文七十余篇，尖锐地揭露和抨击了甘肃当局的腐败政治，有力地提高了群众的民族觉悟。彭加伦、伍修权、罗云鹏、刘日修等也挥笔战斗，在兰州各报刊上发表文章，激发群众的抗战热情。

第三节 “八办”指导下的甘肃抗战运动

在“八办”的影响和推动下，在中共甘肃工委的领导下，从1937年秋到1939年，在兰州先后成立了众多的抗日救亡团体。这些抗日救亡团体是中国共产党抗日民族统一战线的结晶，为抗战时期甘肃进步报刊的创办奠定了基础。这些刊物创办后，积极宣传党的抗日救亡理论，一定程度上打破了当时甘肃沉寂的抗日救亡局面。

一、中共指导下的甘肃抗日救亡团体及其开展的抗日救亡活动

全民族抗战开始后，中国各族人民“发扬抗战的民气”[①]，积极配合中国军队的行动，投入了抗日救亡的潮流，作为抗战大后方的甘肃也不例外。针对甘肃群众在国民党政府压制政策下不敢出头，对救亡团体持观望态度的情形，“八办”决定采取“促当局开放救亡运动，改造舆论”“加紧推动上层，发动中层，深入下层”[②]的工作方针，派共产党员和党的同情者加入救亡团体，传播党的抗日救亡理论，并在其中发挥骨干作用，这一切都推动了甘肃抗战热潮的形成。

（一）甘肃青年抗战团

抗战爆发后，兰州青年学生的心灵受到极大的震动，不愿当亡国奴的青年知识分子在民族危亡的刺激下，要求组织起来进行抗日救亡活动。“八办”正式

① 中央档案馆:《中共中央文件选集》第11册，北京：中共中央党校出版社，1991年，第275页。

②《彭加伦关于兰州工作报告》，载中共兰州市委党史资料征集研究委员会《抗战时期党在兰州的革命斗争》（上册），内部发行，1985年，第39页。

成立后，一些要求进步的知识分子和青年学生，满怀抗日救国热情，经常来到“八办”向谢觉哉、彭加伦请教抗日前途。对于这些青年的来访，谢、彭总是耐心地向他们讲解党的抗日救亡主张，一方面启发鼓动他们组织和发动青年参加抗日救亡活动，另一方面又指示他们以学生身份为掩护。隐蔽在甘肃学院的甘肃工委委员刘日修与罗伟、周廷贤、魏晋贤、万良才商讨组织一个以青年学生为主的抗日救亡团体。

在谢觉哉和“八办”的教育指导下，1937年11月上旬，甘肃学院附中学生罗伟，清华学生谷苞，京陵农大学生郭普、万良才等人发起组织了甘肃青年抗战团，起初称“学生抗战队”[①]，并吸引了兰州一中、兰州农校、兰州师范、甘肃学院及其附中的一些学生参加，总团部在国民党省党部门上挂了一块招牌。罗伟当时是国民党CC系分子，万良才当时为合作委员会职员。最初，青年抗战团中CC系占优势，复兴社与中共的力量相当，在CC系的把持下，青年抗战团没有开展什么活动。为了加强中共在青年抗战团中的核心作用，在甘肃工委负责青年工作的刘日修的主持下，决定派蔺克义（化名刘德纯）、罗沔（化名罗扬实）、樊大畏及学生中的党员和进步青年参加进去，并成立了党的兰州市学生委员会，领导各校党的工作，发动和组织学生参加抗日救亡活动，推动建立甘肃青年抗战团，从而掌握甘肃青年抗战团的领导权。此外，青年抗战团定期出版《抗战通讯》和街头墙报，向群众宣传前方战况，并且进行街头讲演，宣传抗日救亡的意义。

青年抗战团在党的领导下，大力发展组织力量，开展活动，不仅在兰州总团发展组织，还利用寒假学生回乡的机会，组织力量，发动群众建立青年抗战团分团，开展抗日救亡活动。青年抗战团成立后，在榆中、金崖、靖远、临洮、武威、皋兰、徽县等25个县建立了分团组织，同时在兰州的甘院、兰师、兰中、农校、工校等学校也都先后建立了分团组织。经过三个多月的活动，各地各校分团共建立了七十二个，团员发展到三千多人，[②]这些分团的领导骨干多数是中共党员，组织基本上都掌握在党的手中。12月初，为了建立和加强总团的领导，青年抗战

①《谢觉哉、彭加伦给中央的报告》，载中共兰州市委党史资料征集研究委员会《抗战时期党在兰州的革命斗争》（上册），内部发行，1985年，第45页。

② 罗扬实：《我所知道的甘肃青年抗战团》，载中国人民政治协商会议甘肃省委员会文史资料研究委员会《甘肃文史资料选辑（第十二辑）》，兰州：甘肃人民出版社，1982年，第112页。

团进行了第一次民主选举：蔺克义被选举为组织部长，樊大畏被选举为宣传部长，罗扬实被选举为总务部长，各部的主要工作人员也多由中共党员和积极分子担任。改选后的青年抗战团，开展了形式多样的抗日救亡活动，诸如举办读书会、讲演会、歌咏队、防空救护队、劝募队、慰问队，经常到医院慰问从前方归来的伤病员，并深入到甘肃学院、兰州一中、兰州师范、农校、工校、乡师、护士学校中，积极开展各种抗战救亡活动。除此之外，一方面派人去各县联络，开展分团工作，在榆中、武威、靖远、临洮等地先后建立了分团；另一方面在总团编辑出版了定期刊物《抗战通讯》和街头墙报，介绍前方战况。青年抗战团在这一阶段中，获得了党的特别关注，谢觉哉多次会见其负责人，对青年抗战团的工作做详细、认真的指示，不仅明确指出青年抗战团的性质是统一战线的群众组织，而且全面具体地指出了青年抗战团的组织原则和训练原则。①

青年抗战团在中共的领导下获得了迅猛的发展，这无疑引起了国民党的恐慌，他们便开会决定“凡是共产党的言论，尽量设法不使它发表出去，刊物设法把它检查掉”②，进而竭力限制与约束青年抗战团的活动，与中共争夺领导权。朱绍良主甘后，对青年抗战团从限制总团与分团保持领导关系，扣留总团的指示文件，发展到在1938年4月下旬公开派遣成队宪兵包围总团，揭去牌子，没收印信，强迫解散。③1938年5月，抗敌后援会宣布取消青年抗战团，所有复兴社和CC系力量都归并到后援会，形成了复兴社独自掌权的局面。从开始建立到结束大约8个月的时间里，青年抗战团成为甘肃知识青年心目中最有影响力的抗日救亡组织，在甘肃的抗日救亡运动中起了主力军作用，后来，它的成员有许多人加入了中国共产党，有的赴延安参加了革命，在甘肃青年运动史上谱写了光辉的篇章。

（二）甘肃省妇女慰劳抗战将士分会

七七事变后，何香凝于7月22日发起组织“中国妇女抗敌后援会”，号召全国妇女同胞“团结起来，拥护抗敌政府，不分派别，遵照总理民国十三年代表大

---

① 谢觉哉：《谢觉哉日记》（上），北京：人民出版社，1984年，第211—212页。

② 《近日工作情形报告》，载中共兰州市委党史资料征集研究委员会《抗战时期党在兰州的革命斗争》（上册），内部发行，1985年，第44页。

③ 中共兰州市委党史办公室编：《中国共产党兰州历史 上卷（1925—1949年）》，兰州：甘肃人民出版社，2002年，第242页。

会宣言，一心一德，为了中华民族的自由解放，奋斗到底”，做到“有钱的出钱，有力的出力”，切实援助抗战。[①]宋庆龄亦在上海号召全国各省市主席、市长的夫人们，立即行动起来，组织“中国妇女慰劳前方抗敌后援会”，动员占人口半数的妇女参加抗日救亡斗争。当时甘肃省代理主席贺耀组的夫人倪斐君女士，在谢觉哉的鼓舞和支持下，响应何香凝老人的号召，于1937年9月1日在省府中山堂宣告成立了甘肃第一个妇女救亡组织——“甘肃省妇女慰劳抗战将士分会”（以下简称“妇慰会”），办公地点临时设在女子职业学校东楼上，由倪斐君担任该会会长，邓宝珊夫人崔锦琴任副会长。“妇慰会”成立初期，成员有甘肃军政界高级官员的夫人，省会兰州的中小学女教师以及中等以上学校的女学生100余人。倪斐君在“妇慰会”成立大会上说：甘肃是整个中华民族的甘肃，甘肃妇女为整个中华民族的妇女，没有中华民族，自无甘肃妇女。我们全省妇女只有直接间接参加抗战，才能得到全面的胜利。这就是本会成立的目的。[②]

“妇慰会”是由倪斐君、邢华、原煊、原炘、王德谦、王九菊等以及省府各厅处官员的夫人联合筹备组织起来的。谢觉哉亲自指导该会工作，并让王定国也参加进去，运用灵活多样的方式，使“妇慰会”的各种活动顺利进行。因此，“妇慰会”在短短的时间内，做了以下几方面工作：

1.募捐慰劳品。“妇慰会”一成立就组织募捐活动，其成员各人手拿一本募捐册，分头去找自己的亲朋、老师、同学募捐，捐得的现金、实物汇交抗敌后援会，并在报纸上公布。王九菊参加“妇慰会”的募捐活动后，从张令琦处募得50元，从甘肃学院王耕山教授处募得银币2元。之前在兰州女师参加学联工作，后参加“妇慰会”的朱芳兰，捐得金镯子、金戒指等约50两黄金，[③]悉数交给了倪斐君。倪斐君也经常动员官太太们捐献物资，组织宣传队四处讲演，并亲自清点捐来的物品，就连布鞋她都一双双捆好。从1937年12月至1938年1月中旬，总共收到的各方面捐献物品（包括“妇慰会”所捐）有：各色手套6022双，熟羊皮247张，新旧皮袄47件，毛袜子1034双，皮手套466双，各色棉毛手套87双，被褥

① 周兴梁：《廖仲恺和何香凝》，郑州：河南人民出版社，1989年，第279页。

② 王九菊：《甘肃妇女运动的创导者——倪斐君》，载王九菊《甘肃近代妇女文集》，兰州：甘肃省文史研究馆（内部发行），1999年，第229页。

③ 王九菊：《回忆抗战救亡运动中的二十位姐妹》，载王九菊《甘肃近代妇女文集》，兰州：甘肃省文史研究馆（内部发行），1999年，第246页。

25条，青布鞋420双，毛巾73条，牙刷10把，牙粉14袋，皮领3条，毛裤2条，棉袄200件，袜子39双。[①]据1938年4月《甘肃民国日报》报道：市儿童募捐队，自开始劝募以来，极为努力，截至昨日，共捐洋一百五十余元。又后援会，昨收陇西县分会捐助慰劳金五百五十元，二区专员公署捐助慰劳金一百八十余元，宁定县捐助慰劳金二百余元。[②]这些捐献物品虽然数量不多，但充分表现出了当时甘肃同胞对抗战的热情和支持，而这些物资的获得与"妇慰会"的努力与宣传是密不可分的。

2. 举办妇女训练班。谢觉哉十分重视对知识妇女的培养教育。他对妇女慰劳会的同志说："全省中小学女学生，是妇女中的优秀分子，把她们训练好，提高她们抗日的知识、技术及抗日的情绪——决心为女界解放、民族解放的情绪。自然，这里牵及到女子教育的改革。贤母良妻主义固然混旦，同男子一样关在屋子里念公式抄笔记，也是胡涂。此外，不识字而很热忱、有能力的女子，可随时开训练班，用口不用笔，这些份子的作用，有时在知识妇女之上。"[③]

谢觉哉对"妇慰会"的工作总是亲自指导，他曾对倪斐君说：对没有文化的妇女要办训练班，训练的人员要普及到群众中去，使人民中的一半妇女都起来抗日，使人民懂得当亡国奴的害处，明白抗日的重要性。针对甘肃妇女运动没有深入到下层、宣传教育工作不够、缺乏与妇女本身利益的联系等缺点，邢华亦指出今后的工作中心，应该抓住建立下层组织的一环，成立各校和街道的支会，以女同学为骨干，首先训练这些干部，有计划地分配她们去各街道各部门工作，召集各种妇女座谈会或利用各种组织形式如姐妹团、识字班、剧团、歌咏队等等，以建立巩固的下层基础[④]。"妇慰会"在谢觉哉的指导和自身的努力下，有计划地训练了一批妇女干部和骨干，组织她们进行学习，并请谢觉哉亲自到训练班讲课。后来，这些经过训练的妇女被分派到各街道、各部门和学校工作，通过她们建立起了较为巩固的下层。她们在下层办识字班、歌咏队、小型街道剧等，广泛地宣传抗日救亡及爱国主义思想，启发民众的爱国精神。谢觉哉对甘肃妇

---

① 王九菊：《抗战时期的甘肃妇女慰劳会》，载王九菊《甘肃近代妇女文集》，兰州：甘肃省文史研究馆（内部发行），1999年，第408页。

②《儿童募捐已达百余元》，《甘肃民国日报》1938年4月13日第4版。

③ 谢觉斋：《抗战到底与妇女解放》，载《谢觉哉文集》，北京：人民出版社，1989年，第280页。

④ 邢华：《紧急时期的西北妇女工作》，《妇女旬刊》1937年第1期，国民印刷局印刷，第10页。

女运动抱着很大的希望，他说：“在抗战过程中，救民族，救自己，解放自己，只要我们干，胜利总是我们的。”①

3.首次在兰州举行“三八”国际劳动妇女节纪念会。1938年3月8日，在甘肃省政府门前广场的各个角落都挤满了群众，有政府机关的公职人员，有女子师范的学生、小学的女学生，广场显得十分热闹，许多人都还是第一次听说“妇女节”这一名词。该年的“三八”妇女节是“妇慰会”首次筹办，也是兰州市首次举行国际劳动妇女节纪念会。由于事先准备充分，动员了当时甘肃省政府主席朱绍良担任纪念大会主席，宣传抗日救亡运动的江苏新安旅行团顾问汪达之、新疆妇女救亡运动的先驱曹松华等人亦讲了话，整个活动开展得比较成功。大会除纪念“三八”国际劳动妇女节外，还增加了两项内容，一项是纪念民族英雄岳飞，另一项是提倡使用国货，从而使大会变得越发生动。当天《甘肃民国日报》发表了社论，写道：“觉悟的中国妇女，已经在各地做唤醒与组织的工作了。在对日战争进行过程中，不但帝国主义势力必被驱除，封建势力也必被肃清。妇女解放运动将跟随民族解放运动而完成……起来！中国妇女大众，光明在前，勿弃勿馁！”②这次大会对推动甘肃地区妇女解放运动和民族救亡运动起了思想启迪的作用。

4.开展文艺宣传。甘肃工委和谢觉哉以及“八办”的同志对文艺宣传和出版发行都特别重视。谢觉哉曾说：“特别是不识字的民众，他们不能接受书本上的教育，但耳目是聪明的，情感是热烈的，一句戏，一曲歌，能使他永世不忘，可以把他的人生观改变……今后应多组剧团、歌咏队”。③受谢觉哉的启发，“妇慰会”成立后，一方面利用《妇女旬刊》宣传党的抗日救亡思想，另一方面在邢华的努力下，联合省外学生抗战团、甘肃青年抗战团成立了“联合剧团”（聂青田、邢华分别任正、副团长），通过文艺演出、组织宣传队等多种形式宣传抗日救亡思想，发动群众，以唤起民众的觉悟。开始时没有剧本，剧团便以殷汝耕的冀东汉奸政府为背景，自编了一个叫《不要放走了汉奸》的话剧，还配合《流亡三部曲》，第一次在兰州西大街舞台演出。1938年1月28日，剧团组织了一次较大规模的宣传活动，以纪念一·二八事变，成员们携带大批宣传品及新编的歌谣，在朱芳

① 谢觉斋：《抗战到底与妇女解放》，载《谢觉哉文集》，北京：人民出版社，1989年，第280页。

②《社论：纪念“三八”》，《甘肃民国日报》1938年3月8日第3版。

③ 谢觉哉《甘肃教育的商榷》，载《谢觉哉文集》，北京：人民出版社，1989年，第278页。

兰的率领下，前往上西园一带做了一整天的宣传。4月23日，“妇慰会”还组织了赴雁滩等地的大型宣传活动，参加者有五十余人，分为粉笔标语队、石灰水标语队、歌咏队，她们唱救亡歌曲、在全村悬挂抗战漫画，墙上、门板上布满了宣传员的笔迹。①《义勇军进行曲》《游击队歌》《黄河大合唱》《大刀进行曲》等歌曲，便是这时在兰州首次唱起来的。“联合剧团”还借用兰园的“抗建堂”（电影院）演出过诸如《前夜》《古城怒吼》《抢米》等舞台剧，受到各界人士的欢迎。剧团成员白天在外演讲，晚上便撰写文章、编辑稿件，她们用犀利的笔锋和生动活泼的节目，为妇女解放呐喊。正如时人所评论：联合剧团的公演，确于使兰州活跃了。②

5. 参与筹建难民所。1938年“妇慰会”工作全面展开，4月19日召开了第四次各部长联席会议，出席会议的有严可谆、马兆男、王德谦等人，会议决议筹建托儿所，以利职工儿童托育，请甘肃学院赵石萍先生为顾问、设计托儿所组织事宜③，并与王九菊共同拟定④。为寻找合作单位，王九菊等人去西北盐务局联系，该局赵帮办审阅了“妇慰会”的开办计划后，决定利用上级拨下的一笔救济费与其合作。但因为“妇慰会”一时找不到筹建地址，而救济费又要限时拨发，遂将筹建托儿所的计划改变，由盐务局将此款拨交红十字会专办难民救济。盐务局还委托王九菊协助筹办难民救济所，并任难民所视察员，任务是不定期地检查难民所的工作。王九菊参加工作后，在难民所创办了两个民众识字班，地址在柏道路一座庙内，并约其同学朱晋祥和他一起负责教学，还在难民所组织了纺毛棉生产合作社，用来改善难民的生活状况。

“妇慰会”虽然仅仅存在了14个月，但是在这期间做了大量的募捐、宣传、文教、救济等工作，使甘肃妇女懂得了“放了足，干革命”“学习文化不当睁眼瞎”等抗日救亡道理。“哥在前方杀敌人，后方工作妹担当”，假如没有占半数的妇女觉醒，中国抗战是不会胜利的。⑤

---

① 德谦：《特写：赴雁滩宣传记》，《甘肃民国日报》1938年4月25日第3版。

② 《短评：联合剧团公演》，《西北日报》1937年12月13日第3版。

③ 《省妇女慰劳分会四次联席会昨举行》，《甘肃民国日报》1938年4月19日第3版。

④ 王九菊：《记解放前甘肃两个妇女团体》，载王九菊《甘肃近代妇女文集》，兰州：甘肃省文史研究馆（内部发行），1999年，第381页。

⑤ 中华全国妇女联合会：《毛泽东、周恩来、刘少奇、朱德论妇女解放》，北京：人民出版社，1988年，第44页。

（三）省外学生抗战团

七七事变和八一三事变爆发后，高校内迁，平津、上海、南京一带的学生群集兰州。在“八办”和甘肃工委的直接领导下，他们于1937年9月在兰州成立了抗日救亡团体。

抗战团成立后，公推聂青田、邢华、李瑞徵、原烨、秦崇模、谷苞、马兆男等为常委，其中原烨、秦崇模兼组训负责人，李瑞徵、谷苞兼宣教组负责人，邢华、马兆男为劝募组负责人。他们一面吸收团员，一面创办快报，随时报道前方的抗战消息，并成立数十人的宣传队三个，轮流到各公共娱乐场所向群众宣传前方战况及国内外时事。抗战团还指令谷苞、李承荫、萧祖华、宋之瑜等筹办《热血周刊》，徐弗荪、李慕嫦、原烨等筹办街头剧团，通过办壁报、演话剧、演说等方式开展抗日救亡宣传活动。抗战团成立后，“各校学生均参加，情绪极高”，[①]但里面的成分特别复杂，有省党部、蓝衣社、CC系。最初省党部曾用许多手段来拉拢，要求抗战团全部加入国民党，但在进步青年的斗争下未能如愿，之后省党部又企图破坏该团体，便利用团体内部的一些不良分子向政府发动请愿活动，要求惩办贪污，使省政府非常不满，要求抗战团成员都回学校读书去。如此情形，引起了抗战团成员的恐慌，纷纷想离开兰州。“八办”抓住这一有利时机，指出国民党这一企图解散该团体的阴谋，告诉抗战团应对的办法：一要抗战团向国民党说明自己的态度，解释请愿的意思完全出于爱国热情，并没有与政府对立的意思；二要团结内部；三要加紧救亡工作，并联络各校学生取得救援。在“八办”的直接指导下，“结果不但稳定了这个团体，并且坏分子多数走了，我们的分子插进了领导机关，现全在我们影响下”，[②]从而推动了兰州抗日救亡运动的发展。

（四）伊斯兰学会

全面抗战爆发后，在“八办”和甘肃工委的直接或间接领导下，兰州的抗日救亡团体如雨后春笋般纷纷成立，开展了蓬勃的抗日救亡宣传活动。当时，回族在甘肃的分布很广，是除汉族外人口较多的一个民族。杨静仁等回族学生认

---

①《近日工作情形报告》，载中共兰州市委党史资料征集研究委员会《抗战时期党在兰州的革命斗争》（上册），内部发行，1985年，第43页。

②《谢觉哉、彭加伦给中央的报告》，载中共兰州市委党史资料征集研究委员会《抗战时期党在兰州的革命斗争》（上册），，内部发行，1985年，第46–47页。

为，在全国抗日救亡热潮下，要团结广大回族人民抗日，应该有回族人民自己的进步团体。杨静仁和鲜维俊等计划筹备成立一个回族青年抗日组织，可国民党省党部不批准，并说："回族人不应该单独成立抗战团体。"因此，他们便利用以前的"伊斯兰学会"这一学术团体名称，将其改组为兰州回族青年抗日救亡团体，并在兰州大中学校回族学生和知识分子中发展会员七十余人，选举产生了以杨静仁为主要负责人的干事会。伊斯兰学会通过举办座谈会、出壁报、散传单、到兰州回民聚居区宣传演讲以及出版《回声》这一刊物的方式，向广大回族群众宣传党的抗战政策，并邀请顾颉刚和张仲实做学术报告，受到广大回族群众的欢迎。1938年初，进步作家茅盾途经兰州，伊斯兰学会便请茅盾为兰州文艺界作题为《抗战与文艺》的报告，讲话全文曾刊登在《回声》第一期。谢觉哉时常来到伊斯兰学会，为他们出谋划策，指导工作。

1939年，蒋介石的消极抗日、积极反共面目进一步暴露，《回声》被勒令停刊。1940年，蒋介石掀起第一次反共高潮，根据组织的安排，伊斯兰学会停止了抗日活动。

二、中共指导下的甘肃进步刊物及其从事的抗日救亡宣传活动

"八办"成立后，谢觉哉便利用书信和报刊上发表文章的方式，向国民党当局建议"改革新闻界的工作方法，多做实事，少说空话"[①]。上述各抗日救亡团体的出现，为甘肃进步报刊的创办奠定了基础。这些刊物创办后，积极宣传党的抗日救亡主张。

（一）《西北青年》

《西北青年》是中共甘肃工委机关刊物，1937年12月为进行革命宣传和鼓动而创办，由"西北青年救亡读书会"主办。从创刊之日起，中共兰州工委即将它作为党的公开刊物发行。该刊为旬刊，16开本，每期12页左右，[②]在谢觉哉的指导下进行编辑工作，主要撰稿者有罗云鹏、刘日修、樊大畏、罗扬实、蔺克义等，创刊号是在俊华印书馆（中央广场附近）印刷的，樊大畏的母亲曾为此刊物

①《谢觉哉传》编写组：《谢觉哉传》，北京：人民出版社，1984年，第107页。

② 甘肃省地方史志编纂委员会、甘肃省新闻出版志出版卷编纂委员会：《甘肃省志·新闻出版志·出版》，兰州：甘肃人民出版社，1994年，第172页。

的印刷捐赠了五十块现洋。《西北青年》创刊后，谢觉哉及“八办”的彭加伦、伍修权等都曾为刊物积极撰稿，特别是谢觉哉先后以涛、徒、海等笔名为刊物撰写了许多文章，如《苟安即是自杀》《一九三八年——中华民族复兴年》《争取继续抗战胜利》《三民主义与救国》《统制的释义》等，文章号召广大民众一致行动起来，纠正一切不正确的倾向，坚定胜利信心，努力做抗日救亡工作，坚持抗战到底，争取抗战最后胜利。这些文章集中宣传和阐述党的抗日民族统一战线政策，揭露国民党消极抗日、积极反共的真面孔。由于经费的紧张及国民党的查禁，《西北青年》出版了七期就停刊了。

(二)《妇女旬刊》

倪斐君在谢觉哉的启发下认识到：“为使全民族抗战力量发展到最高点，必须实行全国总动员，而现在战争的大前提，乃是人的动员、物的动员与精神的动员，三者尤以精神动员为总动员的骨干，都需要用思想、舆论来支持。”[①]为了进行抗日宣传，促进甘肃妇女解放运动，动员后方妇女参加救亡活动，增强民族抗战力量，1937年12月，倪斐君发起创办了以“促进妇女解放运动，揭示妇女救亡活动”为宗旨的《妇女旬刊》。在成立大会上，倪斐君说：“我要把这个刊物办成前后方妇女互通信息的园地，办成解放甘肃妇女的文字辅导刊物，还要办成全省妇女的喉舌。”[②]在创刊词中，她写道：“不论男女，老幼，宗教，种族，职业，思想，应在抗日图存最高标的之下，联成铁一般的阵线，集中举国人力物力……以艰苦卓绝，不折不挠的精神，与敌人死拼到底……获得最后的胜利。”[③]《妇女旬刊》创办后，倪斐君担任社长、名誉主编，实际主编为邢华、王九菊，1938年充实编辑委员会，吸收进步青年沈滋兰、朱芳兰、王竹青为编委。刊物内容丰富多彩，有插图、漫谈、论著、大众讲座、信箱、特载、妇运消息、文艺等栏目，主要是宣传抗日思想、妇女解放，提倡放足、反对束胸，声援被压迫被虐待的妇女，正确对待儿童、家庭教育等。截至1938年4月该刊共出版了七期，其中第六期为“三八”妇女节专刊，第七期为儿童节专刊。

《妇女旬刊》创办后，得到了“八办”和甘肃工委成员们的热情支持和帮助，

---

① 倪斐君：《创刊词》，《妇女旬刊》1937年第1期，兰州：国民印刷局印刷，1937年12月1日，第4-5页。
② 王九菊：《甘肃近代妇女文集》，兰州：甘肃省文史研究馆，1999年，第229页。
③ 倪斐君：《创刊词》，《妇女旬刊》1937年第1期，兰州：国民印刷局印刷，1937年12月1日，第4页。

谢觉哉更是对其百般爱护，认为它是甘肃妇女运动的一面旗帜，并时常为刊物撰稿。在《祝妇女旬刊诞生》一文中指出："甘肃人民要不做亡国奴，就得自己起来拼命；甘肃600多万人民中的300多万女同胞，同样要参加抗战。《妇女旬刊》的任务就是为此……女同胞的革命坚决性，不比男子弱，有时且赛过男子。因为女子受的压迫比男子更深一重，虽说沉沦太久太深，不容易振作起来，但一起来了，其勇气，其决心，常常出人意料之外。"他还亲自协助修改旬刊收到的稿件。王定国则充当交通员，把要修改的文章交给谢觉哉，把修改好的文章再送出去。此外，谢觉哉以此刊物为阵地，大力宣传党的抗日救亡主张，以及抗战对妇女解放的积极意义，认为"这次抗日战争，一方面不幸，一方面是很幸。比中国男子更沉沦的中国妇女，可以在战争过程中锻炼自己，解放自己"。①他先后在上面发表了《战争是随便可以过去的吗？》《抗战到底与妇女解放》《抗战的光荣》等文章，批判了"国家大事，让男子去担当"和"一切改革等战争过去再说吧"等消极落后思想，并揭示了产生这种思想的社会、历史、阶级根源，为妇运工作的开展指明了方向和途径。

（三）兰州生活书店

生活书店于1932年在上海成立，是从生活周刊社发展起来的一个合作社组织，为救国会"七君子"之一的邹韬奋先生所创办。生活书店通过发行多种期刊、出版图书，团结了一批进步作者，并倡导青年走向革命，深受青年的欢迎。八一三事变后，生活书店把业务中心移到武汉，总经理邹韬奋提出了"促进大众文化，供应抗战需要，发展服务精神"②的总方针，并始终贯彻"坚持抗战，反对投降；坚持团结，反对分裂；坚持进步，反对倒退"的政治主张，在抗战大后方大城市设立分社作为据点。

1938年2月，生活书店为推进西北文化助长抗战力量，③特派薛迪畅携带杜重远写给"八办"谢觉哉和国民党甘肃省党部书记赵清正的介绍信到兰州设立分店。薛迪畅到达兰州后，利用与生活书店有业务关系的兰州同仁消费合作社，借用其地方开展筹备书店的工作。随后他便租了一间宽仅三米多、长约十

① 谢觉哉：《抗战到底与妇女解放》，载《谢觉哉文集》，北京：人民出版社，1989年，第249页、第279页。

② 薛迪畅：《忆兰州生活书店》，载中国人民政治协商会议甘肃省委员会文史资料研究委员会《甘肃文史资料选辑（第十二辑）》，兰州：甘肃人民出版社，1982年，第93页。

③《生活书店派员设兰州办事处，书籍已寄到千包》，《甘肃民国日报》1938年2月17日第4版。

二米的店铺，其临街的前半间作为书店门市部，后半间作为内部工作室，后院又租了三间楼屋，作为书库、卧室等用。经过简单的装修，兰州生活书店就正式开始营业了，在薛迪畅、陆钟斐的推动下积极参加到兰州的抗日救亡运动中来。书店全部图书三百余种，多数是1937年下半年生活书店出版的救亡丛书、战时大众知识丛书、青年自学丛书、马恩列斯著作等。

兰州生活书店成立后，得到了甘肃工委的扶持和谢觉哉的指导，“党的关心和党员的切实协助，使我们避免了不少有形无形的损失，鼓舞了我们坚持出版工作的信心”[①]。甘肃工委的万良才、樊大畏、魏立人、岳维俊等也与生活书店来往密切，鼓励薛迪畅等人坚持宣传和文化出版工作。兰州生活书店的发展对兰州青年思想产生了很大的影响。

1938年3月31日，国民党以第八战区司令长官部新闻书刊审查委员会名义召集会议，并成立图书审查会，“新生书店、生活书店、兰州书报社等，暂停营业，全部的书籍都在被审查中”[②]。查禁标准有：“破坏统一、批评中央、诋毁领袖、抨击本党、记载失实”等，并于4月初印发了第一批禁书目录，包括《怎样组织义勇军》《战时妇女工作》《怎样争取最后胜利》……《为和平而奋斗的统一战线》《救亡言论集》[③]等共八十余种读书，大部分是生活书店出版的。仅1939年，国民党图书审查会发动军警对生活书店进行了三次大的搜查，并没收了许多图书。战时的邮运困难，再加上国民党的检查和没收，让处于困境中的生活书店雪上加霜。1940年4月，历时两年的兰州生活书店停止营业。

（四）同仁消费合作社

兰州同仁消费合作社筹组于1935年，1936年春正式开业。合作社最初是以事业性的自由团体筹组的，成员绝大多数是进步青年，创办人是王彦升，主要经销当时的进步刊物，如邹韬奋著的《萍踪寄语》，艾思奇著的《新哲学人生观》《大众哲学》，杜重远著的《大众生活》，以及苏联的一些进步小说等。[④]全民族抗

---

① 薛迪畅：《忆兰州生活书店》，载中国人民政治协商会议甘肃省委员会文史资料研究委员会《甘肃文史资料选辑（第十二辑）》，兰州：甘肃人民出版社，1982年，第98页。

②《谢觉哉同志1938年3月给林老的信》，载中共兰州市委党史资料征集研究委员会《抗战时期党在兰州的革命斗争》（上册），内部发行，1985年，第62页。

③ 谢觉哉：《谢觉哉日记》（上），北京：人民出版社，1984年，第248页。

④ 刘存诚：《忆兰州同仁消费合作社的革命活动》，载中国人民政治协商会议甘肃省委员会文史资料研究委员会《甘肃文史资料选辑（第十二辑）》，兰州：甘肃人民出版社，1982年，第118页。

战爆发后，在中国共产党团结抗日思想的影响下，同仁消费合作社在兰州地下党组织的引导下，由自由团体走上了革命的道路。1937年冬，王彦升转赴边区，同仁消费合作社改由万良才主持，合作社的业务范围也有了进一步的扩大，工作人员也增加到了七八人，甘肃工委的孙作宾、罗扬实等经常秘密地到同仁社了解情况，开展工作。

同仁消费合作社在兰州地下党的领导下，以销售书刊为掩护，开展起了党的地下工作。为了深入宣传中国共产党的抗日主张，积极扩大影响，合作社除了公开销售上海的进步书刊外，还通过党组织和边区取得联系，在兰州秘密出售和传送从边区寄来的《解放日报》《新华日报》以及延安新华书店出版的一些书籍杂志。由于此时甘肃青年抗战团作为群众团体，在兰州地区有了一定的声望，合作社成员便经常利用青年抗战团宣传员的身份，到大街上或影剧院去开展抗日救亡宣传活动。除此之外，合作社在销售书刊的过程中，发展了一些政治上可靠的爱国青年，并通过党组织送到了延安，如张生强、乔映怀、许辅庭等都是通过合作社与党组织取得联系后前往延安的。同仁消费合作社作为兰州地下党的一个活动点，和“八办”也保持着秘密的联系。当时给“八办”传送文稿、信件等具体事宜，都由万良才通过送报员王烈云与“八办”进行联系。谢觉哉和“八办”的同志们也时常就如何发动群众开展抗日救亡工作与合作社成员进行交谈，指导合作社的工作。同仁消费合作社还通过种种斗争，迫使国民党控制下的甘肃省立医院收下了从前方送来的一批受伤抗日士兵。

同仁消费合作社日益频繁的革命活动，很快引起了国民党的注意。国民党加强了对合作社的控制和破坏。1939年底，根据中共中央“隐蔽精干”的方针，兰州地下党的同志先后转移撤退，兰州同仁消费合作社也停止了营业。

（五）兰州书报社

抗日战争全面爆发后，为了向甘肃进步青年和人民群众宣传党的抗日救亡政策，扩大党在人民群众中的影响，在谢觉哉和“八办”领导的指示下，甘肃工委帮助进步青年孙瑞庭于1937年冬在兰州道升巷东口租了一间铺面，销售进步书刊。1938年2月，共产党员姚国价从延安来到兰州，进入书店进行工作，书店始取名“兰州书报社”。兰州书报社创办后，以发行各种报刊为掩护，把党的书刊直接送到订阅者的手中，主要发行延安出版的党的书刊，1938年元月以后又发行在汉口新创刊的《新华日报》，并经销一些其他进步报刊和书籍，如《文化日报》《前线》《救亡》《群众》《抗战》《妇女生活》《西北青年》等报刊，《二万五千里长征记》《西北的新区》《毛泽东印象记》《八路军出马打胜仗》《列宁传略》《苏联新宪法研究》《费尔巴哈论》《鲁迅研究》《民族解放战争的战略与战术》《抗日游击战中的各种基本政策问题》等书籍。①毛泽东主席的《论持久战》《新民主主义论》《抗日民族统一战线的困难及其前途》《论新阶段》等也都是经书报社传播到兰州的。这些刊物和书籍的发行，传播了党的革命火种，唤起了人民大众的觉醒。

兰州书报社除了在兰州发行上述众多书籍和刊物外，还通过推销员向甘肃其他地区发行，并在榆中创办了分店。郑得堃曾担任书报社的推销员，除在当时兰州附近的金家崖、翠英寺、郭店子、夏官营、甘草店、什川堡等地学校销售书刊和宣传党的抗日救亡政策外，还在党组织的指示下远赴定西、陇西、漳县、岷县一带的中学和部分小学以及商店推销书报，并办理订报手续。随着兰州书报社的销售额不断上升，影响不断扩大，国民党对它的监管和破坏也越来越严重。1940年6月，甘肃工委的主要负责人被捕，兰州处于一片白色恐怖之中，书报社有随时被查封的可能。为了保存力量，在甘肃工委的指示下，书报社于当年9月主动停止了营业。兰州书报社从1937年冬到1940年9月，在中共甘肃工委和谢觉哉及“八办”同志的直接指导下，重点在兰州，兼顾其他地区，公开销售进步刊物和书籍上百种，报纸上万份，与兰州发行的其他进步刊物汇成了一股抗日救亡热潮，使甘肃和兰州的沉闷政治空气为之一扫，扩大了党的影响，为抗日战争的胜利贡献了自己的一份力量。

抗战后期，国民党政府为了加强防共、反共的力量，不断强化甘肃的政权机构，加大对共产党的控制。朱绍良第二次“主甘”时期，国共摩擦事件不断增多，与“八办”的关系逐渐疏远。1938年9月，谢觉哉返回延安，“八办”在伍修权的领导下，继续坚持工作。由于国民党加紧反共，实行恐怖统治，“八办”的活动范围不得不逐渐收缩。1939年，“八办”被国民党监视，实行封锁，不准粮商送

① 郑得堃：《传播革命火种的“兰州派报社”》，载中国人民政治协商会议甘肃省委员会文史资料研究委员会《甘肃文史资料选辑（第十二辑）》，兰州：甘肃人民出版社，1982年，第125页。

粮。[①]谷正伦时期，国民党与特务组织配合，进一步加强防共措施，公开诋毁"共产党是奸党敌军"，"八办"对其除进行过一次礼节性的拜会外，便没有任何来往了。1940年10月，中共中央派赵芝瑞等三位同志来兰州，参加"八办"的工作，赵任副官。[②]1941年皖南事变后，中共中央于1月20日发出撤销各办事处，保存重要干部，"留少数人保存门面，可与国民党机关做事务上接洽"的指示。根据这一指示，"八办"的人员陆续调回延安。1941年5月，伍修权和大部分同志奉命回到延安，办事处的编制也随之缩小，只留下副官、译电员和通信员等五个人。[③]此后，"八办"由副官赵芝瑞负责，李培华、周铁群、张传叙、柳秀英等协助工作。1943年11月8日，八路军驻甘办事处奉命撤销，赵芝瑞等离开兰州。[④]

"八办"的成立像是一粒火种，让革命之火在甘肃大地燃烧起来。在1937年夏至1938年秋这短短的一年多时间里，改变了之前《大公报》所说的"静静的兰州，像一潭死水，轻微的风波，根本不能使它激荡"[⑤]的局面，掀起了轰轰烈烈的群众性的抗日救亡运动。"八办"在兰州历时六年，先后在"八办"工作过的人员有三十余人。"八办"的建立，对甘肃革命斗争发生了深刻的影响。根据中共中央的指示，"八办"出色地开展了党的抗日民族统一战线工作，推动了甘肃的抗日救亡运动，营救了被捕、失散在甘、青一带的西路军干部和战士，输送了大批进步青年到延安学习或参加革命斗争，协助甘肃工委扩大了党的地下组织。同时，还承担了党的干部往返苏联、新疆的接待任务和物资的转运工作，正如周恩来所说过的："这两个办事处（指西安和兰州两个办事处），是党中央领导的革命的接待站，战斗火种的传播台"[⑥]。"八办"在条件十分艰苦、斗争十分复杂的情况下，发扬党的实事求是、密切联系群众和艰苦朴素的优良作风，宣传党的政策和主张，团结教育各阶层群众，启发和提高了各族青年的阶级觉悟，在甘肃各族人民心目中留下了光辉的形象，为实现抗日战争的胜利贡献了重要的力量。

---

① 王九菊：《回忆抗战救亡运动中的二十位姐妹》，载王九菊《甘肃近代妇女文集》，兰州：甘肃省文史研究馆（内部发行），1999年，第245-246页。

② 中国人民政治协商会议甘肃省兰州市委员会文史资料研究委员会：《兰州文史资料选辑（第四辑）（兰州百年大事记专辑）》，内部发行，1986年，第144页。

③ 伍修权：《我的历程》，北京：解放军出版社，1984年，第149页。

④ 兰州市城关区地方志编纂委员会：《兰州市城关区志》，兰州：甘肃人民出版社，2000年，第26页。

⑤ 金士英：《抗战时期兰州出版的进步刊物》，载王九菊《甘肃近代妇女文集》，兰州：甘肃省文史研究馆（内部发行），1999年，第70页。

⑥ 王定国：《红色堡垒——回忆八路军驻甘办事处》，载中国人民政治协商会议兰州市委员会文史资料委员会《兰州文史资料选辑（第八辑）》，内部发行，1988年，第64页。

参考文献：

[1]中共兰州市委党史资料征集研究委员会:《抗战时期党在兰州的革命斗争》,内部发行,1985年。

[2]中国人民政治协商会议甘肃省委员会文史资料研究委员会:《谢老在兰州》,兰州:甘肃人民出版社,1985年。

[3]中共兰州市委党史资料征集研究委员会:《中国共产党在兰州的早期斗争》,兰州:甘肃人民出版社,1987年。

[4]中国人民政治协商会议甘肃省委员会文史资料研究委员会:《甘肃文史资料选辑(第七辑)》,兰州:甘肃人民出版社,1980年。

[5]中国人民政治协商会议兰州市委员会文史资料委员会:《兰州文史资料选辑(第八辑)》,内部发行,1988年。

[6]中国人民政治协商会议甘肃省委员会文史资料研究委员会:《甘肃文史资料选辑(第十辑)》,兰州:甘肃人民出版社,1981年。

[7]中国人民政治协商会议甘肃省委员会文史资料研究委员会:《甘肃文史资料选辑(第十二辑)》,兰州:甘肃人民出版社,1982年。

[8]中国人民政治协商会议甘肃省委员会文史资料研究委员会:《甘肃文史资料选辑(第十四辑)》,兰州:甘肃人民出版社,1983年。

[9]中共甘肃省委党史资料征集研究委员会:《甘肃党史资料(第二辑)》,兰州:甘肃人民出版社,1985年。

[10]中共甘肃省委党史资料征集研究委员会:《甘肃党史资料(第五辑)》,兰州:甘肃人民出版社,1989年。

[11]中国人民政治协商会议兰州市委员会文史资料委员会:《兰州文史资料选辑1992年第1辑(总12辑)(近现代人物史料专辑)》,兰州:兰州大学出版社,1992年。

[12]中共兰州市委党史办公室:《中国共产党兰州历史 上卷(1925—1949年)》,兰州:甘肃人民出版社,2002年。

[13]伍修权:《我的历程》,北京:解放军出版社,1984年。

[14]谢觉哉:《谢觉哉日记》(上),北京:人民出版社,1984年。

［15］谢觉域:《谢觉哉文集》,北京:人民出版社,1989年。

［16］王九菊:《甘肃近代妇女文集》,兰州:甘肃省文史研究馆(内部发行),1999年。

［17］周恩来:《周恩来选集》(上卷),北京:人民出版社,1980年。

［18］中共甘肃省委党史资料征集研究委员会:《悲壮的征程》(上册),兰州:甘肃人民出版社,1991年。

［19］甘肃省地方史志编纂委员会、甘肃省人民政府外事办公室:《甘肃省志·外事志》,兰州:甘肃文化出版社,2006年。

［20］兰州市地方史志编纂委员会、兰州市军事志编纂委员会:《兰州市志(第54卷)·军事志》,兰州:兰州大学出版社,2002年。

［21］兰州市地方志编纂委员会、兰州市文物志编纂委员会:《兰州市志(第51卷)·文物志》,兰州:兰州大学出版社,2006年。

［22］甘肃省地方史志编纂委员会、甘肃省新闻出版志出版社卷编纂委员会:《甘肃省志(第六十三卷)·新闻出版志·出版》,兰州:甘肃人民出版社,1989年。

［23］妇女旬刊社编《妇女旬刊》,国民印刷局印刷,1937年12月创刊,1938年4月停刊。

［24］丁焕章主编《甘肃近现代史》,兰州:兰州大学出版社,1989年。

［25］刘光华主编《甘肃通史》(中华民国卷),兰州:甘肃人民出版社,2009年。

［26］谷苞主编《西北通史》第5卷,兰州:兰州大学出版社,2005年。

［27］沈志华:《中苏关系史纲(1917—1991)》,北京:新华出版社,2007年。

［28］黄修荣:《国共关系史》(中卷),广州:广东教育出版社,2002年。

［29］王劲:《甘宁青民国人物》,兰州:兰州大学出版社,1995年。

［30］徐晶晶:《抗战时期八路军驻兰州办事处研究》,硕士论文,西北民族大学,2010年。

第三章

抗战时期甘肃经济开发

抗战爆发，西北地位日显重要，国民政府加大了西北建设力度，认为“西南是抗战根据地，西北是建国根据地”。作为抗战大后方的甘肃，国民政府在军事、经济、文化和教育等方面对其进行了大力扶持和建设。甘肃省因应国民党中央政府的政策，努力建设，发展经济，支援抗战。在传统的农业、手工业和商业稳步发展的同时，工矿、交通、邮电通信、金融等现代产业，也在甘肃经济结构中占据日益重要的地位。以上诸产业的发展，为甘肃人民战时的生活提供了基本的保障，也为抗战胜利做出了重大贡献。当然，由于处在战争环境当中，甘肃的经济带有明显的战时性特点，繁荣也骤，衰败也速。

第一节　抗战时期甘肃农牧业发展

农林牧是甘肃社会的经济基础。抗战时期，为保证军需民食，后方稳定，政府极为重视农牧业生产，建立、推广新技术机构，大量投资兴修水利，促进了农牧业稳定增产。

一、成立农牧业研究机构

1938年秋，甘肃省政府在兰州雁滩成立甘肃农业改进所，经济部西北畜牧场、省立第一农事试验场、沿黄造林办事处都划归该所，专门负责改进农林畜牧生产，包括农政农艺、植物病虫研究、试种除害等工作。抗战期间，甘肃农业改进所主要做了以下工作：

（一）引进和推广良种

1940年设立农业推广组，推广新的农业科学技术：鉴定、培育、引进良种。在推广优良麦种方面，当时比较成功的有：泾阳302冬麦种子，适宜于陇东、陇南播种；武功774和美国玉皮春麦种子，适宜于甘肃中部地区和河西播种。新品种亩产量和当地最佳品种比较，增产20%左右。并且，甘肃积极进行小麦改进试验工作。主要进行春小麦区域适应试验、春小麦品种比较试验、春小麦纯系育种、冬小麦纯系育种试验。在防治小麦黑穗病问题上，皋兰、榆中、永登、临洮、张掖等七县农业推广所指导农民拔除病穗，其中榆中县指导拔除小麦病穗1587亩。[①]以上工作因地制宜，在不同区域进行不同麦种的试验改良，有助于各个地区小麦产量的提高。

推广植棉。甘肃产棉较少，且多为本地棉，为增加生产，1938年，甘肃农业改进所拟订《推广棉作计划大纲》，计划在兰州、天水、平凉、张掖4县设立办事处，推广指导植棉，预计兰州推广棉田25000亩，天水25000亩，平凉7000亩，河西3000亩。其中兰州推广的县份有皋兰、榆中、洮沙、临洮、定西、景泰、靖远7县。[②]并且，甘肃农业改进所派遣指导员协同合作委员会与各县政府，散发棉种，详细登记种子费作为贷款抵押。各县所用棉种，由省植棉指导所向陕西购买，运往各区县，编印各种植棉知识手册分发各指导员，宣传植棉技术。同时，购置原料及器械，指导棉农治虫，避免灾害。并且，通过农贷购置棍轴轧花机，每县分发4架，从而方便指导农民轧花。1939年，甘肃农业改进所积极推广棉花，补助3500元，推广改良品种2000亩，预计可产皮花1500担，较本地棉花可多收500担。[③]1940年，设立农业推广组，推广新的农业科学技术，并实行植棉三年计划，计划第一年在皋兰等11县推广棉田3万亩，第二年在平凉等13县推广棉田13万亩，第三年在靖远等13县推广棉田34万亩，总计三年中推广棉田达50万亩。[④]其中皋兰区选择适合当地气候的美棉，包括脱字棉、斯字棉、德字棉3种。皋兰试验农场先行种植10余亩，观察其生长情形是否适合该区自然环境。试验结果表明成熟较早的脱字棉生长最佳，每亩产量约35斤。即推广此种棉花，大量种植。此外，为在最短时间内获得大量优良种子，进而推广给该区农民，甘肃农业改进所通过混合选种的方式，共栽培优良种子17亩。[⑤]

此外，1944年6月底，美国副总统华莱士访华来兰州时，在美国生态学家罗德明博士的推荐下，给甘肃省建设厅厅长张心一带来了美国“蜜露”瓜种子。

---

① 甘肃省政府秘书处编印：《甘肃省政府工作报告》，1947年，第46、51页。

②《植棉指导所棉业计划　利用农贷尽量推广　俟省府核准后实行》，《甘肃合作》1938年第9期，第7页。

③《各省推广概况·甘肃》，《农业推广通讯》1939年第1卷第1期，第14页。

④《各省推广概况·甘肃》，《农业推广通讯》1940年第2卷第5期，第20页。

⑤ 甘肃省政府建设厅编印：《甘肃建设年刊》，1940年，第106页。

1945年，收获该种的第一批瓜，甜度高于美国所产，当时称为“华莱士瓜”。[①]1946年起，在兰州一带大面积推广此瓜，成为国内外闻名的白兰瓜。

（二）育草造林

1938年至1940年，甘肃农业改进所对陇南、天水、徽县、两当、康县、西和、礼县、成县以及甘南卓尼、夏河等地区天然林进行了调查，初步掌握了林区面积、树种和积蓄量，为以后保护管理、合理采伐利用打下了基础。在培植新林方面，为了普遍推广农林技术，分别在全省适宜地点设立区农场。1940年，第一农场在岷县城东郊成立，总计520亩；第二农场在平凉县城北郊，总计70余亩；第三农场在天水县南郊，由原天水区农业指导所改组而成，面积50余亩。[②]另外，在徽县、靖远、定西、皋兰和兰州设立苗圃，进行种草育林实验，以满足育林的需求。1941年秋，在张心一倡导下，农业改进所开始在兰州附近荒山进行造林和种植牧草试验。1942年，组织省会造林委员会扩大试验规模。经过三年试验，各树种成活率大多在40%以上，有的品种成活率高达79%。植草试验也取得了成果，经过三年的品种观察与繁殖结果，从187种国内外草种中选出了最适应甘肃省的优良品种16个，良好者22个。造林方面，主要进行沿黄造林、大林区造林。甘肃农业改进所规定马衔山为省中部造林区，在兰州南、北山进行荒山造林，除建造中山纪念林、兰州市风景林外，为节省经费，专门发动全市各机关团体、民众进行扩大造林运动，其中造林成绩显著的有42军纪念林、西北干训团纪念林、青年团纪念林、难民救济会造林等。1940年，共发出苗木约20万株。1941年，拟苗木50万株供省会造林之用。并且，在中山林黄河沿岸及中和滩等处种植洋槐、白榆、沙柳、白杨等31760株。[③]另外，甘肃农业改进所积极督导各县农推所育苗造林。1947年，在皋兰、榆中、永登、临洮等县指导农民植树134068株，播种育苗10223市亩，插条育苗222150株，树种主要有白杨、沙柳、白榆、洋槐、臭椿等。[④]

---

① 张心一：《兰州白兰瓜的来历》，载甘肃省地方史志编纂委员会、甘肃省农业志编纂委员会《甘肃省志（第十八卷）·农业志（下卷）》，兰州：甘肃文化出版社，1995年，第1194页。

② 丁焕章主编《甘肃近现代史》，兰州：兰州大学出版社，1989年，第450页。

③ 甘肃省政府建设厅编印：《甘肃建设年刊》，1940年，第105、48页。

④ 甘肃省政府秘书处编印：《甘肃省政府工作报告》，1947年，第51页。

(三)改良畜牧

西北畜牧多以结群游牧为主,一旦遭受传染病之侵袭,往往因不治疗或不隔离而全群覆亡,故兽疫防治工作,在西北地区至关重要。甘肃省兽疫防治归农林部西北兽疫防治处负责,由甘肃农业改进所协助,除设有兰州、平凉、永登、夏河等兽医站为固定防疫机构外,还根据兽疫发生情形,临时调派人员进行紧急防治。1936年,立法院农林水利委员会颁布《兽疫防治条例》。实业部在绥远设立蒙绥防疫处,办理陕西、甘肃、绥远等处的兽疫防治。1938年,甘肃农业改进所与军政部合办山丹牧场,筹设洮岷、陇南、陇东、河西4个畜牧场,以改良家畜为中心工作。1940年,农林部在岷县设立西北羊毛改进处,1944年迁至兰州。设有陇南推广站、河西推广站、陇东推广站,通过人工受精技术进行羊种改良与推广。以上三站有羊种531只,至1947年,第一代杂交羊种以人工受精方法推广2487只。如此,提高了毛质细软程度,产毛量也增加一倍。①

1941年2月,卫生部在兰州设立西北兽疫防治处,主要防治牛、羊等家畜及驿运牲畜疫病问题。下设流动防疫队5个,宁夏、青海工作站2个,又下设有洮南牧场,后迁兰州,附设各种实验室。1941年至1942年,其所属血清制造厂制成牛瘟脏器苗24.5万CC和抗牛瘟血清21.7万CC。1942年,成立甘肃省兽疫防治大队,下设洮岷、天水两个分队。当时牛瘟在甘南、武都、临洮呈暴发性流行,兽疫防治大队主要用西北防疫处生产的牛瘟脏器苗及血清防治牛瘟,防疫率达60%~70%。②另在海原、夏河、卓尼设立推广站4处,巡回工作队5队。1942年底,指导牧户11187户,受益羊432031只,改善羊毛698140斤。设置特约羊群931户,进行示范推广。③1943年12月,经甘肃省政府筹划,甘肃农业改进所与农民银行商定合办示范农牧场一处,以张掖大满堡熟荒3000亩作为场地,资金总额暂定400万元,以繁殖推广优良种子、牲畜为主要经营内容,从事实验农牧和改进技术研究。④1944年1月1日,在兰州成立甘肃省畜牧兽医研究所,研究运用山羊血素防治牛瘟,取得了良好效果,其免疫期长,成本低廉,应用方便,为

---

① 甘肃省政府统计处编印:《甘肃省统计年鉴》,1948年,第10页。

② 甘肃省地方史志编纂委员会、甘肃省畜牧志编辑委员会:《甘肃省志(第二十一卷)·畜牧志》,兰州:甘肃人民出版社,1991年,第27页。

③ 张心一:《六年来甘肃生产建设(一九四一至一九四九年)》,载中国人民政治协商会议甘肃省委员会文史资料研究委员会《甘肃文史资料选辑(第二十六辑)》,兰州:甘肃人民出版社,1987年,第3页。

④《甘肃农业改进所筹设广大农牧场,推动农牧业发展》,《新疆日报》1943年12月2日。

我国预防牛瘟开辟了新纪元。此外，国防部西北马政局负责办理军马培育与改良工作。在兰州地区设有榆中马衔山军牧场、永登松山军牧场，在岷县设有马场，引进中外优良马种数十匹。

1944年底，全省牲畜存栏共1102万头，其中牛113万头，马17万匹，骡14万头，驴73万头，骆驼5万峰，猪106万头，羊614万只，狗160万只。畜产品年产量方面，牦牛尾30万市斤，马尾马鬃1万市斤，驼毛50万市斤，猪鬃20万市斤，驴、骡、驼、马皮共17万张，牛皮20万张，狗皮32万张，野生皮25万张，羊肠衣100万根，肉类6万吨，蛋类1700万枚，羊毛6.3万吨。1945年，裕文汽车运输公司在永昌创办了永昌裕文绵羊场，经营养羊业，初养绵羊8000只，至1949年发展到1.56万只。①

上述机构的成立和技术的改进为甘肃农业、畜牧业的发展做出了贡献，使畜牧业的持续、稳定发展有了一定的保障，标志着甘肃农牧业在现代化方面取得进步。

二、发展农田水利事业

水是西北地区农业发展的瓶颈，开发西北，解决水的问题颇为关键，“水利建设是开发西北的重要前提”“多兴水利开沟渠，始能使荒凉之西北变为殷富之区域”②。抗日战争爆发后，国人对于开发西北越来越重视，时任甘肃省银行总经理的朱迈沧在为《甘肃之水利建设》所作的序中说：“吾人欲建设西北，允宜配合工业化之实施，积极推进水利建设。”③全面抗战爆发后，国民政府先后颁布了一系列兴办农田水利的组织办法与奖励条例，如《水利建设纲领》《水利法》《办理各县小型农田水利贷款暂行办法》《兴办水利事业奖励条例》《中国农民银行办理小型农田水利工程贷款办法》《请建设西北灌溉局，普推开发西北新、青、甘、宁、绥、陕、晋、豫等省农田水利，增加粮食生产，以奠国基案》等等，并筹划“十年万井计划”，从而形成了以地方政府主办，四联总处贷款资助，水利机关负

---

① 甘肃省地方史志编纂委员会、甘肃省畜牧志编辑委员会：《甘肃省志（第二十一卷）·畜牧志》，兰州：甘肃人民出版社，1991年，第22页。

② 胡松林：《建设西北之我见》，《西北问题论丛》（第2-3辑），甘肃省银行印刷厂，1945年。

③ 甘肃省银行经济研究室：《甘肃之水利建设》，甘肃省银行印刷厂，1945年。

责设计并予以工作指导的运行模式。国民党中央提出“应特别重视甘省河西一带之经济开发，尤应从速开发水利”[1]。政府颁布的法律和政策的实施，对于加强当地的水利建设基础设施起了规范和保护作用，具有积极意义。

战时甘肃进行了大规模的水利建设，资金主要来自国民党中央政府。1937年，中国农民银行开始通过合作委员会办理农贷。1938年，经济部拨款资助修建湟惠渠。1939年后，中国银行、中国交通银行、中央信托局对甘肃进行农业贷款。1940年，四行总处发放甘肃农贷2000万元，其中农田水利专款400万元，占农贷20%。到1941年，甘肃农贷达到4420.1万元，占大后方农贷总额的8.9%，居大后方19个省中第4位，列西北第1位。[2] 1941年4月，甘肃省政府同中国银行总管理处合资组建甘肃省水利林牧股份有限公司，资本法币1000万元，按省三行七原则分担，省方担任300万元，行方担任700万元，以宋子文为董事长。1942年6月，增资至6000万元。[3]1942年，甘肃省水利林牧股份有限公司“以七百万元办理农田水利工程”，5月完成永登湟惠渠，“可灌田三万三千亩”，同月“临洮溥济渠放水，灌田三万五千亩”[4]。农民银行兰州分行为开凿永登县湟惠渠曾承贷工程费400万元，该渠修成后可灌溉农田25万亩，附近农村受益很大。[5]1945年4月行政院水利委员会加入新股4000万元。甘肃省水利林牧股份有限公司专门统筹、规划、办理甘肃农田水利、森林、畜牧事业，对甘肃农田水利开发起到了重要的作用。从此，甘肃水利事业进入大规模开发阶段。

农田水利贷款始于1938年春，初由农本局创办。由于农本局资金不敷，1941年3月由农民银行接收后，由中、中、交、农四行按照15%、25%、15%、45%的比例联合贷放。1942年9月，四行局业务专业化后，农田水利贷由农民银行单独承办。[6]1943年，为完成各渠未完工程，甘肃省政府与该行洽订水贷4400万元，其中省府自筹垫头440万元，银行贷款3960万元。同年8月，甘肃省政府以贷款额度不敷，再与该行洽增贷款3000万元，省府自筹垫头300万元。至1943年10月底，已支用贷款6752万余元，省府垫头1083万余元，合计共7835万余元，

① 重庆市档案馆、重庆市人民银行金融研究所:《四联总处史料》，北京:档案出版社，1993年，第199页。

② 黄立人:《论抗战时期的农贷》，载江沛主编《二十世纪的中国农村社会》，北京:中国档案出版社，1996年，第85页。

③ 罗舒群:《民国时期甘肃农林水牧事业开发状况研究》，《甘肃社会科学》1986年第3期。

④ 中央银行经济研究处编印:《卅一年上半期国内经济概况》，第303、304页。

⑤ 杨重琦主编《兰州经济史》，兰州:兰州大学出版社，1991年，第163页。

⑥ 中国农民银行总管理处编印:《中国农民银行之农贷》，1943年，第11、12页。

灌溉面积达74万余亩。[1]抗战时期甘肃省历年农田水利贷款情况如下表：

表3-1-1　甘肃省历年农田水利贷款概况[2]（单位：元）

年度	共计（千元）	中中交农四行局贷款（千元）	中国农民银行贷款（千元）	甘肃省政府垫头（千元）	附注
总计	187000	24000	141300	21700	
1941	5000	4000	–	1000	贷款利率月息八厘，自每项工程完成后之次年起还本息，十年内清偿。
1942	25000	20000	–	5000	贷款利率月息八厘，自每项工程完成后之次年起还本息，十年内清偿。
1943	74000	–	66600	7400	贷款内3960万元为月息一分二厘，2700万元为月息一分五厘，均按日计息，每年年底结清一次，1945年底开始归还，1951年底清偿。
1944	83000	–	74700	8300	贷款利率月息二分五厘，内1080万元自贷款起支之日起于五年内全部偿清，其余贷款十年内清偿。

在所有农业贷款中，1943年农田水利贷款占总额的37.1%，1944年占43.1%年，1945年占53.4%。农田水利贷款所建工程分大型工程与小型工程两种，大型工程包括开渠筑堰，小型工程则以挖塘掘井为主。[3]甘肃省各渠站历年来农贷款分配情况如下表：

① 王荣科：《甘肃省战时办理农田水利工程概况》，《本行通讯》1944年第73期，第33页。

②《甘肃省政府、统计室关于全省民国三十三年度统计资料汇编：农林水利、工矿、商业、合作事业部分》（四），档号4-2-192。

③《中国农民银行三十四年度业务报告书》，第12、13页。

表3-1-2　各渠站历年农贷款与河西专款分配数额(水渠别)[①](单位:元)

款别	渠站别	1941年额度	1942年额度	1943年额度	1944年额度	历年额度合计
农贷	合计	5000000	25000000	74000000	54000000	158000000
	洮惠渠	——	1100000	6500000	2500000	10100000
	湟惠渠	4023423.65	980000	4400000	1000000	10403423.65
	溥济渠	976576.35	420000	4500000	500000	6396576.35
	汭丰渠	——	3800000	4600000	1000000	9400000
	永丰渠	——	4000000	9000000	10000000	23000000
	永乐渠	——	5000000	5000000	2000000	12000000
	靖丰渠	——	5000000	7500000	10000000	22500000
	兰丰渠	——	2000000	21500000	——	23500000
	平丰渠	——	1000000	1000000	——	2000000
	肃丰渠	——	1000000	10000000	27000000	38000000
	登丰渠	——	700000	——	——	700000
河西专款分配额	合计	——	——	10500000	50000000	60500000
	河西各工作站及肃丰渠	——	——	10000000	10000000	20000000
	仝上	——	——	500000	40000000	40500000

除了以上大中型水利工程外,还贷款给有兴修水利条件的各县,支持其修建小型农田水利,该项贷款共计400万,其中皋兰、靖远两县部分贷款用于修建水库,永靖、兰州市贷款全部用于修建水库。具体分配各县的贷款和工程款如下表所示。

表3-1-3　甘肃省各县小型农田水利工程贷款表[②]

县名	贷款(万元)	受益亩数
榆中	12	1674
靖远	95	19120
皋兰	75	13654

①《各渠站历年农贷款与河西专款分配数额》,《甘肃省统计总报告(四)》(民国三十三年),档号4-3-77。

② 李中舒:《甘肃农村经济之研究》,载西北问题研究室《西北问题论丛》第3辑,1944年,第71、72页。

续表

县名	贷款(万元)	受益亩数
泾川	20	5000
临洮	35	17150
洮沙	4	2070
天水	20	1559
永靖	57	6607
高台	6	4860
张掖	1	20000
敦煌	9	1300
兰州市	37	6974
宁定	3	3000
安西	12	
甘谷	6	323
武威	7	
临泽	1	
合计	400	103291

根据上表,可以看出甘肃省各县小型农田水利工程共贷款400万元,受益亩数达103291亩,这对保障粮食产量、改善人民生活条件有一定作用。

另外,在修复整理旧渠工程款方面,1941至1943年共有工程款4359610元。主要分配给皋兰、张掖、高台、山丹、兰州、靖远、永靖、天水、榆中、临洮、泾川、洮沙、敦煌、武威、定西、宁定、甘谷等17个县,受益土地共有1167715亩。另外,在甘肃省水利林牧股份有限公司主持下,修复河西旧渠49处,灌溉面积达140万亩。[①]这两组数字显然绝大部分是重复的,后者可能包括前者有关地区的全部。1945年4月,行政院水利委员会亦加入股本,在全省开展了兴修水利、植树造林、改良畜牧等项工作。[②]

战时甘肃农田水利建设成果显著。甘肃省水利林牧股份有限公司在抗战期间兴修水利工程23处,灌溉面积达35万亩,每年每亩增收粮食1石,共增产

① 陈正卿、赵刚:《抗战时期国民党政府西北投资活动述论》,《历史档案》1989年第1期。
② 罗舒群:《民国时期甘肃农林水牧事业开发状况研究》,《甘肃社会科学》1986年第3期。

35万石。[①]从1942年起至1943年止，共整理旧渠30道，计196.03公里，可灌溉土地271650市亩，用去工款法币17161470元。[②]抗战期间河西整修旧渠，发展农业，故“武威、张掖、酒泉诸县，在甘省为最富庶之区也”。[③]

三、战时农牧业发展成效

（一）提高了农业生产量

国民政府在经济建设上坚持“以农立国，以工建国”的方针，确立“农工矿互济”的原则。戴季陶认为“我们必须认定农业是工业的原动力，农业是一切交通、航空、运输的原动力，农业是一切建设的基本原动力”。[④]全面抗战爆发后，厂矿内迁，人口骤增，但是西北农业生产落后，难以支应军需和民需。对此，国民政府实业部和军委会在1937年9月和10月，先后颁布《各省市合作贷款要点》《战时合作农贷调整办法》，1938年经济部组织“农村金融救济处”，行政院还组织了“农村复兴委员会”，加紧发放小额农贷，促进农村经济的开发。同时，甘肃省农业改进所积极改良农作物，推广新品种，为农业产量的提高做出了很大贡献。在政府及地方共同努力下，战时甘肃农业生产取得了较大成绩，特别是粮食生产超过全面抗战前7年平均产量的9%，这是一个历史性成就，是民国时期农业生产的高峰。

表3-1-4　1937—1945年甘肃省油料、棉花、烟叶等产量统计表（单位：1000市担）

年度	花生	芝麻	油菜籽	油料总产	指数	棉花	指数	烟叶	指数
全面抗战前平均				572	100	56	100	447	100
1937	1	8	661	670		47		431	
1938	1	12	839	852		37		409	
1939	1	8	893	902		41		363	
1940	1	6	823	900		51		534	

① 张心一：《六年来甘肃生产建设（一九四一至一九四六年）》，载中国人民政治协商会议甘肃省委员会文史资料研究委员会《甘肃文史资料选辑（第二十六辑）》，兰州：甘肃人民出版社，1987年，第3-4页。

②《甘肃省统计年鉴底册·旧渠整理概况》，档号4-3-4。

③ 彭济群、徐世大：《甘肃水渠工程视察报告》，《水利月刊》1936年第11卷第1期，第27页。

④ 秦孝仪主编：《革命文献（第八十八辑）》，台北：中华文物供应社，1981年，第10页。

续表

年度	花生	芝麻	油菜籽	油料总产	指数	棉花	指数	烟叶	指数
1941	2	7	774	902		57		380	
1942	1	5	948	954		40		306	
1943	2	9	808	819		65		371	
1944	1	9	1069	1079		53		412	
1945	1	5	731	737		67		250	
1937—1944年平均				885	154.7	49	88	401	90

全面抗战期间粮食和油料作物产量都比较稳定，而且都超过了全面抗战前平均水平。1938年、1939年、1944年，粮食产量超过了大丰收的1935年和1936年，创造了自20世纪30年代以来的新纪录，8年平均产量为全面抗战前6年平均产量的109%，高于大后方15个省同期的101.2%。

据统计，1940—1944年，甘肃粮食生产量依次为20.39亿斤、27.76亿斤、30.29亿斤、32亿斤、34.66亿斤，1946年为40.35斤。人均占有量，1936年570斤，1941年528.9斤，1945年277斤。消费量方面，1940—1944年依次为22.7亿斤、30.16亿斤、32.69亿斤、31.14亿斤、32.28亿斤。1946年为38.67亿斤。[①]粮食的增产，使甘肃有能力完成国家分配的供应前线军粮的重要任务，也使甘肃免于通常伴随战争而出现的大范围的饥馑。甘肃粮食的增产，对当时的通货膨胀也起了一定的抑制作用，兰州物价指数全面抗战前高于全国，全面抗战时低于全国，与其不无关系。

（二）畜牧业生产量增加

近代以来，西北各地畜牧业仍循着传统的生产方式进行，其中畜种退化严重，"蒙、藏人民，对于牧畜皆守旧法，不知改良"，选种"只知注意毛色及身躯大小，而不知注意其祖系渊源，只知在本地本群内选择，而不知向他处采购优种，以新其血液"。[②]面临畜种退化严重致使畜牧生产效率低下的状况，倘若"畜种不加改良，逐渐劣变，以致畜牧事业日益衰退，苟不力图挽救，前途何堪设想"。

早在1934年6月，国民党全国经济委员会就在甘肃夏河县城北60里之藏区

① 甘肃省地方史志编纂委员会、甘肃省农业志编纂委员会：《甘肃省志（第十八卷）·农业志》，兰州：甘肃文化出版社，1995年，第11页。

② 马鹤天：《甘青藏边区考察记》，胡大浚点校，兰州：甘肃人民出版社，2003年，第216页。

甘坪寺成立了西北种畜场，规模甚大。该场设立旨在利用国营畜牧场的优势，从国内外引进优良种畜，来改良西北之畜种，推广良种。

全民族抗战开始后，在国民政府有关部委支持下，西北各地设立畜牧场，进行大规模的畜种改良运动。为了恢复和发展畜牧业生产，全国经委会拨款40万元，设立西北改良畜牧总场，作为改良西北畜牧业的指导中心。

1938年秋甘肃省政府成立甘肃农业改进所，1940年农林部设立西北羊毛改进处，1941年4月，甘肃省水利林牧有限公司成立。这些机构的设立，对加强政策引导，提供畜牧贷款，改善饲养管理等起了指导性作用。全面抗战期间，畜牧兽医科学力量云集西北，使西北畜牧兽医业有了很快发展。这期间，甘肃成立畜牧兽医研究所，该所研究员祁荣禄博士应用山羊血素防治牛瘟取得良好效果，其免疫力强，免疫期长，成本低廉，应用方便，为我国预防牛瘟病开辟了新纪元。1946年，国立西北兽医学院在兰州成立，这是我国第一所高等兽医专业院校。其后，又成立了中央西北兽医防治处。

此外，甘肃农业改进所还筹设了四处畜牧场用以改进畜种，洮岷畜牧场以饲养改良牛马品种为中心工作，陇南畜牧场以饲养改良猪、羊、牛品种为中心工作，陇东畜牧场以饲养改良牛及家禽品种为中心工作，河西畜牧场以饲养改良羊及其他种畜为中心工作。1940年，军政部在兰州设立了马政局，管理西北种马和军马，解决部队骑兵对马匹的需求和增加力役之畜。利用现代兽医科学进行畜种的改良和繁殖试验，并且在民间推广良种，从而形成了一场声势浩大的农牧改良运动。

进入近代以来，中国畜牧业生产更加紧密地与世界市场联系起来，世界资本主义市场对畜产品有了更高的要求，而羊毛在中国对外贸易中扮演着重要的角色，所以改良羊种，提高羊毛质量，增产羊毛数量便成了改良畜牧的主要任务。

西北羊毛产量在全国占有相当大的比重，对地方经济发展贡献颇大。1940年8月15日，国民政府农林部在甘肃岷县设立了西北羊毛改进处，下设总务、推广、畜牧和兽医4部，以改良增产为主要目的，主要发展以下事项：1.地毯粗毛，以促进外销换取外汇；2.衣着用细毛，以充实军民衣料，减少外汇支出，发展毛纺工业；3.羊裘，以应军民御寒需要。[①]随着业务的拓展，羊毛改进处相继在甘肃设立了河西永昌、陇东海原、陇南岷县以及宁夏中宁推广站，进行羊只改良、繁殖良种、草地调查、疫病防治和牧民教育等诸多工作。羊毛改进处还在岷县野人沟设立绵羊总场，永昌河沟寺、靖远甘盐池设有分场。总场设立之初，就“鉴定土种优良羊5.2万头，购进新西兰纯种毛用羊150头，推广美利奴羊及达字羊480头，开展蒙、藏羊、岷羊等优良土种之纯系育种、杂交育种及繁殖”，从事防治羊病、改良羊群品质、办理养羊贷款、改善饲养管理及羊毛处理方法等工作。这些工作取得了良好的效果，“到1942年底，共指导牧户11187户，改良羊毛处理698140斤，受益羊只432031头，设置用以示范推广的特约羊931户”。[②]

农林部西北羊毛改进处的诸项工作，给西北畜牧业带来了新的气象和新的发展契机，促进了畜牧业发展，对全甘肃省人民的经济生活、对苏偿债贸易、省内外贸易以及交通运输都具有重要意义。1936至1945年甘肃省农区家畜饲养量详见下表。

表3-1-5　1936—1945年甘肃省农区家畜饲养量统计表（单位：1000头）[③]

<table>
<tr><th>年度</th><th>水牛</th><th>黄牛</th><th>马</th><th>驴</th><th>骡</th><th>山羊</th><th>绵羊</th><th>猪</th><th>总量</th></tr>
<tr><td>1936</td><td>9</td><td>688</td><td>148</td><td>599</td><td>132</td><td>1387</td><td>2808</td><td>907</td><td>6678</td></tr>
<tr><td>1937</td><td>1</td><td>802</td><td>151</td><td>681</td><td>160</td><td>1468</td><td>2625</td><td>984</td><td>6872</td></tr>
<tr><td>1938</td><td colspan="2">656</td><td>152</td><td>557</td><td>164</td><td>1452</td><td>2420</td><td>835</td><td>6236</td></tr>
<tr><td>1939</td><td>9</td><td>514</td><td>151</td><td>478</td><td>142</td><td>1237</td><td>2857</td><td>717</td><td>6105</td></tr>
<tr><td>1941</td><td>10</td><td>707</td><td>120</td><td>629</td><td>119</td><td>1513</td><td>2635</td><td>875</td><td>6608</td></tr>
<tr><td>1942</td><td>11</td><td>583</td><td>96</td><td>536</td><td>94</td><td>1378</td><td>2459</td><td>760</td><td>5917</td></tr>
<tr><td>1943</td><td>5</td><td>626</td><td>115</td><td>565</td><td>112</td><td>1495</td><td>2594</td><td>663</td><td>6174</td></tr>
<tr><td>1944</td><td>2</td><td>623</td><td>138</td><td>594</td><td>105</td><td>1522</td><td>2768</td><td>614</td><td>6366</td></tr>
<tr><td>1945</td><td>2</td><td>870</td><td>96</td><td>216</td><td>88</td><td>1332</td><td>2464</td><td>585</td><td>5653</td></tr>
</table>

从上表看出，从1936到1945年，甘肃农区家畜总量在某些年份略有下降，

①《农林部西北羊毛改进处技正林、祖得绵羊改良》，档号30-2-449。

② 张心一：《六年来甘肃生产建设（一九四一至一九四六年）》，载中国人民政治协商会议甘肃省委员会文史资料研究委员会《甘肃文史资料选辑（第二十六辑）》，兰州：甘肃人民出版社，1987年，第3-4页。

③ 说明：1937年至1939年数字采自《农情报告》第7卷，重庆版，1940年数字缺。1941年数字采自经济部《经济建设季刊》创刊号登载的《农情报告》数字。1942年数字采自《国民政府年鉴》第二回；1943至1945年数字采自许道夫《中国近代农业生产及贸易统计资料》，上海人民出版社，1983年。

但在1937年、1941年、1944年总量达到较高峰值，在战时环境下已属不易。

（三）抗战时期甘肃农牧业发展的意义

首先，农牧业生产技术水平有了很大提高。由于政府的重视和广大劳动人民的努力，近代甘肃农牧业生产水平渐次提高。在对传统农牧业技术的总结改进的基础上，引进西方资本主义国家近代农牧业技术，形成了具有甘肃特色的区域型农牧业经济结构。

其次，农作物产量呈缓慢上升趋势，满足了民生，支援了抗战。1934年，《中国经济年鉴》载全省粮食产量为2000万石。1942年，在《新西北》月刊六卷一期上，专家估计全省每年粮食总产量2087余万石。1944年，国民政府甘肃省田赋粮食管理处调查，全省除属于陕甘宁边区的环县及蒙藏少数民族居住的卓尼、肃北等县外，粮食总产量3260.4万石。1945年，甘肃省建设厅编辑出版的《甘肃农业概况估计》载全省粮食年产量为3500余万石。[①]艰难的抗战，严重的自然灾害虽极度威胁甘肃农民的生产和生活，但在广大劳动人民的不懈努力下，粮食总产量仍不断提高，这无疑是抗战开发建设西北取得的重要成效之一。

第二节　抗战时期甘肃工业建设

半殖民地半封建社会的中国，工业布局极不合理。抗日战争前，全国近代工业集中于东部沿海地区。地处西北、交通闭塞的甘肃近代工业屈指可数。抗战期间，由于战争和交通阻隔，抗战需要大量军用物资，国外和沦陷区的工业品难以进入甘肃，这就为全省工矿业的发展提供了机遇。大批技术人员和资金的流入，也为全省工矿业的发展创造了必要条件。1938年至1942年间，甘肃近代工矿业得到了迅速发展。但1942年后，由于国民政府对经济的统制政策、繁重的捐税和通货膨胀，一度蓬勃发展的民族工矿业又复趋于萧条和破产。

① 李清凌主编《甘肃经济史》，兰州：兰州大学出版社，1996年，第137页。

一、战时国民政府的工业政策

近代以降，在欧风美雨的浸染下，甘肃也渐次拉开了近代化的序幕。左宗棠主政陕甘时创办了“兰州二局”，标志着甘肃机器大生产的开端。然而，随着左的离去以及后继者发展工业的政策乏力，到抗战前，甘肃省仅有近代工业企业9家，占全国工厂总数的0.23%；工人有4623人，占全国工人总数的0.25%；资本额仅29500元，占全国资本总额的0.08%。[①]这些近代工业企业，“规模狭小，设备简陋，旋兴旋仆，鲜克坚持”。[②]

抗战开始后，随着东部沿海工业区的相继沦陷，重庆国民政府遂以西南、西北作为抗战建国大后方，并以开发西北名义，把一部分官僚资本投向实业界。1940年冬，张心一任甘肃省建设厅厅长，根据国家形势需要，与资源委员会、交通部及国家银行合作，引进了一些资金和技术人员、机器设备，加强了原有工矿事业，举办了一些新的企业。甘肃的经济建设又一度呈现兴旺景象。[③]战时主管工矿企业建设的资源委员会或独资，或与省、部合资，在大后方兴建了85个厂矿企业，[④]其中甘肃有10个，占11.76%，居西北各省之首。共计有：甘肃油矿局——玉门油矿、甘肃煤矿局（含永登、阿甘两矿）、兰州电厂、天水电厂、天水水力发电工程处、甘肃机器厂、华亭电瓷厂、甘肃水泥公司、甘肃化工材料公司、甘肃矿业公司。前9个厂由国家资源委员会主管经营，甘肃矿业公司（资委会和四行联合投资850万元，甘肃省政府投资150万元）由甘肃省政府主管经营。此外，资委会所属中央电工器材厂（总厂设在昆明），在兰州设立兰州电池支厂。这样，甘肃以资委会投资为主的厂矿共有11个。

中国银行是战时在甘肃的第二大投资者。它直接投资或利用信贷投资的生产单位主要有：兰州机器厂、兰州制药厂、兰州化学厂、兰州面粉厂、兰州毛纺织厂。以上四厂属于雍兴公司系统。

军政部在甘肃主管经营和兴办工厂有4个，分别是军政部第二制呢厂、兰

---

① 中国工业经济研究所编印：《工业统计资料提要》，1945年。

② 高良佐：《西北随轺记》，雷恩海、姜朝晖点校，兰州：甘肃人民出版社，2003年，第50页。

③ 张思温：《抗战胜利后甘肃工矿事业复工小组简记》，载政协甘肃省委员会文史资料委员会《西北近代工业》编写组《西北近代工业》，兰州：甘肃人民出版社，1989年，第86页。

④ 许涤新、吴承明主编《中国资本主义发展史（第三卷）·中国新民主主义革命时期的资本主义》，北京：人民出版社，1993年，第501-506页。

州纺织厂、兰州颜料厂、第一军需局皮衣厂。其中，地位比较突出的是军政部第二制呢厂，其前身即左宗棠创办的兰州织呢总局。1938年，由军政部向省政府租用，1943年后，改为部、省联合经营。

中央卫生署在兰州投资兴建西北制药厂，这是甘肃最大的西药厂。财政部复兴商业公司西北分公司同爱国资本家刘鸿生在兰州创办全国唯一的西北洗毛厂。经济部、甘肃省政府、青海省政府与刘鸿生（占股份50%）等合资1亿元，于1943年开始兴建西北毛纺厂。

甘肃省政府、甘肃省银行与中国交通银行合资组建兴陇工业公司（登记资本500万元），其所属造纸、化学、印刷、瓷器等工业企业，在资金、规模上仅次于国民党中央政府所属的企业。著名民族资本家荣氏集团，把汉口福新五厂迁至天水，职工99人，日产面粉720袋。[①]这是战时甘肃境内最大的独资民营工厂。

战时国民党中央政府和地方政府的投资，是甘肃近代工业发展的决定性力量。公营企业的发展为民营工业提供机械、动力和一些原材料，在一定程度上为民营工业的发展创造了条件。甘肃的民营资本主义工业，在战时也有较大发展，主要分布在纺织、面粉、机修、冶炼、化学等行业中，但大多是中、小厂家，没有形成较大的民族资本集团。1943年，经济部中央工业实验所在兰州成立西北工作站，其任务是在技术方面对甘肃、宁夏、青海三省的工业建设进行指导和帮助，是非营业性的事业单位。抗战时期一批工矿的开办，推动了甘肃近代工业的迅速发展，是近代甘肃历史上一个重要阶段。

二、战时甘肃工业快速发展

抗战前，西北的机械工业和能源工业几乎空白，轻工业也采用极为落后的手工生产。时人叹息道：抗战前朝野人士漠视西北，加以西北交通滞塞，政治黑暗，幼稚工业，际此环境中，内受封建势力之摧残，外受帝国主义之压迫，不可利用低贱原料及人工图发展，殊为可惜。[②]抗战爆发后，这种情况发生了变化，这同战时公路交通的发展密切相关。此时西北成为主要的国际交通线，随着西北

① 许涤新、吴承明主编《中国资本主义发展史（第三卷）·中国新民主主义革命时期的资本主义》，北京：人民出版社，1983年，第559页。

② 《甘肃省机械工业志》编辑室：《甘肃近代机械工业史料》，兰州：兰州大学出版社，1989年，第61-62页。

公路交通网的形成，西北公路承担着工业内迁、高校内迁、人才内迁等任务。沿海的一大批工厂、工程师、技师、熟练工人等迁到了西北，大大增强了这里的工业实力。一些工业从无到有，一些工业从小变大，一些工业基础薄弱的省份，甚至无近代工业的省在抗战中也建立起了自己的工业，这一时期是西北工矿业开发的高潮时期。[①]甘肃也不例外，其近代工业得到空前发展，兰州成为我国初具规模的工业基地。甘肃所建立的一批近代工矿企业主要是公营企业，其中绝大部分资金由国民党中央政府提供。国民政府的支持与投资，不仅使国有资本在经济结构中起主导作用，而且有利于改善西北轻重工业比例不平衡的状况，促进西北近代工业的全面发展，工业中的一些行业开始形成了规模生产。主要体现在下几个方面：

（一）石油

战时玉门油矿的开采和冶炼，使甘肃成为我国当时最大的石油和石油制品生产基地。玉门一带蕴藏石油，晋代即有记载，唯至抗战前，讫未探明。[②]抗战爆发后，沿海口岸陷落，国际交通梗塞，外油无法输入西北、西南后方，严重影响国家安全。为解决日益严重的石油供应问题，资源委员会决定开发甘肃玉门和新疆独山子油矿。1938年至1944年，玉门油矿共投资9.3亿元，折战前币值1030万元，占同期资委会投资总额6821万元的15%，是战时国家投资最大的厂矿，也是大后方新建的最大企业。[③]

1938年秋冬间派孙健初工程师赴玉门石油河一带勘探。同年12月，成立甘肃油矿筹备处。1939年春，经陕甘宁边区政府同意，从陕北延长油矿调拨两部钻机，为该矿最早使用的钻机。同年，第一口钻井出油，当年产原油429吨，天然气1万立方米。以后，钻井进尺逐年增加。到1945年，该矿共钻井26口，年产量达原油65000余吨，天然气1500余万立方米。全民族抗战期间，共计生产原油255000余吨，天然气3600余万立方米。与此同时，该矿先后在老君庙、嘉峪关设立炼油厂，提炼汽油、柴油、煤油、白蜡、火柴蜡、软蜡、擦枪油、粗机油、

① 尚季芳：《西北近代工矿业开发述论》，硕士研究生毕业论文，西北师范大学，2002年，第19页。

② 徐盈：《玉门油矿的开拓者——孙健初》，载中国人民政治协商会议全国委员会文史资料研究委员会《工商经济史料丛刊（第四辑）》，北京：文史资料出版社，1984年，第6页。

③ 陈麟荪：《论抗日战争时期资源委员会的企业活动及其历史作用》，载中国近代经济史丛书编委会《中国近代经济史研究资料（5）》，上海：上海社会科学院出版社，1986年，第7页。

黄油等石油制品。全民族抗战期间，该矿共生产汽油37000余吨，为满足大后方各省对汽油以及石油产品的需要做出了贡献。1942年，全国进口原油不到3万加仑，而当年玉门油矿生产汽油已达189.57万加仑，[①]远远超过进口汽油。因此，抗日战争时期，大后方的汽油供给主要依靠玉门油矿。大后方生产汽油、煤油、柴油、酒精及其他代用油等液体燃料共3625万加仑，其中玉门油矿产2000万加仑，占55%以上。[②]这是甘肃新建的现代工矿业对中国抗日战争的巨大贡献。全民族抗战期间玉门油矿原油、天然气产量如下表所示。

表3-2-1　全民族抗战期间玉门油矿原油及天然气产量表[③]

年份	原油产量（吨）	逐年增（+）/减（-）%	天然气产量（万立方米）
1939	429	——	1
1940	1347	213.99	3
1941	11812	776.91	93
1942	46326	292.19	429
1943	61353	32.44	540
1944	68511	11.67	1264
1945	65768	–4.00	1566

不难看出，全民族抗战时期玉门油矿原油和天然气产量连年增长，生产能力逐年提升。更为重要的是，玉门油矿还培养了大批石油工程技术人员。1940年，全矿有职工近800人，1941年增至3400人，1942年又增至6800人，1945年拥有职工人数6492人。当时，第八战区和甘肃省政府在物资和人力方面大力支持玉门油矿建设，将酒泉、玉门、金塔3县应征壮丁全部作为油矿工人。经过实践，不少人在工作中做出成绩，成为中国石油战线上的第一代职工。[④]在生产经营中，渐次形成了一支能够掌握现代石油工业工艺技术的产业工人队伍，为新中国石油事业发展奠定了技术和人才基础。新中国石油战线上的一代楷模“铁

① 陈真：《中国近代工业史资料（第三辑）》，北京：三联书店，1961年，第1370页。
② 许涤新、吴承明主编《中国资本主义发展史（第三卷）·中国新民主主义革命时期的资本主义》，北京：人民出版社，1993年，第500页。
③《解放前甘肃石油开采和炼制》，载中共甘肃省委工业处交通工作部新志办公室《甘肃省新志·工业志》，1959年，第304页。
④ 孙越琦：《记甘肃玉门油矿的创建和解放》，载政协甘肃省委员会文史资料委员会《西北近代工业》编写组《西北近代工业》，兰州：甘肃人民出版社，1989年，第168-169页。

人”王进喜，即是1938年到玉门油矿当徒工，逐渐成长起来的。

此外，抗战时期全国汽油供应紧张，可谓“一滴汽油一滴血”，因而酒精业随即发展迅速。甘肃酒精厂共4家，分别是资源委员会与甘肃省政府合办的甘肃酒精厂，第二战区司令长官部设立的动力酒精厂、民营创办的徽县泥阳镇济通酒精厂和天水联兴动力酒精厂，资本230万元，日产量共4000加仑。其中甘肃酒精厂规模最大，资本130万元。各厂均利用当地烧酒为原料，精制为酒精，以供军需民用。[①]

（二）煤炭

甘肃煤炭资源丰富，分布较广，战前都用手工开采，不仅效率低下，而且安全事故频发。“工人们带油灯进矿背煤，面孔黑得像非洲来的人们一样，而不顾危险地拼命工作，却是为了每天食料和每月大洋一元的工钱而已”，山丹南郊煤矿采矿的技术很低，“完全是手工业的”，“矿井的工程很坏，听说里面常有潜流冲出，从去年到今年，已经有二十一个矿工被活埋在里面了！”[②]战时，为解决工业与民用燃料，1939年2月，由甘肃省银行贷款、省建设厅经营的阿干镇煤矿在生产中开始用机器，日产量80吨至100吨。1940年10月，资源委员会与甘肃省政府合资创办永登窑街煤矿。1943年秋，阿干镇及永登两矿合并成立甘肃煤矿局，统筹经营，添置采掘、运输、提升和排水设备，煤产量逐年增加。历年烟煤产量1942年为3249吨，1943年为7864吨，1944年为14326吨，1945年为18959吨。[③]1942年1月，甘肃省政府、资源委员会与中、中、交、农四行合资经营的甘肃矿业公司成立，除接管了窑街煤矿外，其所属静宁罐子峡煤矿，于1942年11月开工钻探，至1943年4月已见煤三层。阿干镇、窑街、罐子峡三煤矿是甘肃有史以来首批使用机械生产的煤矿，全面抗战前甘肃全省产煤10万吨，1945年增至20万吨，甘肃已跻身川康、滇黔、湘赣、广西、陕甘豫五大煤炭基地之列。

（三）电力

甘肃电业创办于1914年，最先在兰州建厂。1922年建立天水电厂，1934年

---

① 甘肃省银行经济研究室：《甘肃之工业》，甘肃省银行印刷厂，1944年，第148、149页。

② 明驼：《河西见闻记》，达浚、张科点校，载顾颉刚《西北考察日记》，兰州：甘肃人民出版社，2002年，第146、151页。

③ 杨进惠、杜景琦：《解放前兰州阿干镇煤矿业概况》，载政协甘肃省委员会文史资料委员会《西北近代工业》编写组《西北近代工业》，兰州：甘肃人民出版社，1989年，第195页。

建立武威电厂，1941年建成玉门电厂。全面抗战时，兰州电厂发电容量由168千瓦增至974千瓦。[1]天水电厂由30千瓦增加到108千瓦，天水水力发电厂建成后又新增180千瓦。天水共有发电设备容量318千瓦，玉门电厂设备容量为300千瓦。至此，全省发电设备总容量1648千瓦（零星设备未计入），是全面抗战前的7.8倍。[2]但这些设备大都陈旧，发电能力达不到额定指标。

（四）电器

全面抗战前，甘肃没有电器，直到全面抗战时，甘肃电器开始发展。1941年，华亭电瓷厂建立，职工350人，有磨粉机、炼泥机及多种实验装置，是甘肃机器生产陶瓷的开始，年产绝缘陶瓷90万件，销往西安、甘肃、宁夏。1942年，建立中央电工器材厂兰州电池支厂，月产“日月”牌A、B电池1.5万支，单节电池1000打，能满足西北地区的需要。[3]

（五）机器制造和修理

1941年，在甘肃制造厂和甘肃造币厂基础上，成立甘肃机器厂，并购进一批新机器，有各种工具机41部，资本2000万元。至1943年，甘肃机器厂共有员工353人，其中职工97人，技工144人，粗工112人。[4]1941年至1943年，共生产各式车床、刨床、钻床、铣床135台，抽水机44台；还生产空气压缩机、洗毛机、梳毛机、织呢机、剪呢机以及汽车零配件共4000多台。产品行销甘、宁、青三省，是西北设备比较齐全、产品品种较多的机器制造厂之一。[5]

雍兴公司兰州机器厂，规模仅次于甘肃机器厂，有职工78名，35马力电动机4台，各式机床10多台，生产弹花机、织布机、面粉机、镟床、锅炉，并修配机器零件。[6]这一时期，甘肃的机械修配业发展很快。一方面，为适应修配汽车的需要，另一方面，为适应现代工业和手工业发展的需要。因此，中小型机械制造、修理厂和铁工厂、翻砂厂一时兴起。1944年，全省有机修厂46个，拥有金属机

---

① 甘肃省政府统计处编印：《甘肃省统计年鉴》，1948年，第4页。

② 胡应德：《解放前的甘肃电业概况》，载中国人民政治协商会议甘肃省委员会文史资料研究委员会《甘肃文史资料选辑（第十四辑）》，兰州：甘肃人民出版社，1983年，第22页。

③ 刘光华主编《甘肃通史》（中华民国卷），兰州：甘肃人民出版社，2009年，第197页。

④ 四联总处秘书处：《资源委员会甘肃省政府甘肃机器厂》，《工商调查通讯》1943年第299期，第1-2页。

⑤ 刘光华主编《甘肃通史》（中华民国卷），兰州：甘肃人民出版社，2009年，第192-193页。

⑥ 甘肃省银行经济研究室：《甘肃工业资源兰州市工厂调查》，国民印刷局，1942年，第5页。

床185台。其中较大的有交通部西北公路局兰州汽车修理厂和兰州汽车配件厂、酒泉汽车修配厂、汽车兵团修车厂、甘肃省贸易公司修车厂、玉门油矿机械厂等。民营机修厂，仅兰州就有30多家，较大的有大东铁工厂、森森铁工厂、济生铁工厂、上海机器厂、益民路生产合作社、兰友实业社铁工厂等。这些工厂除了修理业务，还生产一些简易机器和交通工具，如弹花机、面粉机、织布机、纺毛机、梳毛机、织袜机、打土机、印刷机、钻床、胶轮车等。①

（六）水泥

1941年，资源委员会、中国银行、交通部和甘肃省政府按4∶3∶2∶1的比例投资1200万元，兴办甘肃水泥公司，地址在永登县窑街。日产水泥100桶，每桶170公斤。1942至1945年8月，共生产22539桶，满足了甘肃、宁夏、青海、新疆四省的需要。②

（七）化学工业

应用现代科技和设备装备的化学工厂首推西北制药厂，次为雍兴公司兰州制药厂。一般的化工厂以甘肃化工材料厂规模最大（1943年，资本1460万元），次为省政府（后由省银行经营）的甘肃卫生材料厂、兰州颜料厂。此外，兰州有10家民营化工厂。当时化工产品主要是硫酸、盐酸、硝酸、纯碱、烧碱、小苏打、颜料、黑色火药、化学油漆、西药酊剂、生物制品（疫苗、痘苗、血清、抗毒素等）。

（八）纺织业

纺织业是甘肃最早起步的近代工业，也是甘肃战时发展数量最多的行业。毛纺织业是甘肃主要的现代纺织业，集中于兰州，也是兰州支柱产业之一。主要的工厂有：军政部第二织呢厂（工人258人）、兰州毛织厂（职工215人）、军政部兰州纺织厂（工人200人）、西北洗毛厂（职工300多人）。以上工厂生产的产品主要有军毯、呢绒、地毯、褐子、帆布等，质量都较好。当时，优先供给军用，也供应市场。据1944年统计，全省共有纺织厂分布如下：兰州62家（有12家已歇业），天水27家，平凉13家，榆中9家，武威8家，甘谷、秦安各7家，临洮、临夏、西峰镇各5家，陇西、礼县各4家，张掖、通渭、宁县早胜镇各3家，靖远、景泰、岷

① 刘光华主编《甘肃通史》（中华民国卷），兰州：甘肃人民出版社，2009年，第192-193页。
② 刘光华主编《甘肃通史》（中华民国卷），兰州：甘肃人民出版社，2009年，第199页。

县、渭源、泾川、庆阳、武山、灵台等8个县各2家，西固、酒泉等17个县各1家。据对168家的统计：按所有制划分，公营15家，合作社73家，公司3家，合伙75家，独资2家；30人以上的工厂共37家，其中兰州23家，外地14家。大多数厂家毛、棉兼营，单纯的棉织厂只有30多家，其中30人以上的4家，以平凉国民党驻军九十七师纺织社80人为最多。

上述工厂、合作社全部集中于城镇，绝大多数使用铁木织机，但缺乏现代动力，可生产宽面织品，年产纯毛呢4万匹、棉毛混纺织品2万匹、纯棉布14万匹、各种毛毯15万条、栽绒毯1万平方米、毛褐8万匹、土布10万匹、毛巾5万打、线袜2万打、毛线11万斤、毛衣3万套。棉毛手工业作为农村副业，在战时也有很大发展，其产量很可观。据1941—1943年调查（省贸易公司），甘肃农村年产毛衣35万套、毛褐29万匹、麻布150万丈（1尺宽）。土布生产遍布于全省农村。据甘肃省银行1944年调查（38个县），全省共生产土布3099940匹（每匹宽九寸至一尺三寸，长二丈五尺至五丈），其中天水135万匹，秦安45万匹，成县9.1万匹，甘谷9万匹，文县7.6万匹，靖远6.8万匹，民勤6.5万匹，张掖5万匹，庆阳3.4万匹。全省平均每人5尺。①可以看出甘肃全省人特别是农村人的穿衣主要还是靠手工纺织品。

（九）面粉工业

全面抗战时，甘肃全省新建的机器面粉厂共有4家，其中3家在兰州市。1941年，建成雍兴公司兰州面粉厂，是兰州最大的面粉厂，设备比较完备，年产面粉最低数额有150000袋（每袋22公斤）。次于该厂设备者，为民营西北面粉厂和民生面粉厂，分别建于1940年和1943年，年产面粉7200袋和2400袋。②此外，天水的荣氏福新厂的机制面粉质地优良，开始供不应求，后来麦价高涨，面粉售价则受到政府管制，面粉厂处于亏损中。

（十）制革业

甘肃皮革资源丰富，年产量在80万张以上。战时，土法硝皮每年在25万张左右。这时兴起一批采用新法鞣制、安装少量机器的工厂。1944年2月，对甘

---

① 甘肃省银行经济研究室：《甘肃之工业》，甘肃省银行印刷厂，1944年，第59页。

② 甘肃省银行经济研究室：《甘肃工业资源兰州市工厂调查》，国民印刷局，1942年，第5页。

肃省制革业的调查显示，1941至1943年，全省共有制革业工厂26家。[①]资本总额达5478000元，职工337人。到1943年只剩下17家，主要集中于兰州、天水、武威、临夏四地。其中兰州最多，盛时21家，1943年为12家。上述各厂除了鞣革，都经营皮件加工，如皮衣、皮鞋、军用皮等。

（十一）造纸业

甘肃土法造纸很普遍，以陇南最多。抗战前，经调查，各地可利用的原料，有旧麻鞋绳、破布、公文书写废纸、稻草、麦秆、树皮、细竹、马莲草等，所需药剂除漂白粉、颜料从外省进口，其余如松香、陶土、石膏、冰碱、石灰、滑石等本省均有出产。因交通不便，人才缺乏，没有设立大规模造纸工厂，“均系乡间农民于农闲时，就当地所产原料，沿用旧法，以手工制造，设备简陋，故所出之纸，质地较粗”[②]。所产纸的种类多为麻纸、高黑纸、毛头纸、土报纸之类。战时出现了一批采用新工艺，拥有抽水机、蒸煮锅等简单机器的造纸厂，全省有11家，其中兰州10家、天水1家。兴陇公司兰州造纸厂规模较大。1944年，改为甘肃省银行造纸厂，添置机器，扩大生产，日产书报账表用纸1万张。但整体说来，一般造纸厂机械化程度较低，只能生产土报纸和包装纸，尚不能满足社会需要。据1944年统计，兰州10家造纸厂总资本为20万元，工人总数为164人，其中官办的兴陇公司造纸厂资本即达7万余元，占造纸业资本总额的1/3强，其余9家私营工程的规模即可想见。[③]

（十二）印刷

全民族抗战前兰州有印刷厂4家。1943年，兰州有35家，武威、天水等16个县有45家。其中以原省政府印刷局规模较大，后改为兴陇公司印刷厂。1944年，改为甘肃省银行印刷厂。铅印机大多集中于兰州，天水、武威、庆阳三地各有1台，其余各县都是石印。[④]

（十三）火柴

清末，甘肃不能自己生产火柴，城市所用火柴主要来自四川，乡村则仍多用

① 甘肃省银行经济研究室：《甘肃之工业》，甘肃省银行印刷厂，1944年，第125-127页。
② 甘肃省银行经济研究室：《甘肃之工业》，甘肃省银行印刷厂，1944年，第165页。
③ 王美蓉：《甘肃近现代工业经济史论》，成都：西南交通大学出版社，2015年，第91页。
④ 甘肃省银行经济研究室：《甘肃之工业》，甘肃省银行印刷厂，1944年，第175-179页。

火镰取火。因此，设立火柴厂很有必要。光明火柴股份有限公司就是在这样的情况下产生的。1913年，该公司由彭英甲、邓隆等集资76000元筹办，出产轮船牌与朝阳牌火柴两种，营业极盛，颇有获利。[①]该公司正式工人约130人，临时工人约300人；火柴产量时高时低，平均每日约15箱，每箱240包，每包10盒；红利也相当可观，稳定时，每股每年可分红利十二三元。[②]到1943年，全省有7家火柴厂（公司、合作社）。兰州有同生、光明两家公司，天水有炳兴公司、光华厂、工合伏羲城火柴社3个工厂。此外，有岷县中和公司、临洮华兴厂。1943年，7个厂生产火柴4167箱；1944年，生产3700箱，尚需要输入一部分火柴。产品以同生、炳兴二厂最优，规模以炳兴最大。1943年，炳兴厂有职工260人，年产1375箱，二者都占7个厂的1/3左右。[③] 至1944年，全省年产总计约达4500箱，每箱7200小盒，合计32400000小盒。[④]

（十四）卷烟

由于迁往甘肃的人口增多，卷烟供不应求，兰州、平凉、天水都新建了一批卷烟厂。1943年，全省共30多家卷烟厂，其中11家在兰州，大都为手工卷烟。其中，华陇烟草公司最为著名。1934年9月，兰州商人张宜伦，集资十万元，创办华陇烟草公司。该公司于1936年初从上海购得卷烟机、切烟机等设备，辗转运抵兰州。由河南购运原料，聘用卷烟技工，于该年秋试车生产合格后，正式生产卷烟，首创“西湖”“握桥”“白塔山”牌机制烟支。日产卷烟4大箱（每箱5万支），[⑤]畅销于甘肃、宁夏、青海、新疆等地。在兰州雁滩一带试种烤烟，也有收获，业务逐年发展。全民族抗战爆发后，虽处于动荡年代，但因兰州远处西北，战争威胁不易直接波及，又由于经营有方，产品质量稳定，该公司仍维持达十年之久。直至1946年，英美卷烟大量涌入兰州市场，加以原料受阻，无法继续生产，该公司被迫停工，直至兰州解放后方复工。据1944年2月调查的18家卷烟

① 甘肃省银行经济研究室：《甘肃之工业》，甘肃省银行印刷厂，1944年，第79页。

② 张善卿、陆星桥、张石父：《解放前甘肃的火柴业》，载中国人民政治协商会议甘肃省委员会文史资料研究委员会《甘肃文史资料选辑（第四辑）》，兰州：甘肃人民出版社，1987年，第126页。

③ 刘光华主编《甘肃通史》（中华民国卷），兰州：甘肃人民出版社，2009年，第201-202页。

④ 甘肃省银行经济研究室：：《甘肃之工业》，甘肃省银行印刷厂，1944年，第79-80页。

⑤ 范雅南：《甘肃卷烟工业简史》，载政协甘肃省委员会文史资料委员会《西北近代工业》编写组《西北近代工业》，兰州：甘肃人民出版社，1989年，第586页。

厂中，资本总额达714000元，工人数达161人[①]，多为手工制造。

（十五）水烟

水烟，是甘肃传统特产之一，也是甘肃商品率最高的农产品之一。全民族抗战时期，水烟烟叶产量不如20世纪20年代的黄金时期，但大体上能保持20世纪30年代前期年产七八百万斤的水平。在最突出年份，如1923年皋兰（包括兰州）种烟面积占可耕地的47%。[②]1936年，据铁道部业务司商务科调查，甘肃段沿线的制烟地区有皋兰、洮沙、临洮、陇西、武山、甘谷、榆中等7县，共有从业工人16000余人，每年产水烟及黄烟800余万公斤，值价200余万元。其中皋兰有从业工人13000余人，约占全线烟业工人81%，年产水烟540余万公斤，约占全线烟产量67%，值价120余万元，约占全线烟产值60%。[③]这对解决当地民众就业，加强对外贸易交流具有重要作用。尤其自烟叶种子育苗开始，以至烟丝成品运输于待售地点，所有直接赖此为生者，有烟农、烟坊股东、经理、会计、工人及其家庭；所有间接赖此为生者，有木工、铁工、麻工、贩运商、信用商、运输商，以及厂栈行号。据估计，在甘肃境内以此为生至少有30万人，在兰州市一地，有5万人以上，占兰州市人口五分之一。[④]其不仅在经济上占甘肃省对外贸易第一位（次为皮毛、药材），即在国家财政收入上，亦为国税中主要税源，“其与国计民生的关系，可云至深至巨”[⑤]，足见水烟业在兰州的经济地位比较突出。

下表可说明战时甘肃工业发展及其在全国的地位：

表3-2-2　全面抗战时全国、大后方、甘肃工厂统计表[⑥]

年份	区域	工厂数	%	资本（万元）	%	工人数	%
1937	全国	3935	100	37793.8	100	457063	100
	甘肃	9	0.23	29.5	0.08	1152	0.25

① 甘肃省银行经济研究室：《甘肃之工业》，甘肃省银行印刷厂，1944年，第164页。

② 严树棠、李建基：《解放前的兰州水烟业》，载中国人民政治协商会议甘肃省委员会文史资料研究委员会《甘肃文史资料选辑（第十四辑）》，甘肃人民出版社，1983年，第57页。

③ 铁道部业务司商务科编印：《陇海铁路甘肃段经济调查报告书》，1936年，第41页。

④ 杜景琦：《兰州之水烟业》，兰州：伦华印书馆，1947年，第45页。

⑤ 杜景琦：《兰州之水烟业》，兰州：伦华印书馆，1947年，第2页。

⑥ 说明：1937年、1942年的数字，据国民政府经济部工厂登记统计，转引自陈真《中国近代工业史资料（第四辑）》第96、97页。1944年数字，据经济部统计资料，转引自李紫翔《大后方战时工业鸟瞰》等系列论文，载《经济周报》第1卷第6期至第2卷第6期。

续表

年份	区域	工厂数	%	资本(万元)	%	工人数	%
1942	大后方	3758	100	193902.6	100	241662	100
	甘肃	139	3.70	6190.6	3.19	7888	3.26
1944	大后方	5266	100	497480	100	359663	100
	甘肃	220	4.18	663	0.13	10401	2.89

从表中看出,1944年同1937年相比,甘肃工厂数增加23.44倍,资本增加21.47倍,工人数增加8倍。全民族抗战期间,甘肃近代工业的发展超过了之前的70年,实际上还不止此。上述统计,不包括当时全国最大的厂矿玉门油矿。1941年,中央经济部颁布修正的工厂登记法时,规定只登记注册民营企业,军用者除外。玉门油矿生产的石油是战时最重要的军用品之一,因而未列入上表范围。上表1944年甘肃全省资本为663万元,而玉门油矿的投资即为1030万元(均按战前币值计算),如果计入玉门油矿,则甘肃的资本数将增加1倍多,工人数也增长近1倍(抗日战争后期,玉门油矿工人增至1万人左右)。

从近代工业发展史的角度看,甘肃的工业仍处于起步阶段,它在全国的比重仍然很低,基础十分薄弱。其20个左右的骨干企业,技术、设备参差不齐,而且科技管理人员大都是外省籍人,一旦时局变化或决策有误,就会陷于困境。1944年后,除了石油,甘肃工业逐步走向衰落。应当看到,国民政府为了抗战建国需要,对该地区社会经济做过一些考虑,但其开发西北的主旨是为战争直接服务,是为军事的需要而不是为该地区全面而长远的发展做规划,从而使西北建设受到战争进程的制约。随着抗战胜利结束,国民政府开发西北的热情锐减,各种开发西北的活动也停顿下来,最终导致西北地区的社会经济再次陷入低谷。

三、战时甘肃工业资金来源

甘肃各工厂资金来源,因工厂性质不同,形式亦异。以兰州市工业发展资金来源为例,主要有以下几种:1.政府协款,总计779万元,占全体机制工业资金总数的72%;2.私人集股,资金1746800元,占全体机制工业资金总数的16%;

3. 合伙投资，资金824500元，占全体机制工业资金总数的8%；4. 独资经营，资金402400元，占全体机制工业资金总数4%。[①]其他各地区也不外乎以上四种。根据以上数据发现，政府协款占工业生产最多数，最少者为独资经营。由此可以表明政府扶植工业力度很大，同时公营事业日渐发展，私营企业有衰落趋势。有关兰州市各工业资金总额统计详见下表。

表3-2-3 兰州市各工业资金总额及占总额百分比[②]

行业	资金总额（元）	占机制工业资本总额的百分比（%）
制纸业	159680	1.2
机器冶炼业	534400	3.8
火柴业	209000	1.4
玻璃业	27000	0.2
化学业	215000	1.5
制革业	2564500	18.7
印刷业	810000	5.8
面粉业	5900000	42.6
制药业	1040000	7.7
纺织业	1870000	13.5
纸烟业	500000	3.6

从上表中可以看出，兰州市各工业资金百分比中最高者为面粉业，其次为制革业，再次为纺织业，更次为制药业，最少者为玻璃业。通过比较百分比大小，证明制革、纺织、制药等行业发达，资本充足，其他各业百分比数字较小，资金匮乏。而充足的资金是保证各工业正常良好营业的基础。

甘肃省交通困阻，外货输入极为不易。抗战以来，来源日益枯竭，只能依靠和刺激本地生产者努力生产，各种工业顿呈活跃现象。就年销总值而言，以纺织业居第一，次为制革，其余依次面粉、火柴、化学、造纸、制药等业。就时人已调查的厂数求其平均数，则火柴居第一位，次为面粉业，纺织业居第三位，再次

① 中国第二历史档案馆：《经济部西北工业考察通讯（下）》，《民国档案》1996年第1期。

② 中国第二历史档案馆：《经济部西北工业考察通讯（下）》，《民国档案》1996年第1期。

为造纸、制革、化学、玻璃、制药等业。具体情况如下表：

表3-2-4　兰州市各业工厂营业概况表[①]

类别	年销总值	调查厂数	平均数
制革业	5391500	14	385107
纺织业	22647600	27	838800
制药业	100000	3	33333
面粉业	3186000	2	1593000
造纸业	335500	6	559167
化学业	791500	4	197875
火柴业	3240000	2	1620000
玻璃业	100000	1	100000

四、战时甘肃工业发展的影响

抗战时期甘肃工业的勃兴，在抵御外侮中发挥了重要作用，对甘肃社会的近代化进程产生了一定的影响。首先，增强了抗战的物质力量，支持了后方经济发展，补充军需民用，使甘肃成为抗战坚实后盾之一。例如，玉门油矿的开采专门为抗战军需提供油料，为缓解当时紧张的军需供应做出了重大贡献。同样，甘肃各工厂生产了大量的军毯、水泥、酒精、皮革、纺织品等产品，为国防建设提供了必不可少的战略物资，支撑了国民党正面战场的抗战。

其次，抗战时期甘肃工业的发展，在一定程度上动摇了自然经济的基础。甘肃地处内陆，长期以来处于封闭落后的自然经济形态下。在特殊的抗战环境下，国民党中央政府和地方政府投入力度加大，形成了近代化的工业生产模式。尤其是大量工厂、人才内迁，引进了先进的生产方式和生产工具，这种生产方式对自给自足的小农经济模式起到了分化作用，社会分工更加明显。

再次，填补了甘肃工业生产部门中的某些空白，推动了当地经济的发展。抗战时期甘肃工业建设，不仅在许多原有工业部门中增加投资，增添设备和人

① 甘肃省银行经济研究室：《甘肃工业资源兰州市工厂调查》，国民印刷局，1942年，第23页。

员，扩大了生产规模，而且新创办了石油、建材等近代化工业部门，填补了甘肃工业在某些方面的空白，使甘肃社会生产力部门结构的落后状况有所改观。①同时，把先进的机器生产带进了企业，产品批量生产，物美价廉，促使手工业生产者不得不改进经营方式，提高生产技术，向近代化生产方向转变。由于大机器生产的发展，抗战时期所需原料及产品数量的增加，又促进农牧业生产、商业贸易和交通运输业的发展，使农、工、商三位一体，互相补充，互相促进，有力地推动了甘肃整个国民经济近代化的发展。②

最后，促使人们思想观念近代化。甘肃地处内陆，商品经济一向不够发达，即使在鸦片战争后的相当一段时间里，广大人民群众，尤其是乡村农民的思想状况仍处在极其保守落后的状态中。甘肃一部分民众开始放弃传统的生活经营方式，转向近代化的生产方式。因抗战时期大规模的工厂内迁，机器生产逐渐取代传统手工业，经营方式由传统走向近代，各厂矿对劳动力的需求随之加大。据调查，1945年兰州人口有15.5万，从事农业的只有1.3万人，占人口总数的8.4%，而从事工业和商业的人数却分别为1.4万人和1.7万人，分别占总数的9.0%和11.0%。③这种变化反映了民众的思想观念由传统的保守落后向进取开放与汲取新鲜血液的方向变化。

第三节　抗战时期甘肃商业发展

抗战时期甘肃的农牧业、手工业、工矿业得到了一定程度的发展，与此同时，军队云集，难民流入增多，外来人口增加，生活日用品的需求也同时增加。甘肃是一个工业落后的地区，战前绝大部分日用品依赖外省输入，战时工业虽有发展，却仍然不能满足民众需求。这就需要活跃的商业经济来满足并拉动需求，于是商品流通的范围和商品交换的规模逐步扩大，国内外贸易均有长足发

① 蒋致洁：《略论抗战时期甘肃的工业建设》，《兰州学刊》1988年第6期，第94页。
② 李清凌主编《甘肃经济史》，兰州：兰州大学出版社，1996年，第183页。
③ 李清凌主编《甘肃经济史》，兰州：兰州大学出版社，1996年，第183页。

展。甘肃商业主要以省会兰州为中心市场和商品集散地。但是兰州商店虽多，规模均不大，兰州以外其他地区的商店更是惨淡经营，经营者多为外省客商，本地商人则“家圜株守，无百里负贩之人”，[①]“至于经营各大商业之帮口。大概言之，金融之权，操于山陕津帮之手。各大行店，晋商称盛。钱庄药号，秦人居多。购办皮货绸缎杂货事业，津晋两帮，可称并驾。制造青条黄烟，陕甘两商，亦足齐驱。”[②]这些活跃于甘肃各地的外籍商帮在一定程度上促进了甘肃商业贸易的发展，但也造成了大量的资金外流，不利于地方经济的持续发展。民国时期，甘肃省传统的商业组织包含以下几种形式：1. 个人独资；2. 合伙出资；3. 官营商业。合资又分为资本与资本合伙，资本与劳动合伙和介于二者之间的类型三种。[③]全面抗战爆发后，国民政府为打持久战，对甘肃投入大量资金，无论是商品种类的增加，私营商业的繁荣以及商业的经营形式都发生了质的变化。以甘肃省贸易公司为代表的新型商业组织为抗战时期甘肃的商业繁荣经济发展做出了非常重要的贡献。[④]

一、建立专卖制度和成立商业机构

抗日战争全面爆发后，国民党中央在“战时经济政策”的口号下，从战争环境出发，按战时需要，调整经济结构，积极扩大国营企业，强化商业贸易控制，对进出口贸易和国内各种重要商品进行专控专卖，逐步建立起来所谓战时经济体制。国民政府在扶持和鼓励私营工商业发展的同时，颁布了《非常时期农矿工商管理条例》，对国民经济各部门，从生产到流通，实行全面统制。由此，公营商业企业在后方商品贸易中逐步占据垄断地位，一批国营企业和官僚企业的势力向西北、西南扩张，除对金融业、工业、农业等进行垄断外，也垄断了包括甘肃在内的国内商业贸易。国民政府对重要外贸物资如钨砂矿、锡矿砂、生丝、桐油等都进行统制，限制自由贸易。在对苏偿债贸易中，甘肃由于皮毛资源丰富，通过挂牌（公布收购价）收购，已能满足外贸需要，故未实行皮毛统制。1941 年，国民

① 彭英甲：《陇右纪实录》第 8 卷，甘肃官报局石印，1911 年，甘肃省图书馆藏。
② 萧梅性：《兰州商业调查》，陇海铁路管理局发行，1935 年，第 2 页。
③ 刘秋根：《十至十四世纪的中国合伙制》，《历史研究》2002 年第 6 期。
④ 裴庚辛：《民国时期甘肃的新型商业组织形式》，《甘肃社会科学》2014 年第 2 期。

党五届八中全会决定对食盐、卷烟、火柴、茶叶、糖、酒等生活必需品实行专卖，与此同时，成立相应的专卖机构。

（一）西北盐务管理局

1937年在兰州设立，既是行政管理机构，又是商业经营机构，统制甘肃、宁夏、青海三省盐的生产和销售。1937年7月至12月，在甘肃销盐总计132797.60司码担，获得税收360757.01元。[①]1938至1941年，对食盐实行民制官收、酌给利润的政策。但税收（产税和销税）奇重，约为成本的11~12倍。1942年，食盐正式实行专卖，每人月定量8两（合250克）。1941年，甘肃销盐7155万斤，平均每人每年约10斤。1942年，甘肃、宁夏、青海三省产盐188万市担，向陕西、河南、绥远（通过政府渠道）销售45.41万担，[②]1944年后，改为委托商人收购。

（二）甘宁青烟类专卖局

1942年11月，先后在兰州、武威、天水等地设立烟类专卖局办事处。1943年5月，甘宁青烟类专卖局在兰州成立，在兰州、临洮设业务所，在西宁、宁夏设区办事处，业务上辖青海、宁夏全境。1943年，税收3000万元。[③]

（三）农本局福生陇庄

农本局福生陇庄，后改为花纱布管制局兰州办事处，是统制棉花、棉纱、布匹等物资的官方商业机构。但甘肃产棉很少，远不能自给。这些商业机构的主要业务是从陕西、河南收购（主要是通过政府同类机构）棉、纱、布到甘肃进行分配、销售。1942年，在甘肃销售陕棉20万斤，但棉纱、棉布的供销量很少。

（四）中国茶叶公司兰州分公司

茶叶为对苏贸易物资之一，成为统制物品。甘肃不产茶，但却是全国主要销售市场之一，兰州又是茶叶转销西北的主要集散地，对苏输出茶叶的集中点，故兰州多年来是茶商的聚集地。全面抗战前，兰州茶叶公会有会员四十几家，1942年增至60家。1940年，兰州销售细茶293744斤，粗茶799207斤。当时茶

① 《西北盐务管理局甘肃区销盐暨税收数目统计数表（1937年7月至12月份）》，《甘肃省统计季报》第2卷第1-4期，1938年。

② 刘光华主编《甘肃通史》（中华民国卷），兰州：甘肃人民出版社，2009年，第212页。

③ 刘光华主编《甘肃通史》（中华民国卷），兰州：甘肃人民出版社，2009年，第212页。

商还存有已完税的茶票4000张（每张茶票纳税40元，贴印花1元，共计41元），每张可购散茶压制砖茶4625斤。[①]1942年，中国茶叶兰州分公司全年供应甘肃茶叶277.8万斤，约为全面抗战前的53.4%。其中，兰州门市部日销售砖茶300块左右（每块3市斤）。1943年，从湖南、汉中等地运往甘肃砖茶749519斤、散茶188586斤。

（五）甘肃省贸易公司

1941年6月成立，属官商合营公司，原定集资2000万元，实收官股704万元。但公司的决策权、经营权都操纵于省政府及其代理人手中，故一般人都认为它是地方国营公司。它在平凉、夏河、靖远、张掖、张家川、临夏、渭源、武都、敦煌等县市都有分支机构，在重庆、西安、宝鸡、洛阳、四川广元设有办事处、代办处。经营的外销商品主要是羊毛、皮件、药材、水烟，购入在甘肃销售的商品主要是棉花、布匹、服装（按价格计占57.6%）、纸张（占10.7%）、茶叶（占9.5%）、糖类等日用品。1942年，购入棉花15.1万斤、宽洋布26446匹、土布25484匹、申新纱1845捆、颜料3584斤、红白糖10万斤、川纸7万刀、洋纸593令、茶叶25886封，以及少量的西药、药棉、酒精、五金、瓷器、卷烟等。[②]

二、对苏贸易空前繁荣

全面抗战之前，西北甘宁青各类畜产品均由外国洋行和国内皮毛商把持经营，从兰州沿黄河集中到归绥（今呼和浩特）后，再运到天津出口欧美。外国洋行布满西北皮毛产地，仅河州（今临夏市）一地就设有美商新太行洋行、聚利洋行、仁纪洋行、天长仁洋行、瑞记洋行、普伦洋行、平和洋行及德国商吉昌洋行。羊毛在甘肃省出口贸易中占有重要地位。1923年9月，兰州的外国洋行有7处，主要收购羊毛及其他土特产，而羊毛的收购运出达300万斤[③]。1930年，兰州市场每50公斤羊毛收购价为18.232银元，绵羊皮每张2.433银元，山羊板皮每张1.52银元，黄牛皮每50公斤23.8银元。到了1936年，羊毛每50公斤收购价为24.038银元，绵羊皮每张2.55银元，山羊板皮每张1.72银元，黄牛皮每50公斤

① 李清凌主编《甘肃经济史》，兰州：兰州大学出版社，1996年，第212-213页。
② 顾祖德：《甘肃贸易公司三十一年度业务报告》，《甘肃贸易》1943年第4期，第23页。
③ 樊如森：《民国时期西北地区市场体系的构建》，《中国经济史研究》2006年第3期。

25.5银元。[1] 1932年，外销羊毛30810担（每担100斤），价值393261元；1933年，外销42724担，价值961272元。[2]1934年，共输出甘州毛70000担，平番毛及武威毛80000担。[3]

全面抗战开始后，随着中苏关系的改善，1937年8月21日，苏联与国民政府签订《中苏互不侵犯条约》[4]，苏联给予中国大量军事援助，中国以西北农牧、矿产品来偿还苏方的贷款。查中苏信用借款订立合约共计三次，第一、二两次借款总额各为美金5000万元，第三次借款总额为美金15000万元。[5]这些借款主要用于购买苏联武器及其他军事战略物资。苏联各种军火源源不断经过新疆、甘肃，由国民党中央政府分配至全国各战区。中国则以皮毛、生丝、药材、茶叶、桐油等农牧产品以及锡、钨、铋等矿砂偿还。其中，皮毛以外的7种农产品共64157吨，矿砂共56409吨。畜牧产品、药材（大黄等）基本上由甘、宁、青、绥（今内蒙古）四省区筹集。与此相适应，四省也设立机构进行收集采购活动，四省区内商业十分活跃。自1938年至1943年间，经甘肃对苏出口皮张5407000张，毛类23744吨、茶叶31486吨。[6]

以下两表是中苏两国政府关于中国向苏联出口农畜产品的情况。

表3-3-1　截至1943年中国向苏联出口货物统计表[7]

名称	数量	名称	数量	名称	数量
羊毛	359954关担	哈儿皮	349755张	黄牛皮	28441张
驼毛	17386关担	老羊皮	30902张	水牛皮	8321张
猪鬃	13876关担	山羊猾皮	126665张	绵羊肠	226130根
山羊皮	3740693张	狐皮	12650张	大黄	241关担
羔皮	16536171张	沙狐皮	1500张	山羊绒	5156关担
胎羔皮	9000张	黄鼠狼皮	7000张		

① 兰州市地方志编纂委员会、兰州市物价编纂委员会：《兰州市志（第39卷）·物价志》，兰州：兰州大学出版社，1998年，第43页。

② 潘益民：《兰州之工商业与金融》，上海：商务印书馆，1936年，第146、150页。

③ 克拉米息夫：《中国西北部之经济状况》，王正旺译，上海：商务印书馆，1934年，第32页。

④ 孙科：《中苏关系》，上海：中华书局，1945年，第16页。

⑤ 陈谦平：《翁文灏与抗战档案史料汇编》下册，北京：社会科学文献出版社，2017年，第473页。

⑥ 斯拉德科夫斯基：《苏中贸易史1917—1974》，北京：社会科学文献出版社，2008年，第148页。

⑦ 刘光华主编《甘肃通史》（中华民国卷），兰州：甘肃人民出版社，2009年，第209页。

表 3-3-2　1938—1945 年中国向苏联出口农产品统计表[①]

生丝	301 吨	山羊毛	304 吨
猪鬃	1119 吨	茶叶	31486 吨
绵羊毛	21295 吨	桐油	8626 吨
驼毛	1026 吨	生皮	5407 千张

从以上两表可以看出，中国向苏联出口的农产品、畜牧产品数量大、种类繁多，主要来自西北，从而活跃了甘肃的贸易市场。

三、私营商业活跃

抗战时期，由于沿海地区相继沦陷，国民政府开发西北政策的推行及沿海工业和资金人才的内迁，使得商品的需求量日增，从而刺激了私营商业的发展。同时，西北交通运输网逐步形成，也为商业贸易的繁荣创造了基础条件。在此情形下，甘肃私营商业空前活跃，主要表现在以下几个方面：

（一）私营商业贸易经营者的数量和规模有了空前的增加和扩大

全面抗战初期，私营商业一度活跃。当时，对苏联出口由国家统制，原来经营对苏贸易的极少数私商受到一定影响。但甘肃对苏出口物资的收购量大都未超过省内年产量的半数，仍可转向对内经营。这时洋货来源基本断绝，国内市场空前扩大，加上近代工业、手工业、交通运输业的发展，促进了国内、省内市场的活跃，这集中反映在全省商店数的急剧增加上，在这方面兰州是一个缩影。兰州市的商店 1941 年为 1110 户，1943 年为 1398 户，1944 年猛增至 2071 户，1945 年为 2178 户，1946 年为 2455 户，1947 年为 2862 户，逐年增加。[②]下面是甘肃省公布的 1942 年 34 个县的商店调查。

① 刘光华主编《甘肃通史》(中华民国卷)，兰州：甘肃人民出版社，2009 年，第 209 页。

② 西北军政委员会贸易部：《西北商业概况》，西安：西北人民出版社，1952 年，第 35-36 页。

表3-3-3 甘肃省34个县商店数及营业额一览表[①]

县别	商店总数（家）	营业额（元）	店员数（人）	县别	商店总数（家）	营业额（元）	店员数（人）
兰州	2095	1074722400	13000	武都	198	19000000	456
洮沙	68	58300	105	两当	34	255000	144
临洮	763	12859900	3768	岷县	2177	4481200	6500
定西	275	3844000	891	武山	254	649800	962
榆中	524	2138790	2406	甘谷	341	1959200	1235
宁定	210	4926100	450	清水	327	1640000	1044
靖远	88	222684	181	西和	110	2500000	130
临夏	904	1443400	196	康县	213	418450	455
夏河	141	53612100	550	西固	69	213900	123
永靖	273	4600000	610	临潭	382	1301600	838
张掖	184	37206500	908	陇西	294	11963600	1085
临泽	212	162600	556	庆阳	104	2860000	479
永昌	61	93200	275	华亭	645	1099160	833
鼎新	4	50000	5	固原	743	3043000	2646
安西	48	188500	144	庄浪	69	357000	120
文县	217	46000000	450	镇原	761	1165610	1508
成县	168	16000000	430	海原	79	1311300	336
				合计	13035	1312347294	43819

根据上表，1942年全省34县市共有商店1.3万多家，从业人员4.3万多人，营业总额13亿余元。上述统计仅占甘肃全部县的一半，还不包括平凉、天水、凉州和肃州。[②]

进出口贸易的大幅度增加和转口贸易的活跃。甘肃在对外贸易中，进口货价大于出口货价，进口货多，出口货少，以致年年有入超。如1932年至1936年，

① 陈鸿胪：《论甘肃的贸易》，《甘肃贸易》1943年第4期，第13–15页。
② 陈鸿胪：《论甘肃的贸易》，《甘肃贸易》1943年第4期，第15页。

输出货物价值每年仅2000万元，输入货物每年约值4000万元，入超额约2000万元。乃至1943年此种贸易现象仍然存在，进口约值240000万元，输出约值90000万元，入超达150000万元之巨。[①]这说明以出口原料产品为主的商业贸易在市场上地位十分不利。据统计，在1943年前，甘肃年输出总产值为5亿元左右，输入总产值为25亿元左右。其中输出品中，皮类100万张，价值4000万元；毛类500万张，价值4000万元；水烟500万斤，价值1000万元；动植物药材1700万斤，价值2.9亿元。此外，还有土纸、硝盐、毛类制品等。输入品中，棉花700万斤，价值1.2亿元；纸张100万刀，价值5000万元；茶1000万斤，价值2.3亿元；五金颜料100万斤，价值1亿元。[②]此外还有糖类、服装及其他日用品。从各市县的进出口贸易来看，天水每年出口货物以皮毛为主，“年可出产牛皮二千张，羊皮二万张，羊毛十五万斤，除一部分供本县人民销用外，其余大抵运销川陕一带，其他如药材及工业产品，亦有出口者，则类多行销于兰州、陇西、临洮一带”。进口货物“大率为绸缎布匹、洋广杂货、化妆品、五金材料、染料等，来源大多为西安、洛阳”。[③]在酒泉，进口的私营商品额达614.98万元，销出总值达445.9万元。秦安年出口土布25万多匹，毛褐5万多匹；进口棉花30多万斤，茶叶10万多斤，各类布匹4900多匹。文县碧口镇的进出口贸易更是活跃，仅进口糖就达110.8万多斤，纸70.6万多斤，出口药材153万多斤，水烟82万多斤。[④]

在进出口贸易蓬勃发展的同时，各地的转口贸易也有了一定的发展。岷县作为甘川贸易的通道，年统计的转口贸易量，总值约在200万元以上；[⑤]秦安是甘陕、甘川贸易的重要中转站，据1940年秋调查，皮毛年输出量为1.5万多斤，猪鬃3000多斤，青盐15万多斤，至于其来路去路，毛皮大多由西宁、古浪、靖远、海原、固原等地输入，售于四川成都、重庆等处；猪鬃大多来自邻封各县，而售于成都、重庆各地；青盐均由古浪一条山运来，售于西安、四川一带。[⑥]从上述各县的贸易发展概况，可以窥见整个甘肃进出口贸易和转口贸易的全貌。

① 甘肃省政府编印：《甘肃省经济概况》，1944年，第168页。
② 陈鸿胪：《论甘肃的贸易》，《甘肃贸易》1943年第4期，第12页。
③ 甘肃省银行经济研究室编印：《甘肃省各县经济概况》第1集，1942年，第8页。
④ 酒泉市商业局：《酒泉市商业志》，北京：方志出版社，2008年，第100页。
⑤ 甘肃省银行经济研究室编印：《甘肃省各县经济概况》第1集，1942年，第15页。
⑥ 甘肃省银行经济研究室编印：《甘肃省各县经济概况》第1集，1942年，第71页。

（二）新兴商业、行店大量出现

新兴行店自30年代初初露端倪后，抗战时期得到进一步发展。如食品业中出现了上海帮的天生园、中国酱园、大升酱园、上海酱园、干康酱园。天津帮中出现了鲜味斋、稻香林。另外，河北高阳帮还在洋货、布匹等行业中开辟了一些新服务项目。随着一批新兴行店的建立，服务质量和商品加工技术也得到了较大提升。当时出现的有名商品，食品业中有南味糕点、面包、西点、水果糖以及各种瓶装露酒、白酒、啤酒、汽水等，品种繁多，琳琅满目。这些新产品的大量销售，无疑给甘肃商品市场增添了更大的活力。

（三）资本主义性质的商业贸易公司及商业工会组织的大量涌现

据1947年12月统计，全省共有各类商贸总公司66家，支店65家，资本总额为70.6亿元。公司分布最多的是兰州，有总公司45家，占总数的68%，支店47家，占总数的72%；其次为天水，有总公司12家，占公司总数的18%，支店4家，占总数的6%。其余分布在武威、酒泉、敦煌、临洮等8县中，这些公司若按种类分，则无限公司7家，支店14家，有限公司56家，支店51家，两合公司3家。[①]

除公司外，还出现了一些十分有名的大规模综合商业总汇，如大丰百货商店。1943年，该店建成后，采用股份制形式，股东们齐心协力，不断扩大经营规模，在上海、武汉、重庆、新疆等地设点经营，购销货物，形成了以上海为中心，以武汉、重庆为依托，以兰州为基点，以新疆为市场的一个南北呼应、东西沟通的经营销售网络。[②]店内实行敞开柜台、公开销售服务，使其初步具备了现代超级市场的性质。与此同时，各地纷纷建立了商业工会组织。在岷县，主要的商业如药材业、布匹业、木业、店业、杂货业等，均成立了同业商业公会。仅药材同业工会就有会员97人，木材同业公会有会员30多人。定西登记商号有80余家，设立的同业公会有4个，计有杂货商同业公会、粮食同业公会、布匹商同业公会，药材商同业公会等。渭源县城共有商号120余家，仅1940年成立的商业同业公会就有4个，分别为：百货业同业公会、斗户同业公会、店业同业公会、药材

① 李清凌主编《甘肃经济史》，兰州：兰州大学出版社，1996年，第231页。

② 阎尚武：《名满金城的大丰百货商店经营史》，载兰州市政协文史资料委员会、中国民主建国会兰州市委员会、兰州市工商业联合会《兰州文史资料选辑（第十一辑）》，内部使用。

同业公会等。[1]此外,如天水、武威、平凉、秦安等县也成立了数量较多的商业同行业公会。这种商业同行业公会与中世纪的行会相比,虽有某种形式上的相似,但其性质已完全不同,它已经具备了资本主义商业联营公司的性质。因此,它的发展,必然使全省各地的商业贸易活动走向一种区域性的联营联网销售,从而加速了甘肃近代化商业贸易体系的形成。

1942年后,甘肃商业市场开始出现不景气现象,一方面日用工业品短缺,另一方面土特产滞销。必需品的供应最少,而非必需品充斥于市场,烟糖专卖店很少有商品供应市场。但是,商业机构增多,特别是一些官办的工厂也开设商店,实行产销一体,推销自己的产品,如雍兴公司兰州供销处、水泥公司销售处,甘肃水利林牧公司、军政部织呢厂等也致力于产品销售。这些情况的出现,直接反映了通货膨胀的现实和统制重要物资、管制物价的结果。由于工业产品成本很高,而产品的价格不能随之相应提高:工厂生产周期长,资金周转慢,利润减少,甚至亏本,而商业利润则较工厂为高。因此,厂家纷纷介入市场,有些工业资金已投入商业,或囤积一部分看涨的商品,或抢购日用生活必需品而保值。于是,一部分商品(金、银、粮、棉等)成为投机对象,市场呈现畸形繁荣现象。而正常的商业、民营商家则受到排挤、损害。因政府统制,专卖物资日益增多,经营范围缩小。人民的购买力则因赋税日益苛重而萎缩,甘肃的一部分皮毛、药材、水烟等土特产转向沦陷区输出,这些都是很不正常的现象。[2]

四、合作社商业的艰难发展

战时甘肃的私营商业有所发展。当时甘肃的商业主要集中在大中城市,广大农村的商业网点严重不足,农民购销很不方便。在省合作管理处的引导下,农民组织了消费合作社。1935年,皋兰、靖远、陇西三县有消费合作社8个。到1936年,中国农民银行兰州分行在皋兰、榆中组织信用合作社67个,有社员3836人。同年,甘肃省政府成立农村合作委员会,训练合作技术员60人,分赴各县指导商业合作。全面抗战开始后,由于交通阻隔,商品紧缺,甘肃省政府决定将合作社股份及公积金提出一部分作为商业经营基金,以供应社员急需。到

① 李清凌主编《甘肃经济史》,兰州:兰州大学出版社,1996年,第232页。
② 陈鸿胪:《论甘肃的贸易》,《甘肃贸易》1943年第4期,第18页。

1940年，甘肃全省67个县共有消费、生产、信用合作社4787个，社员242793人，资金756813元，储金266205元，储粮62523石。[①]而同期甘肃省贸易公司自有资金600万元，常年银行贷款1200万元。合作社与商业贸易公司相比，资本薄弱，缺乏专业人才，在战时商业竞争中处于劣势地位。1942年，甘肃省合作社联合社在兰州成立，甘肃省贸易公司与各县合作社联合社和青年消费合作社订立易货办法，贸易公司供应合作社日用必需品，同时推销社员生产的产品和各地土特产。到1943年底，甘肃全省合作事业贷款结欠总额为47917712.88元，其中消费贷款为39800元，仅占总数的0.08%；[②]1945年底贷款结欠数为83397548.60元，其中消费贷款为400000元，仅占总额的0.48%，[③]数量都非常微小。政府的不重视，合作消费贷款数额的微不足道决定了甘肃省合作社商业只能在公营垄断性商业和私营商业的夹缝中生存，仅仅依靠甘肃省贸易公司获得一点必要的生活消费品。

五、战时甘肃商业贸易发展的作用

在国民政府开发西北的号召和政策影响下，战时甘肃商业经济相较战前有了很大的发展，商业的近代化因素显著。

第一，促进了当地社会经济的发展。近代甘肃国民经济的几大主要部类包括工业、农业、商业、畜牧业和交通运输业。商业作为上述几大部类之一，它的发展必然促进工业、农业、畜牧业的发展。甘肃商业贸易的发展和繁荣，使本地工业品的销售量迅速增加，尤其是面粉、火柴、纺织、水烟等工业品的销量更是名列前茅，年平均销售价值在数千万元左右。工业品市场的拓宽，又加速了工业的发展。所以，抗战时期，甘肃工业格局迅速发生变化，原来以手工操作为主的工场作坊迅速向以机器工业为主的近代工业过渡。工商业的发展，又促进了农业、畜牧业生产的发展。抗战前后，甘肃已出现了“羊毛产量及绵羊头数均在中国占多数”[④]的喜人形势。农产品中水烟等已成了甘肃出口贸易的主要货物。[⑤]

---

① 杨大明：《甘肃经济概论》，兰州：兰州大学出版社，1991年，第179页。

②《甘肃省统计要览底册·甘肃省合作事业贷款数额（三十二年十二月）》，档号4-3-137。

③《甘肃省统计总报告·甘肃省合作金库业务（2）放款（民国三十四年）》，档号4-3-74。

④ 张鹤年：《甘肃工业概况调查》，《甘肃建设年刊》1935年，第19页。

⑤ 李清凌主编《甘肃经济史》，兰州：兰州大学出版社，1996年，第240页。

第二，活跃了商品市场，促进了省内外商业的交流，加速了资本主义商品经济的发展。作为在流通领域里实现价值的商业资本，其发生发展必然带来商品经济的繁荣。新型商业机构出现，新的商品上市，新的商路被开辟，战时商业贸易得到了发展。西北地区与西南地区之间的贸易往来加强了，甘肃与西北地区其他省份之间的贸易往来也加强了，从而加强了省内外乃至国内外的交流和联系，形成了一个彼此相连的商业贸易网，促进了甘肃市场的活跃，并使其加入全国一体化的商品经济行列。这无疑对资本主义商品经济在甘肃的迅速发展起到了一定的推动作用。

第三，有利于瓦解甘肃小农经济的基础，加速甘肃经济近代化进程。由于地理环境和历史条件的影响，甘肃长期处于信息闭塞、商品经济相对落后的状况。不仅广大农村一直停留在自然经济形态之下，而且一些大中城市的商业经济也相对落后。抗战时期，随着商业贸易的发展，先进的生产方式和经营思想进入这块闭塞的土地，自然经济的基础受到猛烈的冲击。过去那种"门前摆摊设点，后院开业生产"的经营模式逐渐发生变化，一向很少走出家门的农牧民开始投身于流通领域，将自己的劳动产品变成商品，投向市场。他们那种"日出而作，日落而息"的生产观念开始发生变化，传统的自然经济开始向商品经济轨道转变，甘肃近代化的进程大大加速了。

第四，抗战时期甘肃商业贸易的发展，使古老的丝绸之路在新的历史条件下重放光彩。自汉唐以来，甘肃作为丝绸之路的重要通道，曾经留下了许多美丽的传说。近代以来，甘肃再次成为欧亚贸易的重要通道和集散地。当时，中亚、俄罗斯和欧美商人频繁地到甘肃进行贸易，许多国家和地区还在兰州、临夏、酒泉等地设立机构，购销当地各种土特产品。在国内，各省市客商频繁交流，南北各省的工业品和甘肃的土特产互通有无，构成了一条四通八达的"新丝绸之路"。尤其是抗战时期西北交通网建成后，促使国内外的交流更加频繁。甘肃作为丝绸之路上的一颗明珠，再次放射出耀眼的光彩。

第四节 抗战时期甘肃金融业

全面抗战爆发后，东南沿海及华北、华中各地相继沦陷，许多工厂内迁，大批资金转移，西北地区作为战略大后方的重要性充分显示出来。工业、商业和交通运输业一度出现迅速发展的势头，商品经济得到了较快发展。随着甘肃经济地位提高，与之相应的金融业被推向了一个新的发展阶段，各种金融机构次第建立，较为完整的金融网格逐渐形成。

一、金融机构数量迅速增加

抗战时期，以兰州为中心的现代金融体系初步形成，在这个体系中居于核心和垄断地位的是国民政府的“四行二局”。

(一)中央银行兰州分行

1933年12月4日，中央银行在兰州设立分行，主要业务为代理国库、收受存款准备金及监督检查各金融机构。第一任经理为乔晋枚，以后由贾继英、杨雩青、张光亚等人继任。1938年7月，在天水设立办事处。1940年1月，在酒泉设立办事处。1945年1月，在平凉设立国税经征处。该行初成立时，除经收国税、经理货币发行和兑换等业务外，还对外开展通汇，对于促进地方经济发展起过一定的作用。以往兰州汇往津、沪之款，每千元收汇水达二三百元，该行成立后每千元汇款只收汇水十余元。同时，对降低市场利率亦有一定作用，在该行成立前，一般利率为月息千分之三四十，成立后月息降至千分之十五六。①

(二)中国农民银行兰州支行

1935年2月，中国农民银行兰州支行成立，下辖天水、平凉、武威3个办事处和靖远、临夏、岷县、秦安、张掖、酒泉等7个分处。在榆中、会宁、民勤、清水、临潭等13个县设农贷通讯处，②其分支机构数量仅次于甘肃省银行。兰州分行的历任行长是顾祖德、崔叔仙、戴翘霖、丁慕尧。该行之业务活动，除发放农贷外，

① 甘肃省地方史志编纂委员会:《甘肃省志(第四十四卷)·金融志》，兰州:甘肃文化出版社，1996年，第46页。
② 李中舒:《甘肃农村经济之研究》，载西北问题研究室《西北问题论丛(第三辑)》，1944年，第72页。

还在天水、武都、庆阳等地组织过信用合作社。1936年，由中国农民银行兰州分行、甘肃省政府农村合作指导委员会派员在宁县组织信用社，当年发放贷款15万元（法币）。在正宁县由省行派指导员3人，在全县筹办信用合作社，组织股金、发放贷款。至1939年底，贷款县份达67县，贷款数额达957462857元。①

1940年起，国民政府把庆阳、合水、环县、正宁、镇原等县划为情况特殊的边区农贷地区，由四行联合办事处核拨专款。通过甘肃省政府组建“陇东八县农贷代办处”，以农贷支持地主、富农、豪绅，巩固其封建剥削制度，并借以投放法币，破坏陕甘宁边区的货币制度。据1942年统计，当年共贷出113万元，连同以前放出未收回的，年底余额为223万元，这些贷款利率较高。以1943年为例，银行贷予金库为月息9%，金库贷予合作社为月息12%，合作社贷予农民为月息15%以上。这些“合作社”多为地主、豪绅、高利贷者所把持，其转贷利息的提高，则漫无边际。1941年2月，甘肃省政府报经国民党中央政府批准，开办增粮贷款，由投资各银行及省政府各派代表一人，组成“增进粮产贷款团董事会”，选定皋兰、临洮等34个县作为贷款区，共贷出2000万元，月息10%，秋后按本息计算，将粮食送往指定的仓库存储，所储粮食由仓库统筹运销，根据贷款推算，秋后取得粮食约在150万市石（每石为150斤）左右。②

1943年，该行在镇原县组织信用社，发放贷款1.7万元。此外，还参加四行联合办事处的放款，向甘肃矿业公司、合作金库等单位参股。1943年6月，接受中央银行委托，挂牌出售黄金，并举办黄金存款。1944年年底，向甘肃农村贷款1800万元，并投资于甘肃矿业公司和兴陇工业服务有限公司。

（三）中国银行兰州支行

早在1924年，中国银行在兰州设立支行，专办汇兑、存款、放款业务，不发行钞票。当时由于政局关系，支行损失很大，业务无法继续发展下去，于1929年8月间办理结束。1939年7月，中国银行再次在兰州设立支行，经营国内外汇兑及工商业存放款业务。历任经理有常文熙、郑恩卿、洪德官等。同年，属于中国银行的西安雍兴公司在兰州创设毛纺织厂、机器厂、制药厂、面粉厂。随后在天水也设立分行，在岷县、张掖、武威、酒泉设办事处。中国银行是对苏

① 黎迈：《甘肃金融业之过去与现在》，《西北资源》1941年第2卷第2期，第41页。
② 甘肃省地方史志编纂委员会：《甘肃省志第四十四卷·金融志》，兰州：甘肃文化出版社，1996年，第49页。

贸易结汇的主要机构，也是对甘肃工农业投资最多的银行。除投资兴办了雍兴系统的4个工厂，还与甘肃省政府合作投资建立甘肃水泥厂、甘肃矿业公司、兴陇工业公司、甘肃水利林牧公司。1939年10月，参加甘肃农贷。1939年，共贷出信用款965500元，生产款133297元，合计1098797元。①总计在1941年前向甘肃农村投放贷款780万元。

（四）交通银行兰州支行

1940年1月成立。主要办理工矿事业放款，并于1940年在天水、武威设立办事处。1941年3月，在酒泉、平凉设立办事处。②历任经理有郑大勇、赵育美等，该行除办理工矿事业放款外，并按规定参加四行联合放款，参股于甘肃矿业股份有限公司。同时，该行对甘肃水泥厂、甘肃矿业公司、兴陇工业公司、西北毛纺厂进行投资。1939至1941年，在甘肃农村投放贷款500万元。③

（五）中央信托局甘肃代理处

1939年，在兰州设立中央信托局甘肃代理处，办理信托、保险业务，经理乔晋枚，后由管照徽继任。1944年12月，加入四行联合办事处，承担份额内的放款。1945年10月，改为分局。代理处成立后，即与中国、交通、农民三行一道担任对甘肃农村发放农贷任务，其中，中央信托局占15%，到1944年底共贷出76万元。④

1939年6月1日，甘肃省银行在原甘肃平市官钱局的基础上成立，董事长梁敬錞，是甘肃省财政厅长。曾发行辅币，代理国库、省库、县库等三级库务，分支机构遍布全省。1943年逐渐增为77个分支机构，1945年达78个单位。在南京、西安有两个办事处，在上海、重庆有两个汇兑组。资本定额1000万元。存放款额，也居各银行首位。⑤在资本发行与领券方面，甘肃省银行继承甘肃平市官钱局原有资本100万元，发行额初为3825622元（内有五角辅券3597120元，余系铜元券折合数，于1941年收回），及领券500万元。1939年改组成立后，复发行

① 黎迈：《甘肃金融业之过去与现在》，《西北资源》1941年第2卷第2期，第41页。
② 甘肃省地方史志编纂委员会：《甘肃省志第四十四卷·金融志》，兰州：甘肃文化出版社，1996年，第48页。
③ 李中舒：《甘肃农村经济之研究》，载西北问题研究室《西北问题论丛（第三辑）》，1944年，第73页。
④ 甘肃省地方史志编纂委员会：《甘肃省志第四十四卷·金融志》，兰州：甘肃文化出版社，1996年，第50页。
⑤ 张令琦：《解放前四十年甘肃金融货币简述》，载中国人民政协商会议甘肃省委员会文史资料研究委员会《甘肃文史资料选辑（第八辑）》，兰州：甘肃人民出版社，1980年，第141页。

1447920元，领券500万元维持运营。1940年4月，初期实收资本为500万元，并于7月增资150万元。1941年6月，增资100万元，11月由公债金内提拨500万元，省股500万元，两年间发行500万元，前后共计发行1000万元，均是平市官钱局五角券。1942年4月，又领券200万元，后以财政部加强金融组织入股300万元，至1943年上期，前后共计筹资300万元。[①]1944年，归还前两次所领1000万元券，并开始收复所发行的票券，1945年票券收清，予以焚灭，陆续将三次所领券2000万元全部归还，发行与领券遂全部结束。

政府经营金融业务的初衷本以调剂金融、推行国策为目的，甘肃省银行自开创以来，经营遵照此项原则推进，九年来盈余大增，银行基础日益坚固，但是因为货币购买力历年不同，无法比较。以1939年12月的货币购买力为基准，除1939年营业期间仅有7个月无法比较外，以1940年盈余最多，1944年次之，1946年更次之，盈余最少年度是1942年，其次是1943年，1947年更次之。为便于比较，并以1940年为标准数，附列下表：

表3-4-1　甘肃省银行历年盈余[②]

年度	盈余数（元）	折合1939年币值（元）	组合比例
1939年	549578.07	549578.07	64.0
1940年	1803322.72	858725.10	100.0
1941年	2433781.91	468034.98	54.5
1942年	2901252.68	170661.92	19.9
1943年	12115111.35	259264.35	30.2
1944年	100743156.39	692392.83	80.6
1945年	165549480.70	315632.95	36.8
1946年	950693069.89	579786.96	67.5
1947年	10321003873.30	274032.12	31.9

兰州市银行，成立于1944年，是兰州市政府和兰州市商会共同投资所建，代理市库。绥远、新疆、陕西等省银行在兰州设立办事处。

① 甘肃省政府统计处编印：《甘肃省统计年鉴》，1948年，第1–2页。
② 甘肃省政府统计处编印：《甘肃省统计年鉴·第八章：金融》，1948年，第3页。

商业银行在兰州设立分行、总行的有10个，另有信托公司分公司1个。1942年，山西裕华银行兰州分行、长江实业银行兰州分行、上海信托公司兰州分公司设立。1943年，兰州商业银行总行、中国通商银行兰州分行、亚西实业银行兰州分行、四明银行兰州分行、永利银行兰州分行、大同银行兰州分行设立。1944年，华侨兴业银行兰州分行设立。1946年，金城银行在兰州设立分行。

甘肃省合作金库成立于1943年11月，资本额定为2000万元，内设秘书、业务、实物放款、会计等股，董事长毛北屏，历任经理朱迈沧、李治寰、张令琦、刘望苏等，赵从显任秘书长。在此之前，有一批县级合作金库成立：1939年1月，靖远县合作金库成立，资本10万元，经理牟芳溪。1940年，皋兰县合作金库成立，资本10万元，经理杨子厚；同年酒泉县合作金库成立，资本10万元，经理费劲章；同年武威县合作金库成立，资本10万元，经理顾仙培；同年3月，临洮县合作金库成立，资本10万元，经理马如凤；同年4月，陇西、甘谷、张掖合作金库成立，资本均为10万元，经理分别为蔡子沛、陆廷镇、张端；同年11月，秦安、定西、礼县、静宁、武都等县合作金库成立。总计在省库成立之前已有县级合作金库13个。合作金库的放款性质分有抵押放款、信用放款、信用供给放款、农业生产放款，工业生产放款、运销放款等项目，其中实物放款较为普遍。从1944年2月起，甘肃省政府主席指示合作金库与省银行合办实物放款，先由兰州市、皋兰县合办春耕种子实物放款，到1945年达到23个县，贷出7019万元，月息1.7%，仓租1%。由于这种贷款本息都按实物折算，并且在收贷时要收实物，因而在法币恶性通货膨胀的情况下，该库在两年中连同本息共收回粮食3.4万余市石，1945年仍能盈余8339万元。①

钱庄。全面抗战前甘肃有五十余家钱庄，全面抗战时只剩下6家：天福公、德盛恒、魁泰兴、宏泰兴、义兴隆、德义兴。这些钱庄资本较少，组织方式、经营方式比较落后，战时都向新式银行靠拢，其中宏泰兴于1945年8月改为银号。

保险公司。中国保险公司、中国农业保险公司、宝丰保险公司、太平洋保险公司、合众保险公司等5家保险公司都在兰州设立了分公司。②

上述是抗战时期甘肃的主要金融机构。据统计，1948年3月底，甘肃共有

① 甘肃省地方史志编纂委员会：《甘肃省志第四十四卷·金融志》，兰州：甘肃文化出版社，1996年，第50页。

② 中央银行兰州分行：《兰州市金融业概况》，《中央银行月报》1947年新2卷第4期，第74页。

大小金融分支机构121个。其中总行13个，分行23个，支行3个，办事处或分理处82个。[①]就省城兰州而言，共有金融机构32个，其中国营7个，省营2个，市、县营1个，商营10个，钱庄6个，信托1个，保险5个，此外，还有外省银行驻甘办事处或城市信用社若干。[②]详见下表：

表3-4-2 兰州市金融资本及业务概况表[③]

名称	成立日期	资本（万元）	主要业务
中中交农四行联合办事处兰州分处	1939年成立三行联合办事处，1940年1月10日改为四行联合办事处，1943年7月邮汇局加入，1945年12月中央信托局加入	无资本，经费由四行两局分摊	指导监督四行两局一切业务
中央银行兰州分行	1933年		代理国库、办理票据交换、收受存款准备金及检查金融机构等
中国农民银行兰州支行	1935年3月		专营农贷及土地金融
中国银行兰州支行	1939年7月		专营国内外汇兑
交通银行兰州支行	1940年1月		专营工矿业放款
邮政储金汇业局兰州分局	1942年1月		专营储蓄及汇兑
中央信托局兰州分局	1945年10月		专营信托保险
甘肃省银行	1939年6月	最初资本800	扶植地方生产事业，调剂地方金融，兼办信托业务，并代理国库、省库、市库和县库
绥远省银行兰州办事处	1942年7月		专办汇兑并代办绥远省府及12战区军政款项调拨事宜
兰州市银行	1944年1月	资本2000	经营商业银行一切业务

① 张令琦：《解放前四十年甘肃金融货币简述》，载中国人民政协商会议甘肃省委员会文史资料研究委员会《甘肃文史资料选辑（第八辑）》，兰州：甘肃人民出版社，1980年，第169页。

② 王恭：《建国前夕的兰州金融》，载中国人民政治协商会议兰州市委员会文史资料委员会《兰州文史资料选辑（第十辑）》，内部准印，1989年，第239页。

③ 中央银行兰州分行：《兰州市金融概况》，《中央银行月报》1947年新2卷第4期，第73–74页。

续表

名称	成立日期	资本(万元)	主要业务
中国通商银行兰州分行	1943年1月	营运基金25	同上
四明银行兰州分行	1943年8月	营运基金20	同上
山西裕华银行兰州分行	1942年	营运基金100	同上
兰州商业银行	1943年	资本5000	同上
永利银行兰州分行	1943年9月	营运基金25	同上
亚细实业银行兰州分行	1943年7月	营运基金10	同上
长江实业银行兰州分行	1942年4月	营运基金25	同上
大同银行兰州分行	1943年11月	营运基金25	同上
华侨兴业银行兰州分行	1944年3月	营运基金30	同上
上海信托公司兰州分公司	1942年11月	营运基金25	同上
天福公钱庄	1920年	资本1000	同上
义兴隆钱庄	1916年	资本30	同上
德义兴钱庄	1935年	资本30	同上
魁泰兴钱庄	1937年8月	资本40	同上
德盛恒钱庄	1937年	资本1000	同上
宏泰兴银号	1937年	资本3000	同上
甘肃省合作金库	1943年	资本2000	经营合作及存放汇业务
宝丰保险公司兰州分公司	1941年	资本500	以火险为主业务
太平洋保险公司兰州分公司	1943年4月	资本1000	经营各种保险业务
中国保险公司兰州分公司			同上
中国农业保险公司兰州分公司	1945年1月		经营农产物保险业务
合众保险公司兰州分公司	1944年6月	资本500	经营水火险业务

除表内的行局外，还有上述机构在各县市设立的分支行和办事处。其中甘肃省银行最多，计有分支行6处，办事处29处，汇兑所27处。其次为农民银行，计有办事处共8处。其他如交通银行有4处，中国银行有3处，通商银行有1处。[①]可见，抗战时期甘肃金融业一度兴盛起来。

二、经营规模和业务范围进一步扩大

甘肃的金融机构在初创时期，一般的行局规模较小，业务范围也很狭窄。到抗战时期，随着行局数量的增加，其经营规模和业务范围有了更大的提高。如1939年成立的甘肃省银行，最初资本总额为800万元，很快增加到1000万元。并采用董事会制，先后由梁敬錞（省财政厅长）、水梓（地方士绅）、许元方（西北资源委员会主任）、张维（省议会议长）、贾继英（中央银行兰州分行经理）等出任董事长。1942年，改为总经理制，由徐元堃、郑大勇（交通银行经理）等先后担任总经理。[②]该行成立后，很快在所属各县市设立了分支行或办事处。后来，又在南京、重庆、上海、西安等地设立办事处，加强与省内外联系。经营业务除一般的存放汇兑外，还发行货币，承办公债，代理国库、省库、县库3级业务。据1939年统计，该行先后呈准发行五角辅券540.258万元，[③]兑现以前各行局发行的各类辅币、铜元券等达1000万元以上。此外，还发行建设公债800多万元。[④]到1942年底，甘肃省银行代理国库22处，省库34处，市库1处，县库42处。[⑤]

随着业务范围的拓展，经营规模相应扩大。据1946年国民党中央银行兰州分行对在甘18家行局的调查，这些行局的存款总额达29.3亿元，放款总额达13.45亿元，汇出总额达17.29亿元。仅甘肃省银行存款额就达14.96亿元，放款额达5.67亿元，汇出额达14.27亿元。其他一些行局的存款额分别为：中国通商银行存款2亿元，永利银行存款1.7亿元，甘肃省合作金库存款1.7亿元，兰州商

---

① 李清凌主编《甘肃经济史》，兰州：兰州大学出版社，1996年，第257页。

② 张令琦：《解放前四十年甘肃金融货币简述》，载中国人民政治协商会议甘肃省委员会文史资料研究委员会《甘肃文史资料选辑（第八辑）》，兰州：甘肃人民出版社，1980年，第142-143页。

③ 国民党甘肃省政府编：《甘肃省银行概况》，甘肃省银行发行，1942年，甘肃省图书馆藏。

④ 张令琦：《解放前四十年甘肃金融货币简述》，载中国人民政治协商会议甘肃省委员会文史资料研究委员会《甘肃文史资料选辑（第八辑）》，兰州：甘肃人民出版社，1980年，第147页。

⑤ 甘肃省银行经济研究室编：《甘肃省银行小史》，甘肃省银行发行，1944年，第13页，甘肃省图书馆藏。

业银行、亚西实业银行、四明银行、上海信托公司和山西裕华银行存款均在1亿元以上。[①]从以上数字可以看出，当时甘肃金融规模已相当可观。

金融机构经营规模和业务范围的扩大，大大推动了甘肃金融业的发展，也有利于各项经济建设的进行。通过数量可观的存放汇兑业务，使省内外资金渠道得以融通，加强了甘肃同全国各地的联系，一个较为完整的金融网逐步形成。值得一提的是，在新式银行业迅速发展过程中，旧式银钱业也在衰落中不断变化，突出表现为以下两种趋势：第一，部分银钱机构逐步关门歇业。如清末民初，省城兰州有银钱机构60多家，到兰州解放前夕只剩6家；第二，个别银钱机构在激烈竞争中逐步与商业资本结合起来，并向官僚资本靠拢。如兰州天福公钱庄就是一个典型的例子。1941年，该钱庄经理郑立斋担任兰州市钱业公会理事长和兰州市商会监事。1944年，担任商务科长，在商界取得了一定的地位。后获得西北五省区商业团体国大代表头衔。通过这一特殊地位，天福公不仅本身业务迅速扩大，并成立了万顺公茶号，其业务虽是经营茶叶运销，而实际却成了天福公钱庄的仓库。所有天福公经营的钱业以外业务，都由万顺公出面进行。[②]正是这种金融、商业、官僚资本三位一体的有机结合，使天福公钱庄在抗战之后银根紧张、钱业窘迫的情况下意外得到了发展。上述银钱业的恢复和发展，在一定程度上活跃了甘肃的金融市场，使其在新的历史条件下，构成了甘肃近代金融业的重要组成部分。

三、战时甘肃金融业对社会经济的影响

首先，甘肃金融业的兴起，在一定程度上促进了甘肃工商业的发展。甘肃各金融机构成立后，为获取高额利息，将投资方向集中在工商业，尤其是资金周转快、利润高的商业部门，更是其大规模投资的对象。据有关资料，1944年下期到1946年下期，甘肃省银行共放款95亿元，其中：工业占35%，工矿业押款及透支占25%，商业押款及透支占12%，农业贷款占12%，小工业贷款占5%，其他占

① 中央银行兰州分行：《兰州市金融业概况》，《中央银行月报》1947年新2卷第4期，第74-75页。

② 郑立斋：《我在兰州天福公钱庄的经历》，载中国人民政治协商会议甘肃省委员会文史资料研究委员会《甘肃文史资料选辑（第十四辑）》，兰州：甘肃人民出版社，1983年，第95页。

11%。[①]显然,工矿业和商业的投资占比较大,这在客观上促进了甘肃工商业的迅速发展。如战时甘肃机器工业不仅在西北五省首屈一指,而且超过了广东、浙江、河南等省。仅兰州的机器工厂数就由战前的25家一跃而增加到战时的81家。[②]许多工厂设备也由简单的手工操作转向机器操作。如原来完全靠人力开采的煤炭业,在战时购置了采掘、运输、提升和排水等设备,使采煤量得到了较大的增加。至于纺织厂内,机器设备更趋齐全,有铁轮机、织呢机、洗呢机、打土机、染锅及不同功率的发动机等。机械化程度的提高,在很大程度上节省了劳动力,促进了近代工业的迅速发展。从商业来看,全面抗战前后,甘肃各地商业也进入了一个较快发展的时期。这些变化和发展,无疑与甘肃金融业的发展有密切的联系。

其次,近代甘肃金融业的发展,有利于甘肃农村经济的恢复和发展。随着甘肃金融网的初步形成,加强了对农村经济的支持。从1942年开始,中国农民银行兰州分行开设了专办各地农业贷款的业务。此外,交通银行兰州分行、甘肃省银行、甘肃省合作金库等也先后向农村发放贷款,协助农民购买种子、农具和兴修水利设施。截至1947年,农民银行兰州分行、甘肃省银行、甘肃省合作金库发放的农业贷款达251亿多元。[③]另外,开凿永登的湟惠渠和临洮溥济渠,农民银行兰州分行又分别贷放工程费400万元和140万元。这两个渠修成后,可灌溉农田分别为2.5万亩和1万亩,使当地农民受益匪浅。[④]由于金融机构的支持,对甘肃农村经济的恢复和发展起到了一定的推动作用。

再次,近代甘肃金融业的发展,对通融资金、活跃当地市场起到了积极推动作用。近代甘肃金融业诞生后,一方面,各金融机构将大量的款项和实物寄往全国各地;另一方面,各地客商又通过金融机构将大量的现金汇到甘肃。通过这种形式,不仅疏通了甘肃城乡经济渠道,而且也使甘肃与全国各地形成了一

① 甘肃省银行经济研究室编:《甘肃省银行小史》,甘肃省银行发行,1944年,第20-21页,甘肃省图书馆藏。

② 王恭:《建国前夕的兰州金融》,载中国人民政治协商会议兰州市委员会文史资料委员会《兰州文史资料选辑(第十辑)》,内部准印,1989年,第241页。

③ 王恭:《建国前夕的兰州金融》,载中国人民政治协商会议兰州市委员会文史资料委员会《兰州文史资料选辑(第十辑)》,内部准印,1989年,第249页。

④《兰州交通银行三十一年度办理农贷概况　中国农民银行兰州分行办理农贷业务报告书》,手写本,甘肃省图书馆西北文献特藏室藏。

个较为完善的金融循环系统。通过这种交流，使甘肃的商品经济得到了较快发展。[①]

总之，作为近代中国特殊历史条件下发展起来的甘肃金融业，在其发生发展过程中，由于帝国主义的侵略和封建军阀的腐朽统治，使其不可避免地存在着难以克服的历史局限性和落后性，不可能完全发挥出金融机构的作用，但其一定程度上推动社会生产力的进步确是不争的事实。

第五节　抗战时期甘肃交通运输事业

全面抗战前夕，国民政府开发西北，兴修公路，旨在发展生产，繁荣经济、造福人民。全面抗战爆发后，国民政府积极在甘肃创设公路运输管理机构，大力发展交通运输事业，取得了前所未有的成就。国民政府交通部长张公权指出："'抗战'与'交通'，相为表里，不可或分""现在科学日益发达，战争所要求于交通方面的，比过去更为重大，更为艰难。因为无论前方辎重的输送，后方物资的调集，乃至防空防岸的实施，和战略战术的动用，与交通机构、运输工具，有最密切的关系"。[②]但是，中国东西部自然条件差异大，尤其近代中国的半殖民地半封建经济造成中国东西方交通发展极不平衡，东部沿海交通发达，西部内地交通落后。作为战略的大本营和总后方，西部的交通设施根本无法适应战时军运和补给，因此开发和建设大后方的交通运输业，成为国民政府的燃眉之急。要谋西北的繁荣与全国经济上、国防上的联络，最低限度应将铁路西通兰州，南通四川，但国民政府财力有限，而公路建设投资少、见效快，因此，只能先从建设公路起始，以资补救。[③]

---

① 李清凌主编《甘肃经济史》，兰州：兰州大学出版社，1996年，第266页。

② 张公权：《抗战与交通》，《新运导报》1938年第17期，第37页。

③ 宋子文：《建设西北》，载秦孝仪主编《革命文献（第八十八辑）》，台北：中华文物供应社，1981年，第100页。

一、公路之修缮及新建

甘肃公路是在驿道和大车道的基础上发展起来的。1924年开始修建甘肃兰州至陕西西安第一条公路，此后，西兰公路断续修建，但时好时坏，运输能力不强。全面抗战爆发后，由于日本帝国主义的侵略，沿海各地相继沦陷，港口被封锁，海路交通中断，甘肃作为战略大后方和国际运输要冲，地位日益重要，公路建设渐次达到高潮。在此期间，重新整修、续修和新修西兰、甘青、甘川、华双、平宁六大干线，又陆续兴修了省内各主要城镇之间的公路支线，初步形成了全省的公路网系统，兰州成为西北地区公路网的中心。至1945年6月底，全省公路总长达4411公里，通车里程2954公里。[①]经抗日战争和解放战争时期的改善、发展和巩固、提高，到1949年中华人民共和国成立时，甘肃全省共有公路34条，里程5161.1公里。由于数量少、质量差、标准不一、管理不善等原因，实际能通行的只有19条，全长3279.8公里(其中包括属宁夏的73公里)[②]。各公路干线中以西兰公路、兰新公路为最重要。

西兰公路，由西安经咸阳、邠县、泾川、平凉、静宁、定西，到达兰州，全程719公里。甘肃境内长500公里，为陕甘两省公路交通主要干线。是西北交通史上第一条由官方修筑的公路，其意义不容忽视。1935年建成，但路基不坚固，路面也差。为了赶运苏联援华军用物资，进行了几次大的整修。改铺碎石路面，全程通行时间由旬余缩短为3至4日。

兰新公路，又称甘新、兰星路，是指兰州至乌鲁木齐的甘新公路中的兰州至新疆边境星星峡段，全长1176公里，于1938年初开通。西兰、兰新二线是西北联系内地的主要通道，也是当时我国通往苏联和中亚的国际交通线。1938年冬，全国经济委员会责成西北公路局组织专门车队改从星星峡接运援华物资，将这条路线分成两段。1939年3月，苏联汽车不再进入甘肃境内，只运到星星峡，交于该局车辆衔接转运，后来又改在哈密接运援华物资。据统计，从1937年冬首批苏联援华物资由苏联汽车装载经过这条国际交通线直运兰州起，到1938年夏季，有6000多吨物资经新疆运往甘肃、陕西、四川以至抗战前线。

---

① 甘肃省政府统计室编印:《甘肃省统计资料》,1946年,第115页。

② 甘肃省公路交通史编写委员会办公室:《甘肃省公路交通史资料选编(第七辑)》,1984年,第29-30页。

其中有军械、汽油、药品等。仅各种飞机就有985架，坦克82辆，火炮1300多门，机枪1400多挺。[①]在萨雷奥捷克至兰州的公路上，担任向中国运送军事物资的汽车多达5260辆[②]。1937年冬到1938年夏，苏联通过这条国际交通线的运来6000吨物资[③]，这些物资大部分由西北公路运到中国各抗战前方。1940年7月18日，滇缅路被封锁后，西北公路成为中国接受苏联援助的主要通道。于是，苏联的这些军事物资对外援日益困难的中国来说有着特别重要的意义，直接支援了中国战场，增强了中国抗击日军的能力。

自1938年起，中国通过西北国际干线向苏联出口作为抵偿货款的矿产品，目前还没有发现有关通过这条路线向苏联出口矿产品及农产品的准确统计资料。但是通过资源委员会国外贸易事务所的有关报告来看，数目是不小的。哈密对苏交货方面，从1941年3月开始到年底，共交矿品24批，计划交钨砂525.5470吨，锡品157.3157吨。1942年，由西北路线交苏矿品，计全年交出钨砂1501.7663吨，锡品15.4249吨，汞品1115罐（依每罐34.474公斤，合计净重38.4385吨），合计交出矿产品总1555.6297吨，较上年度之682.8627吨，增加1倍有余。1943年，西北（星星峡）交货量：钨砂2786.5619公吨（净重）；锡品10.1293公吨（净重）；汞品1.5169公吨（净重），以上合计净重2798.2081公吨。[④]总之，第二次世界大战期间，中国运往苏联的偿债物资共约14万吨，其中农产品、矿产品大约有7.4万吨是通过甘新路和北疆公路运往苏联的，占运往苏联物资的一半以上。

甘青公路，由兰州经河口至甘青交界享堂，经青海的乐都到达西宁，全长186公里，甘境辖长78公里。该路为贯通甘青二省要道，1938年兴修竣工。

甘川公路，由兰州南行，经洮沙、临洮、渭源、陇西、岷县、武都，进入四川。甘肃境内全长444公里。

华双公路，由西兰公路上的华家岭站起，经天水、徽县到陕西双石铺（凤县），与川陕公路连接。甘肃境内长411公里。经这条线由兰州至成都，路程可缩短约500公里，这是连接西南、西北两大区的便捷干线，1939年通车。

---

① 新疆维吾尔自治区交通史志编纂委员会：《新疆公路交通史（第一册）》，北京：人民交通出版社，1992年，第192页。

② 罗志刚：《中苏外交关系研究（1937—1945）》，武汉：武汉大学出版社，1999年，第143页。

③ 侯风云：《抗日战争时期的西北国际交通线》，《江苏社会科学》2005年第4期。

④ 孟宪章主编《中苏贸易史资料》，北京：中国对外经济贸易出版社，1991年，第513、514页。

平宁和平宝两线，南连陇海路，北连宁夏、绥远，不仅是陕、甘、宁三省间南北的主要通道，也是连接西北、西南、绥西（内蒙古）三地区最便捷的路线。

抗战时期，甘肃共新建8条公路干线，属于交通部管辖的国道，即跨省公路。上述兰新等5线在抗战时已建成通车，还有3条国道已开工，但未完成。甘川二线（甘川路），由兰州经岷县、武都到四川成都。甘肃境内444公里，抗战胜利时筑至岷县。南疆公路，由敦煌至新疆若羌，全长739公里，甘肃境内333公里。1945年开工，征民兵兴建。抗战结束时未完工。兰宁公路，由兰州经靖远至银川，全长489公里，1944年开工，计划1945年底完工。此外，在甘肃境内还修建了静宁至秦安、宁西至岷县、岷县至夏河等公路支线。甘肃公路干线的形成，为抗战提供了便利的交通条件，不仅对大后方的经济、教育文化有促进作用，也为抗战胜利做出了重要贡献。

二、铁路之修建

陇海铁路起自江苏省连云港，全面抗战前已展筑至陕西宝鸡。全面抗战爆发后，由于日军长驱直入，华北、东南各地，相继沦陷，西北成为抗战的大后方，国民政府鉴于西北地区战略地位的重要，且为了将苏联的军援物资尽快转移至前线，不得不考虑在西北建筑铁路，以便从边远地区运输物资，特别是玉门石油为最重要的战略物资，运输道路迫切需要解决，因此开始了陇海铁路向西延伸的规划。[①]

1939年5月，成立陇海铁路宝天铁路宝天段工程处，设两个总段五个分段，从事隧道工程兴修。但因政局动荡不定，工款不济，工程时断时续，1941年停工。1942年2月，国民政府成立宝天铁路工程局，直隶交通部，改设五个总段，每总段各设一个分段，增强机构，分头赶进。惟原有工人业已全部遣散，不得不又往陕西、河南一带设法召回，以致延误时间三四个月。[②]1942年5月，正式动工。

宝天工程，自宝鸡至天水东站，计长167公里，至天水西站，计长172公里[③]，

① 马永惕：《宝天铁路修筑始末》，载中国人民政治协商会议甘肃省委员会文史资料研究委员会《甘肃文史资料选辑（第二十六辑）》，兰州：甘肃人民出版社，1987年，第47页。

② 凌鸿勋：《宝天铁路概况（三十二年五月十日在本部国父纪念周报告）》，《交通建设》1943年第1卷第7期，第1页。

③《宝天铁路工程实况》，《交通建设》1943年第1卷第9期，第60页。

里程虽短，杂工密集，该路自沿渭水入宝鸡峡后，沿线均系狭道，盘旋于万山之中，且地质均系坚石，开凿至为不易，工程十分困难，固为陇海全线中极为困难之一段。[①]除此之外，“又以全线一百七十公里之间，陆地不能走车马，水道不能驶舟船，材料之运送，工人之往返，悉赖步行，且沿线多险道，人畜偶一失足，每易致命。”[②]同时，财政经费十分困难，每月领取工款有限，且多临时性质。至1943年4月，全线114座隧道完成24座。[③]隧道总长约22.5公里，平均每一公里半即有一座，可见其密集程度，可谓“隧道连绵国内罕有”。[④]填挖土石方约2100万立方公尺，并以石方为多。大小桥涵共500多座，其中大桥计25座，小桥130余座，涵渠300余座，堤垣防护总数35万立方公尺。[⑤]

为了加快宝天铁路工程进度，提高工人积极性。1944年，宝天铁路工程局实行《宝天铁路新路工程工作竞赛办法》，其中规定：竞赛的项目是路基土石方工程和隧道工程及桥梁涵渠及堤垣工程；竞赛范围及单位分为包工与包工间竞赛，民工或兵工间竞赛，分段与分段竞赛，总段与总段间竞赛；竞赛的标准：是否依限完成或提前完成及提前日数，工作效率之高低，施工技术之优异，用料之省费，工作费用之经济。[⑥]并且规定了具体竞赛办法、评判办法、奖惩办法（分为精神奖励和物质奖励两种）。该办法对于提高筑路工的积极性有很大作用，以促进宝天铁路早日修通。

宝天铁路，实西北铁路系统建设迈进之先锋，陕甘民工又为新西北建设事业推展发动的有力因素。[⑦]截至1944年7月，全路隧道及石方工程，已完成75%，路基土方工程，约完成1000万公方，全路包工工人约25000人，大多数为隧道与石方工人。[⑧]而对于未完的路基土方500余万公方，决定一半由包工做，一半交由陕甘两省民工分别修筑，以期快速完成。依照交通部与陕甘两省府商定办法，规定两省政府于宝鸡、天水各设征工处，负责民工的管理监督工作。陕西省征调沿线民工14000人，修筑宝天铁路第三总段的一部分土方路基，约

① 凌鸿勋：《宝天铁路概况（三十二年五月十日在本部国父纪念周报告）》，《交通建设》1943年第1卷第7期，第1页。
② 凌鸿勋：《宝天铁路概况（三十二年五月十日在本部国父纪念周报告）》，《交通建设》1943年第1卷第7期，第1页。
③ 凌鸿勋：《宝天铁路概况（三十二年五月十日在本部国父纪念周报告）》，《交通建设》1943年第1卷第7期，第1页。
④《宝天铁路面面观》，《西北经济》1948年第1卷第4期，第20页。
⑤《宝天铁路工程实况》，《交通建设》1943年第1卷第9期，第61页。
⑥ 杨士文：《宝天铁路新路工程工作竞赛》，《工作竞赛月报》1944年第2卷第10期，第15页。
⑦ 孟英庚：《宝天铁路赶工中之西北民工》，《运输研究》1945年第2卷第3期，第14页。
⑧ 孟英庚：《宝天铁路赶工中之西北民工》，《运输研究》1945年第2卷第3期，第21页。

50万公方，工作较艰难。同时，甘肃省政府征调陇南第四区所辖的武山、礼县、西和、徽县、通渭、两当、甘谷、秦安、清水、天水等十县民工22000余人修筑第四、五两总段一部分土方路基，约180万公方。[①]1944年7月底，陕西民工到达工地，8月，甘肃民工到达工地，规定两省民工在5个月内完成土方工程。1944年12月25日下午1时35分开始试车，有机车1辆及工事车9辆自宝鸡开抵天水北道埠总站，此为历史上首次开入甘肃省境内之火车，“鹄候于山野间之军民路工数万人观此列车开来，观声雷动。全路试车，于此圆满告成”。[②]同时，定于1945年1月2日正式通车，甘肃省政府主席谷正伦前往天水主持通车典礼。[③]1945年12月底，全线修竣。陇海铁路通达甘肃天水，对西北军事、政治、经济都有非常重要的作用。

但是，好景不长，宝天铁路成为陇海铁路的一段盲肠。“惟以塌方频仍，数量亦大，影响行车甚巨，而全线畅达时日，总计不到1月，自始自终，时通时断……其中尤以75公里处为最。”[④]全线因路面坡度较多，路线弯道较锐，且以完工未久，路基不稳，大大限制了行车速率，竟需14小时。规定每两日由宝鸡开车客货混合车一列，上午7点启行，20点55分到达宝鸡。1947年，据《观察》的特约记者报道：“火车在进行中，乘客可以随时下来小便，徜徉散步一会。行路的乡人们，背负重物，一高兴也可踏了上去‘开开洋荤’，到了目的地再下来不迟。曾乘车者告我，甚至有时，遇到一点小坡，火车一时兴来，大声的喘气，丝见不动，这时就得动员全车乘客以及行路人来一次‘推’火车运动，人多力大，群声吆喝，居然能奏‘奇效’！真是什么天大的笑话都可以发生在中国，陇谚曰：‘牛皮不是吹的，火车不是推的。’这句话现在已经站不住，人推汽车早已司空见惯，如今人推火车又已首开纪录于宝天路上。……火车过桥，下临绝沟，速度虽慢到不能再慢，但桥身吱吱作怪响，同乘车的美国工程师说：‘真伟大，只有中国人才有胆量坐这样的车过这样的桥！’……如此工程，如此行车，以乘客生命为儿戏，耗费国币90亿，不知交通当局思之何以自解？”[⑤]真可谓“旅客嫌沉闷：下车可散步。

① 孟英庚：《宝天铁路赶工中之西北民工》，《运输研究》1945年第2卷第3期，第21页。
②《国内消息：宝天铁路竣工试车成功》，《科学》1946年第28卷第6期，第275页。
③《时事述要（12月16日至31日）》，《甘行通讯》1945年第140期，第20页。《宝天铁路明春完成，今年底可通车六十公里》，《昆明周报》1944年12月12日第3版。
④《宝天铁路面面观：塌方频仍行车不畅》，《西北经济》1948年第1卷第4期，第20页。
⑤《宝天铁路与天兰铁路》，《观察》1947年第1卷第19期，第22页。

乡人苦负重:上车开洋荤。历史大笑话:火车人可推。中国真伟大:洋人逢其盛。"[①]虽然,该记者描述路况有些言词过于夸张,但也得承认宝天铁路自修通一个月后通车不畅,几至停运是客观事实。

关于客货运输情形,由于自开通以来始终没有长期通车,"故西北货运尚少假道此线,目前每月货运数量不大,以载运木料东来,以供给陇海路自用为主,其中枕木占1000吨左右,其他木板等占1000余吨,至于商货运输,东运包裹每月500余吨,大宗为木材,尚有少量杂粮、药材、皮毛等。西运数量与东运者大约相等,以布匹、日用品为大宗。"[②]纵观修筑宝天铁路,正值抗战时期,资金匮乏,材料奇缺,因而标准低,质量差,经常塌方断道,不能维持正常运输。至1949年,全段处于瘫痪状态。但其毕竟是历史上西北的第一条铁路,其历史意义十分重大。

三、驿运业之兴起

全面抗战爆发伊始,国民政府为满足战时运输需要,解决海口封锁、铁路沦陷造成的运力不足,大后方交通运输落后于战争需要的矛盾,将1913年废止的传统驿站运输制度再次恢复,在全国范围内组设驿运机构,组织管理民间运力,发展军需民用物资运输。因着战时西北地区的重要性,该地驿运事业亦被提上议事日程。甘肃驿运充分利用各地城乡、民间人力和畜力运输,以运输汽油、桐油、黄油、柴油、羊驼毛、军品及国防器材、钨砂、食盐、邮件、军用被服、药材、水烟等物为主,为抗战运载了大量军需民用物资,为战胜敌国做出了重要贡献。同时,西北驿道的开发和管理也对后续发展西北交通运输业起到了一定的促进作用。

为了弥补近代交通工具不足,交通部于1938年设立了车驮管理所,1940年改为驿运管理处。1942年,甘肃运营的干线有2条:兰猩线、兰天线,共长2405公里;支线5条:兰泾(川)线、兰中(卫)线、兰碧(口)线、洮(沙)马(营)线、陇(西)中(宁)线。拥有运输工具:胶轮大车2400辆,铁轮大车9400辆,木轮大车40400辆,骡、马、驴104995匹,骆驼37650头,皮筏200只(兰州至中卫)。相

①《宝天铁路与天兰铁路》,《观察》1947年第1卷第19期,第21页。

②《宝天铁路面面观:塌方频仍行车不畅》,《西北经济》1948年第1卷第4期,第20页。

较于汽车运输，驿运业成本少、运价低，这是驿运业能够在战时得以重启的重要因素。以1940年11月西北胶轮车(大车)与汽车的运价为例，当时胶轮车每公里公吨运货为5角，而汽车运费是甲等2元2角6分，乙等2元1角6分，丙等2元零6分。[①]这说胶胎轮车与汽车的运费率至少是1:4。此后，除1941年两者相差无几外，其余年份驿运费均低于汽车运费。[②]

另外，抗战时期，汽车配件缺乏，汽车的完好率很低。如1940年，西北公路局所有汽车总数1314辆，但经修修补补，可以勉强使用的估计还不到600辆。就这些经过修补后可以使用的车辆中，还有的缺轮胎，有的缺电瓶，有的缺零件，成了半残废，实际上真正能在路上跑的不过400辆。[③]但驿运工具的完好率要比汽车高，据统计，大车、骡马等工具的完好率相当于汽车的3倍。[④]在1940年，曾有批军火需要5个月内抢运完成，当时汽车承运了3040吨，剩下的4300吨则全由驿运完成。[⑤]

战时驿运与其说是旧制的采用，不如说是新制的创立，这是我们对于战时驿运应有的基本认识。甘肃驿运之所以能做出巨大贡献，除适应战时需要、领导者的正确决策外，我们不能忘记那些奔波于途的驿夫(车夫)。“车夫出了嘉峪关，就显出凄凉的景象，等到过了玉门关，那更是一片沙漠，一天可以看不见人烟，冬季里西北风使劲的刮着，穿上了老羊皮还不觉得暖和，就是在夏季，亦有‘早穿皮袄午穿纱，到了夜晚穿棉花’的俗语，夏天午间沙漠上的沙粒，晒得好像糖炒栗子锅里的沙子一样热，车夫们在上面走着，路上又没有水井，更没有食粮……没有民房，只是在适当距离的地点，有一座养护公路的道班房，孤伶仃地站在原野上可以借助而已，这班工人是开垦者，而车夫们亦是拓荒者。”[⑥]时人对西北驿运车夫生活做了生动、形象的描述，一幅幅车夫赶着载满重要抗战物资的车辆翻山越岭的画面映入眼帘，正是车夫的辛勤付出，才使驿运为抗战做出重要贡献。

① 宋希尚:《驿运在西北的优越性及其重要性》,《驿运月刊》1941年第1卷第3期,第4页。
② 魏永理主编《中国近代西北开发史》,兰州:甘肃人民出版社,1993年,第385页。
③ 王化机:《西北公路局概略》,载中国人民政治协商会议甘肃省委员会文史资料研究委员会《甘肃文史资料选辑(第十四辑)》,兰州:甘肃人民出版社,1983年,第127-128页。
④ 魏永理主编《中国近代西北开发史》,兰州:甘肃人民出版社,1993年,第385页。
⑤ 龚学遂:《中国战时交通史》,北京:商务印书馆,1947年,第107页。
⑥ 庸夫:《西北驿运车夫生活》,《驿讯》1944年第28期,第4页。

截至1949年8月兰州解放，根据已有资料的统计，全省有干线、支线驿道和大车道共计19条，营运里程达8368公里，这些驿道和大车道既是古代驿道的旧址，又是新建公路的干线，公路建成以后，驿道仍然沿用并有所发展。驿道和大车道的开辟、整修和畅通，承运了抗战物资，对抗日战争的胜利起了重要作用，同时还对促进西北五省之间的经济、文化交流，人民群众的互相往来起到了桥梁和纽带作用。

四、航空事业之发展

抗战时期兰州是中国主要的空军基地之一，苏联航空志愿人员同中国空军一道保卫甘肃领空，苏联援华各型飞机从哈密飞抵兰州后，再转飞各战区。民用航空方面，20世纪30年代，中德合资欧亚航空公司在甘肃境内开通的航线有：1932年3月，上海—西安—兰州；1935年6月，兰州—银川—包头。全面抗战开始后，中德断交，中国政府接管欧航，1943年，改组为中央航空公司。当时，欧航飞机大都毁于战火，中国政府拨几架旧轰炸机改装为客机运行，并另开通兰州—成都航线。战后，中央航空公司开通上海至兰州的两条航线：1.上海—郑州—西安—兰州；2.上海—汉口—西安—兰州。[①]1948年，中国航空公司开通北平—包头—银川—兰州航线。

抗战时期甘肃的航空事业有了一定发展，但大多数航线都是适应战争的需要，对社会经济发展的作用并不大，而且好多航线经常不通或不时停歇。

五、邮电通信事业之活跃

甘肃邮政始建于1905年，初设邮政局于兰州南府街，后在本省较大县份天水、平凉、陇西、定西、庆阳、西宁、宁夏、张掖、武威、酒泉设立分局，继又陆续推行到其余县。1937年，全面抗战爆发后，中华邮政局迁到汉口，后又迁到重庆。因日本帝国主义的大举入侵，东部地区沦陷，中华邮政总局根据国民政府的意思，曾想用所谓“容忍”的办法，保住沦陷区的邮政事业，特意在北京、天津、上

① 许涤新、吴承明主编《中国资本主义发展史(第三卷)·中国新民主主义革命时期的资本主义》，北京：人民出版社，1993年，第530页。

海、汉口、广州等重要区域，任命了一批外国人，主持当地邮政事务，还命各地邮政人员暂不撤邮，但他们的期望被日本帝国主义的“全面接收”所粉碎。[①]中华邮政总局为了扩充邮政事业，挽回沦陷区损失，在国民政府支持下，不得不随战争形势发展频繁调整邮路，在当时的西北、西南大后方开辟了近万个业务网点。在这种特定的历史条件下，地处西北枢纽的甘肃邮政事业有了较大的发展。

抗战时期，甘肃省邮政路线有了空前扩展。到1943年，全省邮路总里程为17627公里，村镇邮路677公里，汽车邮路3876公里。全省邮政网点也有了较大发展，各等邮局共80处，一等局4处，二等局14处，三等局56处，支局6处，还有邮政代办所214处，村镇信柜212处。全年邮政业务量：信函收寄为1895万件，包裹邮递为19986件。村镇邮站35处，邮票代售处36处。全年收寄各类信函近1900万件，包裹2万件。[②]甘肃邮政业务主要包括包裹业务和汇兑业务。因汽车不便，邮包寄费低廉，而又迅速保险，私人商号乐于交邮局寄递。再以邮局办理代收货款、包裹，商人购货只需去信说明需要某种货物及数量，不必汇款即能发货，货到后邮局代收货款汇给货主。这种代办业务，使包裹益增，既增加邮局利润，又方便商贾。[③]

甘肃（包括宁夏、青海）长途电话，始建于1934年。1936年，全国兴办九省长途电话至西安后，即扩展至甘肃平凉，是为甘肃建设铜线之始。1937年8月28日，九省长途电话线路工程修至兰州。9月7日，正式开放兰州至平凉、西安通话。由于该项线路系3.2毫米双铜线工程，比较正规，传输效率亦比较合乎技术要求，经与各省试话，其京、津、沪、汉、沈阳等处，话音清晰，畅通无阻，顿称便利，公私乐于使用。之后铜线逐渐发展，1938年，修建天水至略阳铜话线。1939年，修建兰州经天水至双石铺铜话线。1941年，交通部在兰州架设4千瓦无线电台1座。1942年，甘肃有线电报的线路增至4914公里，由西安至平凉延伸至兰州。兰州市内电话由战前的100多户增至1942年的417户。[④]1943年，

① 霍锡祥：《回忆国民党时期的邮政》，载中国人民政治协商会议全国委员会文史资料研究委员会《文史资料选辑（第六十五辑）》，北京：中华书局，1979年，第128页。

② 李清凌主编《甘肃经济史》，兰州：兰州大学出版社，1996年，第215页。

③ 原承沆：《解放前的甘肃邮政》，载中国人民政治协商会议甘肃省委员会文史资料研究委员会《甘肃文史资料选辑（第二十六辑）》，兰州：甘肃人民出版社，1987年，第60页。

④ 刘子敏：《解放前甘肃电信事业发展概况》，载中国人民政治协商会议甘肃省委员会文史资料研究委员会《甘肃文史资料选辑（第二十六辑）》，兰州：甘肃人民出版社，1987年，第73页。

架设平凉经固原至同心城铜话线；同年展修兰州至武威铜话线，并装设兰州至西安单路载波。甘肃长途电话网初步形成，共有长途电话局37所，并兼营电报业务，这是当时西北最大的无线电设备，可与成都、重庆通报。1946年，设武威经酒泉、哈密至迪化（乌鲁木齐）铜话线。后又设兰州至西宁铜话线。自1936年至1946年，十年间甘肃铜话线路，逐渐发展，甘肃社会向信息时代迈进了一步。

抗战时期，邮电通信不仅在数量上有较大的增长，在服务对象上也有较大发展。这时的邮电通信主要为抗战军事、政治机构使用，同时也逐步走向社会和群众，对巩固和建设西北抗战大后方，促进甘肃工商业经济的繁荣和发展具有十分重要的意义。抗战初期，甘肃的邮政包裹成为当时商品交流的一种重要方式，外地百货、小工业品、甘肃的土特产都经邮局转送，“不惟兰州每日车拉骡驮，拥挤不绝，即外县亦多如斯”。[①]电信业更以快捷便利深受工商业户的欢迎，在工商业繁盛的平凉、天水、武威、酒泉等城市开设长途专线用户，由几户至几十户组成专线户，自备杆线，申请电局架设，挂拨长途电话。[②]甘肃邮电通信业的发展，无疑为甘肃社会经济发展创造了许多便利条件。

六、水运的发展

1940年冬，甘肃省政府成立了驿运管理处，将兰州所有皮筏，编为该处“水上运输队”，曾派马德福担任队长。当时筏户只向驿运站交纳管理费，所有运输的军用品，由驿运处向第八战区运输处承揽，主要是给宁夏的马鸿逵、马鸿宾和绥远陕坝一带的傅作义部运送枪弹、汽油等。有时候还运送壮丁，惟次数不多。军用品在每次航运时，都由第八战区运输处派兵押送。到抗战胜利以后，军用品停止运送，又恢复了由筏户自包自运的办法，这时承揽的货物种类较前繁多，而兰州的水烟和药材仍为大宗。总体来说，皮筏在抗战时做出了很大的贡献。抗战前，西北各省出口的皮毛等大宗货物均通过皮筏运至绥远、包头，再通过平绥路运出。青海下行及长途运输多用牛皮筏，短途多用羊皮筏。运输货物主要

① 原承沆：《解放前的甘肃邮政》，载中国人民政治协商会议甘肃省委员会文史资料研究委员会《甘肃文史资料选辑（第二十六辑）》，兰州：甘肃人民出版社，1987年，第59页。

② 刘子敏：《解放前甘肃电信事业发展概况》，载中国人民政治协商会议甘肃省委员会文史资料研究委员会《甘肃文史资料选辑（第二十六辑）》，兰州：甘肃人民出版社，1987年，第73页。

有皮毛、木料、粮食、药材等，抗战时期还承担部分军品的运输。1941年夏，国民政府有一批汽油运往重庆，遂在兰州购置了2000多个羊皮筏子，聘用20多名筏工，组成皮筏航运队，赴四川广元执行任务。1942年夏，航运队组装了载重60吨的皮筏5个，仅用15天时间就将近300吨的汽油运至重庆，轰动了山城。为此，国民党油矿局举行了盛大的欢迎皮筏航运队大会，新闻单位亦摄制了电影纪录片，甚至有外国记者参观后还要求带走羊皮胎到本国展览。为满足重庆群众的参观要求，皮筏还在化龙桥码头停留两个星期。1943年，皮筏航运队顺利完成汽油运输任务，返回兰州。[①]

七、抗战时期甘肃交通运输事业发展的意义

抗战时期甘肃交通事业有了长足的进步，对甘肃社会发展提供了便利的交通条件，具有重大意义。

首先，积极支援了抗战。第一，担负西北国际军事物资运输。抗战时期，西北公路局成立于兰州，负责承担国际物资运输，而兰州又是国际军事物资运输的主要中转站，庞大的公路运输、驿运以及航空运输为抗战胜利提供了有力保障。甘肃的各类运输工具，在抗战期间，共完成货运量36.2万吨，货物周转量14843.6万吨公里。苏联援华的军需品有大炮1190门、机枪9720挺、步枪50000支、炮弹187万发、炸弹31100颗、子弹18400万发，[②]这些军火绝大部分是经甘肃转运的。此外，还有近千架飞机、1500余辆汽车、近百辆坦克都是经新疆、甘肃转到抗战前线的。[③]这些物资对支援抗战发挥了巨大作用。第二，交通条件的改善，为西北公路局在移送垦民、巩固边陲方面提供了便利。开发西北，交通第一，但是建设西北，应以垦民为首要。由于西北地广人稀，一切建设没有人力是难以推进的。为安置从沦陷区流亡到大后方的难民和从前线退役的荣誉军人，国民政府在大后方设置了6个农垦管理区。[④]其中在甘肃境内的有两个，一在岷县，一在河西。1943年，虽然车辆匮乏，该局仍然担负农林部委托的移送垦民

① 甘肃省档案馆编：《晚清以来甘肃印象》，兰州：敦煌文艺出版社，2008年，第319-320页。
② 李嘉谷：《抗战时期苏联援华飞机等军火物资数量问题的探讨》，《近代史研究》1993年第6期。
③ 李清凌主编《甘肃经济史》，兰州：兰州大学出版社，1996年，第206页。
④ 谷苞主编《西北通史》第5卷，兰州：兰州大学出版社，2005年，第562页。

的任务，全年共移送10万人。这些劳动力的进入，是开发西北的重要资源。第三，甘肃公路在维持后方客、货运输方面也有很大作用。历年来西北公路局除应付军运外，对于普通营业也极重视。各线业务日益发达，客运班车逐年有增加，普遍承运一般商货。交通部汽车联运处举办的渝宝、渝兰、渝宁绥、渝迪联运客车及包裹运输给予后方民众不少便利，减少了战时行旅的麻烦。据统计，1939年，西北公路局客运量为206749人，至1943年增加到454777人；在货物吨数方面，1939年为2736吨，至1943年的增加至12317吨。[①]客、货运输业务的开展，有利于货物的流通和人员的流动，方便大后方民众的日常生活。

其次，促进了甘肃和西北地区的社会经济发展。全面抗战前，甘肃的机械工业和能源工业几乎空白，轻工业也采用极为落后的手工生产。全面抗战爆发后，公路承担着工业内迁、高校内迁、人才内迁等任务，沿海的一大批工厂、工程师、技师、熟练工人等科技人才迁到了西北，大大增强了这里的工业实力。一些工业从无到有，一些由小变大，一些工业基础薄弱的省份，甚至无近代工业的省在抗战中也建立起了自己的工业，这一时期是西北工矿业开发的高潮时期。[②]据统计：1942年时陕甘宁青四省共有工厂539家，资本额16917.5万元，有工人328857人，拥有动力设备15718匹马力，分别占国民党统治区工厂、资本、工人、设备总数的13.8%、8.68%、13.60%和10.96%。其中陕西工业开发最迅速，工厂厂家由抗战前的78家增为1942年的385家，增加了4倍多，[③]工业力量仅次于四川、湖南，位居全国第三。而兰州也由战前的25家增为战后的81家，增长了3倍多。[④]到1944年，陕甘二省各类工厂数已达587家，工人411605人，分别占全国总数的11.16%和11.52%。[⑤]可见，抗战时期，甘肃交通的改善为甘肃经济发展注入了新的活力。同时，厂矿企业需要的原材料、机器设备、各种燃料以及产品销售无不与汽车运输紧密相关。玉门油田的开采即是其中典型一例。油田从美国进口的10套钻探旋转钻机，从缅甸仰光万里迢迢抢运到玉门油田，主要凭借公路运来。油田从重庆订购的车床、水泵、油泵、炼油釜闸门等设备及配

① 西北公路运输局编：《到西北去！》，全国公路展览会印，1944年，第20页。

② 尚季芳《西北近代工矿业开发述论》，硕士研究生毕业论文，西北师范大学，2002年，第19页。

③ 陈真：《中国近代工业史资料（第四辑）》，北京：三联书店，1961年，第97页。

④ 甘肃省银行经济研究室：《甘肃工业资源兰州市工厂调查》，国民印刷局，1942年，第78页。

⑤ 经济部统计处编印：《后方工业概况统计》，1943年，第6页。

件，都是以汽车运至油田。油田打井用的水泥、重晶石等材料也是从重庆以汽车运抵玉门。连油田职工的住房和办公用房的建筑木材均得以汽车从祁连山上运来。其所炼制的汽油因陇海铁路尚未筑抵兰州，也只能靠汽车外销西北各省及蓉渝一带。

最后，促进了甘肃民众思想意识的近代化。甘肃公路不仅促进了物质层面的变动，对民众的精神层面亦具有深远的影响，它既是一场生产力的变革，又是一场思想解放运动。1941 年 7 月，第八战区报告西北在战前因交通不便，政府未能顾及开发，企业家不肯投向西北经营，以致生产落后。[①]随着西北交通的发展，交通流不仅是客货物资流，而且是重要的信息流，是沟通文化的津梁。在开发大西北的号召下，各地一大批代表着先进文化的知识分子、学者、考察家、官员纷纷走进西北。他们的到来为西北注入新鲜血液，促进民众思想意识的改变，新风气、新知识、新文化开始被广泛接受和认同，使甘肃的民众思想意识趋于近代化。

总之，甘肃交通运输业的发展为促进地方经济创造了良好条件，是甘肃近代化的主要表征之一，不仅为抗战做出了重要贡献，也为新中国成立后的交通建设奠定了基础。

第六节　抗战后甘肃经济之衰退

一、抗战时期甘肃经济快速发展的原因

抗战时期，甘肃战略意义十分重大，成为支持正面战场的大后方，其经济有了前所未有的发展。如前所述，农业、工业、商业、金融业、交通运输事业都有了不同程度的进步，逐步改变过去封闭落后的发展模式和布局，开始向近代化的方向发展。那么，抗战时期甘肃经济空前发展的原因何在？首先，国民政府的

① 刘进：《中心与边缘——国民党政权与甘宁青社会》，天津：天津古籍出版社，2004 年，第 324 页。

主导作用。抗战时期甘肃经济空前发展离不开国家资本的投入、政策的扶持以及外来人才的注入。正如张心一所说:我们推动建设事业的方式是,利用中央的经费、省外的资金和外省的人才来办理自己办不到的事业。财力方面,1941—1946年,办理各项建设的事业费约208310万元(法币),其中水利148500万元,交通53900万元,农林畜牧5400万元,工矿370万元,电讯140万。而甘肃省自筹的不过十分之一,其余十分之八由国民党中央政府补助,还有十分之一由国际救济机关补助。[①]在大型水利借款方面,系由中国农民银行供给十分之九,国民党中央政府垫借十分之一,六年来共约八亿元。各种合办事业的投资,六年来共约六亿元,省府担任者约七千万元,实缴六千万元,仅占全部十分之一。这六千万元中公债和现款约四千万元,事实上仍由国民党中央政府负担。以上三种经费共计约三十八亿元,而本省自筹者,实际上不到十分之一,这是利用国民党中央政府财力的情形。人力方面,高级及中级技术人员,十分之九都是从外省来的。就是大部分技术工人,也是借重河南、山西、四川等省的人。只有普通小工是本省籍的,这些小工,在交通水利方面出力极大,有的挣工资,有的完全尽义务。可见,抗战时期甘肃经济发展与国家的扶持与外来力量的参与有很大关系。

其次,西北大开发、抗战建国的需要。战前自给自足的自然经济在甘肃经济结构中占主导地位,商品经济发展缓慢。抗战爆发后,国土逐渐沦丧,国人逐渐意识到开发西北的重要性,作为抗战大后方的甘肃,战略意义重大,发展经济的重要性随之凸显。于是,南京国民政府对甘肃的投入增大,工厂内迁及技术人才的引进为甘肃经济发展注入新的活力,使甘肃经济在农业、工业、商业、金融业及交通运输事业方面都有了显著进步,为新中国成立后甘肃经济发展奠定了基础。

最后,重要人士的呼吁以及为甘肃经济做出贡献的优秀人才也是抗战时期甘肃经济发展的另一原因。张心一先生提出了"甘肃五年建设计划纲要",认为"(一)交通、大型水利、水力发电,是促进农业及工业生产的必需条件。非以中央的人力财力提前完成不可,地方要极力协助。(二)重工业是轻工业的基础,应

① 张心一:《六年来甘肃生产建设(一九四一至一九四六年)》,载中国人民政治协商会议甘肃省委员会文史资料研究委员会《甘肃文史资料选辑(第二十六辑)》,兰州:甘肃人民出版社,1987年,第2页。

当先办，可是本省自己的力量绝办不到。中央若觉得建设甘肃的政治性的重要，就应不计成本的开始举办。（三）小型水利、改良农业以及种树种草等事，是我们民众自力更生的不二法门……县政府及地方人士，必须重视这些事，认真督导人民，继续不断地办。（四）建设进展的速度，取决于专门人才的供应。……希望优秀的青年们，多选择生产的职业，准备负起新建设的责任。考选大学毕业生，送出外国实习更为当务之急”。他的呼吁和具体实施为抗战时期甘肃经济建设做出了贡献。而这样的优秀人才不胜枚举。在农田水利方面，请求国民党中央政府用国家财力经营河西水利，出力最大者有沈怡先生；改善、审定各工程计划者，有周礼先生；任劳任怨，于艰苦环境中完成工程者，有原素欣、王力仁等先生；能以公平态度解决水利纠纷者，有王自治先生；至于农民银行的王荣科先生，不但对本省的大型水利尽了督导责任，且对于各处小型水利的推动、设计、监修、贷款，办了政府所不能办到的事情，对甘肃省的建设贡献很大。在农林畜牧方面，李竞雄奠定了改良种子的基础；钟俊麟创立了改良果树事业；蒋德麒及吕福和、刘尔晏、周选德推动了水土保持及种树种草的示范；邓叔群建立了经营林业的办法。西和县长王汉傑督导人民种树，嘉木祥活佛利用喇嘛造林，都是全省模范。邝荣禄采用山羊化血毒防治牛瘟，许康祖运来细毛羊种，黄异生运来奶牛纯种，都是很具体的贡献。盛家廉在四年之内几将湟惠乡的小麦黑穗病防治绝迹，尤为难得。在工矿方面，王曰伦、阎国光等调查地质矿产；王庆祚老先生开出罐子峡煤炭；刘兴亚添置矿用机器；张光宇、杨正清、黄长谦、买树桐、蒲敏功、夏安世、沈觐泰等或创设新厂，或扩大旧厂，均在各种困难中完成任务；设计购运各县无线电台的刘光寰先生，除受苦之外，还曾受辱。另外，还有外国的许多人士，如通立夫、蒋森、菲利浦及史达夫塞士，对兰州设立中国唯一的兽医学院及将来畜牧发展很有功劳。罗德明先生对水土保持事业很用一番心力；费吴生、艾荣德及米琪尔三先生，对于工赈以及小型水利的贡献很大；工合培黎学校的艾黎、戴乐仁等先生，对于促进民间工业及造就中下级工人人才具有久远影响。[①]

① 张心一：《六年来甘肃生产建设（一九四一至一九四六年）》，载中国人民政治协商会议甘肃省委员会文史资料研究委员会《甘肃文史资料选辑（第二十六辑）》，兰州：甘肃人民出版社，1987年，第12-13页。

二、抗战后甘肃经济之衰退及原因

由于抗战时期国民政府开发西北带有极强的军事性和功利性，致使开发伊始就无长远谋划，无统一全盘部署。抗战胜利后，资源委员会以及银行等将在兰州的资金迅速抽走，甘肃城市、农村经济顿失活力，许多工厂企业不得不宣告倒闭。仅1945年8月至1949年6月，兰州市工厂申请停业者就有40多家，甘肃水烟盛时年产20000余担，1947年还不足5000担。[①]手工工厂破产倒闭成为普遍现象。

由于官僚资本商业的垄断与掠夺，通货膨胀，物价波动，因而人民的购买力急剧下落，市场消费量日益缩小。在此种情况下，西北私营商业十多年来，一直沿着投机与暴利的经营方式，不断地分化与没落，其中少数大商人与官僚资本商业勾结，投机倒把，囤积居奇，倒贩黄金，操纵纱布，以致市场混乱，物价飞涨。当时兰州市上有"天上飞机响，地下各货涨"的民谚，正好是市场真实的写照。

战后甘肃物价急剧上涨，与人民生活最关紧要的面粉，全面抗战前兰州每百斤11.16元，日本投降前涨至18万元，1948年前后增至3600万元，增长了约3226000倍。关于肉类价格，全面抗战前兰州平均每斤0.28元，1948年8月涨至113万元，增长了约4036000倍。1948年，秦安1斤烧柴用的高粱秆已涨到10万元。由于物价飞涨，战后甘肃商业稍有资金者多转入投机买卖，大批中小商店纷纷倒闭。1948年春，兰州倒闭商店35家。[②]

各县的商业更加萧条，有的县城的商业甚至处于停顿状态。如永登的交易集中在一条街。但是到了1948年8月，很多商店"都索性关门了。这样的关门生意，几乎是全城性的。作为一个城市，一切交易都停止了，到处都关门闭户，那是显得多么死寞呀！"[③]这里描绘出一幅农村城市商业完全破产的景象。

工商业的破产，造成众多的失业者。1947年后，甘肃省政府由于财政困难，大量裁减公务员。1946年全省有公务员4050名，士兵8160名，1947年，经中央核减为公务员3645名，士兵7535名。[④]可见，公务员裁减405名，士兵裁减625

① 中共甘肃省委研究室：《甘肃省情（第一部）》，兰州：甘肃人民出版社，1988年，第115页。

② 许风：《新春试笔写兰州》，《陇铎》1948年新2卷第1期，第17页。

③ 罗诚修：《河西十日》，《西北日报》1948年8月3日第2版。

④ 白新春：《如何解决甘肃财政困难》，《西北日报》1948年1月20日第2版。

名，合计被裁减1030名。1948年2月，甘肃省政府又决定从3月1日起裁减文职人员1059人，各单位都裁减15%。[1]这样两年之内共裁减2089人。这些被裁减的人，绝大多数很难再找到工作。因此，有2000个家庭近万人失去生活来源，挣扎在死亡线上。由于工业商店倒闭，物价昂贵，普通工教人员及群众生活陷入绝境。1948年，甘肃工教人员薪金只折合小麦一大斗，1949年仅合银币一分。因生活无着落而自杀者屡见不鲜。

同时，战后甘肃国统区农村经济面临全面崩溃。从全局来看，这个时期国民党的统治已把甘肃的农村经济推到了破产的境地。农民除继续要负担田赋、兵役、劳役以及各种苛捐杂税以外，还有许多特别的负担。其中，以类似古代徭役的各种"差价"负担，给农民的损害最大。首先是军粮运输差价。甘肃的地域辽阔，交通又不便。庞大的军粮运输主要靠征用农民的人力畜力。在运输过程中，往往由于路途遥远，驮载过重，而造成牲畜倒毙，运输工具损坏。但政府全不赔偿，而且所给的运费往往仅为实际运费的十分之一，其余十分之九则成为无偿的徭役。其次，"马干"差价。如政府令河西农民代为养马，1948年七八月间，每匹马一月的马料需要800万元，政府只给200万元；而且不按时发给，还要农民承受通货膨胀的损失。第三，一般军运差价。如武威至山丹，一辆马车的运输费用为2000万元，但为国民党运输军用物资，却只给80万元。仅为正常运输的4%，其余96%，则成为无偿的徭役。据估计，1948年，甘肃人民所负担的军粮差价、运费差价、补给差价，三者共约值粮300万石，为本省田赋正额的3倍多。[2]此外，杂税及临时摊派多达百种，沉重的负担把各地民众推向了死亡的边缘。

高利贷历来是束缚在农民身上的一根粗重绳索。如在山丹，1948年春耕时借1石小麦的钱，秋收后还4石小麦。1斗小麦，经过3年以后，可以变为160石小麦。甚至还有几代人都还不清的高利贷。[3]据调查，一个有130户的村庄，放高利贷者仅占总户数的5%~6%，要借高利贷的占90%。[4]所以，许多被高利贷所网罗的农民，他们的粮食每年一登场，就被盘剥光了。这种现象在当时的甘肃有相当的普遍性。景泰县一些农民，在1948年春借小麦1斗，秋后还籽棉

①《本省裁减员工决定办法七项》，《西北日报》1948年2月19日第2版。
② 党非：《省参议会大会成果》，《陇铎》1948年新2卷第6期，第18页。
③ 罗诚修：《河西十日》，《西北日报》1948年8月3日第2版。
④ 张治中：《张治中回忆录》，北京：华文出版社，2007年，第349页。

100市斤，折小麦5市石。农民无力偿还，被迫向当地政府请愿。

在这个时期，相当多的农民过着非人生活，在死亡线上挣扎。1947年10月，一位记者描述河西走廊的当铺时说：当铺利息也是二三十分。当品多是农具如犁头、火盆、铁锅、破毡子、老羊皮袄等。可见农村的凋敝。①1948年8月上旬，在《西北日报》连载的《河西十日》，描绘了一幅河西农村惨绝人寰的图画。武威北三十华里的农民胡长根，十几年前还是自耕农，最初卖田地，后卖牲口，沦为佃户。6月的一天，他带了一大包衣服进城典当。未典当前，每百斤面粉400多万元，当后得500万元。但每百斤面粉已涨至500多万元。他为了买够100斤，又回家把最后的一些衣物拿去典当。但物价又涨了，只能买到70斤面粉。返家途中又遇强盗抢去一半，胡长根上山寻得一种毒草，熬汤给全家吃了，结束了五口人的生命。②山丹县县长向记者描述了一幅惨景：没有饭吃的人，成天睡在炕上，一点精神也没有，样子怪可怕的，只有一张皮包着骨头。他们没有言语，不会呻吟，只是不断地打哈欠。日子一久，也就慢慢地死去了。有的农民为了使自己的子女不致被饿死，被迫出卖子女。在山丹，一个女孩只值1000万元。在张掖，一个女孩的价格是一石麦子，最少只需200万元（可购10斤面粉）。武威是贩子密集的地方，他们把年青女子往外省出卖，利润往往可达10倍以上。③

可以看出，抗战胜利后的最初几年，甘肃的经济形势逐步恶化，整个社会处在一片焦虑和恐慌当中，国民政府的统治合法性已深受侵蚀，国民党政权离败亡已为时不远。那么，为什么会造成这种局面？甘肃的开发为何无持续性？为什么有些政策不仅没有惠及于民，反而弊窦丛生？反思其原因，有以下几点。

第一，国民政府无力投巨资于西部开发。

纵观近代中国的历届政府，财力支绌，捉襟见肘，国民政府也难以脱其窠臼。全民族抗战爆发，不仅需要大量的军费开支，而且要协助工厂内迁、复工，兴办农业、兴修水利和开辟大后方交通等等，这些无一不需要金钱来解决问题。财政支出在急剧上升，而财政收入却急剧递减，这一二律背反使国民政府焦头烂额，身心交瘁。我们从1937—1945年国民政府财政收支情况表就可见一斑。

① 杜凌云：《河西归来话观感》，《甘肃民国日报》1947年10月18日第2版。
② 罗诚修：《河西十日》，《西北日报》1948年8月3日2版。
③《武威盗匪猖狂》，《和平日报》1948年1月27日第2版。

表3-6-1 1937—1945年度国民党政府财政实支亏短数及其占总岁出的百分数[①]

年度	总岁出(a)（百万元）	实际收入(b)（百万元）	亏短数	
			数额（百万元）	占实支总额的百分数(%)
1937	2091	559	1532	73.3
1938	1169(c)	297	872	74.6
1939	2797	715	2082	74.4
1940	5288	1317	3971	75.1
1941	10003	1184	8819	88.2
1942	24511	5269	19242	78.5
1943	58816	16517	42299	71.9
1944	171689	36216	135473	78.9
1945	1215089	150065	1065024	87.7

说明：a.现金结存除外的实际总支出；b.债款和银行垫款除外的实际总收入；c.1938年度，只包括1938年7至12月半年数字，因从1939年度起，会计年度改为“历年制”，即以各年1至12月为会计年度。

从上表可以看出，国民政府在全民族抗战中，年年都有财政赤字，当然这是由于战争，需要大量的军费开支，这种开支是为了保护中华民族的国家利益，我们无可厚非。但是从西部开发的角度来看，国民政府这种入不敷出的财政状况，使它不可能投巨资于西部地区，如甘肃的水利建设，1943年1月前洮惠渠、湟惠渠、溥济渠和汭惠渠四渠都100%完工；其他诸如靖丰渠、兰丰渠、登丰渠、平丰渠和肃丰渠等完工由25%到80%不等。[②]众所周知，水利建设是国民政府开发西部的重要内容，然而，事与愿违，处在战争时期的国民政府没有更多资金投资于此，中道夭折是不可避免的。水利建设投资如此，其他则不言自明。

第二，国家不统一是国民政府开发甘肃成效不高且不能持续的又一原因。

国民政府开发西部的政策之所以不能完全付诸实施，成效不大，还是由当时国内的形势决定的。表面上看，国民党完成了全国的统一，各地方实力派都

① 杨荫溥：《民国财政史》，北京：中国财政经济出版社，1985年，第102页。
② 上海市档案馆档案第254全宗《中国银行投资案卷》，转引自陈正卿、赵刚《抗战时期国民党政府西北投资活动述论》，《历史档案》1989年第1期。

集中于国民党的锦麾之下，效命于沙场，然而实质上他们都心怀鬼胎，阳奉阴违。正如有人所说的尽管蒋介石以“武力”统一了中国，但是，这种统一更多的是名义上的，而不是实质上的，蒋介石虽然使他的对手屈服了，但并未征服他们。他同意让他的对手按照中国传统的方式，既臣服于他这位上司，又与他结为盟友，以此保全对方的面子。实际上，“蒋从来没有全面地控制过中国”，他只不过是保持了一个名分上的“宗主”地位罢了。“总而言之，他的战略结局是，顾了面子，丢了中国”。[①]蒋介石与西部各地方实力派之间实质上结成的是一种松散的政治联盟，这种联盟时而凝聚，时而涣散，处于游移不定状态。就蒋介石与西北军阀的关系来看，蒋介石以正统自居，时刻不忘分割、瓦解和消灭西北诸马，统一国家，然而西北诸马长期以来形成的统治根基、封建势力在西北尤其在青海、宁夏极其顽固，使国民党中央政府不能在短期内推翻诸马的统治，无奈只能采取既打又拉的态度。而且从根本上来说，蒋介石和西北诸马都是近代传统政治经济结构的卫道者和继承人，他们都是旧政治势力的代表，从政治、经济、思想诸方面的基础来看，他们代表的阶级利益是一致的，他们都是专制主义统治的体现者，因此他们绝不会走上民主政治道路，因此蒋介石完不成统一也有该原因在内。

蒋介石难以有效地控制西北青海和宁夏，国民党中央政府开发的政策和措施在这些地区必然要受到影响和限制。抗战时期国民政府对西北的开发措施大多集中在陕西和甘肃，对宁夏和青海的开发则不多。如截至1943年12月，中国银行在各地举办的分支机构，陕西有14处，甘肃有12处，而宁夏和青海则各有1处。1945年交通银行在各地的分支机构情况也反映了这种情况，陕西12处，甘肃8处，宁夏1处，青海没有。中国农民银行在1945年的调查也显示了这种状况，各种分行、支行、办事处、农仓和农贷通讯处等机构，陕西33处，甘肃47处，宁夏4处，青海1处。[②]为什么会出现这种情况？这固然有其地理位置的关系，但根本的原因是这两个省在马步芳和马鸿逵的专权独断下，他们不允许中央势力插手地方政权，以免威胁他们的统治。在西南诸省，云南一直在龙云的控制下，国民党中央势力1946年前未控制该省事务。西康省在1939年建省

① [美]尼克松：《领袖们》，北京：知识出版社，1985年，第335–336页。

② 中国第二历史档案馆：《中华民国史档案资料汇编 第五辑 第二编 财政经济（三）》，南京：江苏古籍出版社，1997年，第503页、第557页、第647页。

后，刘文辉将其视为自己的独立王国，国民党中央势力很难干涉，致使境内许多事情走不上正轨。总之，抗战时期，这种不统一的局面，使国民党中央政府的政令不能通达地方，开发政策、成效受到了很大的限制。正如毛泽东所说："在一个半殖民地的、半封建的、分裂的中国里，要想发展工业，建设国防，福利人民，求得国家的富强，多少年来多少人做过这种梦，但是一概幻灭了。"[①]

第三，国民党政权自身的缺陷。

近代西部的开发，很大程度上受政治军事因素的影响和制约。当西部的战略地位发生重大变化，为解决国家军事、军需物资的迫切需要而进行开发，一旦当西部的战略地位转变时，西部的开发也随之衰落。同样，国民政府开发西部是靠"战争之手"，而非"经济之手"，这种战时的繁荣是靠超经济的手段实现的，制约西部发展的原有经济基础并没有多少改变，这样战争一结束，开发西部的使命也就结束了，抗战后期大后方民营工业的倒闭就是明证。

全面抗战开始后，国民党政府制定了开发大后方的一系列方针政策，这些政策，总体顺应了全国抗战的潮流，也逐渐改变了西部地区的落后面貌。但是，国民党政权是以四大家族为核心的大地主大资产阶级的政权，它所实行的经济政策始终是以维护四大家族的利益为目标的。民族资本家刘鸿生这样说："我到了重庆之后，很快就发现了一条规律，所谓大后方的企业，事实上是由官僚资本控制的。我在重庆办的中国毛纺织厂、火柴原料厂及兰州办的西北毛纺织厂，都有官僚资本投资。我原来在上海是大老板，到了重庆却成了大老板的伙计。我并没有得到蒋政府的支援，倒为当时的大老板赚了一笔国难财。"[②]行政院院长宋子文竟对迁川工厂请愿代表说："美国机器这样便宜不买，而买你们破破烂烂的机器，岂有此理？""美国货种类甚多，价廉物美，而中国货又孬又贵，中小工厂根本没有存在的价值。"即便对迁川工厂比较了解的经济部长翁文灏亦在接见重庆中小工厂请愿代表时，一反过去提倡发展内地工业的腔调："现在已经胜利了，你们厂既有困难，能做就做，不能做就关门""现存工厂无论在资金、设备、技术各方面，都根本不算工业，不如任其倒闭"。[③]全面抗战时期兰州各类

① 毛泽东：《论联合政府》，载《毛泽东选集》第3卷，北京：人民出版社，1991年，1080页。

② 上海社会科学院经济研究所：《刘鸿生企业史料》（下册），上海：上海人民出版社，1981年，第465页。

③ 齐植璐：《抗战时期工矿内迁与官僚资本的掠夺》，载中国人民政治协商会议全国委员会文史资料研究委员会《工商经济史料丛刊（第二辑）》，北京：文史资料出版社，1983年，第96页。

工厂总计250余家，1947年仅余130余家，1948年以机器生产的仅有28家，到1949年，兰州全部大小工厂、作坊仅有36家，实际均为半停产状态。这说明，国民党政府在抗战非常时期，虽然也为民营工业的发展提供了一些机会和帮助，但是抗战一结束，这种有限的帮助也随之烟消云散，民营工业最终破产倒闭。

抗日战争需要动员全民族的力量，开发西部当然需要广大民众的积极参与。但是国民党的西部开发多是政府行为，而未能做到动员全体民众。《申报》就指出："今日的救亡运动，显然是太上层化了"，而对"下层的民众的组织，太不注意"。①进一步讲，在近代中国，国家政权几经变更，虽然各政权在不同历史时期对社会经济的发展起过一定作用，但是从总体上看，半殖民半封建社会的国家性质仍是社会经济发展的严重桎梏，若国民党政府不能摆脱这种固有的束缚，注定了西部开发的成效终究有限。

参考文献：

[1]梁好仁：《甘肃经济建设之商榷》，《陇铎》1941年第2卷第2期。

[2]丁焕章主编《甘肃近现代史》，兰州：兰州大学出版社，1989年。

[3]甘肃省地方史志编纂委员会、甘肃省农业志编纂委员会：《甘肃省志(第十八卷)·农业志》，兰州：甘肃文化出版社，1995年。

[4]甘肃省地方史志编纂委员会、甘肃省畜牧志编辑委员会：《甘肃省志(第二十一卷)·畜牧志》，兰州：甘肃人民出版社，1991年。

[5]甘肃省地方史志编纂委员会编纂：《甘肃省志(第四十四卷)·金融志》，兰州：甘肃文化出版社，1995年。

[6]张治中：《张治中回忆录》，北京：华文出版社，2007年。

[7]刘进：《中心与边缘——国民党政权与甘宁青社会》，天津：天津古籍出版社，2004年。

[8] 庞天舒：《探险神秘之地，一位军中女作家穿越罗布泊的手记》，西安：陕西科学技术出版社，1993年。

[9]黄立人：《论抗战时期的农贷》，《二十世纪中国的农村》，北京：中国档案出版社，1996年。

① 呼声：《所望于救国领袖者》，《申报·本埠增刊》1937年8月13日。

[10]罗舒群:《民国时期甘肃农林水牧事业开发状况研究》,《甘肃社会科学》1986年第3期。

[11]刘光华主编《甘肃通史》(中华民国卷),兰州:甘肃人民出版社,2009年。

[12]谷苞主编《西北通史》第5卷,兰州:兰州大学出版社,2005年。

[13]甘肃省民族事务委员会、甘肃省民族研究所编:《甘肃少数民族》,兰州:甘肃人民出版社,1982年。

[14]李清凌主编《甘肃经济史》,兰州:兰州大学出版社,1996年。

[15]甘肃省银行经济研究室:《甘肃之工业》,甘肃省银行印刷厂,1944年。

[16]孟宪章主编《中苏贸易史资料》,北京:中国对外经济贸易出版社,1991年。

[17]许涤新、吴承明主编《中国资本主义发展史(第三卷)·中国新民主主义革命时期的资本主义》,北京:人民出版社,1983年。

[18]新疆维吾尔自治区交通史志编纂委员会:《新疆公路交通史(第一册)》,北京:人民交通出版社,1992年。

[19]罗志刚:《中苏外交关系研究(1937-1945)》,湖北:武汉大学出版社,1999年。

[20]甘肃省银行经济研究室编印:《甘肃省各县经济概况》(第1集),1942年。

[21]酒泉市商业局:《酒泉市商业志》,北京:方志出版社,2008年。

[22]西北军政委员会贸易部:《西北商业概况》,西安:西北人民出版社,1952年。

[23]甘肃省政府编:《甘肃省银行概况》,甘肃省图书馆藏,甘肃省银行出版,1944年。

[24]甘肃省银行经济研究室编:《甘肃省银行小史》,甘肃省图书馆藏,甘肃省银行出版,1944年。

[25]张掖市志编辑委员会编:《张掖市金融志》,北京:中国金融出版社,1992年。

[26]《兰州交通银行三十一年度办理农贷概况,中国农民银行兰州分行办

理农贷业务报告书》(手抄本),甘肃省图书馆西北文献特藏室藏。

[27]甘肃省政府统计室编印:《甘肃省统计资料》,1946年。

[28]西北公路局编印:《三年来之西北公路运输》,1941年。

[29]魏永理主编《中国近代西北开发史》,兰州:甘肃人民出版社,1993年。

[30]龚学遂:《中国战时交通史》,北京:商务印书馆,1947年。

[31]中共甘肃省委研究室:《甘肃省情(第一部)》,兰州:甘肃人民出版社,1988年。

[32]中国人民政治协商会议甘肃省委员会文史资料研究委员会:《甘肃文史资料选辑》》第4辑、第8辑、第14辑、第26辑、第42辑,兰州:甘肃人民出版社,1997年。

[33]李中舒:《甘肃农村经济之研究》,载西北问题研究室《西北问题论丛(第三辑)》1944年。

[34]陈正卿、赵刚:《抗战时期国民党政府西北投资活动述论》,《历史档案》1989年第1期。

[35]吴伟荣:《论抗战期间后方农业的发展》,《近代史研究》1991年第1期。

[36]《甘肃西南边区之畜牧》,载《西北经济通讯》,第1卷第7-8期,1942年。

[37]政协甘肃省委员会文史资料委员会《西北近代工业》编写组:《西北近代工业》,兰州:甘肃人民出版社,1989年。

[38]徐盈:《玉门油矿的开拓者——孙健初》,载中国人民政治协商会议全国委员会文史资料研究委员会《工商经济史料丛刊(第四辑)》,北京:文史资料出版社,1984年。

[39]陈麟苏:《论抗日战争时期资源委员会的企业活动及其历史作用》,载中国近代经济史丛书编委会《中国近代经济史研究资料(第五辑)》,上海:上海社会科学院出版社,1986年。

[40]陈真:《中国近代工业史资料(第三辑)》,北京:三联书店,1961年。

[41]刘秋根:《十至十四世纪的中国合伙制》,《历史研究》2002年第6期。

[42]裴庚辛:《民国时期甘肃的新型商业组织形式》,《甘肃社会科学》2014年第2期。

[43]顾祖德:《甘肃贸易公司三十一年度业务报告》,《甘肃贸易》1943年第4期。

[44]中国人民政治协商会议全国委员会文史资料研究委员:《文史资料选辑》(第16辑)、第65辑),北京:中国文史出版社,1979年。

[45]侯风云:《抗日战争时期的西北国际交通线》,《江苏社会科学》2005年第4期。

[46]陈鸿胪:《论甘肃的贸易》,《甘肃贸易》1943年第4期。

[47]阎尚武:《名满金城的大丰百货商店经营史》,载兰州市政协文史资料委员会、中国民主建国会兰州市委员会、兰州市工商业联合会《兰州文史资料选辑(第十一辑)》,内部使用,1990年。

[48]洪文瀚:《谈谈甘肃的商港——碧口》,《甘肃贸易》1943年第4期。

[49]张鹤年:《甘肃工业概况调查》,《甘肃建设年刊》1935年。

[50]中央银行兰州分行:《兰州市金融业概况》,《中央银行月报》1947年新2卷第4期。

[51]《宝天铁路》,《西北公路》1946年第8卷第2期。

[52]宋希尚:《驿运在西北的优越性及其重要性》,《驿运月刊》1941年第1卷第3期。

[53]庸夫:《西北驿运车夫生活》,交通部驿运总管理处编印《驿讯》1944年第28期。

[54]李嘉谷:《抗战时期苏联援华飞机等军火物资数量问题的探讨》,《近代史研究》1993年第6期。

[55]许风:《新春试笔写兰州》,《陇铎》1948年新2卷第1期。

[56]《商情一周》,《和平日报》(南京)1949年5月16日,第4版。

[57]《商号:不准随便关门》,《甘肃民国日报》1949年5月28日第2版。

[58]罗诚修:《河西十日》,《西北日报》1948年8月3日第2版。

[59]白新春:《如何解决甘肃财政困难》,《西北日报》1948年1月20日第3版。

[60]《本省裁减员工决定办法七项》,《西北日报》1948年2月19日第2版。

[61]觉非:《省参议会大会成果》,《陇铎》1948年新2卷第6期,第18页。

［62］杜凌云：《河西归来话观感》，《甘肃民国日报》1947年10月18日第2版。

［63］《武威盗匪猖狂》，《和平日报》1948年1月27日第2版。

［64］凌鸿勋：《宝天铁路概况（三十二年五月十日在本部国父纪念周报告）》，《交通建设》1943年第2卷第3期。

［65］《宝天铁路工程实况》，《交通建设》1943年第1卷第9期。

［66］《宝天铁路面面观》，《西北经济》1948年第1卷第4期。

［67］杨士文：《宝天铁路新路工程工作竞赛》，《工作竞赛月报》1944年第2卷第10期。

［68］孟英庚：《宝天铁路赶工中之西北民工》，《运输研究》1945年第2卷第3期。

［69］《宝天铁路竣工试车成功》，《科学》1946年第28卷第6期。

［70］《时事述要（12月16日至31日）》，《甘行周讯》1945年第140期。

［71］《宝天铁路明春完成今年底可通车六十公里》，《昆明周报》1944年第106期。

［72］《宝天铁路与天兰铁路》，《观察》1947年第1卷第19期。

第四章

抗战时期甘肃城市建设

——以兰州为中心

兰州地处祖国大西北，战略位置十分重要，历来为兵家必争之地。进入近代后，兰州因地理位置偏远、交通不畅通、经济落后等原因，使城市长时间处于衰落状态。抗日战争时期，因东北、华北和东南区域的沦陷，建设西南和西北大后方基地为时人所瞩目，作为后方交通和国防重镇的兰州自在建设之列。1941年7月兰州设市，城市建设加快，城市化进程明显，兰州发展建设成为战时后方城市建设的一个缩影。

第一节　设市之前兰州概况与设市意义

兰州地处西北内陆，为西北重镇之一，是西北地区的政治、经济与文化中心。兰州又名“金城”，取“固若金汤”之意，自古以来均为军事重镇，受历届统治者的青睐。进入近代以后，西北因出产大量的羊毛皮革而吸引了诸列强的注意，西方资本主义列强势力不断深入，加紧了对我西北地区原料的掠夺或廉价收购，兰州亦未能幸免。晚清民国时期，西北战乱丛生，农村经济凋敝，民众生活艰窘，城市建设非常缓慢。抗战的炮声惊醒了国人，东南地区的沦陷迫使国人将目光移向了作为战略大后方的西北、西南地区。1941年7月，兰州设市的成功，为以后兰州城市的发展奠定了基础。为促进兰州强有力的发展，政府当局亦出台了若干整顿措施，在官民的共同努力下，兰州面貌初现改观。

兰州市成立之初，蔡孟坚任市长。市政府成立后，蔡市长因感于任务之艰巨，鉴于市政工作之亟待展开，于是抱定“建市必先建信，建信必先便民”的宗旨，并拟定市政方针及各部门工作。其中很重要的一点便是“建设第一”的思想，“建设西北为建设新中国之中心，建设兰州便为建设西北之基础，兰州设市也就是要促成兰州建设的尅日成功。市政建设，复杂万端，需钱当巨，此钱非政府所能筹措，政府当局除依照‘有钱出钱’之原则，使市民公平合理的负担外，我们尤要运用我们民众的潜力建立我们的精神堡垒，在‘有力出力’之原则下共同建设新兰州”。可见，当时兰州城市建设面临财力不足的问题，这严重阻碍了兰州城市建设进程。因此,“一切建设均以国防为中心,着重国防工业之建设,不虚文铺张,不浪费金钱,使财力皆为国防之资源。凡设施皆配合抗战需要,实事求是,精益求精,艰苦卓绝,发挥苦干美德,达成淳朴风气,以最少之金钱建成永久之国防。今日建市即在建设国防,并非壮观瞻,凡交通道路组训等皆为抗战胜利之保证,维护后方秩序,即所以促前方胜利整齐步调,严肃阵容。而建设兰州为抗战之坚强堡垒,建立理想之都市为新中国建设之基础”。[①]在此以国防为旨归的建市原则与目标之下,兰州城市建设次第展开。而设市初期兰州的概貌,从人口方面来看,大致如下。

一、人口概况

人是城市中最活跃的因素,是所有物质生产资料的直接创造者,同时又是推动消费的直接动力,人口的多寡也是反映一个城市发展概况的重要指标之一。兰州设市之初,人口数量亦发生着显著变化,而建市后两年兰州市人口数量的变化,据警察局的统计,大致如下表:

表 4-1-1　户口调查统计[②]

年月	户数（单位:户）	男数（单位:人）	女数（单位:人）	男女合计数（单位:人）
三十年十二月(1941年12月)	23043	60239	38387	98626
三十一年十二月(1942年12月)	34179	82543	60413	142956
三十二年十二月(1943年12月)	35234	87534	63285	150819

注:三十一年四月(1942年4月)市区扩大后,郊区人口并入,故数目突增。

表4-1-1只显示出了1941—1943年兰州市的人口变化概况,总体来看,人口数量一直处于直线上升的趋势。而从1928年到1949年的人口情况,大致如下表:

①《兰州设市的意义》,《甘肃民国日报》1941年12月11日第4版。

② 沈觐康:《两年来之兰州警察》,载兰州市政府《兰州市政二周年》,1943年,第72页,甘肃省图书馆藏。

表 4-1-2 兰州市人口统计表

年份	户数(单位:户)	人口(单位:人)			户均人口(单位:人)
		男	女	合计	
1928	17516	46263	28412	74675	4.26
1935	21184	66993	41537	108530	5.12
1943	36804	—	—	155960	4.24
1946	41249	97385	74834	172219	4.18
1947	44286	100609	82088	182697	4.13
1949	51289	140523	95023	235546	4.59

注:据《兰州文史资料选辑(第四辑)》,1947年兰州的人口状况为:共45417户,其中男118057人,女84604人,总计202661人;1949年6月的人口状况为53419户,总计244407人。

从表4-1-2中可以看出,从1928年到1949年,兰州市人口共增长了33772户,人口总数增长了160871人,其中男性总数增长了94260人,女性总数增长了66611人。在1928年至1935年之间,人口总数增长了33855人;在1943年至1949年之间,兰州市人口总数增长了79586人,这与全面抗战爆发后人口大量内迁有密切关系。

另据记载,1941年至1949年兰州市区、保、甲、户口状况如表4-1-3:

表 4-1-3 1942—1949年兰州市区、保、甲、户口统计表①

年	区	保	甲	户数	人口数
1942	8	85	843	24179	142956(男82543 女60413)
1943	8	107	1038	36123	144325(男79406 女64919)
1944	8	107	1038	41699	169889(男98308 女71581)
1945	8	74	1052	41920	170107(男98142 女71581)
1946	8	74	1052	43990	181839(男101811 女80028)

① 兰州市地方志编纂委员会、兰州市建置区划志编纂委员会:《兰州市志·建置区划志》第1卷,兰州:兰州大学出版社,1999年,第162页。

续表

年	区	保	甲	户数	人口数
1947	9	81	1556	45467	202691(男118057 女84634)
1948	9	81	1556	51289	235546(男140523 女95023)
1949	9	81	1132	53419	244407

注:表中1945年的数据:男98142人,女71581人,其人口总数不是170107人。笔者认为应该为统计数据有误所致。据前几个数字推测,女性人口应该为71965人。

表4–1–3的数据与表4–1–1、表4–1–2又有所出入,究其原因,大概是统计过程中的误差所致。但从总体来看,兰州市的人口一直处于上升趋势,这为兰州的建设提供了人力保证。

二、设市之前兰州城市发展概况及设市意义

建市之前,兰州经济落后。据林鹏侠在1931年底考察西北时记载,当时的兰州"城内人烟稠密,商店林立,惟市面似甚萧条,街道狭隘,途间面有菜色、衣履不完之乞儿成群,是皆历年灾祸之孑遗"。[①]1937年,顾颉刚考察西北行至兰州时,亲身感受到在兰州生活的艰辛,"城中居民食水皆由水车从城头输进"。而兰州的物价,顾先生也感叹道:"兰州物价之贵甚于京沪,试以人力车为例,同样程途,北平仅五分,南京为一角,西安则两角,兰州竟四角矣!"兰州经济落后,人民生活并不富裕,而高昂的物价又加重了人民负担,原因在于兰州"当地生产少,交通又不便,外间货物运费高而又损坏多也"。[②]全面抗战前,中央银行兰州分行的首任行长潘益民曾说,"兰州之车,当以旧式骡车为最普通,人力车次之,汽车则仅省政府置有三辆,新一军置有两辆,东路交通司令部及欧亚航空公司,各置有一辆而已……新式马车,兰州尚未之见,制造局拟创造之,顾尚未观成。各种车辆,以旧式骡车为最适用"。[③]足见兰州交通之落后,且制造业也不甚发达。由于兰州本地生产能力弱,只能从外地运来货物,而交通的不便,致使运费极其高昂,这就增加了货物的成本,物价高也就不难理解了。

① 林鹏侠:《西北行》,银川:宁夏人民出版社,2000年,第57页。

② 顾颉刚:《西北考察日记》,达浚、张科点校,兰州:甘肃人民出版社,2002年,第181页。

③ 潘益民:《兰州之工商业与金融》,上海:商务印书馆,1936年,第11页。

在教育方面，顾颉刚先生也感慨西北“文化落后，经济落后，较之沿海沿江各省接受新文化之程度，殆差三五十年”。对于西北地区教育之最大缺点，他指出两点，“其一为文字教育之畸形发展，故论说书写颇有可观，至于数学、物理、化学、生物诸课则徒具形式，毫无仪器标本诸设备者有之；略具仪器标本而一听其尘封者亦有之；教员循书而解，学生取书而读，直降科学教育于私塾之《三字经》、《千字文》，态度颟顸，言之痛心。其二则学校教育量的方面亦嫌太少，青、宁新设之省无论矣，即甘肃教育已入正轨，而人口六百六十余万，各级学校总计不及三千所，又多萃于皋兰、临洮、天水诸县；至于僻邑穷乡，有一县仅立一校，教育经费仅数十元者。平均发展，其期犹遥。至于各级学校，不论其为中学、师范、乡师或职业学校，其课程内容大抵无甚分别，师资方面已嫌缺乏。他如社会教育，虽省垣及大县中已设有各种社教机关，而因经费过少，主持不易得人，亦多陷虚应故事之弊”。当时西北地区教育落后，教学设施短缺可见一斑。此外，教育经费也很紧缺，如1937年教育文化经费共1017504元，其中除国内外留学经费及汇费外，用以维持本省各级学校者，共925809元。此项数目分配于省城各级学校者计561659元，其他各县则合得364150元，是省城各校占百分之六十强，其外六十余县仅占百分之四十弱也。[①]此外，教员薪俸短缺，这也严重制约着全省教育的发展。

在城市绿化方面，1918年农历三月，甘肃大林区总办罗经权组织省城各机关官员，在五泉山二郎岗举行甘肃省有史以来的首次植树典礼，并且“由甘肃巡按使张广建讲演《植树之关系在甘肃尤为当务之急》。之后由罗经权演说植树造林及管护的技术要点，要点有四：一是‘地质不可不考也’，二是‘种树之不可太密也’，三是‘禁令之不可不严也’，四是‘种树之获益非浅也’。然后插柳栽杨，其后几年春季仍在五泉山、二郎岗植树”。1925年刘郁芬入甘后，也注重造林工作。1926年，刘及兰州各界人士“在龙尾山下萧家坪一带植树造林，并命名为中山林，低处引小五泉水灌溉，高处雇工挑水浇水，经过十来年努力，共栽活十万多株白榆、刺槐、臭椿、山杏等，郁郁葱葱，蔚然成林”。[②]1926年，建设厅发动机关、学校、部队人员，在南郊一带开始了兰州市第一次植树造林活动。[③]在

① 顾颉刚：《顾颉刚全集》第36卷，北京：中华书局，2011年，第257-258页。

② 邓明：《兰州史话》，兰州：甘肃文化出版社，2007年，第150页。

③ 政协兰州市委员会文史资料研究委员会：《兰州文史资料选辑（第七辑）·兰州风物集》，内部发行，1988年，第139页。

1931年总理逝世纪念大会与植树节之际，有关部门也筹备植树活动，为广泛宣传，遂拟具了植树歌："兴林业利益无比，诚为富国基，爰子十年树木计，古人不我欺，矿山荒土无用地，多植最相宜，乘此春和三月时，快种莫迟疑。"①可见，在兰州设市之前，植树造林活动已零星展开。

在社会风气方面，当时吸食鸦片之风盛行。鸦片之所以屡禁不止，原因在于高昂的烟亩罚款吸引着统治当局的眼球，在丰厚的利润面前，政府实行亦种亦禁的政策，致使鸦片烟仍然祸害着广大人民。据记载，"1937年，甘肃全省共征收特别税1659817元，其中兰州市32万元；征收禁烟正税2497659元，其中兰州高达42.66万元；征收烟照费161800元，其中兰州2.4万元。总计征收3项税款为4319276元，其中省城兰州一地高达74.9万元"。②1940年5月14日，南洋华侨筹赈总会归国慰劳视察团的发起组织者兼会长陈嘉庚先生来兰，询问甘肃省主席朱绍良关于全面抗战以来民气、鸦片等方面情形。从双方的对话中可以看出当时的一些实际情况，朱绍良谈到甘肃"民气甚形进步，因宣传效力及壮丁回家报告，民众多能同仇敌忾，鸦片之种植已根绝有年，吸者现极少数，唯偷吸者不免尚有耳。至财政事前年全省税收七百余万元，鸦片税占五百万元，其他二百余万元，若去年收入至一千二百余万元，鸦片税早已取消无收分文"。陈嘉庚反问道："鸦片税既取消，何能增收许多，究竟何物增税，抑别设捐抽？"朱支吾道："未有加税，唯前时应抽未抽者不少，及由改善积弊而来耳。"③不难看出，鸦片税并不是如朱所说的"已根绝"，而是仍然存在甚至种植面积有所扩大。

在参观兰州市容时，陈嘉庚对兰州的街道很不满意。他说："既无铺石板，亦无普通石块，不过泥路而已。稍有阴雨则泞污难行……余初到时，窃疑兰州乏石，致各街路如此难堪，及往市外过黄河桥，则石块石子石蛋满山都有。"石料是唾手可得，可是路面却不尽如人意，兰州路况急需改进。陈嘉庚还看到："距城市不远，市内及乡村常见有十岁左右女子缠足者。"④缠足之风依然存在。

此外，从民风视角来看，当时兰州市民普遍迷信，崇拜并供奉神像的现象很

① 《就举行总理逝世纪念及植树节大会开会程序给甘肃学院公函》，档号32-001-0558。
② 刘敏：《建国前后甘肃的毒品危害及禁毒活动》，载政协甘肃省文史资料委员会《甘肃文史资料选辑（第三十七辑）》，兰州：甘肃人民出版社，1993年，第121页。
③ 陈嘉庚：《陈嘉庚回忆录》，北京：东方出版社，2010年，第112页。
④ 陈嘉庚：《陈嘉庚回忆录》，北京：东方出版社，2010年，第115页。

普遍。针对这一现象，有位本地学生即说：假若陇海路马上修到兰州，我想比较年轻，或头脑稍活动的人，一定再不会花钱去给坛里神买香挂匾。因为火车伟大的科学能力和现象，的确可以战胜摧毁了封建的思想层。[①]封建思想根深蒂固，严重阻碍了新生事物进入兰州的步伐，要彻底铲除，却绝非易事。另一方面，在设市之前，对于市容的整理也零星展开。1939年，甘肃省警察局在致甘肃学院的公函中即强调了近期整理市容的概况："各党政机关各公私团体各商行布告标语广告，不向规定处所张贴，致各处墙壁城门洞到处贴有广告，文字凌乱糅杂，殊欠整齐，且行人拥挤城门洞，车马来往亦很危险，上次汽车于城门洞已肇人命，因此更非严行取缔不可。"针对这种情形，警察当局规定："嗣后布告标语，饬勤务兵役向辟定栏内张贴，勿向电杆城门洞及其他非规定张贴布告之墙壁乱贴，以肃观瞻，而免危险。"[②]整洁有序的城市面貌，需要从细微处着手，警察局注意到墙壁凌乱，即布告整理，对于市容的改进裨益不少。

回望过去，南京国民政府于1928年确定开发西北、建设西北为要务之一，相继派出西北科学考察团、西北实业考察团等进行实地考察，为实施开发西北战略作准备。1937年，全面抗战的炮声惊醒了国人，随着东南大部分区域陷入敌手，西北与西南的战略位置日益凸显。1938年武汉失守后，蒋介石说：现阶段之抗战形势，并不重在一城一市之得失，与沿海沿江间交通地带之弃取，实重在策动全面抗战，持久抗战，与争取主动之地位，而西北西南诸省为今日抗战重要之策源，是以西北西南之民众，对于抗战建国所负责任尤大。[③]为挽救国难，"开发大西北""建设大西北"的口号响彻云霄，而建设兰州是建设西北的第一站，建设甘肃亦必先建设兰州。因为"纵观兰州在历史上所负使命之重大与地理上所处地位之重要，兰州设市已具充分条件，自抗战以后形势更趋重要，中央以开发西北为主要国策"。适逢抗战年代，全国破坏甚巨，建设亦迫在眉睫。"后方重于前方""政治重于军事"，暗含了后方建设的重要性。因此，当时的国策即是一方面抗战，一方面建设。时任甘肃省主席的谷正伦亦言："要建设甘肃必须先将兰州建设起来"，足见兰州设市的必要性与迫切性。正如蔡孟坚所言：兰州建市在意义上言为政治上一大进步，其目的则在于政治之安定，民力之培养，即建立国

① 饮真：《神教社会的兰州》，载《陇钟》编辑社《〈陇钟〉言论集》第1集，1932年，第122页。

②《为整理市容情形事致甘院公函》，档号32-001-0033。

③ 蒋介石：《蒋团长对西北训练团第三期毕业生训词》，《甘肃省政府公报》第462期，1938年，第62页。

防之基础，民生安定而国防巩固，一切人力物力务须爱惜节省，贮为国用，以应付此时之艰巨时代与抗战任务，以解决今日民族生存之严重问题。[①]不难看出，兰州设市已迫在眉睫。

1941年7月1日，兰州正式设市，市界划定为“黄河南岸，东至东岗镇以东永安桥山沟（含高滩、水刮滩），南至石咀子东南山头，西至土门墩土台；黄河北岸，北至九州台山，锣锅山顶，西至十里店、孔家崖、水车坝，东至盐场堡、枣树沟。总面积一百二十八点九平方公里，较原市区扩大八倍”。兰州成功设市，为今后城市建设及促进兰州城市近代化进程奠定良好的基础。该年，兰州增辟“贤后街东面城门（名中山门）、拱兰门（南门）、通济门（桥门）、袖川门（西稍门）、永宁门（西门）各增开两小门，后改通济门为‘中山门’、袖川门为‘宗棠门’、拱兰门为‘中正门’”。[②]城市建设渐次展开。

第二节　设市初期兰州市容之初步改观

市容是一座城市的名片，是城市给予人们的整体印象，干净整洁与污秽凌乱，给人的视觉冲击不言自明。在城市的发展过程中，市容状况也是其中一个重要指标，因为“就对外说是国际观瞻所系，我们的市容，究竟是整齐清洁，抑凌乱污秽，往往可以转移世界的视听。就对内说，城市是人文荟萃的地方，乡镇人民，无疑的以城市的一切动态马首是瞻，有整洁的城市作为模范，才可以逐渐普及到乡镇，自是一定不移的道理”；蔡孟坚又言：“兰州面山背水，形势险要，本为一座金城玉垒，然以时代翻新，建设依旧，时至近代，竟已降为一个古老之落伍都市。气象未免陈腐，规模未免简陋，街市未免‘狭窄’‘泥泞’，房屋未免‘矮小’‘破烂’，殊欠新时代都市之条件与设备。”[③]针对当时实际情形，时任甘肃省主席

---

①《兰州设市的意义》，《甘肃民国日报》1941年12月11日，第4版。

② 中国人民政治协商会议甘肃兰州市委员会文史资料研究委员会：《兰州文史资料选辑（第四辑）（兰州百年大事记专辑）》，内部发行，1986年，第148页、第151页。

③ 蔡孟坚：《两年来之兰州市政》，载兰州市政府《兰州市政二周年》，1943年，第8页，甘肃省图书馆藏。

的谷正伦提出以下五点：一、墙壁应彻底洗刷，无杂乱标语广告及其他拓贴。必须粘贴在规定的范围内，并且应当粘贴整齐，不是中央规定的纪念节目，尤应禁止随便张贴标语，以免分散民众的注意力，减少宣传的效果，凡是不遵照规定张贴的标语或告示，由警察局随时取缔。二、倡导行路规矩运动，如必须靠左走，不准随地吐痰便溺，不得沿路吸烟及吃一切零食，不得任意抛弃果皮纸屑等。三、公共场所及公共汽车站，必须维持秩序，严禁喧嚷拥挤，购买平价物品，也应注意维持秩序。四、责成住户商店，保持户外的环境卫生，随时打扫附近的街道，严禁任意倾倒垃圾污水。五、适应西北黄土高原的环境，马路上应随时洒水，以免尘土飞扬，除政府应多置洒水车外，同时也可责成住户商店，随时在附近地区，自动洒水。[①]对于诸项整饬措施，现作简要阐述。

一、道路的拓建与路灯的修建

（一）整修道路

孙中山先生有言："无交通，则国家无灵活运动之机械，则建设之事，千端万绪，皆不克举。"[②]交通对于城市的建设与发展至关重要。设市之初，兰州道路破旧不堪，加之1937年后日本飞机多次狂轰滥炸，市区"道路迂曲，路面狭窄，行人肩摩趾接，车马拥挤杂沓，晴则尘土飞扬，雨则泥泞载途，无风三尺土，有雨一丈泥"，道路情况令人担忧。为整饬路况，市府计划修建干线道路10条，全长21公里。1942年初，市工务局编制《兰州市区路网设计图》，分市区道路为主要干线、市区线路、拟建丁等路、大车道、乡村路5种。以省府门前（今中央广场）为中心，首先改建宗棠路（今临夏路）、中山路、中华路（今张掖路）、中正路（今酒泉路）、益民路（今庆阳路）、民国路（今武都路）等6条道路，总长9.3公里，路宽9.5米~13米，其中车道8米~10米，人行道1.5米~3米，车道铺筑碎石路面，人行道铺青砖。道路经费由贷款委员会洽贷，市政府负担40%，受益户负担60%。

1942年，为提高市区路面等级，经省、市政府批准，市工务局首次在励志路（今通渭路）铺筑沥青试验路。试验路分沥青碎石（时称碎石柏油路面）、沥青混

① 《兰市整洁年推行会成立大会——谷主席训词全文》，《甘肃民国日报》1944年3月28日第3版。
② 孙中山：《在上海报界公会欢迎会的演说》，载《孙中山全集》第2卷，北京：中华书局，1982年，第496页。

凝土、柏油代水泥路面三种，因油质等原因，效果不理想。1943年3月，省政府主席谷正伦令市政府改铺白灰黄土碎石路。1943—1945年，先后拓修中华路东段（广武门至东校场）、崇信路（今武都路）、中正路南段（今白银路至五泉山）、定西路西段（九间楼至七里河黄河渡口）、庆安路（今静宁路）、民勤路（今永昌路）、靖远路等7条道路，路幅宽12米~20米，车行道为碎石路面，人行道铺青砖。整修民国路、林森路（今永昌路）、西花园路（今通渭路至甘肃群众艺术馆一段）、太平桥路（今小沟头东段，颜家沟至旧大路）、中华路东段、左公路、靖远路等。①

毋庸置疑，各路段的修筑困难重重。如林森路的修筑，该路直贯南北，由黄河边经城内直达招待外宾的西北大厦。呈准修筑后，发现北段有房屋十八幢，须拆除三分之一，该房屋系宁夏主席马鸿逵所有，通知拆除，置之不理。②面对此势力庞大的"钉子户"，蔡市长急中生智，将该路北段改称为"云亭路"。因为马鸿逵之父马福祥字云亭，将该路改名为"云亭路"，以示纪念其功勋之意。消息传出后，马鸿逵即派其驻兰州办事处处长邹华堂核实，得到肯定答复后，即自动拆除，此路才得以顺利修筑。再如庆安路的修筑，黑水泥泞的庆安路，在各方舆论先后指责之下，市府特召集居住该路附近的绅士保长、区民代表五人讨论翻修办法，他们"有的想维护地产，有的怕出钱出力，种种分歧的意见，经过一再的商讨折中，结果商定以不动旧台阶，不拓宽路面，不拆旧宅门，局部整修为原则，市府为了尊重市民只好放弃翻修市路原来计划，予以采纳；关于整修工料费用，除请兰州电厂协助人工及煤渣填塞泥坑以外，将由市府及当地居民分别负担，因出席代表推诿不前之故，迄无专人负责，庆安路命运的改造，尚需有待"。③

针对市民诸多推诿举动，当时报刊中即有小评，文中称"拓修庆安路，千呼万唤始决定。为了多数人的便利，少数业主，不该再持异议，横生枝节。庆安路南段延伸到雁滩，一直通左公东路。小稍门这一关口，雨天泥泞难行，好像渡过鬼门之关。有五千以上学生，包括六岁至十岁小孩在内，每日出入此一关口，小

① 兰州市地方志编纂委员会、兰州市城建综合志编纂委员会：《兰州市志（第十二卷）·城建综合志》，兰州：兰州大学出版社，2002年，第252页。

② 蔡孟坚：《首任兰州市长的回忆》，载中国人民政治协商会议兰州市委员会文史资料委员会《兰州文史资料选辑（第十三辑）》，兰州：兰州大学出版社，1992年，第11页。

③《整修庆安路万事俱备只欠东风》，《甘肃民国日报》1947年9月25日第2版。

稍门这一文化通路，实在未可忽视。寄语开路先锋，请把你的炸药移向南段去吧，北段财东们的护产运动，休去管他！”[①]在大部分市民的支持下，五日后，市政府决定接受民意整修庆安路，该路将先拆后翻修。“本市庆安路发出拆房通知后，昨日已有十数家开始依照划定界限拆除，其余各家日内也将开始，市府征求该路居民愿否修筑拓宽路面，已有四十余人签名赞同，其人数显已超过反对派”。[②]取得市民的支持后，11月17日，营造厂已经开工，计划在三十五天内修筑完成。另外，中山路黄河铁桥以南至西关什字一带，原定预算为九千万元，但因物价上涨过甚，所定数额甚至不敷运载石子、红泥等之用。此外中华、宗棠两路，市府也酌量财力或招商承包，或发动义务劳动，而建筑材料，则由市府筹划。

除主干道的修筑外，市内亦有小规模街道的修筑，如部门街、桥门街、土门墩道路的修筑等。当时的官园街（今民勤路），鉴于路面剥蚀过甚，过于坎坷，市民拟请市府代为整修。1945年12月，巷内居民呈准市政府补助20万元，居民集资30万元，整修水池和路面，修建排水暗沟，次年5月20日竣工。[③]

欲使道路的修整成果能得以长久保持，养路工作不可或缺。1942年，“市区各马路竣工后，养路工作当成为极重要之问题，就本市所修马路之里程而言，虽仅为十二公里，但时代之艰巨如此，而人力物力耗费又如此，其应特别珍贵与保护，自为事实所必然”。针对养路问题，市民“一方面希望市府拨出一部款项专做养路之用，一方面责成各商号住户，经常修理。至于铁轮车的问题，在西北目前交通工具极端缺乏情况下，完全禁行，人民生计不免受相当影响，事实亦不许可，惟宜规定，行驶马路之大车，必须改用宽轮，如此既不毁坏公路，又不妨碍民生，于情于理，均得其平”。[④]同时，兰州市工务局也鉴于养路之重要，除将全市新修渗水沟及旧有阴沟疏浚修理外，也积极订购石子粗砂等养路材料，用于养护之用。而且，市府亦发动本市汽车大车义务劳动，运石子粗砂红土，备作培养路面之用。对于关系兰州经济命脉的兰阿大道的养护更是细致入微。为养护此路，省运输局成立了“兰阿公路管理所”。建设厅厅长骆力学也强调，“今后中

①《小评：寄语开路先锋，打通小稍门难关》，《甘肃民国日报》1947年11月9日第2版。

②《接受民意决心整理，庆安路先拆后翻修》，《甘肃民国日报》1947年11月14日第2版。

③兰州市地方志编纂委员会、兰州市市政建设志编纂委员会：《兰州市志（第七卷）·市政建设志》，兰州：兰州大学出版社，1997年，第91页。

④《社论：兰州公用事业之管理问题》，《甘肃民国日报》1942年3月25日第2版。

心问题在妥善养护，即必须彻底禁绝铁轮车通行”。据统计，行驶该路的铁轮车近百辆，“而为此百余辆车，竟使政府年年修路，财力人力消耗，均极不赀，实属不合理。省府已决定彻底禁绝铁轮大车通行，并准备以省有胶轮车出租用户，以为补救，必要时将派保安队前往协助养护及征收养路捐工作”。[①]只有修路养路并重，兰州道路状况才有望彻底改观。

（二）路灯的拓展概况

道路照明旧时用油灯，灯光昏暗，光线不足。1924年后改用电灯，到1938年，共有路灯387盏。兰州设市后，“为繁华市区、便利夜间交通，及严密冬防计”，市政府多次与电厂商谈，在各重要路线增设路灯。同时，电灯也在逐渐普及，用户渐渐增多。

1942年，兰州市路灯经常被窃及损坏，为维持夜间交通，市府举行会议并决定：一、本市路灯盏数，暂以维持原有数目为原则，其失明及被窃路灯先由电厂指定负责员工，会同本厂警察局及稽征处派员挨户调查逐一补修；二、此次路灯装修完竣后，由电厂将既有路灯分区逐盏点交警察分局，责成当地保甲长陪交，并由警察局饬属严加防范；三、路灯专线电门开关，由警局责成当地岗警，按时启闭。空袭时间，开关时间请防空司令部决定；四、路灯装修时，自电厂通知当地警察局，派员修理补修，通知单仍由本府主管单位随时注意，填送电厂，但须力求迅速；五、由市府会同电厂成立路灯管理机构。[②]1943年，市政府为便利市夜交通，除各街巷原有路灯外，并决定逐步扩充路灯干线，开辟东关至东稍门，中正路至周家拐子，及安定门至公路局等线。同时，市府决定加征路灯费，至1948年7月，兰州市有90多条道路安装路灯，共有路灯483盏，灯泡最大者为60瓦，最小者为40瓦。下表为该年兰州市路灯分布状况表：

①《修路必须养路，骆力学谈兰阿路工程》，《甘肃民国日报》1947年10月20日第2版。

②《市府整理本市路灯》，《甘肃民国日报》1942年4月15日第3版。

表 4-2-1　1948 年兰州路灯分布表①

地点	数目	地点	数目	地点	数目
兰园	14	上沟	1	安定门内三叉口岗亭	2
中山路东段	21	下水巷	2	横街子民国路口岗亭	1
贤侯街	3	中街子	4	左公路周家拐子岗亭	2
下西园	10	北城壕	1	东南门什字岗楼亭	1
小北街	4	第一菜市场厕所	3	南滩街口	1
第一菜市场	4	金城关	5	第六分局门口	2
中正路	30	山子石	1	南门城洞	8
共和路	7	横街子南段	2	木塔巷	3
鼓楼南	3	南大城门口岗亭	1	横街子	7
定西路	9	中山桥	5	第一新村	1
广武路	10	石头巷	1	河北岗亭	1
公园路	5	东南门外	1	萃英门城门洞	1
中央广场	5	贡元巷	4	东南门口岗亭	1
民国路	16	道升巷	5	滹沱街	1
官升巷	4	元源仓	3	宗棠路	12
行宫巷	3	西关什字岗警亭	4	官园	1
上水街	1	西南门什字岗亭	2	林森路	13
井儿街	2	林森路岗亭	2	小西湖	5
靖远路	17	中央广场标准钟	4	广武门什字岗亭	1
绣河路	2	民国路东段	3	中华路	36
左公西路	14	云亭路什字岗亭	2	口袋巷	1
中正公园	1	南关华侨银行对门岗亭	1	西津桥	5
西城巷	3	民国路曹家巷口岗亭	1	庆安街	4
中山路北街	17	益民路曹家巷口	1	曹家巷	3

① 兰州市地方志编纂委员会、兰州市城建综合志编纂委员会:《兰州市志(第十二卷)·城建综合志》,兰州:兰州大学出版社,2002 年,第 356 页。

续表

地点	数目	地点	数目	地点	数目
五福路	2	南关什字岗亭	2	南稍门外	3
小稍门城门洞	1	隍庙巷	1	云亭路	9
中正公园女厕所	1	贡元巷	1	黄家园	3
安定门	2	南关什字岗亭	2	山字石	4
延寿巷	1	左公西路分驻所门口什字岗亭	2	河北岗亭	1
宣家巷	1	萃英门内	7	西稍门岗亭	2
畅家巷	7	中山公园	8	马路丁字口岗亭	1
曹家厅	5	箭道巷	1	益民路横街子岗亭	2
励志路	10	马路丁字口岗亭	1	总计	483盏

从表中可以看出，兰州市共99条道路装有路灯，其中最繁华路段中华路、中正路分别有36盏和30盏，其他各道路路灯分布不均。其中32条道路只有1盏路灯，17条道路有2盏，11条道路有3盏，三盏以下路灯的道路占总数的1/2。路灯数目稀少，致使夜间光线昏暗，行驶车辆安全隐患大。与路灯状况相似，电灯虽在市府倡导下改善不少，黄国华在《兰州杂诗三十首》中写道："一卧家园岁月更，十年不到古金城；电灯明亮街道阔，此是兰州官样评。"兰州的变化可见一斑。但同时，灯光昏暗，"停电时间提前，供电时间错后"的事情亦时有发生。

二、城市绿化

（一）行道树的种植与保护

绿化程度是衡量一座城市环境质量的重要指标之一。同时，"绿化兰州"也是蔡市长建设新兰州的一大目标，又是市府历年的中心工作之一。行道树的种植，不但美化了城市环境，而且也能改善城市空气质量。据记载，1941年，兰州市政府组织人员在人行道植树，规定市民每人每年植树5株。南大街、中华路、中山路、东关、定西路、励志路等共植树2233株，多为刺槐，间有椿、榆等树。次年，在新辟的中山路、中正路、益民路、定西路等植树万余株。[1]1943年，市政府为改善城市市容观瞻，特规定春季补植行道树办法：一、凡以前未成活树苗及树苗过小发育不良者，本年均须更换新苗；二、更换新树苗，树苗由工务署供给，警察局饬各分局具领，转发市民栽植，并负责保育；三、换植步骤：先就原有树位掘一大穴，穴二市尺见方，三市尺半深，然后用新鲜土（由工务局指定地点挖掘，运至工地应用），填下一市尺半深度，灌水一桶，再将树苗放下，根须伸展，仍然用新鲜土填实夯紧，不得透风，再灌清水一桶，废土仍由居民运往城外倾倒；四、一切工作完毕后，仍将木桶装好，命令居民修理复装置之，以资保护。[2]不久，兰州市政府即积极发动行道树种植与增植工作，并供有大批新树苗，分发应用，待市民挖掘工作完成后，即可进行栽植。

继蔡孟坚市长后，孙汝楠任兰州市市长。孙市长对于行道树种植工作也极为重视，且不断增植新苗、开辟苗圃。以上措施的实行，对于城市绿化裨益不少。此外，种植与保护同等重要，种而不护，可谓事倍功半。为力保行道树茁壮成长，适当的保护措施必不可少。

1943年3月，在春季补植行道树后，政府亦布告市民严加保护。由警士责令路旁居民，切实办理，户籍员警在查户口时，随时考查。具体规定为：一、行道树每日清晨须灌水一次；二、行道树不得灌以油腻及碱水；三、行道树不得摇动折损。[3]不久，市府又订立了保育行道树办法，并印发沿街住户，令其切实保护，具体办法如下：一、勿摇树干；二、勿折树枝；三、勿灌污水；四、勿洒油腻；五、早晚灌溉清水；六、时刻严防冲击；七、行人损坏树木，应由保管户扭交警察局；八、一律要做木栏围护；九、倘若损折枯死，向保管户赔偿，并予处罚。[4]1943年12月1日，市政府工务局出台了兰州市行道树冬季保护办法。具体为：一、凡本市各街道行道树均以本办法之规定保护之。二、行道树之保护，由警察局通知路旁各商住户（无商住户者，通知保甲长），用麦草紧密围护，务使被围之树干不外露，并用麻绳紧扎，再用泥涂墁一层。三、麦草围护之高度，以树干高度为标

---

① 兰州市地方志编纂委员会、兰州市城建综合志编纂委员会：《兰州市志（第十二卷）·城建综合志》，兰州：兰州大学出版社，2002年，第468页。

②《市府对栽植行道树办法规定，市民如不负责保护将由警局查明严办》，《甘肃民国日报》1943年3月7日第3版。

③《市府对栽植行道树办法规定，市民如不负责保护将由警局查明严办》，《甘肃民国日报》1943年3月7日第3版。

④《市政府发动民众种植行道树》，《甘肃民国日报》1943年3月15日第3版。

准。四、麦草、麻绳由路旁各商住户自备；无商住户者由各该保甲长负责。五、围护行道树之技术，由工务局与农业推广所切实负责指导。六、围护行道树之工作，限12月10日前办理完竣。七、凡东西马路行道树因阳光及风向关系不易成长的，防冻工作应特别加厚草泥保护。[①]1943年12月12日，市府又决议各新修马路所植行道树，亟应严加保护，以免损伤，遂令警察局转饬路旁居民，用麦草将行道树树干加以围护，草围高度，与木架齐，树身短小者，应按实际情形酌量降低，麦草绳索，由路旁居民自备。[②]如此细致严密的保护措施，为行道树的成长提供了一定保障，大大提高了行道树的成活率。下表为兰州建市两周年之时对行道树的统计概况：

表4-2-2　兰州建市两周年之时对行道树的统计概况表[③]

道路	行道树	详情
中山路	洋槐共528株	内百分之八十为今春添植
中正路	洋槐共340株	内百分之五十为今春添植
中正路	榆共65株	新植
中华路	洋槐共349株	新植
励志路	榆共63株	新植
定西路	洋槐共329株	内百分之七十为今春添植
益民路	洋槐共53株	内百分之九十为今春添植
益民路	白杨共505株	新植

以上各路所植共计2232株。数量虽有限，却为以后行道树的种植与养护提供了借鉴，有效促进了城市的绿化进程，是城市绿化过程中在行道树种植方面的一个良好开端。

（二）植树造林运动的开展

1942年，国民政府给甘肃省拨款200万元，并存于农业银行，专作兰州南北

① 兰州市地方志编纂委员会、兰州市建设区划志编纂委员会：《兰州市志（第七卷）·市政建设志》，兰州：兰州大学出版社，1997年，第375-376页。

②《市府令街民保护行道树》，《甘肃民国日报》1942年12月12日第3版。

③ 蔡庸：《两年来之兰州工务》，载兰州市政府《兰州市政二周年》，1943年，第21页，甘肃省图书馆藏。

两山造林之用，任何机关不得挪用，还令设立专门机构负责南北两山的植树造林事宜。[①]1942年12月，甘肃省造林委员会成立，并确定中正山、皋兰山为实验基地。中正山西起金城关、东至枣树沟、北达山巅、南至山麓，长达5公里，宽约0.5公里至1公里，包括现在的白塔山公园、五一林场、徐家山林场等，总面积约3.5平方公里。1943年9月，在徐家山的中峰正式立碑，定名为“中正山”。

对于植树造林工作，蔡市长任职初期，即注意到此事并积极执行“绿化兰州”的计划。因为蔡市长认为兰州为一高原城市，气候亢旱，雨量稀少，树木成活不易，为调剂空气，增加美感，造林实为本市重点工作。[②]对于植树造林活动，各机关团体也积极参与，如“本市各工商团体一百余单位，均派会员多人，在中山林总理铜像前一带植造工商林，每人定植十五株，成绩甚佳”。[③]1947年10月，市政府鉴于秋季造林将届，为更好地指导植树活动，特制定了植树须知，规定的植树方法有：1. 掘穴：树穴深为一市尺五寸，直径二市尺，掘成圆柱形。2. 栽苗：将苗木扶置穴中，先行加填湿润沃土一层，然后用手徐将苗木上提，使苗根舒展无曲。3. 填土：以手扶直苗木徐徐填入细土，用脚踏实，填土深度以达苗木原有之土痕为限，不宜过深或过浅。4. 其他：穴土践实后表面另加松土三四分以防止水分蒸发，所有水平沟内勿使土埂堆积，以免雨水流失。[④]这些规定有效促进了植树造林活动的开展。

此外，兰州市各校师生也积极响应号召，开展植树活动。1947年11月9日，“市府赴永靖采购的树苗，业已运到六万株，定今日上午栽植，除市府全体职工外，并发动国民兵及市立小学五年级以上的学生参加，人数约可达三千人，栽植地点为忠烈祠后龙尾山腰，此为本年秋季造林规模最大的一次”。[⑤]1949年，市府又确定了集中地点扩大造林的方针，并规定了植树方法，即“选择植树的地点应尽可能集中一处，以便保护。所植的树木，由当地政府切实负责保护，并设法联络造林区附近的农民组织保林协会，或合作社以资协助，并设置林警驻守巡视；如果没有适当的公地可以种植，可商借于私人或公共团体的荒山荒地，以便

① 刘亚之、李得成：《“中正山”的来历与“中正山”造林碑记》，载中国人民政治协商会议甘肃省委员会文史资料研究委员会《甘肃文史资料选辑（第三十八辑）》，兰州：甘肃人民出版社，1994年，第113-114页。

②《蔡市长谈绿化兰州》，《甘肃民国日报》1942年4月8日第3版。

③《本市工商林开始种植》，《甘肃民国日报》1943年4月11日第3版。

④《为请分别参加秋季植树各单位务须依照植树须知各栽植以期林木得以成活代电》，档号32-001-0530。

⑤《新到树苗六万株，秋季造林大举行》，《甘肃民国日报》1947年11月9日第2版。

种植。对于历年各地植树节所造的树木，应予清查，补植和整理，尽力保持中山纪念林的名称，并规定三个月后再检查一次”。[1]可见，从1941年兰州建市直至1949年，植树造林运动持续进行，这对于扩大兰州绿化面积、改善市容影响甚巨。当然，护林工作亦同等重要，植而不护，不仅浪费人力物力，也会迟滞兰州绿化事业的发展进程。

中国人对于护林，也非常讲究。古语云："斧斤以时入山林，林木不可胜用也。"每逢植树之日，机关团体积极栽植树木，但若做不好保护工作，成活率也会大打折扣。为保证所植新树的成活，1942年，兰州市颁布《保护树木办法》，规定：全市所植树木经常保护工作，由当地警察分局、区分所、保甲长及各该植树机关、住户共同负责。凡人畜损害树木者，由警察或保甲长送当地警局，除砍一株植五株外，并处以罚金。如私人树木须要砍时，得呈请市政府许可后方准伐用。1946年，西北行营布告严禁砍伐林木，称“西北水源缺乏，种植树木，本极困难。以保护欠周，时遭摧残，遂至林木荡然，水土失调”，于是，“特布告军民等切实保护。嗣后尚有不肖之徒，私自砍伐或摧残树木之情况，准由各该地乡、保、甲及军民人员劝阻制止，如敢故违，可密报行营，则交军政机关以法惩办”。[2]经过市政府等有关机关部门的努力，1941—1946年，兰州市共栽植白榆、刺槐、臭椿、红柳、枸杞等315486株，成活101834株，成活率32.28%。其中皋兰山植树89821株，成活49590株，成活率55.21%；白塔山植树51133株，成活7915株，成活率15.48%；“中正山”植树174532株，成活44329株，成活率25.4%。[3]在相关部门的严格保护下，兰州建市之初在植树造林方面取得了较为可观的成绩，这为改善当时兰州市市容起了重要作用。

三、兴建厕所与处理垃圾

民国时期，兰州市住户大多采用坑式厕所，既不卫生，又有碍市容。但积习过深，改变较为困难，而且垃圾无固定销毁场所。市政府成立后，为改进本市环境卫生，特规定相关事宜。在厕所方面提倡改良，“嗣后新建房屋建造厕所必须

①《集中地点扩大造林，市府定植树办法》，《甘肃民国日报》1948年3月13日第2版。
② 兰州市地方志编纂委员会：《兰州市志（第十卷）·园林绿化志》，兰州：兰州大学出版社，2001年，第227页。
③ 兰州市地方志编纂委员会：《兰州市志（第二十六卷）·林业志》，兰州：兰州大学出版社，1998年，第108页。

按照规定新式样，除不得再用旧式坑样外，其原先旧式坑厕，务须及时加制紧密木盖，上开活门，用后即关闭；用石灰或煤炭随时加盖粪上，尤其夏季最应注意，以防蝇蛆繁殖”。[①]而垃圾“大多数均产自住宅，故住宅之垃圾处置得当与否，与整个城市之清洁卫生，关系至大”。[②]因此，提倡用户“自制垃圾桶或垃圾筐，将室内搜集之垃圾物件随时储藏于内，以待洁道夫之收运，切勿随意倾倒户外或街道上。在各户门外及行人道之垃圾，亦应由住户负责随时清扫，再由洁道员按时收集运送”。[③]垃圾集中处理，不仅能降低污染程度，而且也有利于市容的整洁。

1941年，兰州市卫生事务所在市内主要大街设置木制无盖移动式垃圾箱。1944年，市政府为了积极推动本市整洁工作，计划修建新式公共厕所。8月份，已建成两座，即为中山林一座、中正公园门首一座。当月，市政府制定《兰州市粪便垃圾处理方案》，并提出改善粪便管理办法：一、建立组合经营制。组建官办、商办、官商合办粪业公司或其他方式集体经营机构，固定粪场，兴建贮粪设备，夏季销售淡季贮藏粪肥，待旺季出售。可以肥料作抵押，得信用贷款，以周济淡销时期粪夫生活困难，保证城市粪便正常清除。二、仍沿用粪夫个人自由经营制。在原有基础上，合理调整、管理和控制。要求：夏季在晨5时后9时前，一律清运完毕；僻巷厕所下午4时后继续运取。废除“粪坑制”，改用便桶、尿缸、灰筐，或修筑简易厕所，分割男女，或修筑清洁间，分离大粪、尿水、灰粪。大粪仍由个人经营，固定粪夫地段，明确粪夫责任，每日定时运除。[④]粪便管理办法的出台，使往日无规则的粪便处置有了参考，有利于城市的干净整洁。

1945年春，鉴于旧兰市市场（现在菜市场旁边）垃圾堆积如山，非但阻碍交通，且值春暖之际，气味四溢，尤影响该区一带清洁卫生，为清理垃圾，促进市民健康与环境美化起见，市政府特依据国民义务劳动服务之规定，“发动该区义务劳动，清除垃圾平垫东城壕，将来城壕垫平后，即可扩充菜场范围，并开辟环城马路便利行人”。[⑤]市政府因市区人口增加，公共厕所不敷利用，特饬卫生事务所添建公共厕所十处。至11月已竣工，计有“一、光武路一八三至一八六之间

---

① 赵献文：《兰市住户环境卫生上急应注意三事》，《甘肃民国日报》1942年2月17日第4版。

②《本市粪便管理问题》，《甘肃民国日报》1943年10月29日第3版。

③ 赵献文：《兰市住户环境卫生上急应注意三事》，《甘肃民国日报》1942年2月17日第4版。

④ 兰州市地方志编纂委员会、兰州市城建综合志编纂委员会：《兰州市志（第十二卷）·城建综合志》，兰州：兰州大学出版社，2002年，第513页。

⑤《清除东城壕垃圾，特发动义务劳动》，《甘肃民国日报》1946年6月7日第3版。

街内；二、东城壕新建马路北面；三、山字石西街一号南边角；四、赐福东口（即中华路宾归公寓东首）；五、中华路二三四号西面（即纸烟市对面，西城壕坡下）；六、北城壕二二号对面（即纸烟市对面）；七、肃河沿巷内南面；八、双城门外东面（即胜利电影院对面）；九、安定门内东面城坡下；十、安西路菜市磨沟沿十九号对面”。[①]1945年，兰州市有公厕27座。虽然数量有限，但它也给兰州市民的生活卫生带来了一定便利。

四、整顿市容市貌

（一）收容教养乞丐

据世界著名的社会事业大家爱迪博士的说法，凡是一个都市，必有赤贫之人，凡是工业城市，必有失业人口。都市之装饰愈富丽，商业愈繁盛，则赤贫者之情况愈为恶劣。工业愈盛，工厂愈大愈多，而失业者群亦倍形增多。初读此语，似觉得有矛盾，但细细想来，却与实际情况极为相符。失业必然导致生活贫困，部分找不到工作而生活缺乏保障之人，最后沦为乞丐者数见不鲜。

兰州设市初，乞丐遍布于城市街头巷尾。“兰州人把乞丐叫作‘沙锅子’，又叫‘讨嘴子’。说到底，乞丐不外乎一个‘穷’字。既然穷，就无所顾忌，这样倒往往成了乞丐求生的工具”。[②]生活贫困而沦为乞丐，本来无可厚非，但在当时的兰州市“乞丐拦路讨要，且向外国人前乞食”现象极其普遍。鉴于此，1947年9月警局规定“自本月一日起开始收容本市乞丐”，结果“当晚即有乞儿三十余人，已被送往市救济院，年龄最大者十三岁，幼小者仅七八岁，前昨两日亦续收老弱妇孺多人”。据警局人员表示，“就中乞儿如有家可归者，短期间即予遣回，其余即由市救济院管理”。[③]孙中山曾说：“夫国以民为本，民以食为天，不足食胡以养民？不养民胡以立国？是在先养而后教，此农致之兴尤为今日之急务也。”[④]根据兰州当时的实际情况，为合理解决该问题，政府出台了将本市游民集体教养的政策，后又令市警局收容乞丐并实行“收容乞儿，教养并重”的措施。鉴于

①《公共厕所——市府添建十处，不日即可开放》，《甘肃民国日报》1946年11月24日第3版。
② 范宗湘：《一个旧警官眼中的旧兰州》，兰州：甘肃人民出版社，1994年，第62页。
③《警察局收容乞丐》，《甘肃民国日报》1947年9月2日第2版。
④ 孙中山：《上李鸿章书》，载《孙中山全集》第1卷，北京：中华书局，1981年，第17页。

“市救济院大部收留的是年老孤苦无依的贫民，着重于‘养’而忽视‘教’”，[①]教养并重的政策，对于乞丐数量的下降，起了一定作用。

（二）整顿摊贩

当时，摊贩拥塞人行道，行人被挤在马路上，这不但妨碍交通，而且危及市民生命安全，也有碍市容。建市初，兰州的摊贩据估计约有千人以上，若采取强硬的取缔措施，则那些依靠摊贩为生的群众，其生活必受重大影响。因此，市警局出台了如下措施：“系指定地点，勒令各摊贩集中营业，不准到处设摊，沿街叫卖。其指定之地点，系中华商场、兰山市场、东西城壕、第一菜市场及城隍庙等处”。[②]取消摊贩随处设摊，使其在集中地点营业，不仅保证了广大摊贩的收入来源，也有利于市容的整洁。

对于摊贩整理工作，不仅“关系到摊贩的长远利益”，而且也关系到“社会的治安与城市交通和市容”。据记载，“兰市摊贩解放前即有不少，解放后又骤增至二千多余户，归纳其所以增加的原因，乃系部分坐商不解我们的政策或有意逃避税款负担，化整为零。另外，有一些退伍军官及失业的公教人员……他们不能从事较繁重的生产事业而沿街摆摊，造成了大街小巷设摊”。若此问题若解决不当，极易造成恶劣影响，这是因为“整理摊贩是涉及广大贫民的生计问题，而又是相当复杂的艰巨工作，在整理过程中，势必暂时或多或少的影响他们的生活问题，甚至于引起不满或对抗”。[③]诚如所言，对摊贩的生活问题考虑不周，将产生诸多的社会问题。如有摊贩即因为生活压力大，生意冷清，生活困难，即产生轻生自杀的念头，四川人文祥即是其中一例。“自由路市场有一摊贩名叫文祥，发生用刀自杀情事”。经调查，原来文祥“家中有老婆孩子共四口人，文原在兰州农专当会计，农专与陕西农学院合并时被辞退，由其朋友同乡会凑聚了三十几块白洋做本钱，摆了个川货摊子，因为不会做生意，所以一向买卖不太好。最近进入市场后，生意更不行，夫妻之间因生活问题经常吵架。前两天，女人卖货赔了钱，两人曾大吵一次，这些天眼看欠款清偿期限将到，自己毫无办法，本日下午他的三岁小孩在街上玩耍时又找不到了。文祥本人神经原不正

①《收容乞丐，教养并重》，《甘肃民国日报》1947年9月26日第2版。
②《市警局取缔摊贩》，《甘肃民国日报》1944年3月3日第3版。
③《关于兰市整理摊贩工作月前进展情况的简报》，档号001-002-0007。

常，受此刺激，遂于二时左右用刀自杀”。[1]生活的艰辛，生意的失利，直接导致了摊贩文祥的轻生。摊贩拥塞大街纵然不利于市容的整洁美观，然而对这一问题的解决也不能急功近利，否则，一旦摊贩的生计受到严重威胁，出现如文祥一般轻生自杀者也在所难免。

（三）捕杀野犬

野犬横行大街，直接危及市民生命安全。1942年9月24日的《甘肃民国日报》中载有《小市民的几件大事》的文章，作者这样写道：“大街小巷，野狗咬人，黄昏日落，行人裹足，此一事也。”可见，当时野犬肆虐大街已被市民视为一件大事。针对日益增多的犬类，市警局采取分类处理的方法：饲养家犬市民，应一律向该管警察局呈请登记，领取牌照后，将悬挂家犬项下。如无牌照之犬，一律以野犬论。[2]将犬分类后，所有本市家犬，均须一律登记，并佩带犬牌，由犬主负责看管，无主野犬，则一律捕杀。[3]此政策实施后，家犬自然受到保护，而对无人看管的野犬，则实行一律捕杀的措施。经前期努力，野犬有所减少，但仍有部分野犬充斥街巷，既碍市容，又不卫生，而疯犬噬人，尤是危及生命。因此，政府在重申前令的同时，对于无主野犬，一律予以捕杀，以此来整肃市容，保障市民人身安全。

第三节　兰州市民之主人翁意识与城市建设

市民是城市中最活跃的因素，也是城市发展的直接推动力，同时又是城市发展成果的直接受惠者。城市的发展，不仅需要政府英明的政策指导，更离不开广大市民的大力支持与奉献精神。兰州设市之初，为推动城市健康有序地发展，市民也在积极地出谋划策，凸显了主人翁的责任感与关切之情。市民的积

---

①《关于摊贩自杀情况由》，档号192-001-0090。

②《市警局定期登记家犬》，《甘肃民国日报》1942年9月24日第3版。

③《市警察局举办家犬登记野犬一律捕杀》，《甘肃民国日报》1944年1月29日第3版。

极参与，体现在方方面面，透过以下几方面，我们可略窥一二。

一、为处理摊贩问题出谋划策

建市之初，兰州经济落后，市民生活艰窘。为维系生活，小商小贩遍布大街小巷。摊贩布满大街，不仅有碍市容之整洁，也影响交通安全甚巨。为此，政府屡颁禁令，取缔小商小贩随地设摊。在政府的禁令实施后，摊贩较之以前改善了不少。但是，直至新中国成立后，这一问题仍然存在。透过下表，可以看出当时兰州部分摊贩的具体情况：

表 4-3-1　兰州市第一、二、三区摊贩调查表①

1950年4月30日

地区 业别	第一区	第二区	第三区	合 计	附 注
百 货	201	38	129	368	1. 本表所列第一、二、三区摊贩数目均系本月二九日调查而得。 2. 其他包括青菜馒头等小吃。 3. 调查摊贩数目仅系在大街摆列者，小巷尚未调查，不在此内。
杂 货	82	86	76	244	
茶 叶	21	10	13	44	
文 具	57	—	15	72	
肥 皂	21	—	18	39	
铜 器	—	165	3	168	
纸 烟	93	87	155	335	
盐 碱	21	—	46	67	
布 皮	72	30	47	149	
旧 货	43	56	—	99	
修 理	29	32	—	61	
其 他	64	216	201	481	
合 计	704	720	703	2127	

从表中可以看出，当时的摊贩门类很齐全，而百货、纸烟、杂货等摊位最为多见，分布杂乱无章，严重影响着市区的整洁。为有效解决该问题，市民积极出

①《兰州市第一、二、三区摊贩调查表》，档号009-001-0034。

谋划策，在当时的报纸杂志中也有直接记录。据记载，有市民认为“在兰州并不与一般大都市相比，摊贩倘不过分地影响市容或是妨碍交通的话，是应给予他们一些方便的”。这里的“一些方便”，具体是指“沿街叫卖和小本经营的正当商人”。理由是“因为现在胜利，物价虽然上涨，但真正的小商人受的打击最大，找房子困难，也无力制一套家具，摆个规规矩矩的摊子，于是不得不沿街叫卖或者找个交通要道行人众多的地方，兜揽生意”。针对这种窘境，市民“盼望主管当局予以相当的方便”，同时向政府提出建议两点，希冀此问题的圆满解决。建议有：“第一，划定摊贩地区，譬如布摊应在大会馆，零星日用品应在某街之类，并希望明白宣布，引起市民的密切注意；第二，指定出售时间，不划分地区，规定他们早晨准许摆某摊，晚饭后摆摊其他之类。”①后来，政府划定中山市场为小贩专卖区，并规定具体的交易时间，这与市民的献计献策不无关系。

与其他市民相比，摊贩本人对于该问题有切身体会，作为当事人，他们对于该问题的看法，则不无辛酸之处。有摊贩倾诉自己的不幸经历，“敝人居住安定门外，原系土工匠人，现因冬季停工，无活可做，而大口之家，赖我生活，在此生活高贵之下，岁暮序首之际，眼看着一家人要受饥寒，我是如何的可怜焦急”。贫困的家庭，饥寒即将来袭，所幸的是“院邻某公，慨借我国币数十万元，我一面深深的感激某公，一面我有惭愧，不知从何做起。几经筹思，当时旧历年关在迩，年货最利，决定摆设年货摊，希望在这旧历三十五年最后的十几日内，找些我一家大口一半月的生活”。有此想法，经细细筹算，“遂在城内道什巷北口中国大药房西旁摆设了一个很简单的年货摊”，在该市民的前面，也有不相识的同胞摆设着一个很丰富的年货摊。相形之下，该市民的年货摊小得可怜。经营开始后，生意尚可，该摊贩欣喜不已。可天有不测风云，“第三日上午忽来几位黑衣老爷声色严厉地命令我将摊收拾拿走”。究其原因，则是“（一）你是安定门外的人，不应在我们管区内摆摊；（二）是妨碍交通”。结果“将我带局罚我一千元，立刻饬我将摊收回家去了，但是那一位丝毫没被光顾，平安地摆着”。同样的处境，不同的待遇，该摊贩哭诉道：“我不知道安定门外的人在城内摆摊会违法，罚我一千元立刻驱出他们的境地。那么外县外省人在兰市做生意就应该活充公办罪了，外国人那更不堪设想。我和另一人相连摆摊，偏偏我的摊妨碍交通

①《公民之声：关于摊贩问题》，《甘肃民国日报》1945年12月10日第3版。

呢?"[1]对于市政的规定与执行机关的不同标准,该摊贩提出此番质疑,从侧面反映了执法部门的弊病。市政建设,离不开市民的建言献策。

二、疾呼疏浚下水道

自信路忠信街和摢沱街的全体住户,极力呼吁在此修筑下水道。因为"自信路忠信街摢沱街地势较低,往往雨水灌注,为害颇巨"。该路曾于"民国二十二年地方人士兴修水道,奈以力量有限,未克全功"。1947年建筑马路后,"所有横街子,羊市巷,五开街,小北街及光武路等处雨水,大量流集于此,水势较前为大,故住户等住宅为水浸泡,势将倾倒,居住无所,人心惶惶,虽不愧于屋漏,但有怕于房塌,数百户居民请愿建修水道,以求安宁"。[2]除自信路忠信街摢沱街亟待修建下水道以外,其他地区亦不容忽视。"连日淫雨,大街偏巷皆成泽国,由于全市排水工程疏忽未做,致使渗水井吃不消,把老先生留下的排水沟壕都垫起了,所以住处较低地区的老百姓,一个个谈水色变,夜不安枕地想给水找个出路,尤其是城内西南半壁因势就下万流总渠处的南滩街水路,在目前是极严重而待解决的问题"。在此之前,"南滩街水路,是前孝友街一段及本街雨水的去处,个人曾用石条箍修水洞,穿南城墙而过,城外是公有蓄水池,素名'海壕',壕与碱滩街接,为容量最大之地,常年积水。过去因它是水的归宿,所以现在中正路南段及南滩本地雨水,都不生问题,而且别处的水也不会来的!"但是现在呢,"因经过拓修马路,由水之就下,由那西南门外倒流入城的水,经中山路,绕南关什字南向而之南滩,又有那中正门外旧鼓楼水逐坡而下,连当地水总汇一处,都要顺城洞注入于壕,请想这样大的水,出路多么要紧,情形多么严重!"更加严峻的是,"正当水情紧张的时节,城外注水发生阻力,有人将城洞外面出口堵塞了,不让水出流,不但南滩千数家人口险遭灾害,就是中正街南段也成一片汪洋,水上人行道,家家门口准备堵水工程,这样一来,激起城内外争取水路的风波"。争水风波,缘于"原来城外公共注水地带,现被零星盖起房屋,那些住户当然也为自己的安全,来想法把水源堵塞着"。而市民的困惑在于"自古至今的公地海壕,怎能让私人占有,这或许是为了些微的租益,而害苦我们了"。鉴于此,市民

① 《公民之声:原想设摊养家,不意竟被驱逐》,《甘肃民国日报》1947年1月16日第4版。
② 《金城雨后痛定思痛,市民呼吁修筑水道》,《甘肃民国日报》1947年9月9日第3版。

积极呼吁，期盼政府当局能予以重视，同时请求市政当局迅速实施下列补救措施："一、迅速派员会同当地人士开放城洞水路。二、收回城外注水壕滩租地，仍留作注水之用。三、疏浚中山路及西南门水道，一面集中一处。四、兴修排水阴沟，免在街巷淤积"。[①]市政建设不完善，给市民带来极大不便。而市民群体的大力呼吁，在保证自身利益不受损害的同时，也有利于市政建设的有序展开。

在修建下水道这一问题上，除市民大力呼吁、市府广征民意以及迅速修建之外，也有呼吁市民协助市府迅速筑成排水工程的声音。据市民分析，造成"满街皆泥"的主要原因，即是由于缺乏排水设备，"从抗战到现在，本市的人口，无日不在增添中，各街巷的居民人数，也在增加，同时每日所食用的水量，亦以同样的比例向上增加着，这样更造成了过多的'污水'，这些污水总要有一个去处，但是有这种'排污'设备的人家却很少，因此在一种无可奈何的情况下，大多数的住户便不得不把污水倾泼在街上，而街上也没有完善的阴沟或渗井，可以泄去这许多的污水，只好让它在街上横流了，就是在晴朗的日子里，都老是稀泥烂水，若要是再碰上雨天，那更是变本加厉了，使行人裹足不前了！"[②]面对烂泥街的尴尬境况，市民们极盼望这关系市民福利的工程，能在可能范围内尽快予以完成，以早日解决威胁市民生活的水患问题。

三、建议整顿清理厕所

兰州市厕所数量极少，卫生差，给市民带来诸多困扰。为改变此现状，市民极力要求改建厕所。以静安门厕所为例，据市民反映，"静安门乃西北角行人来往之咽喉，门口有一公共厕所，围墙塌陋，粪便洪流，沿车道而流出城外，达十公尺之远，出进行人，没（莫）不掩鼻而过，视如险地，非仅观之不雅，实影响卫生至巨"。加之此地亦为警卫所在地，对于此不堪入目的厕所，两年来警卫却"漠视不理"，而清洁检查队"亦不曾过问"。针对这严峻情事，市民担心"深秋矣，霍乱已敛，冰期将至，如不设法改建，则十万市民往来大道，将又形成粪便溜冰场"。为尽快解决这一问题，市民建议附近住户协助主管机构，共同完成静安门厕所的改进工作。具体办法有"一、当地派驻警察，应负责协同保甲长筹款改建，并

①《金城雨后痛定思痛，市民呼吁修筑水道》，《甘肃民国日报》1947年9月9日第3版。

②《盼市民协助政府速筑排水工程》，《甘肃民国日报》1948年3月19日第4版。

请政府补助。二、依照新式公共厕所合理改建，指定粪伕按时清除。三、严订公共厕所注意规约，违者由驻警扭局训办”。[①]除静安门厕所外，市民亦建议当局在适当地点，设法增添公共厕所若干，并建议保持卫生清洁，以此来营造兰州市干净清洁的卫生前景。

四、请求平抑物价

1945年，兰州自入夏以来干旱少雨。实际情况为“旱象已成，幸老天不负苦命人，目前普降甘霖，秋收有望，人心稍安。记得秋雨期间，街上游行行列，如潮汹涌，粮价陡涨，有价无市，饿肚者日有所闻，老百姓惶惶不可终日”。有位公务员记述道，他自己“有妇有女，因待遇菲薄，素无储蓄，当时购买无着，藉淡汤以充饥，幼女痛苦叫喊，悲痛之至，亦闻有数麦店老板，因无麦供应货主而被迫逃亡或跳河者，其情之惨，何堪言喻”。在经历此番劫难之后，兰州粮价逐渐下降，在民众还未来得及欢庆之时，粮价续又上升。据该市民反映，“其中原因固多，但某两家面粉公司乘机大量套购麦粮，千方百计，尽独揽粮市，渔利自肥之能事，亦为粮价上涨之主因。根据敝人之调查，面粉及小麦囤积之数量之大，骇人听闻”。针对此种弊病，该公务员建议市政府“详细调查，是否真有此种情事，倘真有，请研究对策。另外，并愿面粉公司当局，多为公务员及穷苦的老百姓着想，实行定量分配制度，或添造调剂面粉，供应市面；或设置平价面粉，按户分配，使我们穷苦人民生活安定，勤奋为公，不再有后顾之民忧”。[②]民以食为天，粮价的飙升直接威胁到兰州市市民的生存，政府的举措也多存在纰漏。倾听市民之声，对于市政建设大有裨益。

除粮价令市民担忧外，当时牛奶的价格也足以令广大市民咂舌。1945年，作为婴儿食粮的牛奶仍需三千余元，而且“据奶场传出消息，下月(即十一月)仍是不动分文”，市民愤怒地问道：“难道你们的牛需要的是‘王母仙桃’，不在这世间过生活？”据卫生界的调查，1944年，“兰市的产妇十有七八生乳疮，普通乳疮治愈后不能再乳婴儿，只有吃牛乳”。可当时的奶价之高昂，非一般市民所能负担。有市民感慨道：“试想如今公务员米贴跌了，商人们多数赔了，一般父母怎

①《公民之声：请改建静安门厕所》，《甘肃民国日报》1945年9月23日第3版。
②《市民之声》，《甘肃民国日报》1945年7月27日第3版。

受得起牛奶价如此高昂的负担。我家有犬子二头，每日需奶三瓶，月支万余，委实难以维持，电影等价高可以不看，而小孩们不能不吃奶。”[1]奶价高居不下，婴儿生命濒危，市民的担心与焦虑需要政府当局的宏观调控加以平息。

五、呼吁肃清烟毒与赌风

兰州建市后，政府在禁烟方面虽采取了一定措施，但烟毒仍在，祸害依旧。市民方正即痛心地感叹道：“洋烟害烈，人人皆知；政府肃清烟毒，严厉执行，人人皆知；我甘为产烟著名区域，但甘风古朴，甘民知法畏法，所以禁烟以来未尝有一茎半苗毒卉发生，而吸烟之风，未或少减，且新染烟瘾者，仍属不少。”该市民以亲身感受，讲述烟毒对自己的严重危害，“我的儿子年十九岁，不知何时在外吸烟染瘾，因十月三号犯瘾身亡，老妻痛不欲生，弱媳屡寻短见。亡子染瘾，生前我未察觉，死后我才知道。我年老多病，只是此子不亡于疾病，而亡于烟毒”。烟毒之害，猛于虎也。该市民剖析其子染毒瘾死亡之原因，“固有我平生管教不周，然亦有社会烟毒流行有以使之也，政府再三再四剀切劝禁，禁劝者自劝，售者自售，贩者自贩，吸者自吸。政府前限十月一日起实行大检举，分别治罪，凡属烟民无不惶恐悚惧群相警告，乃今又宽限两个月。在政府无非不忍不教而诛，而烟民不免发生误会，因误会而玩忽，因玩忽而放胆，影响禁令，其烟毒之蔓延于社会，有不可胜言者”。痛定思痛，该市民建议政府“以雷厉风行命令，快刀斩麻手段，肃此烟毒，稍具爱国爱民爱地方者，莫不掬诚欢迎，竭力赞助。请政府于此限期内，再施进一步禁令，以五家为单位，相互负责纠察，不论吸售贩藏，有则检举，无则出具联结。在未实施此法以前，约法三章，限期许吸者，自动赴指定医院减费戒瘾。售烟之户，向甲长登记改业，贩烟藏烟之户，不记名将土呈交指定机关。但收土机关，须予交土人以正式收据，以资证明。过此限期，然后再相互负责，办法不论吸售贩藏，一经查(察)觉或被人密告，当事人杀无赦，具结人以扶同隐匿治罪”。[2]国之兴亡，匹夫有责。同样，一座城市的发展繁荣，也离不开市民的关心与监督。兰州市市民以切身遭遇劝诫烟民戒烟，为政府的禁烟政策出谋划策，彰显了市民的主人翁精神。

---

①《公民之声：请救救兰市的乳儿》，《甘肃民国日报》1945年10月1日第3版。

②《公民之声：根绝烟毒》，《甘肃民国日报》1945年10月19日第3版。

除烟毒败坏社会风气之外，赌博也是社会风气恶化的表现之一。1945年，土门墩赌风浓烈。有市民记述道："别的村庄地方，我不知道，所以我不能说。只知土门墩年来军民聚赌之风大盛，白天在野外的荒僻处，夜间在暗寂的民房中，周围村庄的赌众，也就源源而来，中间还有卖吃喝的小贩，使荒凉的僻野，俨然变成了一个闹市。听说有人竟然以此为业而谋生了，这些人的生活，真是幸哉乐哉，天高皇帝远，怕什么呢。"赌徒聚赌，除物质金钱方面蒙受损失外，也给亲人带来无法弥补的创伤。赌博"不知伤害了多少百姓，败毁了多少家庭，使无数良民，走入了暮途，归入了亡程，你听父母在骂着儿子，妻子在哭泣着丈夫，儿子在哀伤着爸爸，朋友在劝告着朋友，'你怎么要跳入这个火坑呢'"。据调查，当地保甲长因诸多顾忌隐而不报。而赌博之人，十有八九是要输光的，若是"输急了，为残延生命，定是要咬人的。前几天在荒野小沟中，就有一个死因不明的长官，想知这多少也要(与赌博)有点关系"。赌风破坏了社会治安，戕害了人民生命，毒害了市民的精神，为害甚巨。为促进兰州市健康文明的发展，形成和谐康乐的生活环境，对于日益严重的赌风，市民疾呼"深盼军政执事速为制止，顿饬民风，步入善美之途，则国家幸甚，人民幸甚，并望少数军民赌众，醒悟一下"。[①]

1946年，又有市民投书报社，再次请求当局注意并严禁赌博之事，足见对于这一影响社会、败坏治安的活动，虽经政府三令五申严加取缔，但赌风并未消除。"本市西稍门外洪恩街，自春节以来至今，每天总有一场或两场的赌博，从未间断，来往行路之人路过时，总要去看，或者去赌，对于治安方面，大不雅观"。但是，对于此种情形，"地方之保甲不闻不问"。[②]地方长官对于这扰乱社会治安的不良活动视而不见，一方面说明他们工作的欠缺，另一方面也折射出赌风的严重程度。而这种风气不破除，势必成为社会的一大毒瘤。

①《公民之声：土门墩赌风甚炽》，《甘肃民国日报》1945年12月8日第3版。

②《公民之声：严禁赌博》，《甘肃民国日报》1946年3月14日第3版。

第四节　兰州城市发展与市民生活状况之提升

城市的出现，是人类文明的重要表现之一，它不仅是物质资料的生产场所，更是市民精神生活的家园所在。市民的衣食住行离不开城市，而市民的生活方式与价值体系，对城市的发展也影响甚巨。城市文化的凸显，正是市民赋予这座城市以独特魅力的体现，在城市中，市民生活状况的好坏，是衡量一座城市整体水平的重要指标之一。建市初，兰州市民生活状况的改观，主要表现为以下几方面。

一、摒弃吸食大烟的恶习

建市后的兰州，吸食大烟的市民仍有不少。禁烟，禁掉的是一种不良的陋俗，戒烟是市民脱离萎靡颓废生活方式的表现之一。但同时，禁烟又是一项社会运动，涉及很广。查禁种烟检查团团员李宽说："烟祸的蔓延，是一种社会的病态，绝不是偶然的，或独立的发生的，一定有它的前因后果，而与社会各方面都有错综复杂的关系。因此禁烟一事，也绝不是单方面努力可以完成的，必须要社会全体动员，通力合作，才可以奏效……以往无论个人与个人，团体与团体，机关与机关之间，也常是不能保持密切的联络，甚或互存偏见，各行其是，以致步骤零乱，徒劳无功，这一点关系禁政的成效甚巨。"[①]从1839年林则徐虎门销烟开始，全国各地逐渐展开了不同程度的禁烟活动。西北是近代中国烟毒较严重的地区之一，烟毒危害国计民生至巨。20世纪30年代，林鹏侠考察西北时记载道："惟是鸦片大害，麻醉人民，使成昏惰之废物，此不得不望清明当局雷厉风行，一举而廓清之。"对于种植鸦片的政策，她将其称之为"饮鸩自杀之政策"。[②]20世纪40年代的兰州，烟毒危害相对较轻，但采取必要的措施根除并巩固仍需要努力。从建市后至新中国成立前，兰州市在禁烟方面的主要活动有举行禁烟大会，做禁烟宣传，焚毁烟具，枪决烟犯等。

建市后，兰州市政府力抓禁烟工作。如在"六三"禁烟节之前举行筹备大

① 李宽：《禁烟与抗战》，《陇西民报》1940年4月8日第3版。

② 林鹏侠：《西北行》，银川：宁夏人民出版社，2000年，第51页。

会，令《甘肃民国日报》和《西北日报》两报社发行禁烟特刊；市党部青年团、科技馆发行壁报特刊，并让广播电台增列禁烟节目；在学校，令举办禁烟讲演会；在戏院，令加演有关禁烟禁毒之戏剧；在电影院，令加映禁烟标语等，以此来加大对禁烟的宣传力度。常见的禁烟标语有："一、烟毒之祸甚于洪水猛兽；二、烟毒不禁足以亡国灭种；三、烟毒禁绝就能国富民强；四、制运售吸烟毒者处死刑；五、服用鸦片毒品者等于自杀；六、严防敌人的毒化阴谋；七、处处皆为禁绝烟毒之地；八、日日皆为厉禁烟毒之时；九、检举烟毒人人有责；十、人人要协助政府彻底肃清烟毒。"[①]1945年，为进一步加大禁烟力度，在"六三"禁烟大会上，民政厅厅长赵文龙即谓："自十月一日起，不论运藏售食逮获者，一律枪决"，并于省党部门前，焚毁烟膏土三十余两，烟具等一百二十余件。

1946年，张河清因贩卖鸦片被处以死刑；同年，烟犯薛松山、马凤程等人对运输包庇贩卖鸦片供认不讳，被处以死刑；本省保安司令部，案据本市警察局先后呈解烟犯周王氏、吴刘氏及烟毒犯解子濬等，经分别审讯，各该犯对贩卖鸦片及毒品供认不讳，赃证俱全，被处以死刑；[②]1947年，兰州市警察局在五泉山下缉获烟贩吴荣福、李子寿及在柏道路缉获烟贩南登洲、马维藩等共四名，经先后解送甘肃省保安司令部训明，各该犯贩卖鸦片属实，依法均被处以死刑。[③]经此种种严厉措施，市民逐渐改变了吸食大烟的不良习惯。

二、注重疾病的预防与安全的守护

1942年，兰州市曾发现天花，经卫生当局预防，曾一度消沉。1943年春，该病又出现并流行甚烈。天花是急性传染病，为春季之流行病症。据当时报告记载，"城内如马坊街、西城巷、南府街、福禄街、南关街、东大街等处。城外如河北均有发现，尤以上沟及握桥一带传染最速，患者小孩以四岁左右较多，未满周岁之小儿患者亦众，成人感染者多在三十岁以下，约占百分之二十"。[④]面对汹涌而来的天花，如不及时预防治疗，后果不堪设想。而此病唯一的预防办法则是

①《本市各界明晨举行烟毒检查宣传大会》，《甘肃民国日报》1942年6月2日第3版。

②《枪决烟贩》，《甘肃民国日报》1946年12月15日第3版。

③《贩毒者戒》，《甘肃民国日报》1947年3月21日第3版。

④《兰市最近天花流行》，《甘肃民国日报》1942年2月9日第3版。

无论成人或小孩一律要种痘。即患之后，必须延请医生治疗，千万不可迷信神灵，乱投药物，以致发生合并病症。随着天气渐暖，种痘工作也应积极扩大，市卫生事务所及三民主义青年团，特联合组织挨户种痘队六队，固定种痘六站，并派员于指定地段免费为市民种痘。

除天花外，霍乱也是当时的主要疫病之一。霍乱是一种烈性肠道传染病，两种甲类传染病之一，由霍乱弧菌污染水和食物而引起传播。临床上以起病急骤、剧烈泻吐、排泄大量米泔水样肠内容物、脱水、肌痉挛、少尿和无尿为特征。严重者可因休克、尿毒症或酸中毒而死亡。在医疗水平低下和治疗措施不力的情况下，病死率甚高。1945年是霍乱暴发最严重的一年。该年，兰州市发现真性霍乱且传染甚烈，共有患者41人，其中死亡16人，治愈者30人。市府为迅速扑灭此病，除积极筹设临时时疫医防外，还责成卫生事务所制定了防疫细则，内容有："一、欲免霍乱快打预防针；二、霍乱流行人人应知预防；三、生冷饮食物绝对吃喝不得；四、私人住宅公共场所各应打扫清洁；五、扑杀苍蝇就是扑杀病菌；六、人人重卫生，霍乱可消减。"①在兰州市政府的积极应对下，霍乱得到一定遏制。

在安全防护方面，冬防尤为重要。冬防即是确保冬季人民生命财产安全。为做好冬防工作，1947年，兰州各保实行夜巡，守望相助。"自兰市冬防开始以后，各区虽有微细之窃案发生，然大体上均甚安静。兰市近现已饬各区主管人，督导全市保长，切实执行任务，日来除加紧户口调查外，市郊区已实行巡夜办法。此项办法，系以保为单位，每夜由保长率领保民，在本保辖区内，彻夜巡守，并与邻近各保取得密切联系，守望相助，同时各区卫队亦于夜间分区巡查"。②为进一步巩固冬防治安，兰州市政府决定"施行国民身份证总检查，以策安全，藉发挥身份证效能"。于是厘订检查办法，转省会警察局及宪兵兵团会同协助办理，"一、在市县交接处，对来往人民利用盘查哨随时检查；二、各分区所检查户口时，按户普遍检查；三、各城关门口作不定期之检查，每周检查一次，至冬防日期届满为止"。③检查身份证即是为了确保市区无罪犯潜逃或不安全分子藏匿，是保证市民生命安全的重要举措。但同时，由于工作量较大，且大多市民忘

①《防疫要则》，《甘肃民国日报》1945年8月8日第3版。

②《守望相助，各保实行夜巡》，《甘肃剪报》，第33页，甘肃省图书馆藏。

③《今天起检查身份证》，《甘肃剪报》，第47页，甘肃省图书馆藏。

带身份证，如检查开始第一日，仅宗棠一区的行人，携带身份证者不足十分之一，这就增加了工作人员的甄别量。因此，该工作的难度系数亦较大。

三、逐渐转变不卫生的生活习惯

俗话说："祸从口出，病从口入。"人类的许多疾病都是由不洁的饮食所引起的，特别是一些与消化系统有关的疾病。急性重度中毒甚至会危及生命，而长期慢性中毒也会导致机体中各器官功能的损害，随之出现各类并发症。因此，注重饮食卫生对个体健康意义重大。对于饮食卫生的监管，兰州市卫生主管当局颇为着力。1942年6月，该局"以本市每年春季由外县运售之腊肉商贩甚多，持盘叫卖，既无纱罩，又无布盖，苍蝇产屑接触，最易感染疾病"。因此，该局"特令各腊肉商贩，一律使用白纱遮盖出售，以重卫生而杜传染，并布牌标明肉贩号码姓名，俾众注意"。[①]1946年3月，由于"天气日暖，街头售卖食品摊担日多，但卫生设备均缺乏，且生冷食品多不合卫生之处置，其影响市民健康，关系至巨"。对于此问题，市府极为注重并迅令警察局及卫生事务所拟定饮食摊担应注意事项，主要有：（一）凡售卖食物品之棚摊担挑，均不准售卖下列诸物品：1.甜醅子、红枣汤、凉面、凉粉，掺有生水者；2.剥壳粽子及浸溅生水者；3.牛羊猪鸡鸭及其他禽兽之病死或污坏者；4.鱼及其他水族之陈腐者；5.各种瓜果之剥皮切开或腐烂者；6.烹调物之已经变坏或有害健康者；7.将酪等饮食料及其他清凉饮食之已经变坏或污染不洁者；8.油洒香料等各种调味材料之有害健康者。（二）凡售卖饮食之棚摊担挑所有器具须依照下列规定：1.制定饮食物品须用合宜器具装贮，并一律加盖或用细密纱罩，勿任灰尘侵入，苍蝇驻足；2.一切用具后须以冷水洗净擦干，放置罩内或用洁净白布盖；3.叫卖人及调制人其衣服围裙，应力求清洁，手指甲经常剪洗，如有皮肤病或其他传染病者，不准充任；4.凡欲在一定地点设置饮食棚摊担者，除呈报主管机关外，应同时呈报卫生事务所，如经查明不合卫生之处，本所得会同主管机关禁止。[②]详细的规定仍须有力地执行，方有成效。

1946年6月，兰州市卫生事务所为避免冰冷食物传染疾病，于本市冰淇淋

①《卫生当局注意，腊肉商之卫生》，《甘肃民国日报》1942年6月12日第3版。

②《饮食摊担须知》，《甘肃民国日报》1946年3月24日，第3版。

店经常派员指导有关卫生事项，并随时抽样化验，俾知其优劣而决定处理办法。根据取样检验结果，对不合规定者予以取缔或令其改进。同时，如饭馆、浴室、旅馆、理发店等，市府历年来力求环境卫生成效，曾严加管理。对于少数不遵守法令的商店，严加取缔，并派员轮流巡查。凡新设饭馆、浴室等，必须先行检查，合于卫生规定者，卫生事务所方可发给许可证，凭此证再发给营业执照。经此种种严格管制，食品卫生及各类店铺卫生均有不同程度的改善。

在饮水方面，1943年，兰州市卫生事务所鉴于饮水之重要，特派卫生稽查员沿河观察，并修筑中山桥、水北门、中正山、东北门、庆安门等五处临时汲水码头，以利汲水。且在各码头设立禁牌，规定禁止事项三则：一、水夫汲水时，不得站入水内；二、车辆骡马不准进入水内；三、上游附近绝对不准洗衣、沐浴。1945年3月9日兰州市卫生事务所对黄河铁桥、山字石、水北门等处的检验结果：铁桥河水每公撮含细菌二千二百五十个，山字石河水含菌二千一百个，水北门河水含菌四千五百八十个，且发现大量大肠菌，致令胃肠病扩大蔓延。1946年3月15日，卫生事务所鉴于去年的教训，为防止类似疾病重新发生，除由卫生处拨发大量漂白粉外，并分别在桥门街、水北门、庆安门、东北门（山字石），新关城内等五处设饮水消毒站，于每担水内注以适量之漂白粉溶液，以杀灭细菌，防止肠胃病之发生。[①]足见在饮水方面，卫生事务所做了大量工作。

除饮水外，当时兰州市民的个人卫生状况也不乐观。兰州设市后，蔡市长认为市民“虱蚤必须清除”，随即通令各县市筹设灭虱站。在兰州市，即利用辟建兰园公共活动中心场所，建一公共浴室，附近设灭虱站，“当市民免费入浴时，所着全部衣服编号交由灭虱站，置入高度热气机器将虱蒸死，立即取出交还入浴人着用”。[②]而且，灭虱站“每日前往灭虱者，非常拥挤，颇有应接不暇之势”。据该站负责人称，“此种卫生设备，确属需要，贵阳等市早已实行，本市近始完成，已落他市之后”。此外，“西训团向该所函洽灭虱，数约二千人，现已有数百人，经此手续，成绩极佳，该所为普遍推行灭虱计划计，已向各部队团体接洽，除灭虱所需之煤炭由各所自行负担外，其它一律免费”。[③]灭虱站应当时之需要而

①《公民之声：向市府建设》，《甘肃民国日报》1946年3月14日第3版。

② 蔡孟坚：《首任兰州市长的回忆》，载中国人民政治协商会议兰州市委员会文史资料委员会《兰州文史资料选辑（第十三辑）》，兰州：兰州大学出版社，1992年，第1页。

③《兰园灭虱站开始服务》，《甘肃民国日报》1942年12月10日第3版。

建设，对于兰州市民个人卫生的改观，起了很好的推动作用。

四、移风易俗，改变落后的思想观念

兰州地处西北内陆，社会风气比较保守，人们的观念也不甚开放，加之城市经济不发达，市民的娱乐活动很少。为丰富市民生活，增添兰州新建城市的活力，在设市初，市府已在积极筹建娱乐场所。在建市两周年之时，兰州已呈现出较大变化，“亲眼看到兰州日益繁荣的人们，更兴高采烈地说，兰州市况的繁荣是中华民族复兴的象征。在种种困难的情形之下，大马路，新洋楼，娱乐场所都一一创办了”。此言似有夸大之嫌，但也从一个侧面折射出当时的兰州的确兴建了一批娱乐场所，这就在一定程度上改变了市民单调陈旧的生活方式，促进了兰州市精神文明建设的进程。同时，在物质生活有了一定基础之后，市民对于精神生活的改善也甚为迫切，在当时即要建所谓的“艺术化的兰州”。而对于艺术化兰州的建设，市民纷纷提出建议，从大公园的范围，增辟正当娱乐的场所（如戏院、电影院），延长音乐广播的时间，展览各样艺术的作品，举行文艺晚会，发动戏剧公演等，[1]足见市民在精神领域的需求和对于娱乐场所的期待。

从时任兰州市第一任市长蔡孟坚的回忆里，也能找到他当时积极兴建娱乐场所的相关内容。蔡市长在回忆里说，在他就职第三日，敌机一百架轰炸兰州。据推测敌机错认省府目标，将兰州城内两个唯一的青瓦宫殿，金碧辉煌的大佛寺古庙建筑（今兰园）全部炸毁。据统计，从1937年冬日机开始空袭兰州开始，止于1941年秋，四年间空袭数十次。通过“观察各被炸区，施行救护后，发现被炸后的两处佛寺，大的寺区，可以辟为娱乐场所”。这里的“两处佛寺”，即是指兰州古城寺庙道观中的东大街南边的普照寺（又名大佛寺）和庄严寺（今兰州晚报社址）。修建娱乐场所的计划虽好，但实施起来仍有难度。因为“西北绅民对神像特别尊重”，为解决此一棘手难题，蔡市长带领工匠于当日深夜“先将木制大小佛像，不管已毁未毁，一律投入附近黄河，藉避市民耳目”。在神佛观念浓厚的兰州，唯有这样才能使工作顺利进行。准备妥当后，即呈请省府核准开辟娱乐场所计划。得到批准后，即“利用瓦砾残砖等旧料……另将已破毁的大佛

①《社论：建设艺术化的兰州——纪念兰州建市二周年》，《甘肃民国日报》1943年7月1日第2版。

寺，发动市民劳动服务，拾砖、挑土、平地”。蔡市长亦感叹“庶民攻之，不日成之”。在市民协助修理下，此娱乐场所很快得以竣工，蔡市长将其命名为“兰园”。在兰园里面，“首先开辟广场，内分网球、篮球场等，四周改建公共浴室、灭虱站、弹子房，供市民娱乐”。[①]在修建兰园的过程中，蔡市长一度亲自参加挑土，起了良好的带头作用。正是这种实干与牺牲精神，才促成了兰园的尅日建成。

此外，当时的兰州封建迷信思想仍根深蒂固，对当时的建筑也有一定的影响。举一例说明，如当时在谷正伦任甘肃省政府主席时，在中央广场修建了一座钟塔，“据谓因谷正伦当时患喉疾，原设计钟塔周围建喷泉，有卜者向谷说，有人在你的省府门前插了一把利剑。谷迷信卜相，令将钟塔拆除，改建一个低矮的砖砌时钟，一直到解放初仍在”。可见，作为当时的领导阶层，封建思想仍很浓厚，普通民众的思想守旧也就可想而知了。[②]蔡市长对此事深有体会。在发动民众劳动服务筑路期间，因部分市民不愿革故鼎新，即在夜间张贴标语：“打到‘拆市长’！因兰州方言，‘蔡’音读‘拆’之故。”1942年，当蒋介石同夫人巡视兰州时，“见已完成几条马路，并甚整洁，召见垂询‘在这保守性地区，如何能拆通许多马路，希望兰州做到整个后方的示范’”。当时不仅一般市民思想保守，连省立议会议员也如是。蔡市长回忆了以下几件事，“（1）抗战时，中央政府迁至重庆后，认为西南西北人民生活卫生，必须先加改善，虱蚤必须清除，通令各县市筹设灭虱站。一般县市，未必重视，但我即利用辟建兰园公共活动中心场所，建一公共浴室附设灭虱站，当市民免费入浴时，所着全部衣服编号交由灭虱站，置入高度热气机器将虱蒸死，立时取出交还入浴人着用。此事对边区卫生，收效甚大，但少数人认为系宣传西北人民多虱，形同侮辱。（2）兰州市办理冬令救济，我发现市郊男女孩童，间有因简便不着下裤者，提议须予改正。当决议缝制若干布裤，分发救济，曾戏言‘讲礼’有‘礼貌’，‘知耻’必须有‘耻裤’。此一戏言，当时声明表示遗憾，但后来仍为人故意讹传，引起一部分市民反对。（3）中央对开发西北，主张在荒山普遍植树，兰州周围，均属‘童山濯濯’，兰州市府曾会

① 蔡孟坚：《首任兰州市长的回忆》，载中国人民政治协商会议兰州市委员会文史资料委员会《兰州文史资料选辑（第十三辑）》，兰州：兰州大学出版社，1992年，第6页。

② 柴应龙：《兰州建筑业的过去与现在》，载中国人民政治协商会议甘肃省委员会文史资料研究委员会《甘肃文史资料选辑（第二十六辑）》，兰州：甘肃人民出版社，1987年，第130-131页。

同林业机关在兰市北山植木二百万株,美国副总统华莱士来华访问,经过兰州时,因他系农业专家出身,曾陪往参观,备承称赞。当时我大声亟呼:'要绿化兰州',使四周围山区,将来变为绿荫丛丛。岂知一部分市民,诬指我让兰州人戴'绿帽子'。"[①]对于此"绿帽子"事件,蔡市长因公赴重庆之时,险遭甘肃籍学生毒打。其中曲折,不言自明,革故鼎新,不仅需要勇气,更离不开实干的精神。

建市初期,虽存在上述的荒唐之举,但一般市民的心理,也在慢慢转变。他们"均能自动由保守精神进而认识创造精神,由单独行动进而参加集体行动……不断踊跃捐输,在物资维艰之际,力求恢复繁荣,在严冰烈日之中,日夜加工修筑,致使国际及外省来兰人士,一改旧日观感"。[②]市民思想的渐变,对于市政建设极为有利。为满足兰州城市日益发展的需要及提高民众对生活娱乐的参与度,1947年12月2日,兰园又增设滑冰场。"省府,保安司令部,市政府,宪兵团,为提倡冬季正当娱乐,将于兰园修建滑冰场"。[③]次日,行辕、省府、市府等有关机关代表在兰园召开筹备会议,"决定本月八日起正式兴工,全部经费拟定为一亿二千五百万元,由各参加单位分担,省府已允准担任三千万元"。[④]在经费不充足的情况下,兰州的建设事业并未停滞不前。为保证市民正当的娱乐权利,有关机关仍全力以赴,为市民的美好生活而努力,更为兰州城市的完善而不遗余力。

孙汝楠继任市长后,为了移风易俗、改良社会风尚,他主张在兰州"开展早起运动周,清洁运动周、守时运动周、诚实运动周等。提倡早起、爱清洁、遵守时间、待人接物及买卖诚实,在机关、学校和市民中间产生了一定的效果。1946年10月,在孙倡导下,兰州市举行了第一次市民集体结婚典礼,婚礼在'抗建堂'举行,有12对新婚夫妻参加,孙亲自主持,在兰州产生了积极影响"。[⑤]移风易俗,需要长时间的坚持与努力,而建市初期的一系列革新行动,为兰州的文明进步吹进了一缕清风,保守愚昧的空气已被吹开了一道缺口。

---

① 蔡孟坚:《首任兰州市长的回忆》,载中国人民政治协商会议兰州市委员会文史资料委员会《兰州文史资料选辑(第十三辑)》,兰州:兰州大学出版社,1992年,第9页、第12页。

② 蔡孟坚:《两年来之兰州市政》,载兰州市政府《兰州市政二周年》,1943年,第9页,甘肃省图书馆藏。

③《兰园滑冰场不日即可动工》,《甘肃剪报》,第15页,甘肃省图书馆藏。

④《兰园筹建滑冰场》,《甘肃剪报》第26页,甘肃省图书馆藏。

⑤ 李荣棠、郭扶正、于广义:《兰州人物选编》,兰州:兰州大学出版社,1993年,第347页。

第五节　兰州城市发展之地域影响

兰州位居我国陆域版图的几何中心，有重要的交通地位。在西北各省的交通中，兰州是一个总枢纽。新疆与内地之交通，必要过兰州。青海与内地交通，也要过兰州。从兰州东边通宁夏，西北经甘凉肃以通新疆，西通青海。更由青海西南，为入藏大道。南溯洮河转顺白龙江至嘉陵江而达四川。东南出汉水，由汉中以通湖北。东过六盘山或由天水顺渭水东下，可入陕西。所以在新疆与内地交通未隔绝以前，由四川、湖北、陕西运往青海、新疆及西部外蒙古等地之货物，络绎于途。而由青海、新疆运至内地之皮羊牧畜等土产，亦异常畅达。故当时之兰州，客商云集，客店货栈盛极一时。民国时期，兰州的交通运输货物，以青海的羊毛及新疆的特产占很大比重，一旦这两大宗的运输量减少，兰州在运输方面的收益也会受很大打击。据范长江记载："一九二九年世界经济大恐慌以后，海外市场疲滞，青海皮毛出口业，亦受到重大影响。一般社会的购买力，亦相因而大形减退。故青海经兰州之出入口贸易，皆高速度的低落。兰州本以'过站'的关系而繁荣，到了各路交通都停滞的时候，它自然也无法维持其旧观了"。[①]不难看出，兰州交通运输受青海、新疆货物的影响巨大，但同时也折射出兰州是青海、新疆货物运输的必经之地，在一定程度上也牵制着周边城市的发展。

兰州不仅是西北的交通中心，更是亚欧大陆桥的必经之地。在古代，也是丝绸之路的重要据点，在中国历史上有着十分重要的地位。国父孙中山曾在《建国方略》中提出，要将兰州建设成为中国的"陆都"，使之成为未来全国铁路网建设的中心地区。大力建设和发展兰州，对于促进西北社会经济的发展以及巩固祖国边防，都裨益不少。兰州城市的发展，除对本市市民生活产生巨大影响之外，也极大地改变了兰州城市落后的面貌，促进了兰州的城市化进程；同时，推动了甘肃全省的发展，对西北区域的整体发展影响至深。

---

① 范长江：《中国的西北角》，北京：新华出版社，1980年，第61页。

一、改变了兰州整体面貌，促进了兰州的城市近代化

孙中山先生曾经强调："建设之首要在民生。故对于全国人民之衣食住行四大需要，政府当与人民协办共谋农业之发展，以足民食；共谋织造之发展，以裕民衣；建设大计划之各式屋舍，以乐民居；修治道路、运河，以利民行。"[①]可见建设的最终归宿点仍然是为民众提供便捷的生活服务。在兰州的城市建设中，表现最为突出者，当数市容的改观了。而市容的整洁与美化最终也是为了市民生活的便捷与舒适，同时也能提高城市品位，增加城市的知名度。

从1937年开始，敌机轮番轰炸兰州，许多房屋街道被焚毁，古寺庙宇也化为焦土。在"建设大西北"的口号下，随着兰州市政府的成立和内地众多建造厂及建筑师来兰，兰州的建设事业逐渐展开。经过一番整饬，兰州市"出现了一些新式建筑，如大佛寺废址上修建兰园、抗建堂、思危斋。把原来炭市街、绸布街、西大街等街道拓建为十六米宽的碎石马路；将安定门到行宫一段拆除直通城外，在国民军修的中山林基础上修建了西北新村，第一、第二新村；在西北新村下面修建了'西北大厦'；第二新村修建了西北盐务局大楼(今西北民族学院院址)；在中山林修建了'忠烈祠'；省政府后花园修建了'澄清阁'。西北大厦为中国旅行社供美国空军陈纳德的游憩场所，是二层砖木结构楼房。澄清阁为省政府会议、聚宴场所。西北大厦、澄清阁、忠烈祠的工程，都是出自建筑师李惠伯设计，上海陶复记营造厂承建，是兰州轰动一时的大建筑"。文教方面的建筑主要有："在萃英门内'举院'原址修建了兰州大学，它是以五岳命名的几座砖木土坯楼房；小西湖的中央医院、西北兽医院、十里店的西北师院以及张治中将军修建的三爱堂、第八战区司令部、省府东侧的文化会堂等。"而且，为打通兰州过境马路，"从东稍门外段容思墓碑沿城南郊外，经官驿后、中山林、马家坡直达宗棠门(今之解放门)，是为西兰、兰新公路的兰州过境公路，也是今日之旧大路、民主西路、白银路"。[②]建筑是城市的脸面，设市初期兰州的各种建筑，在美化兰州市容方面有很大作用。

除修建道路来整洁兰州市容外，市政府还积极开展各种植树造林活动，以

---

① 孙中山:《民国政府建国大纲》,《孙中山全集》第9卷,北京:中华书局,1986年,第126-127页。

② 柴应龙:《兰州建筑业的过去与现在》,载中国人民政治协商会议甘肃省委员会文史资料研究委员会《甘肃文史资料选辑(第二十六辑)》,兰州:甘肃人民出版社,1987年,第130-131页。

进一步美化兰州。兰州地处西北内陆，降水稀少，地表裸露较多。而且，新中国成立前，兰州是"'十年九旱'，老百姓过着'半年野草半年粮，树皮野草当干粮'的凄惨生活。大荒之年，赤地千里，十室九空。草根、树皮、野菜都被吃光。所以，兰州的绿化问题，是恢复生态平衡，改变干旱面貌的关键问题"。①因此，植树造林运动的开展，在保持水土、净化空气以及调节兰州局部小气候等方面都起了重要作用。

建市之初，兰州的工业逐渐兴起。除兰州原有的制革、纸烟、纺织、火柴、冶炼及印刷等行业外，又出现了一些新行业，有玻璃、化学、制药、机械制造、造纸、电器、水泥等。这些行业的应运而生，在完善兰州工业结构的同时，也在一定程度上加强了行业之间的合作交流，为兰州近代工业体系的形成提供了保障。据统计，"从1938年1月至1944年6月，兰州的工厂数由27家猛升到246家，增加8倍多"。②工业的发展也促进了商业的发展，1943年成立的兰州大丰百货商店，采购品种灵活多样，经营品种有15大类，2000多品种，凡属市场需要，不分价格贵贱，一律进货。由于业务活跃，资金周转快，后又设庄于新疆，以兰州为中转站，不断发往各类百货，返销进口苏联货物，形成了以上海为中心，以武汉、重庆为依托，以兰州为基点，以新疆为市场的营业网。③而到1945年前后，"兰州的商店总数已达到2095家，营业总额增加到10亿多元，店员人数也达1.3万人之多"。除私营商业的发展之外，当时国民政府也在兰州成立了一些官办商业机构，如1940年前后设立的西北盐务所，专门负责食盐购销；1941年设立的甘肃省贸易公司，是专营各种货物的机构；农本局福生陇庄，是专营花纱布的机构；1942年设立的中国茶叶公司兰州分公司，是专营茶叶的机构；1943年正式成立的复兴商业公司西北分公司，是专营皮毛的机构。除此之外，还有各种烟、酒、火柴、糖类的专卖局，以及兰州市商会控制下的物资管理委员会，各省在兰州设置的贸易机构等。④与此同时，兰州的私营汽车运输业也迅速发展起来了，"一批运输车行、公司相继开业，如利通车行有车10部，太记车行有车40多部，

① 政协兰州市委员会文史资料研究委员会：《兰州文史资料选辑（第七辑）·兰州风物集》，内部发行，1988年，第138页。

② 姬广武：《兰州历史文化·民族移民》，兰州：甘肃人民出版社，2007年，第60页。

③ 阎尚武：《名满金城的大丰百货商店经营史》，载兰州市政协文史资料委员会、中国民主建国会兰州市委员会、兰州市工商业联合会《兰州文史资料选辑（第十一辑）》，内部使用，1990年，第187页。

④ 陈鸿胪：《论甘肃的贸易》，《甘肃贸易》1943年第4期，第17-18页。

惠生车行有车9部，西北车行有车20余部，还有几家专事接待停放外来车辆的运输货栈，如豫陇货栈等。当时兰州地区的私营汽车有百辆上下。此后，抗日战争的推进，使滇缅公路关闭，新疆门户开放，腹地兰州的私营汽车运输业更为繁荣。又因当时兰州没有铁路，水路不畅，东西南北数千公里的运输线，全靠汽车担负运输任务，所以，兰州很快形成了一个汽车运输基地。西南诸省及陕西籍的汽车主，都把经营点放在兰州。汽车运输业由原来的十几家增至三十多家。新开设的有金城、天成、大同、大兴、济大、益民、成记、恒大、协隆等车行，私营商车发展到600余辆”。[①]工商业是城市发展最重要的推动力量，建市初期兰州工商业的发展，有力地促进了兰州的城市近代化进程。

在生活方面，建市之前，一些恶习仍根深蒂固，“‘兰州城里谣言多’！本来没有的事情，只要几天谣言，立刻可以满城风雨。粮食也上涨了，汽车也不敢放心开往某些地带了。尽管事后‘全属子虚’，然而第二次第三次的谣言，又继续上来，而且这些谣言，一样有效，可以激动一时。这个易于发生谣言的原因，大约不外下列几点：第一，西北汉与回相互间不必要而且无意义的成见仍然存在，清人三百年来所用的‘汉回互仇’的毒辣民族政策，至今还留下恶劣的影响。第二，汉之中有派别，回之中有阀统，彼此历史纠纷，难以清理。第三，寄居在兰州城内的高等闲人太多，他们终日以制造传播各种军政消息为能事，稍有可乘之机，谣言即因缘而至。第四，兰州缺乏一种商办之新闻纸，能随时发表正确消息，以指导社会观听”。兰州设市后，努力改变着这一境况。“兰州在近年来的进步，可谓相当迅速，各种纷乱的情况，已略有端倪。新闻纸方面亦有相当发展，以近来之西北日报而论，其编辑与印刷皆可渐跻于东方大报之林”。[②]《西北日报》《甘肃民国日报》等报刊的发行，为市民了解外部世界打开了一扇窗口，使外部文明的空气得以吹进兰州，在一定程度上提高了市民的思想认识。

建市初期，兰州城市的各项建设，为以后兰州的进一步发展打下了良好的基础，有力地促进了兰州的城市近代化。对于城市近代化，学界将其定义为：第一，它是城市对农村影响的传播过程；第二，它是全社会人口接受城市文化的过程；第三，它是人口集中的过程；第四，它是城市人口占全社会人口比例提高的

① 周建勋：《兰州私营汽车运输业概况》，载兰州市政协文史资料委员会、中国民主建国会兰州市委员会、兰州市工商业联合会《兰州文史资料选辑（第11辑）》，1990年，第207页。

② 范长江：《中国的西北角》，北京：新华出版社，1980年，第166-167页。

过程。[1]但是，城市化其本身就是一个漫长而艰难的历史过程，而兰州处于大西北地区，因地域限制，致使经济与文化均远远落后于东南沿海等发达地区，城市近代化的过程就更加艰难。“城市近代化过程实际上是一项庞大的社会系统工程，它不仅是本区域内诸因素相互作用的结果，而且与区域外的政治经济文化影响紧密相连。城市近代化的关键在于以工业近代化为核心的经济近代化。工业近代化本身就涉及诸如人才、技术、交通运输、动力、资金、原料、产品销路、经营管理等复杂体系，要求相关领域的近代转型”。但是，“兰州的城市近代化本身并不具备上述基础，其最大特点就是兰州城市近代化不是当地社会经济自然发展和积累的产物，而是一定国家政治需要和环境的产物；新生产力的移植，最主要的是靠国家资本的支持，地方民间资本仅占极小一部分。这种状况既能使兰州这样落后的城市突破甚至超越历史条件的限制，获得加速转型的机遇，同时又因城市近代化的各项必备条件主要靠外部移植，动力来源于国家统治者决策力量的推动，因此很容易受外部力量的影响，造成‘官在政存，官去政亡’的大起大落现象”。[2]显然，国家的政策扶持是推动兰州城市近代化的直接动力，这种城市近代化带有很强的政治性和阶段性。

二、促进了甘肃经济及社会的发展

兰州作为甘肃的省会，其经济也为省内最发达者，对甘肃省整体的发展无疑起着示范带头作用。而且根据中心城市吸引辐射的原则，“城市经济区是由诸多大、中、小城市及其腹地所构成，城市是经济区内主要的物质要素。每个城市经济区都有自己的中心城市。这些中心城市按其在区域中的地位和作用一般可分为区域性和地方性两类。地方性中心城市通常为市域或县域的中心，区域性中心城市才是构成一个完整的城市经济区的核心，因为它对整个城市经济区都起到了辐射和带动作用”。[3]从这个意义上来说，建市初期的兰州，在经济方面，尽管远远落后于东南沿海地区，但在甘肃省范围之内，它还是最优越的，对促进甘肃省整体经济的发展和形成以兰州为中心的经济圈起了重要作用。

---

① 许学强、周一星、宁越敏：《城市地理学》，北京：高等教育出版社，1997年，第36页。

② 刘进：《兰州城市近代化迟滞原因探析》，《天水师范学院学报》2001年第2期。

③ 李快满、石培基：《欠发达地区城市经济区范围划分研究——以兰州经济区为例》，《开发研究》2009年第4期。

申晓云认为，兰州作为西北第二大城市，“因其极其重要的战略位置，不仅成为抗战建国中的众所瞩目之地，其西北‘中心城市’的地位也再次得到确认”。同时，“再从能否带动周边地区经济来看，兰州不管发展工业还是繁荣商业，不仅本身有着得天独厚的条件，对周边地区的影响也是最大的”。就工业而言，如兰州的城市建设带动了周边地区电器业的发展，原兰州电灯厂在战时被改建为兰州电厂，1940年又于黄河沿岸新厂址安装132千瓦发电机2台，“1941年又新建玉门电厂，后扩容至400千瓦，同时将原天水灯厂接归兰州电厂管理，在天水东五里铺建成新厂，装机容量358千瓦，又在天水王家磨修建水力发电站，使甘肃电力装机总容量达750千瓦”。[①]就商业地位而言，地理学家张其昀对其辐射作用曾作如此赞誉：“甘宁青三省地居黄河上流，在商业上俨然自成系统，而以兰州为其最大焦点。附近复有焦点六处，为各地方之商业中心，如陇东区之平凉，陇南区之天水（旧秦州），洮西区之临夏（旧河州），湟中区之西宁，河西区之张掖（旧甘州），宁夏区之宁夏，皆以兰州为其枢轴。言水运，上起西宁，下达包头，言陆路，东起潼关，西至迪化，皆为其贸易区域。上述平凉等六镇以外，复有若干城镇，以河西区为例，张掖以外，武威（旧凉州）、酒泉（旧肃州）、敦煌，商业也称殷盛。若以兰州比于太阳，甘州之类犹行星，敦煌之类犹卫星。甘、宁、青三省自成一太阳系，构成伟大之商业网。”[②]足见兰州在推动甘肃省经济发展中所起的重要作用。

20世纪30年代，随着抗战的爆发和西北战略地位的日益凸显，斯时来西北考察者日益增多。但是，正如宋子文所言，“西北前途，是极有光明的，外省人到西北来视察，大概有两种观感，一种是对于西北，极力地颂扬西北文化的深厚，是用文学家或诗人的眼光来看西北，一种是满口批评西北生产如何落后，教育如何不振，人民如何困苦，是用外国人眼光来看西北，兄弟以为这两种态度，都是偏见的，不合的”。[③]诚如所言，西北纵然偏僻落后，然而旅行者的夸大其词，也会给国人带来认识上的极大偏差。以客观公正的眼光来审视西北及兰州，才

① 申晓云：《国民政府西北开发时期城市化建设步骤论述》，载张海鹏、陈育宁主编《中国历史上的西部开发——2005年国际学术研讨会论文集》，北京：商务印书馆，2007年，第285-288页。

② 张其昀：《陆都兰州》，《大公报》1942年10月12日第3版。

③ 宋子文：《开发西北为国家整个问题》，载董兆祥、满达人、魏世恩《西北开发史料选辑（1930-1947）》，北京：经济科学出版社，1998年，第11页。

能使国人对西北有真实的认识，使建设西北的大业得以顺利进行。

三、推动了西北社会的整体进步与影响力

“兰州位居全国中心，雄踞西北高原，掌握国际交通枢纽，不仅控制西北，屏藩内陆，为国防重镇，且为总理手定未来之陆都。凡举西北之‘军事’‘政治’‘文化’‘经济’‘交通’……固无不以兰州为重心；他如巩固西北，支持西南，收复华北，经络华中，争取胜利，达成建国，更无不以兰州为据点。故其地位之重要，实有必然者”。[①]兰州在政治、经济、军事以及交通等方面，均起着十分重要的作用，兰州对西北影响力甚大。经济学的辐射理论认为，经济发展水平和城市化水平较高的地区，对经济发展较落后的地区能够进行资本、人才、技术以及市场等要素的流动和转移，以及思想观念、思维方式、生活习惯等方面的传播，从而促进邻近较落后地区经济社会的发展，实现区域经济的协同发展。

兰州在设市初期的一系列建设成果与发展动态，对促进西北地区的整体发展影响较大。梁斌、孙久明认为，城市空间相互作用的强弱与城市功能、规模、人口、对外联系便利程度等因素呈正相关；与城市之间的距离呈负相关，距离愈大，作用力愈弱，距离愈小，作用力愈强。[②]因此，作为省会城市的兰州，对周边地区的影响和辐射作用不言自明。建市后，随着兰州工商业的进步，交通运输业也逐渐兴起。孙中山曾致力于修建西北铁路，他认为修筑西北铁路是“由人口至多以达人口至少之地，其利较两段皆人口至多之地为大”。因为西北地区“新开土地从事劳动之人民，除富有粮食及原料品，以待人口多处之所需而外，一切货物，皆赖他方之繁盛区域供给，以故两方贸易必臻鼎盛”。[③]作为中国民主革命的倡导者与先行者，他已经感知到铁路运输对西北乃至全国的重要性了。

建市初期的兰州，经济虽不十分发达，但是，“当时兰州确实扮演着西北货物集散地的重要角色。西北各地的货物要运到南方，或南方的货物运销西北，

① 蔡孟坚：《两年来之兰州市政》，载兰州政府《兰州市政二周年》，1943年，第1页，甘肃省图书馆藏。

② 梁斌、孙久明：《从城市空间相互作用理论看浦东、浦西的协调发展》，《财经研究》1991年第1期。

③ 孙中山：《孙中山选集》（上卷），北京：人民出版社，1957年，第199-200页。

都必须经过兰州这一中转站”。[①]交通是拉动经济的一大动力，而“当时的兰州，是西北的主要食盐集散地，内蒙雅布赖和青海等地出产的食盐，由骆驼、畜力车运来兰州，再由汽车运到西南和内地各地省市”。[②]在当时“铁路虽未修到兰州，但以兰州为中心的公路交通网则已初步形成。除了兰州到新疆、青海、宁夏、西安的几条公路干线外，还修建了兰州到平凉、天水、猩猩峡（按：应为“星星峡”）、酒泉、张掖、武威等地的公路支线。特别值得一提的是在兰州开设了航空运输。抗战时期的‘水烟坐飞机’就曾被传为美谈。交通运输业的发展，使过去兰州地区靠驿道和皮筏运输的落后状况大为改观”。[③]可见，兰州已成为当时的公路运输中心点了。“抗战胜利后，由1946年开始，随着兰州工商经济的繁荣和交通运输的畅通，汽车的更新，给汽车运输增加了活力，营运线路东南可至西安、重庆，西可到玉门、新疆、青海，北可到宁夏、绥远等省。大宗土特产产品，如食盐、水烟、石油、药材等运到西安、重庆，又将内地棉布、日用百货运来兰州、河西及新疆等地，从新疆回程装运新疆皮毛、棉花等土特产，还兼客运。当时兰州有一批新疆客商落户，兰州私营车行又增加新疆的汽车40多辆。至兰州解放，私营汽车共有1250辆之多”。[④]再如，当时兰州的大丰百货商店，“在兰州发往新疆的各类百货销路快，获利多，又从新疆进口苏联布匹、毛毯、呢绒运兰州销售，更是走俏。摆到柜台，争相购买，在往返经营中赚了一大笔钱”。[⑤]有利的交通位置，为兰州的进一步发展与扩大兰州的地域影响，贡献极大。而兰州城市的建设与经济的发展，对于拉动甘肃省经济的发展以及促进相邻省份的进一步发展，也裨益不少。正如天涯游子在旅行西北时所感叹的那样，“今日的兰州，已经不是旧日的兰州，而是充满一种新的气象和新的力量，成为西北重要的中心点了”。[⑥]

近代西北的开发是政府推动的行为，期间显现出明显的政治性和军事性，

---

① 杨重琦主编《兰州经济史》，兰州：兰州大学出版社，1991年，第113页。

② 周建勋：《兰州私营汽车运输业概况》，载兰州市政协文史资料委员会、中国民主建国会兰州市委员会、兰州市工商业联合会《兰州文史资料选辑（第11辑）》，1990年，第206页。

③ 杨重琦主编《兰州经济史》，兰州：兰州大学出版社，1991年，第116页。

④ 周建勋：《兰州私营汽车运输业概况》，载兰州市政协文史资料委员会、中国民主建国会兰州市委员会、兰州市工商业联合会《兰州文史资料选辑（第11辑）》，1990年，第209–210页。

⑤ 阎尚武：《名满金城的大丰百货商店经营史》，载兰州市政协文史资料委员会、中国民主建国会兰州市委员会、兰州市工商业联合会《兰州文史资料选辑（第11辑）》，1990年，第188页。

⑥ 天涯游子：《人在天涯》，乌鲁木齐：新疆人民出版社，2000年，第8页。

一旦军事吃紧，则建设加快，反之则相反，故这样一种发展思路极大影响西北社会的发展进程，作为西北中心城市的兰州的开发建设也不例外。兰州建市本身就是国家形势吃紧的表现，建市后，一切建设紧密围绕国防展开，取得了很大成绩，但抗战胜利，首都东迁，兰州的开发又陷入了一个低谷。

参考文献：

[1]王君:《纵横兰州》，兰州:甘肃人民美术出版社，2011年。

[2]《走近兰州》编委会:《走近兰州》，兰州:甘肃人民出版社，2010年。

[3]邓明:《兰州史话》，兰州:甘肃文化出版社，2007年。

[4]王雅红:《西北民族地区城市发展研究》，北京:民族出版社，2005年。

[5]宗鸣安:《西安旧事》，西安:西安出版社，2009年。

[6]于小龙、唐志军:《百年银川》，银川:宁夏人民出版社，2008年。

[7]李健胜:《清代—民国西宁社会生活史》，北京:人民出版社，2012年。

[8]何一民主编《变革与发展:中国内陆城市成都现代化研究》，成都:四川大学出版社，2002年。

[9]王守中、郭大松:《近代山东城市变迁史》，济南:山东教育出版社，2001年。

[10]沈毅:《近代大连城市经济研究》，沈阳:辽宁古籍出版社，1996年。

[11]郝良真、孙继民:《邯郸近代城市史》，北京:测绘出版社，1992年。

[12]陈荣华、何友良:《九江通商口岸史略》，南昌:江西教育出版社，1985年。

[13]张仲礼主编《近代上海城市研究(1840—1949年)》，上海:上海文艺出版社，2008年。

[14]罗澍伟主编《近代天津城市史》，北京:中国社会科学出版社，1993年。

[15]皮明庥主编《近代武汉城市史》，北京:中国社会科学出版社，1993年。

[16]隗瀛涛主编《近代重庆城市史》，成都:四川大学出版社，1991年。

[17]史明正:《走向近代化的北京城——城市建设与社会变革》，北京:北京大学出版社，1995年。

[18]谢本书、李江主编《近代昆明城市史》,昆明:云南大学出版社,1997年。

[19]张学君、张莉红:《成都城市史》,成都:成都出版社,1993年。

[20]茅家琦等:《横看成岭侧成峰——长江中下游城市近代化的轨迹》,南京:江苏人民出版社,1993年。

[21]王玲:《北京与周围城市关系史》,北京:北京燕山出版社,1988年。

[22]章开沅、罗福惠主编《比较中的审视:中国早期现代化研究》,杭州:浙江人民出版社,1993年。

[23]张仲礼、熊月之、沈祖炜主编《东南沿海城市与中国近代化》,上海:上海人民出版社,1996年。

[24]张仲礼主编《长江沿江城市与中国近代化》,上海:上海人民出版社,2002年。

[25]隗瀛涛主编《中国近代不同类型城市综合研究》,成都:四川大学出版社,1998年。

[26]曾业英主编《五十年来的中国近代史研究》,上海:上海书店出版社,2000年。

[27]天涯游子:《人在天涯》,乌鲁木齐:新疆人民出版社,2000年。

[28]杨重琦主编《兰州经济史》,兰州:兰州大学出版社,1991年。

[29]李荣棠、郭扶正、于广义:《兰州人物选编》,兰州:兰州大学出版社,1993年。

第五章

抗战时期甘肃教育变革

甘肃位于中国西北部，黄河上游，地处黄土高原、青藏高原和内蒙古高原的交会处，“东蔽关中，西通西域，南应巴蜀，北控朔漠”，是丝绸之路的黄金路段，也是古代重要的交通枢纽和军事要地，甘肃也是中华民族的发祥地之一，文化教育源远流长。

全面抗战前，甘肃长期处于新旧军阀的控制之下，战乱频仍，经济发展缓慢，再加地处西北内陆，交通不便，先进技术与人才不易引进，文化教育难有大为。1938年，“甘肃省由省库支出的教育经费只有65万元，各县教育经费共约130万元，仅及江苏省教育经费的十分之一，较之陕西、贵州也仅达半数。高等学校只有省立甘肃学院1所；在18所公私立中学中，仅有2所学校设有高中；学龄儿童入学者仅占总数的20%”。[①]七七事变后，全民族抗战爆发，随着战事的发展，南京国民政府意识到抗日战争是一场持久战，西南是抗战根据地，西北是建国根据地，为此，南京国民政府加大了对西北的建设力度，掀起了开发西北的高潮。

甘肃作为大后方之一，备受政府关注，除经济、军事等方面的改革外，在教育方面也进行了大力整顿。从1939年1月制定《甘肃教育实施方案》开始，甘肃全面、有计划地推行战时教育政策，如设国立高等学校，分区增设中等学校，推行“国民义务教育”，推进“边疆教育”，办理社会教育等。国共两党提出的战时教育纲领、政策推动了甘肃教育的发展；社会各界人士的关注及全省各族各阶层人士坚持抗战、振兴后方的信念成为甘肃教育发展的助推器；一些高校的内迁、人才的流入，为甘肃教育的发展创造了条件。因此，从1938年至1946年期间，甘肃各级各类教育发展较快，达到解放前的最高水平。[②]

第一节　抗战时期甘肃教育制度改革概述

七七事变之后，我国进入到全面抗战阶段，我国的教育宗旨和政策也随环

① 傅九大：《甘肃教育史》，兰州：甘肃人民出版社，2002年，第418页。

② 甘肃省地方史志编纂委员会、甘肃省志教育志编辑委员会：《甘肃省志(第五十九卷)·教育志》，兰州：甘肃人民出版社，1991年，第5页。

境的转变而变化。此时，教育主要为战争服务，“我们现在所有一切的努力，都要归到一个共同的最后总目标，就是推动政治，建设国防”，“现代国家的生命力，系由教育、经济、武力三要素所构成；教育是一切事业的基本，亦可以说教育是经济、武力相联系的总枢纽，所以必须以发达经济，增强武力，为我们的教育方针”，教育应不分平时战时，“平时要当战时看，战时要当平时看”，“我们要认定教育一定的目标，要以革命救国的三民主义为我们教育的最高基准，实施纲领，创造现代国家的新生命”[①]。

1937年8月，南京国民政府颁布《总动员时督导教育工作办法纲领》，要求各级学校“力持镇静”“维持课务”。[②]次年4月，国民党召开临时全国代表大会，并制定了《抗战建国纲领》，在教育方面提出战时教育的宗旨和政策纲领，即“改订教育制度及教材，推行战时教程，注重国民道德之修养，提高科学的研究与扩充其设备”“训练各种专门技术人员，与以适当之分配，以应抗战需要”“训练青年，俾能服务于战区及农村”“训练妇女，能服务于社会事业，以增加抗战力量”。[③]同年，中国共产党在《抗日救国十大纲领》中，也提出“改变教育的旧制度旧课程，实行以抗日救国为目标的新制度、新课程”的教育纲领；次年又提出“在一切为着战争的原则下，一切文化教育事业均应使之适合战争需要”[④]的抗战教育总方针。

对国共两党所提出的关于实行战时教育的纲领、政策，在当时的甘肃出现了不同的观点。一种观点认为“甘肃不是战地，只是战时，教育应‘维持常态’，反对革新，革新也无成效”。[⑤]他们说：抗战开始，甘肃教育“仍如战前，死气沉沉的维持现状”。而省府当局苦心推行“战时教育”的唯一行动，就是“扩大西北训练团范围，训练全省教师学生之思想行动，但结果并无多大成绩”。[⑥]另一种观点主张改变现状，发展教育，以适应国防和生产建设的需要，[⑦]主要以受“中英庚款董事会”委托来甘肃考察教育的顾颉刚教授为代表。顾颉刚在第五次社会教

① 罗廷光：《行政教育》(上)，福州：福建教育出版社，2008年，第66页。
② 傅九大：《甘肃教育史》，兰州：甘肃人民出版社，2002年，第420页。
③《抗战建国纲领》，《战时知识》1938年第1期，第27页。
④ 毛泽东：《毛泽东同志论教育工作》，北京：人民教育出版社，1992年，第48页。
⑤ 傅九大：《甘肃教育史》，兰州：甘肃人民出版社，2002年，第420页。
⑥ 庞敏修：《甘肃教育之过去及其今后之改进》，《西北论衡》1939年第7卷第23期，第367页。
⑦ 傅九大：《甘肃教育史》，兰州：甘肃人民出版社，2002年，第420页。

育讨论会上说："小学教师为农村民众之领导者，而甘肃以交通不便，外省人士至者绝少，教科书外几无任何知识食粮，当此抗战时期，国家有非常之变，民众不可无适当之训练与之因应，欲训练民众，动员民众，则训练小学教师其首要也。"[①]甘肃地处西北的中心，国防经济两端具有其重要性，而欲为此两端之建设，教育工作实居首位。甘肃教育之所以落后，与经费少、交通闭塞有很大关系，但更重要的原因是指导上的固守旧制不思革新。他还认为甘肃交通不便，外地人来者甚少，除教科书外几无知识来源，使教育不易革新、提高，且乡村学校大多设于寺庙，学生自备书桌，读旧书，从内容到形式与私塾相近。还有一种主张，是中国共产党依据抗日救国总方针确定的教育政策，通过八路军驻甘办事处广泛宣传，积极推动，在甘肃产生了广泛深刻的影响。[②]其中尤以中共中央和毛泽东驻甘肃代表谢觉哉写于1938年2月的《甘肃教育的商榷》一文最具代表性，在文章中他提出了如何实施抗战教育的方向、内容和方法；提出"学校要与社会合一，目前即与抗战合一"，反对当局误导青年"专心读书"，逃避救亡责任的片面宣传；主张学校编制、教材"应适合于实际的抗战"，教师、学生都应实地参加救亡活动；抗战教育的对象不应限于青少年，而应是参加救亡战斗的广大民众。[③]

1938年，朱绍良任甘肃省政府主席，郑通和被委任为教育厅长兼省府委员。次年省政府制定《甘肃教育实施方案》，提出"力谋均衡发展，根据全省人口交通物产经济文化等区别划分各级教育；厉行专业训练；因本省师资缺乏，限制师范毕业生服务范围"等多方面的计划，[④]甘肃开始在初等、中等、高等、社会和卫生教育等方面全面地、有计划地推行战时教育。

一、高等教育的扩充和专业人才的增加

抗战期间，甘肃经济困难，各类高级干部人员极为缺乏，高等教育，亟待推进。为配合抗战的需要，甘肃积极推进各项事业的建设。首先是协助国民政府

---

① 顾颉刚：《西北考察日记》，达浚、张科点校，兰州：甘肃人民出版社，2002年，第184-185页。

② 傅九大：《甘肃教育史》，兰州：甘肃人民出版社，2002年，第421页。

③ 中国人民政治协商会议甘肃省委员会文史资料研究委员会：《谢老在兰州》，兰州：甘肃人民出版社，1985年，第190-194页。

④ 朱允明：《甘肃解放前四十年教育史料》，手写本，第14页，甘肃省图书馆藏。

创办国立院校，但限于人才经费，欲创设省立大学，心力不足。1939年春，曾建议创办国立甘肃大学，因其时本省高中毕业生不多，大学新生来源缺乏，暂从缓议。[①]同年提出“以提高学术文化、培养专门人才和高等教育规划国家主办”[②]为原则，开始实行高等教育战时体制。1939年后，教育部在甘肃陆续设立国立高等学校，形成了甘肃高等教育体制的雏形。

1939年，甘肃省教育厅协助国民政府在兰州设立国立西北技艺专科学校，到1945年，改名为国立西北农业专科学校。学校先在城内租借校舍招生开学，一年后迁郊外西果园新校舍，并在平凉、武威、榆中等地方设农场和林场，以便学生实习。同时，学校设有“农业经济、农田水利、畜牧、兽医、森林等科及凿井、畜牧、森林等训练班，学生共有400多人”。[③]学校科系较多，且注重学生实际的操作，当时设有九个系六个专修培养，为抗战培养专门的技术人才。

1940年4月，国立西北师范学院奉教育部命令由陕西城固迁至兰州，次年李蒸院长依国民政府命令负责筹建国立西北师范学院兰州分院，学院设有九个系六个专修科，是甘肃国立高校中规模最大的一个，1944年迁兰工作全部完成。国立西北师院的内迁，不仅给甘肃培养了大量的师范人才，也引进了部分知名学者，如胡国钰、袁敦礼、焦菊隐、孔宪武等，为西北高等教育发展做出了贡献。

1939年，教育部计划设立医学院，认为“本省卫生教育，向少推进，拟就原先甘肃学院原有之医学专修科，设国立医学院，培养医学卫生人才，以应需要”。[④]1942年在甘肃学院医学科的基础上创办了西北医学专科学校。1944年，陕西的国立西北医学院在兰州设立分院，西北医学专科学校并入，名为国立西北医学专科学校兰州分院，两年后，又并入新成立的国立兰州大学。西北医学专科学校的设立为甘肃培养了大批专门医学人才，改善了甘肃医疗卫生落后的局面。

1939年，甘肃省教育厅呈请国民政府核准甘肃学院改为国立甘肃学院，学制专科学校分招收三年毕业的高中毕业生和五年毕业的初中毕业生两种，先后设有教育、法律、政治、经济、银行会计等系，国文、艺术、政治、医学、农业、人事管理等专修科，设有文理学院、法学院、医学院。1944年，教育部批准省立甘肃

① 甘肃省政府教育厅:《抗战期间之甘肃教育》，1945年，第2页，甘肃省图书馆藏。
② 甘肃省政府教育厅:《甘肃教育实施方案》，1939年，第1页，甘肃省图书馆藏。
③ 甘肃省政府教育厅:《抗战期间之甘肃教育》，1945年，第2页，甘肃省图书馆藏。
④ 甘肃省政府教育厅:《甘肃教育实施方案》，1939年，第1页，甘肃省图书馆藏。

学院改设为国立甘肃学院，1946年，改名为国立兰州大学，同年，成立西北兽医学院，国立兰州大学为国内第一所有兽医专业的高等院校，[1]学校培养了各行各业人才，尤其是兽医方面，解决了农民养殖家畜家禽的疾病问题，改善了基层民众生活的基本条件。

除此之外，抗战时期还尽力扩充国外留学名额，考察选派合格学生，前往指定的国外大学留学，回国后供地方建设之需要。并对留学做了详细规定：增加留学名额；注重农工医等科的学习；大学毕业且服务一年以上者有资格报考；回国后需在本省服务，由省府指派工作。[2]除了甘肃省自己培养的人才之外，留学归来者也为抗战建设注入了新活力。

二、生产教育规模扩大

战时教育一个重要的特点是发展职业教育，培养实践性人才。为此，甘肃省教育厅呈请教育部核准颁布《甘肃省生产教育实施纲要》《甘肃省职业教育实施方案》等，[3]对原有职业学校进行调整。

1939年，扩充职校班级。生产教育关系着抗战建设，省内职业学校班级虽有增加，仍难适应需求，故在1939年进行扩招：兰州农校高级林科、合作科各增一班；兰州工校高级化工科五年制机械科及水利科各增一班；秦安职校高级机械科、初级制革科各增一班；张掖农校初级农科、林科各增一班；临洮农校高级畜牧兽医科增一班；岷县农校初级农科增加一班。[4]

1940年，甘肃省政府颁布《甘肃省职业学校分区辅导暂行办法》及《甘肃省各级学校学生生产训练实施办法》等职业教育法规。将全省各类职业学校划分为兰州、陇东、陇南、河西四个辅导区，指定国立和省立工、农、医科高等学校以及兰州织呢厂等工厂机关为各区辅导单位，通过视导、通讯、函授、讲习等方式，对各职业学校的教学、实习、教员进修等实行定点辅导。[5]

---

① 魏永理主编《中国西北近代开发史》，兰州：甘肃人民出版社，1993年，第521页。

② 甘肃省政府教育厅：《甘肃教育实施方案》，1939年，第3-4页，甘肃省图书馆藏。

③ 魏永理主编《中国西北近代开发史》，兰州：甘肃人民出版社，1993年，第522页。

④ 甘肃省教育厅：《教育部三十二年施政报告》，1944年，无页数，甘肃省图书馆藏。

⑤ 甘肃省地方史志编纂委员会、甘肃省志教育志编辑委员会：《甘肃省志(第五十九卷)·教育志》，兰州：甘肃人民出版社，1991年，第81页。

甘肃在扩充职校和进行指导外，亦注重职业院校的生产实习。训练学生的生产技能，除平时在校增加实习时间，并切实指导外，且规定各校应届毕业学生，必须在生产场所工作实习三个月，获得实际的生产经验。对于生产教育的成效，也有明确的检验。当时，甘肃教育厅提倡学校造林，认为造林工作为甘肃省建设重要事务之一，教育厅与其他相关机关制定了具体的造林办法和方案，规定各校师生每人每年至少栽活五株树。[①]

同时，规定各级学校均应实施生产训练。农业生产训练包括种植蔬菜、饲养牲畜、果树栽培、日用食品制造；工业生产训练包括制造课桌椅、运动机械、修葺校舍、铺筑校内与附近道路、印刷装订等；家事生产训练包括针织、缝纫、烹饪及小工艺产品制作等，且每人必须至少选择一种进行学习。[②]还规定大学和中学在其劳动服务时间内，平均每人每周工作时间须达到三小时。

三、实行“政教合一”的国民社会教育

抗战时期，国民政府对初等教育实行所谓“政教合一”的国民教育。

第一，举办战时民众补习教育。民众补习教育主要在国民学校民教部实施，学习期限一般为二至三个月，教学内容分为公民教育和识字教育，开设科目有公民、国语、习字、唱歌等，把培养所谓“在一个主义，一个政府、一个领袖下永远做一个中国人的观念”列为教学目标，实际上是对民众强制进行国民党的“公民训练”。[③]招收16岁到35岁的失学民众，并进行为期两个月的训练，借此启发民智，策励民气，提高文化水准，增强抗战力量。[④]

第二，各高校学生到基层去宣传、设培训班，实施电化教育、休闲教育，协助团体或私人设立戏院及电影院，举办文物书画展览会。其中电化教育颇受民众欢迎，电化教育为传播文化之重要工具，甘肃交通不便，需要尤为急切。将甘肃划分七个电影施教区及播音指导区，分年成立。1940年教育部发给发电机一架，1942年又发放映机一架。除在省会放映外，并于1943年派员携带电影机及

① 甘肃省教育厅编《教育部三十二年施政报告》，1944年，无页数，甘肃省图书馆藏。

② 甘肃省地方史志编纂委员会、甘肃省志教育志编辑委员会：《甘肃省志（第五十九卷）·教育志》，兰州：甘肃人民出版社，1991年，第81页。

③ 傅九大：《甘肃教育史》，兰州：甘肃人民出版社，2002年，第471页。

④ 甘肃省政府教育厅：《抗战期间之甘肃教育》，1945年，第39页，甘肃省图书馆藏。

新制影片前往平凉、泾川、镇原、固原、海原和西吉等县放映。1944年前往天水、秦安、通渭和定西等县放映。①

第三,注重对青年的教育。"青年为国家中坚,训练青年,为目前教育之中心工作,教育部颁发了青年训练大纲"。其训练的宗旨是:信仰三民主义;陶冶高尚人格;注重科学研究;锻炼健全体格;实行负责任事;绝对遵守纪律。并对具体的训练方式也作了详细的规定。首先,注重思想教育,如讲述总理遗教;阅读三民主义并作答记;利用纪念日前往民间宣传;每日行升降旗礼;严令使用国货;举行有关爱国讲演;佩戴最高领袖像章;开会时讲演人提及最高领袖时起立致敬。其次,要求进行技术层面的科学训练:增进对自然界现象的了解;补充日常生活所需科学知识;改进自然科学教材教学,提高学生水平;练习空袭时警报之辨别,避免毒气之方法;练习消防急救及看护等救护技术;练习驾驶车辆、马匹及军用品之运输;练习军事测量,建筑桥梁,架设电线及各种防御工程;练习日常生活必需品及战时简单军用品之修理与制造。②再次,体格上也有严格要求:讲求食物之营养;注意被褥衣衫洗涤;检查厨房、厕所,及其他生活场所之清洁;灌输医药常识;举行体格检查;厉行疾病之预防与治疗;实行早操跑步;制定运动标准,实施强迫运动;举行校外各种运动比赛;开展驾驶、游泳划船等特种技能比赛;加紧军事训练;练习野外露营及长距离步行;开展射击骑马等各种比赛;讲述或阅读古今英雄故事。③

抗战期间这些教育措施体现了战时性特点,一切为战争服务,管理严格,加强思想教育,培养专门人才,提高普通民众的抗战意识,为抗战取得胜利尽最大努力。

① 甘肃省政府教育厅:《抗战期间之甘肃教育》,1945年,第41页,甘肃省图书馆藏。
② 甘肃省政府教育厅:《甘肃教育实施方案》,1939年,第22-23页,甘肃省图书馆藏。
③ 甘肃省政府教育厅:《甘肃教育实施方案》,1939年,第24页,甘肃省图书馆藏。

第二节 抗战时期甘肃的初等教育

初等教育即启蒙教育，启蒙教育无论对一个人、一个地区，还是对一个民族而言，都是至关重要的，它决定着文明的方向、思想的深度。正如郭寄峤所说：教育是崇高神圣的。它的任务是在维护生存、改善生活与繁荣滋长，故教育之兴替，实为国势盛衰之关键。[①]抗战时期，随着甘肃省政府新的教育方针、政策的相继出台与实施，通过增设国民学校、充实学校内容、加强视导考核、训练师资并鼓励教师进修、改进教师待遇、整理各县教育经费，[②]甘肃省的初等教育取得了初步成效。

一、幼儿教育

甘肃省最早的幼儿园是1922年3月在甘肃省女子师范学校内附设的蒙养院，1927年，蒙养院改为幼稚园。当时，全省也仅有2所公办幼稚园，招有幼儿62人（其中男孩28人，女孩34人），而专职男教员只有1人。[③]甘肃幼儿教育发展缓慢，根据甘肃省教育厅的调查，1937年全省学龄儿童人数计911000余人，其中失学儿童有153900余人，且散布各地，[④]幼儿教育任重道远。

抗战初期的幼儿园，遵循清末民初的规程，基本上都在女子师范学校和小学内附设。1939年12月，教育部公布了《幼稚园规程》，规定幼稚园收受4周岁以上至6周岁以下之儿童，予以1年或2年以上之保育，但必要时得呈准主管教育行政机关，收受未满3周岁的婴儿予以保育。1943年，教育部废止《幼稚园规程》，颁布《幼稚园设置办法》，规定幼稚园附设于国民学校中心学校或小学并单独设置。幼稚园由各市、县政府视地方需要及经济能力设置，各级师资训练机关及私人也可根据自身能力设置。20世纪40年代，独立设置的幼稚园逐渐增多，有教育部门办园，有社会团体、群众团体和私人办园。幼儿按年龄分为大

---

① 郭寄峤：《对平凉各中等学校师生训词》，载《郭主席政论》第2辑，1948年，第355页，甘肃省图书馆藏。

② 甘肃省政府教育厅编：《抗战时期之甘肃教育》，第25-37页，甘肃省图书馆藏。

③ 甘肃教育史志编辑室：《甘肃幼儿教育简史》，兰州：甘肃教育出版社，1990年，第1页。

④ 安涧：《甘肃教育现况纪略》，《西北论衡》1937年第5卷第5期，第18页。

班、小班，办园形式有整托、午托或整托兼午托。1941年，先后在兰州市设立妇幼幼稚园、第一托儿所、第二托儿所、美龄托儿所、福幼幼稚园，均为独立设置，多为整托，在园幼儿一般数10人，其中美龄托儿所曾达到130人。1943年，全省有幼稚园发展到23所，在园幼稚生共658人，教员23人。1944年，在园幼稚生增至922人。[①]

当时，幼稚园的课程设置以南京国民政府教育部颁布的《幼稚园课程标准》为标准，分别为：音乐、故事和儿歌、游戏、社会和自然、工作（缝纫、木工等）。各幼儿园普遍采用"单元教学"或称"中心统一教学法""启发式联合教学法"。甘肃省第二实验小学幼稚园于1933年成立后，实验"中心统一教学法"，该园当时有50多名儿童，设1个班，每周是一个单元教学。

幼儿老师主要来自于师范学校的培养。1929年，甘肃省立兰州女子师范学校添设幼稚师范班一班，学制2年，一度停办；1941年恢复幼稚师范班后办过两届。此外，国立西北师范学院为培养更加优秀的幼儿教师，于1944年成立家庭教育实验区，1947年又附设幼儿保育室，均为学生的教育实习场所。[②]

二、小学教育

（一）全面抗战前小学教育鸟瞰

甘肃省兴办近代小学教育始于清末。1901年，河州（今甘肃临夏）将凤林书院改为小学堂，是甘肃最早开办的一所小学堂。从这以后，各地相继开办学校，高等小学大抵就原有书院改设，新立者甚少。[③]到1911年，全省共有高等小学堂64所，两等小学堂（即高等、初等合设的小学堂）9所，初等小学堂919所。1912年，南京临时政府颁布《小学校令》，小学堂改为小学校。1916年，奉教育部令，各县将初等小学改为"国民学校"。1923年，推行"新学制"（壬戌学制），"国民学校"又改称初级小学校。[④]

① 甘肃省地方史志编纂委员会、甘肃省志教育志编辑委员会：《甘肃省志（第五十九卷）·教育志》，兰州：甘肃人民出版社，1991年，第157页。

② 甘肃省地方史志编纂委员会、甘肃省志教育志编辑委员会：《甘肃省志（第五十九卷）·教育志》，兰州：甘肃人民出版社，1991年，第169-171页。

③ 皇甫均：《甘肃近三十年教育史要》（初稿），手写本，甘肃省图书馆藏。

④ 甘肃省地方史志编纂委员会、甘肃省志教育志编辑委员会：《甘肃省志（第五十九卷）·教育志》，兰州：甘肃人民出版社，1991年，第174页。

南京国民政府成立后，甘肃省公私立小学增减情况，各年度均有不同，但总体呈上升趋势。1928年有2226校，1929年有1969校，1930年有1896校，1931年有2314校，1932年有2398校，1933年有2775校，1934年有2761校，1935年有2783校，1936年有2784校，1937年有3156校。学校的数量逐年增加，学生的数量也是如此。如下表所示：

表5-2-1　1932—1935年部分省立小学学生人数比较表①（单位：人）

学校	1932年	1933年	1934年	1935年	备注
甘肃省教育厅附设第一实验小学	394	450	458	450	
甘肃省教育厅附设第二实验小学	266	370	444	383	
省立兰州师范学校附属小学	446	470	454	501	
省立农业职业学校附设小学		68	98	98	

从1932年到1935年部分省立小学学生人数的变化，我们能更直观地看到小学教育的变化趋势。1932年这四所学校的学生人数是1106人，1933年是1358人，1934年是1454人，1935年是1432人，学生人数总体上逐年增多。据统计，全省省立小学1932年学生总数为3091人，1933年为3716人，1934年为4406人，1935年为4515人。这样的增长速度是迅速的，反映了甘肃省立小学的快速发展。

表5-2-2　1932—1935年教育厅直辖部分私立小学学生人数比较表②（单位：人）

学校	1932年	1933年	1934年	1935年	备注
甘肃省区救济院附设小学			68	79	
私立兰州崇实小学	123	135	160	129	
私立兰州兴文小学	598	631	724	651	

如上图，甘肃省教育厅直辖的三所私立小学学生人数，1932年721人，1933年766人，1934年952人，1935年859人，一直在缓慢地增长。据统计，甘肃省教育

① 甘肃教育厅编审委员会编印：《甘肃教育概览》，甘肃省政府印刷局，1936年，第69-70页。
② 甘肃教育厅编审委员会编印：《甘肃教育概览》，甘肃省政府印刷局，1936年，第70页。

厅直辖的所有私立小学1932年学生数为1713人,1933年学生数为1529人,1934年1811人,1935年学生数为1755人。可见,私立小学学生人数增长缓慢,且有反复的迹象。

表5-2-3　最近四年各县部分小学学生人数比较表[①](单位:人)

县名	1932年	1933年	1934年	1935年	备注
皋兰	2950	3912	5375	5375	
酒泉	23090	3401	4766	4766	
环县	243	148	347	347	

甘肃省皋兰、酒泉、环县三县1932年小学学生共有26283人,1933年有7461人,1934年和1935年均为10488人,学生人数呈不规律发展。但据统计,甘肃省各县小学1932年的学生数为109090人,1933年学生数为103208人,1934年学生数为126304人,1935年学生数为126304人。总体来说,虽增长速度慢,但还是呈现不断发展的趋势。

到1936年,甘肃省各县计有公立高小273校,初小2318校,私立高小7校,初小97校,共2695校。高级小学男生10966人,女生590人;初级小学男生108274人,女生5335人。高级、初级小学共计125165人,但失学儿童尚有753900人。[②]1938年,全省学龄儿童数约70万,入学儿童仅15万左右,失学儿童约占80%。[③]由此可见,虽然入学儿童的数量在不断增加,但是由于儿童基数大,失学率还是较高的。

(二)全面抗战时小学教育综论

1.发展概况。1937年,甘肃省计划设立短期小学666所,分别是兰州10校,皋兰等五县各15校,酒泉等14县各12校,灵台等13县各10校,海原(今属宁夏回族自治区)等35县各8校,卓尼3校。开办费用除兰州市由财政厅筹拨外,其余由各县自筹。经费每校180元,由国民政府补助费项下开支,义务教育补助费8万元,边疆教育补助费3万元,英庚款补助费5万元,除短期小学经常费

① 甘肃教育厅编审委员会编印:《甘肃教育概览》,甘肃省政府印刷局,1936年,第72页。
② 陈赓雅:《西北视察记》,,甄暾点校,兰州:甘肃人民出版社,2002年,第201页。
③ 朱允明:《甘肃解放前四十年教育史料》,手抄本,第97页,甘肃省图书馆藏。

12万元外，师资训练班经费1万元，扩充原有师范图书仪器设备费15000元，藏、回小学经费15000元。[①]但实际上，1937年全省共开办一年制短期小学664所，在校学生38648人；其他小学3156所，在校学生134430人。永登全县高小5所，初小共46所，内有女子初小1所，正筹设短期小学10所。临洮全县有高小57所，初小105所，学生4000余人，短期小学正在开办中，预定设12校。[②]小学教育"基本恢复旧观"，并略有发展。1939年全省分期增设一年制短期小学500所，二年制短期小学及简易小学各150所，边疆小学80所，共880所。1940年，甘肃省"规定本年增设小学540所"[③]，实际增设348所。同时，在南京国民政府教育部颁布《国民教育实施纲领》以后，甘肃省教育厅颁布《甘肃省国民教育实施方案》和《各乡（镇）中心学校及保国民学校设施要则》，饬令各县将完全小学改为中心学校，其余初级小学、短期小学及简易小学改为国民学校。并令各县逐年增设学校，以期五年达到"一保一国民学校，一乡（镇）一中心学校"的标准。[④]1941年将全省高等小学442所一律改为中心学校，其余初小、简小、短小等校暂改2000所为国民学校外，增设中心学校85所，国民学校492所。[⑤]1942年"所有完全小学，一律改为中心小学，其余初小、短小等一律改为国民学校"。[⑥]增设中心学校105所，国民学校674所；1943年，增设中心学校64所，国民学校323所；1944年，遵照《国民教育法》，将中心学校改为"中心国民学校"，并增设中心国民学校70所，国民学校293所；1945年，增设中心国民学校34所，国民学校159所。[⑦]

全面抗战时期，甘肃省回藏教育也得到了发展。1937年，甘肃省教育厅拟在回民较多之皋兰、临夏、宁定（在今临夏市太子寺境，民国置县，后废）、化平（即泾源县，今属宁夏回族自治区）、海原、固原（海原、固原现均属宁夏）、清水等县各设回民小学1所；在藏民较多之夏河、岷县、临潭等县各设藏民小学1所。

① 陈赓雅：《西北视察记》，甄暾点校，兰州：甘肃人民出版社，2002年，第201–202页。

② 陈赓雅：《西北视察记》，甄暾点校，兰州：甘肃人民出版社，2002年，第207页。

③ 甘肃省教育厅：《二十九年上半年甘肃教育实施概况》，《甘肃教育半月刊》1940年第13–14期，第22页。

④ 甘肃省地方史志编纂委员会、甘肃省志教育志编辑委员会：《甘肃省志（第五十九卷）·教育志》，兰州：甘肃人民出版社，1991年，第174页。

⑤ 朱允明：《甘肃解放前四十年教育史料》，手写本，第97页，甘肃省图书馆藏。

⑥ 甘肃省政府教育厅编：《三十一年甘肃教育实施报告》，1942年，第13页。

⑦ 甘肃省地方史志编纂委员会、甘肃省志教育志编辑委员会：《甘肃省志（第五十九卷）·教育志》，兰州：甘肃人民出版社，1991年，第174页。

计回民小学7校，经费10500元；藏民小学3校，经费4500元。[①]

2.学校设置与管理。1934年以后，甘肃省教育厅通令各县“改正小学设置”，将高级小学和初级小学合并设立完全小学，每学区限设完全小学一处，初级小学若干处，以完全小学为中心指导周围小学。1941年，奉令推行“国民教育”，合学区与行政组织为一体。甘肃省教育厅规定，中心学校以每乡（镇）设一校为原则，国民学校以每保设一校为原则。对于面积过大，而村落疏散者，国民学校分设班级于各村落，实施巡回教学。因推行“义务教育”而设立的短期小学、简易小学和初级小学（国民学校），主要的办学形式有：单级小学，即全校只有一个班的学校，一至四年级的学生都在一个班上课，教师用复式教学方式进行教学；二部制小学，即把学生分为两部分轮流上课的学校，有的为半日二部制，有的为间时二部制；多级复式小学，即将一所学校的不同年级，分别编在两个以上班级上课的学校，通常是一、二年级编为一班，三、四年级编为一班，教师用复式方法进行教学；巡回小学，即无固定校址，学校分班级于邻近村落，教师轮流到各村落进行教学。1938年，省教育厅颁布“甘肃省小学组织系统”，通令各校按组织系统规定的标准划一行政组织，并实行“教训合一”，将训育、教务合为教导一部（或股）。1941年，小学校长改由保长、乡（镇）长兼任，实行所谓“政教合一”的管理体制。同时，在组织上恢复训教分立制度。[②]

3.师资培训与考核。抗战时期甘肃省政府加强对师资的培训。1940年在提高小学教员待遇、拟定小学教职员服务规程及考绩办法、鼓励在职小学教师进修方面投入了很多精力，取得了显著成绩。[③]1942年，甘肃省再接再厉，调整师资并鼓励教师进修，并且加强教育师资，[④]继续加强师资的培训工作，为甘肃省的教育后勤工作做好保障。此外，省政府通过实行抽考办法加强对教师的考核制度。规定：（一）如抽考学科全班儿童及格人数在百分之九十以上者，将该校长及担任各该科教员分别传令嘉奖。（二）如全班不及格人数过二分之一者，将该校长及担任各该科教员，分别予以申诉或撤换。（三）如不及格者人数只有

① 陈赓雅：《西北视察记》，甄暾点校，兰州：甘肃人民出版社，2002年，第202页。

② 甘肃省地方史志编纂委员会、甘肃省志教育志编辑委员会：《甘肃省志（第五十九卷）·教育志》，兰州：甘肃人民出版社，1991年，第181页。

③ 甘肃省教育厅：《二十九年上半年甘肃教育实施概况》，《甘肃教育半月刊》1940年第13-14期，第23页。

④ 甘肃省政府教育厅编：《三十一年甘肃教育实施报告》，1942年，第13页。

三分之一者，饬令切实改进教法。[①]对县长、教师等均有考核规定。

4. 教学与教材。1933年，南京国民政府教育部饬令全国小学“将党义教材渗入各科教学中，而不独设一科”，并颁布“小学课程标准”，规定小学教学科目为公民训练、卫生、体育、国语、社会、自然、算术、劳作、美术、音乐等10科。此后，又于1936年、1943年，对课程标准进行修订，初级小学设国语、算术、常识、劳作、音乐、体育、美术等科。高级小学增设公民知识，常识分设为历史、地理、自然三科。上述课程，各县多数小学因经费、师资、教科书极感缺乏，并未开齐。全民族抗战爆发后，省教育厅鉴于“坊间小学教科书未能普遍适合一般小学需要”“教科书尤须加以补充有关抗战建国教材”等情况，于1938年设置甘肃省教材编纂委员会，省编小学教材数量、种类有所增加，先后编出的有小学国语、常识共38册，小学音乐教材一辑和相应的参考资料。[②]1947年，拟定由甘肃省科学教育馆制造所制造小学自然科仪器二百多套，由教育厅翻译民众课本二十余册，分发各校，以充实学校内容。[③]

三、全面抗战时初等教育的成效及特点

（一）义务教育推行最有力

全面抗战时期，甘肃省的初等教育，以义务教育的推行最有力，而且成绩也最佳。甘肃全省，即使偏僻乡村，都普遍设有义校，义校的设置情形，比初小更胜一筹。究其原因，“一是义教经费比较确定充足，二是义教师资比较优良”。[④]

（二）质的改进与量的增加

全面抗战时期，甘肃初等教育在质方面的改进主要有：一是整理各县教育经费，力祛虚收实支。二是统一教材教本，以求适合时代需要。三是注意小学校舍与设备，以增加教学效率。四是检定小学教师，并注重师资之培养及在职教师之进修。在量方面的增加是：增设一年制短小及简易小学；筹划经费，逐年

① 甘肃省教育厅：《二十九年上半年甘肃教育实施概况》，《甘肃教育半月刊》1940年第13-14期，第23页。

② 甘肃省地方史志编纂委员会、甘肃省志教育志编辑委员会：《甘肃省志（第五十九卷）·教育志》，兰州：甘肃人民出版社，1991年，第192页。

③《甘省教育厅长宋恪谈来年教育设施》，《和平日报》1946年11月30日第3版。

④ 龙君东：《抗战以来之甘肃教育》，《西北论衡》1941年第9卷第10期，第694页。

扩充；划分义教区，分设视导员负指导推行责任；整理现有普小，短小，酌量情形，增加学级，补足学额；整理现有私塾，并检定私塾教师；接办河西十一县育幼所，改为普通小学；增办蒙回藏小学，平衡发展边疆教育。[①]

抗战时期，甘肃初等教育在发展的同时，亦有不足。据教育厅长郑通和视察陇南各县教育后的报告称：各县短期小学大都有名无实，一般学校每班学生不足二十人，实与所报不符。[②]临洮为甘肃省教育发达之县，但县督学视学报告说："查各国民学校在籍学生当属足额，而实则儿童相差过多，有的国民学校到校儿童仅3~4人。"[③]

第三节　抗战时期甘肃的中等教育

抗战时期国民政府对中等教育的发展制定了一系列方针、政策和措施。1938年，教育厅根据教育部颁行的《划分各类中等学校区办法》[④]相关规定，根据甘肃人口区域分布，划分全省为兰州、临洮、天水、平凉、陇西、武威、酒泉、庆阳、临夏、武都等10个中学和师范区（次年又增划陇东、张掖两个师范区）以及兰州、陇南、陇东、河西等4个职业学校区，[⑤]中等教育在甘肃的土地上开展开来。

全面抗战之初，甘肃中等学校数量过少，等次不高，分布不均，"颇有偏枯偏荣之弊"。据1938年统计，甘肃省有中学（不含国立学校，下同）15所（省立中学校共有7所，县立初级中学校共有6所，联合初级中学校1所，私立青云高中并收初级学生，设有高中的只有省立兰州中学1所）；师范学校14所（其中省立7所，设有后期师范的仅有省立兰州师范学校和兰州女子师范学校2所）；职业学校5所。到1945年，全省中学由15所增至59所，师范学校由14所增至23所，

① 龙君东：《抗战以来之甘肃教育》，《西北论衡》1941年第9卷第10期，第694页。

② 甘肃省地方史志编纂委员会、甘肃省志教育志编辑委员会：《甘肃省志（第五十九卷）·教育志》，兰州：甘肃人民出版社，1991年，第175页。

③ 陈赓雅：《西北视察记》，甄暾点校，兰州：甘肃人民出版社，2002年，第207页。

④《划分各类中等学校区办法》规定：各省依照各地交通、人口、经济文化发达程度，分别划定中学、师范、职业三类中等学校区，分期按区设校，以求按计划均衡发展。

⑤ 傅九大：《甘肃教育史》，兰州：甘肃人民出版社，2002年，第446页。

职业学校由5所增至15所。[①]其中普通中学增设较多,发展较快。抗战期间的甘肃中等教育,就数量增长和均衡分布而言进展明显,其中多数省立学校和部分私立中学教学质量也有所提高。抗战时期,在分区设学的统一要求下,分区设学取得了良好的效果,同时注意设备的更新,重视女子中学的设立和发展,班级数量增加,规模明显扩大。1938年到1945年,全省普通中学班级由68班增至367班,其中高中部增加75班;师范学校由20班增至188班,其中后期师范增加72班;职业学校由20班增至95班,其中高级班增加30班。在校中学生由3103人增至13547人,师范生由2523人增至6709人,职校生由706人增至2675人。[②]

一、中学教育

(一)全面抗战前中学教育的发展

甘肃省中等教育起源于1902年的甘肃文高等学堂,1903年正式开办以后逐渐改良,有甲乙丙三班,甲班学生22名,乙班学生27名,丙班学生29名。甘肃省中等教育在全省各地区普遍设立,始于1904年,当时就各州府原有书院,改设中学,计有兰州府中学堂、陇东中学堂、庆阳府中学堂等十三校。[③]甘肃省的中学教育从成立到全面抗战前发展迅速,成绩显著。我们可以从1932年到1935年甘肃省立学校的学生人数的变化分析全面抗战前中学教育的发展情况。

表5-3-1　1932—1935年甘肃省立各中学学生人数比较表[④](单位:人)

学校	1932年	1933年	1934年	1935年	备注
甘肃学院附设高级中学	102	165	183	165	
省立兰州中学	381	277	469	420	
省立平凉中学	129	197	219	219	
省立武威中学	81	106	112	112	
省立天水中学	136	166	203	183	
总计	829	911	1186	1099	

① 傅九大:《甘肃教育史》,兰州:甘肃人民出版社,2002年,第446页。
② 甘肃省政府教育厅编:《抗战时期之甘肃教育》,第45页,甘肃省图书馆藏。
③ 朱允明:《甘肃解放前四十年教育史料》,手写本,第52-52页,甘肃省图书馆藏。
④ 甘肃教育厅编审委员会编印:《甘肃教育概览》,甘肃省政府印刷局,1936年,第63页。

甘肃省立中学1932年学生人数共有829人,1933年增加到911人,1934年增加到1186人,1935年有所回落,有1099人。全面抗战前,省立中学的学生人数增长缓慢。

表5-3-2　1932—1935年甘肃各县县立及私立初级中学学生人数[①](单位:人)

学校	1932年	1933年	1934年	1935年	备注
临洮县立初级中学	69	98	167	161	
张掖县立初级中学	49	80	50	50	
甘谷县立初级中学	93	76	96	130	
秦安县立初级中学	104	122	147	170	
岷县县立初级中学	36	33	43	43	
临夏县立初级中学	18	38	72	65	
天水私立初级中学	18	29	停办		
总计	387	476	575	619	

由以上两表可知,省立中学比县立中学发展迅速,1934年是省立中学发展的鼎盛时期,1935年学生人数有小幅回落,但是县立各个中学均呈小幅上升状态。总体来看,中学教育还是保持着稳步发展的态势,缓慢进步。

(二)全面抗战时中学教育的开展

1938年有中学15所,其中省立初中有男生共1104名,女生共30名,高中有男生共160名,私立高中有男生共50名。[②]1939年后逐渐增设中学。在中等学校中,普通中学发展较快,吸纳学生较多。在"奖助升学"政策指导下,中学的主要任务是为高一级学校输送新生,所以省立完全中学发展更快,备受关注。而私立学校的设备条件一般较县立学校要好。从1937年到1946年,全省中学由15所增至63所,增长3.2倍(其中省立16所,县立39所,私立8所;完全中学22所,初级中学41所),学生由2482人增至14821人,增长约5倍。[③]

抗战时期,中等学校的教育教学制度基本维持战前旧制。普通中学实行

① 甘肃教育厅编审委员会编印:《甘肃教育概览》,甘肃省政府印刷局,1936年,第65页。

② 朱允明:《甘肃解放前四十年教育史料》,手写本,第66页,甘肃省图书馆藏。

③ 傅九大:《甘肃教育史》,兰州:甘肃人民出版社,2002年,第450-451页。

初、高中三三分段制。1940年曾在高中实行分科制，初中恢复选科制，后又取消了分科与选科。中学课程设置，依据教育部1940年颁布的初中、高中教学科目及各学期每周教学时数的规定，初中设有公民、童训（童子军训练）、国文、算术及数、理、化、音、体、画等14门课程，各学期每周授课31学时。高中无“童训”，增设军事训练、外语、矿物、生物，共17门课程，每周教学时数与初中相同。[①]抗战时期中学教学的教育方针是在“坚定信仰”、培养“民族精神”的前提下，开展教育教学，达到传道授业解惑。

二、职业教育

（一）职业教育的背景

甘肃省职业教育自1902年开始倡办，首先设立有农林学堂、矿物学堂。[②]1918年到1938年，省立职业学校有4所，教职员有男64人，女11人，共75人，计有高级职业学校男生65人，女生18人，初级职业学校男生491人，女生73人，共计647人。全年经费计省立学校130299元，县立学校经费13592元。[③]1932年到1935年间的省立职业学校学生人数如下。

表5-3-3　1932—1935年甘肃省立各职业学校学生人数比较表[④]（单位：人）

学校	1932年	1933年	1934年	1935年	备注
省立兰州工业职业学校	71	88	102	101	
省立兰州农业职业学校	169	206	177	175	
省立兰州女子工业职业学校	28	28	26	42	
省立兰州高级助产职业学校			16	16	
总计	268	322	321	334	

从上表可以看出，省立兰州农业职业学校的学生数一直是最多的。总体来说，除了1934年稍有回落，其他年份学生人数均有所增加，虽然速度缓慢。

① 傅九大：《甘肃教育史》，兰州：甘肃人民出版社，2002年，第452–453页。
② 朱允明：《甘肃解放前四十年教育史料》，手写本，第85页，甘肃省图书馆藏。
③ 朱允明：《甘肃解放前四十年教育史料》，手写本，第93页，甘肃省图书馆藏。
④ 甘肃教育厅编审委员会编印：《甘肃教育概览》，甘肃省政府印刷局，1936年，第64页。

（二）全面抗战时职业教育的发展

1. 中等职业教育发展概况。职业学校因受经费、设备、生产实习设施以及毕业生出路等方面的制约，发展较慢，但与全面抗战前原有基础相比，还是有了明显增长。据1946年的统计，全省职业学校由1938年的5所增加为14所。其中省立9所，县立3所，私立2所；高初级合设及高级职业学校9所，初级职业学校5所。14所学校中，农业学校6所，工业学校6所，医事（高级助产）学校2所。从地域分布看，兰州6所，天水2所，河西2所，中部2所，陇东、陇南各1所。设在兰州的学校，一般设施条件较好；设在外县的学校，多与当地资源、特产和人才需要相配合。在14所学校中，共有班级107个，学生3194人。学生总数中，女生占6%，[①]若除去医事学校女生，其他学校女生很少。职业学校是三类学校中规模较小、设施条件较差、女生比例较低的一类。

2. 中等职业教育特点。职业学校之课程，因其编制而各异，大抵初级职业学校仍注重普通基础科目，与中学相区别之处有限，不过实习时间较多而已；而高级职业学校则更偏重必修科目，以冀养成较专门的技术人才。职业教育的一个明显特点是，高级、初级“两级分化”：高级职业学校基本实施战前旧制，重于理论传授，不大重视技能训练，虽设有几门专业技术课程和实验实习，但实际上“与（普通）中学无异”，一个重要原因是专业教师缺乏，实验实习设施简陋而不全，再加“鼓励升学”的诱惑，致使职业学校为发展当地生产培养中级技术人才的目标受到较大影响。初级职业学校则又是一种倾向，强调“即学即用”，为当地生产培养徒工，忽视必要的科学知识的教学，因此，培养的学生虽能学到一定的生产技能，但一般只能充当“小工”，降低了学校的培养目标。[②]

三、师范教育

（一）师范教育之嚆矢

甘肃省的师范教育当以1904年文高等学堂附设的师范馆为始，[③]师范馆只

① 傅九大：《甘肃教育史》，兰州：甘肃人民出版社，2002年，第452页。
② 傅九大：《甘肃教育史》，兰州：甘肃人民出版社，2002年，第452页。
③ 朱允明：《甘肃解放前四十年教育史料》，手写本，第69页，甘肃省图书馆藏。

开设人伦道德、经史、国文、算术、教育、体操等六门课程。[①]到1910年，先后成立优级师范学堂、速成师范学堂、初级师范学堂、两级师范学堂、简易师范学堂、秦州师范学堂。以后逐渐发展，北洋政府时期，省立各师范学校并没有得到较大的发展，质量低劣。[②]我们可以从1932年到1935年这四年各学校学生人数的变化来看抗战初期到全面抗战前甘肃省师范教育的发展情况。

表5-3-4　1932—1935年甘肃省立、县立各师范学校学生人数比较表[③]

（单位：人）

学校	1932年	1933年	1934年	1935年	备注
省立兰州乡村师范学校	162	183		99	该校前身为省立第五中学，1934年停办，后改组为乡师
省立兰州师范学校	389	436	402	393	
省立武威师范学校	95	133	134	134	
省立临洮师范学校	122	138	175	177	
省立酒泉师范学校	124	150	142	131	
省立陇西师范学校	32	37	67	94	
省立天水师范学校	50	75	143	205	
省立平凉师范学校	123	127	112	114	
省立兰州女子师范学校	135	124	144	137	
省立平凉女子师范学校	31	62	54	54	
总计	1263	1465	1373	1538	
临洮县立女子师范学校	27	25	35	37	
天水县立女子师范学校	13	20	37	37	
总计	40	45	72	74	

① 刘用：《清末甘肃师范教育概况》，载中国人民政治协商会议甘肃省委员会文史资料研究委员会《甘肃文史资料选辑（第八辑）》，1980年，第91页。

② 朱允明：《甘肃解放前四十年教育史料》，手写本，第69-73页，甘肃省图书馆藏。

③ 甘肃教育厅编审委员会编印：《甘肃教育概览》，甘肃省政府印刷局，1936年，第63-65页。

总体来看，从1932年到1935年全省的师范学生数呈现上升的趋势，而且数量可观。省立师范学校学生数量多且发展较快。

（二）战时师范教育的进程

1.师范教育的概况。1938年，甘肃省立师范学校共12所，教职员数男性141人，女性18人，共计159人。简易科男生1714人，女生387人，师范科男生117人，女生16人，共计2234人，全年经费共计276366元，据教育厅整理之结果，实支246650元。[①]

抗战时期，师范学校以省办为主。1944年统计，全省共设省立师范学校20所。其中，按等级划分：普通师范（三年制，招收初中毕业生，相当于高中）16所，简易师范（四年制或三年制，招收高小毕业生，相当于初中）4所。按类型划分：一般师范15所，女子师范4所，乡村师范（主要培养农村小学教师）1所。共有班级169个，学生6454人，教职员546人。此外，还有3所国立师范学校未计在内。从地域分布看，依1938年划分的全省12个师范区，到1945年，除第四区（平凉以西6县）、第九区（临夏周围4县）未设省立师范（但各有1所国立师范）外，其他10区都设有省立师范学校，但有4个区各只有1所，未达到原定每区设2所省立师范学校的目标，难以满足"普及"国民教育对师资的需求。[②]

2.师范教育的具体教学。师范学校除设有教育专业课和补修英文外，其他课程与中学略同。开设的专业课主要有教育通论、教材与教法、教育心理以及"地方自治"、"农村经济与合作"、实用技艺等。杜威的实用主义教育思想，在专业课教学中占有重要地位，传授"教育即生活，学校即社会"及"儿童中心主义"等教育理论和教育方法。[③]众所周知，师范学校的教育实习是教学的重要组成部分，当时不论是普通师范，还是简易师范，均把实习安排在最后一个学年进行，并以参观、见习、试教为实习的基本形式。但由于经费不足等客观因素，再加组织者、指导者的态度不一，学校之间各有差异。总的来看实习效果十分不理想。

---

① 朱允明：《甘肃解放前四十年教育史料》，手写本，第83-84页，甘肃省图书馆藏。

② 傅九大：《甘肃教育史》，兰州：甘肃人民出版社，2002年，第451-452页。

③ 傅九大：《甘肃教育史》，兰州：甘肃人民出版社，2002年，第453页。

四、战时中等教育的成效

（一）回民教育成绩显著

抗战时期，在回族一些高层人士的努力下，回民教育成绩明显，如兰州西北中学的设立与发展。西北中学是北平私立西北公学的兰州分校，1928年，回民孙绳武在北平牛街成立清真中学，1931年改名为西北公学，1938年成立兰州西北中学分校。1958年8月，甘肃省人民委员会决议改为兰州回民中学。西北中学虽以办理回民教育为宗旨，但在招生时却是回汉兼收，初期回族学生较多，或占一半左右，其中农村学生和城市贫民不少。1940年以后，随着班级学生的增加，回族学生的比例就逐渐减到三分之一左右。此外，还有少数东乡、藏、保安等民族的学生。西北中学的初中部到解放为止，共毕业了11届学生，450人。简师只办了1班，毕业18人，未续办。高中部到解放时共毕业4届，学生160余人，其中回族学生约150人，占初、高中毕业学生人数的四分之一左右。①

（二）办学目的明确

抗战时期，甘肃中等教育毕业生，一部分进入高中学习，绝大部分直接就业，服务于社会各界。对普通中学来说，为高中输送学生是它的主要目标，所以它注重考试，注重升学，而且也要参加统战工作。贾庆礼回忆说：1945年我在庆阳县委统战部工作时，我负责的主要是做从白区回乡的中学生的工作。那时陇东所谓庆阳五属学校很少，没有一所完全中学，小学毕业升学，最近到平凉去，有钱人家的子弟还可以到兰州或西安去上中学。②当时，中学生毕业后，直接就业者较多，升学者较少。1934年以前升学者占总额41%，就业者占41%，闲居者占17%，死亡者占1%，1934年到1937年间，社会事业（农村合作社等）日益发达，区、公署、保甲、公厅等机构所需下级干部增多，所以就业者日渐增加，几乎占总额59%，升学者约占总额30%，闲居者约占总额10%，死亡者约占1%。③

---

① 马汝邻：《记兰州西北中学》，载中国人民政治协商会议甘肃省委员会文史资料研究委员会《甘肃文史资料选辑（第八辑）》，1980年，第99-104页。

② 贾庆礼：《抗日战争期间我在陇东工作时的几点回忆》，载中国人民政治协商会议甘肃省委员会文史资料研究委员会《甘肃文史资料选辑（第十二辑）》，1982年，第59页。

③ 皇甫均：《甘肃近三十年教育史要》（初稿），手写本，甘肃省图书馆藏。

对职业学校来说，强调“即学即用”，为当地生产培养徒工。农校毕业生，1934年前多数充任小学教员或行政机关职员，升学者较少，自营农场者更少，偶尔有在省县农场或苗圃供职者。1934年到1937年，甘肃省合作事业发达，农校的毕业生服务农贷者最多；1934年前，工校毕业生也多数充任小学教员，因为客观的环境恶劣，很少有毕业生充任工厂职员或自办工厂。甘肃女职历史甚短，毕业人数有限，从1932年成立至1940年改为兰州女中的八年中，共招收学生250余人，毕业学生近200人，除少数充任小学教员外，大抵皆在家庭管理家政或赋闲。①甘肃测量学校培养出的一大批测绘人员，在发展甘肃测绘事业上起了重要作用。第一，测绘十万分之一调查图。主要施测甘肃省百分之九十地区，及宁夏、青海大部地区的十万分之一调查图，历时二十年。第二，抢测宁夏阿拉善旗军用图。1939年冬，甘肃测量局指派王仲义为组长，率同孙廷彦、马永清、刘子蔚等通过甘新公路督办马步青防地，从永昌以北的毛不拉进入测区，抢测巴丹吉林沙漠雅布赖盐池一带十万分之一调查图。另派股长苏仁率同岳俊清、段文天、王致良等，从民勤红柳园以东进入测区，抢测腾格里沙漠一带十万分之一调查图，约三个月完成。第三，支援宁夏省地籍测绘工作。第四，施测兰州地区五百分之一地籍测量工作。第五，引洮入渭水利工程测量。第六，北湾水利工程测量。第七，协助甘肃省地政局培训测绘人员并承担施测工作。②

甘肃省的中等教育虽有所发展，但因战时实用主义明显，结果是“敷衍应付者多，理论结合实际的真教实干者比较少，实习效果不理想。”③

① 皇甫均：《甘肃近三十年教育史要》（初稿），手写本，甘肃省图书馆藏。

② 王仲义、刘子蔚：《回忆甘肃测量学校简况》，载中国人民政治协商会议甘肃省委员会文史资料研究委员会《兰州文史资料选辑（第五辑）》，1986年，第205-206页。

③ 傅九大：《甘肃教育史》，兰州：甘肃人民出版社，2002年，第453页。

第四节　抗战时期甘肃的高等教育

抗日战争时期是中国高等教育发展的特殊时期，由于日本帝国主义的疯狂侵略和破坏，中国高等教育的发展进程被打断，高校被迫内迁。在这种艰苦的环境下，南京国民政府较为重视高等教育的发展，颁布一系列适应抗战和高等教育发展的方针政策。当此际遇，甘肃的高等教育不但没有中落，反较全面抗战前有所发展，高校数量增加，办校质量提高，因为许多高校的内迁，学校师资力量增强。所以1937—1945年甘肃的高等教育取得了较快的发展。

一、高等教育发展的背景及方针

甘肃近代的高等教育，发端于1902年创办的甘肃文高等学堂。到全民族抗战前，甘肃仅有“甘肃学院一所，原为法政专门学校，后易为五族学院。国民军政时代改为中山大学，甘肃大学，后始易名为甘肃学院”。[1]甘肃学院虽已有多年历史，但甘肃省经济落后，加之日本帝国主义的侵略破坏，人力物力都困难，长期难有发展。全面抗战期间，“我国教育文化，曾受敌人之重大摧残。日人认为各级学校均为反日集团，所有智识青年，均系危险分子。为欲达到其长期统治中国之目的，故极力奴化我青年之思想，摧毁我教育文化机关，欲以消灭我固有之文化。因此，战时我国教育文化的损失，相当惊人。”[2]日本帝国主义在摧毁我国经济的同时，也在毁灭我国的精神支柱，破坏高等教育，尤其是沿海东部一带的高校，故部分高校开始内迁。为适应抗战对各种专门人才的需求，甘肃协助国民政府在甘肃创设高等学校。按照分层负责的原则，高等教育由国民政府主办，省政府积极协助。即由国民政府决定设立，拨发经费，直接管理；省政府协助解决学校创建、发展中的有关具体问题。

抗战时期，甘肃省建设事业逐步发展，需才殷切，筹设国立大学，刻不容缓。[3]1939年，经南京国民政府行政院决定，在兰州设立国立西北技艺专科学

---

① 安涧：《甘肃教育现况纪略》，《西北论衡》1937年第5卷第5期，第14页。

②《一九三七年以来之中国教育》，中国第二历史档案馆藏南京国民政府教育部档案，档号5号1695卷。

③ 甘肃省教育厅编：《教育部三十二年来施政报告》，1944年，甘肃省图书馆藏。

校，1945年8月，奉教育部令改名为国立西北农业专科学校。1938年，国立西北师范学院在陕西省城固县正式成立；1940年4月，南京国民政府教育部决定将国立西北师范学院迁往兰州；1941年设立国立西北师范学院兰州分院，至1944年，国立西北师范学院全部迁来兰州。1942年10月，教育部在兰州设立国立西北医学专科学校。1944年夏，设在陕西南郑的国立西北医学院在兰州设置分院，原西北医专即并入国立西北医学院兰州分院，为国立西北医学专科学校兰州分院。1946年8月，国立西北医学院兰州分院并入新设立的国立兰州大学，甘肃的高等教育进入一个新的发展阶段。

二、高等教育政策措施之推行

（一）充实甘肃学院，筹设国立大学

兰州大学坐落于甘肃的省会兰州市，其前身是1909年成立的甘肃官立法政学堂。1912年中华民国建立后，学校曾更名为公立法政专门学校。到1913年12月，教育部任蔡大愚为校长，校址选在兰州西关萃英门。1928年4月，甘肃公立法政专门学校改设为兰州中山大学，校长由教育厅厅长马鹤天兼任，原校长杨集瀛被免职[①]。兰州中山大学的建立主要是凭借冯玉祥及国民军的支持，很多方面并不具备办学的条件，但它标志着甘肃第一次出现了本科教育和法学之外的其他高教专业，[②]使得甘肃的高等院校多学科教育向前迈进一大步。兰州中山大学成立不到一年，因南京国民政府下令不能使“中山大学”名称过多而进行改名，1931年2月，兰州中山大学改名为甘肃大学；同年12月，又改名为省立甘肃学院。在这短短四年的时间里，更换了五任校长，最后邓春膏任甘肃学院校长。全面抗战爆发前，它一直是甘肃唯一的高等院校，也是包括陕甘宁新在内的整个西北地区仅有的四所高等院校之一。1939年，甘肃省教育厅呈请国民政府核准甘肃学院改为国立甘肃学院。1942年7月，省立甘肃学院改设为国立甘肃学院。

1936年田炯锦任校长期间，开始对学院的行政管理机构进行调整，制定《修

①《法政学校归并中山大学及部分学校更名》，兰州大学档案馆藏，档号1-1-28。
②《毕业、开学典礼及开课日期规定》，兰州大学档案馆藏，档号1-1-37。

正甘肃省立甘肃学院组织大纲》，并于次年7月经教育部批准备案。此时学院的办学宗旨为："遵照中华民国教育宗旨，研究高深学术，养成专门人才，以适应国家及社会之需要。"根据该组织大纲，学院的行政机构大致为院长、院务会议和秘书，及事务主任、教务主任、各委员会。此外，学院还附设有高中、附小。

1937年4月，朱铭心接任院长。不久全面抗战爆发，抗日民族统一战线形成，甘肃学院师生爱国热情迅速高涨，很快成为兰州地区和全省青年爱国活动的一个中心，在社会上产生了重要影响。1938年朱绍良接任甘肃省主席后，将朱铭心调离甘肃学院，请平凉中学校长王自治接任。王自治接任院长后，加强对学院师生的控制，对学院的行政管理机构进行调整，分为院长、院务会议和各委员会三级。

在王自治任院长的3年间（1938年2月—1940年12月），甘肃学院除增设银行会计专修班（次年7月改为银行会计专修科）外，在办学经费、招生规模、教学水平等方面都没有新的发展和变化。所以1940年教育部派督学来视察时，颁发训令："查该院前本部派员视察，据送视察报告，该院纪律废弛，教职员多不甚负责，导师制未能切实施行，图书、仪器等设备未能充分利用，学生程度低劣，各项考试均未严格举行。该院亟应切实整理，省府另筹经费，将附设中小学单独设置，即以原有经费专办学院，积极调整科系，使班次衔接，并提高教员待遇，增聘优良专任教员。此外，对于导师制、社会劳动服务及新生活运动、精神动员等，均应照规定分别认真推进。"①在此情况下，将王自治调任省政府参议，任命宋恪接任甘肃学院院长。②宋恪一上任，就针对当时甘肃学院存在的学院不像学院，教师不像教师，学生不像学生和学院自身存在的问题，从三个方面进行整治：(1)调整科系；(2)提高师资；(3)整顿学风。③

在各方的支持下，这些措施很快取得了成效。1942年秋，当教育部再度派员视察时，甘肃学院的情况已有明显变化。其视察报告中写道：该学院1940年学生仅35人，1942年已增至160人；专业设置新增政治经济学系、银行会计专修科、人事管理专修科等。"教员34人，计教授13人、副教授3人、讲师18人""该院

①《教育部派员视察省立甘肃学院报告及有关文书》，中国第二历史档案馆藏南京国民政府教育部档案，档号5-1995。

②《甘肃省政府任命宋恪为甘肃学院院长的训令（民国三十一年一月十六日）》，档号1-2-305。

③ 宋恪：《三年来之甘肃学院》，《甘肃民国日报》1944年4月1日第4版。

校舍整齐，场所亦多宽敞”。[①]

正是鉴于甘肃学院的发展需要，甘肃省政府将学院的年度经费增加为112117元，并根据甘肃学院及省内各方面的建议，1942年决定将省立甘肃学院改办为国立甘肃学院。因当时兰州已有四所高校，其中三所是国立院校，国立西北师范学院兰州分院、国立西北医学专科学校兰州分院和国立西北技艺专科学校，但历史最悠久的甘肃学院，却仍为省立院校，其发展受到地方财政等因素的严重制约。1939年，甘肃省教育厅向教育部呈报的施政计划中，“仍拟继续向中央呈请。务期该院早日改为国立甘肃大学，奠定本省的高等教育基础”。3月31日，宋恪再度呈请教育部将甘肃学院由省立改为国立。教育部将此呈请转报行政院审核。而甘肃省临时参议会第二届二次会议也通过了将省立甘肃学院改为国立的提议，并呈报重庆国民政府。[②]1942年3月20日，行政院会议做出决议，批准自当年7月1日起，将省立甘肃学院改为国立。4月1日，在甘肃学院举行的建校16周年庆祝会上，院长宋恪宣读了这一决定。5月30日，教育部部长陈立夫签署训令，于本年7月将“甘肃省立甘肃学院”改组为“国立甘肃学院”，并颁发《甘肃省立甘肃学院改组为国立甘肃学院办法》，甘肃学院实现了由省立向国立的历史性转变。院长改由教育部直接任命，仍由宋恪担任，学院的教务主任为郭维屏，训导主任为张思海，总务主任为吴鸿业。学院的办学经费也改由国民政府下拨，并有了一定的增长。两年后，又改名为国立兰州大学，其原有的行政机构未有大的变化和调整。[③]

甘肃学院时期，本着服务地方、从实际出发的原则，在专业设置上也作了相应调整，在原有的法律、文学、教育等科系外，还设了医科、农科、金融经济类等专业，这些专业毕业的学生为当时甘肃的发展做出了贡献。比如：法律系是兰州中山大学创办的第一个本科院系，也是当时教学力量最强的系，但1936年处于停办的状态，甘肃省的司法人才不得不从东南各省引进。因甘肃路途遥远，环境恶劣，待遇低，很多人不愿来，人才依然缺乏。面对此状，1940年6月，省高等法院请甘肃学院尽快恢复法律系，以造就更多专业人才，“供职法界，成绩卓

①《教育部派员视察省立甘肃学院报告及有行关文书·视察甘肃省立甘肃学院报告》，中国第二历史档案馆藏南京国民政府教育部档案，档号5-1995。

②《甘肃省教育厅三十三年度施政计划》，中国第二历史档案馆藏南京国民政府教育部档案，档号5-934-2。

③《甘肃省立甘肃学院要览》，档号32-64-7。

著”。[①]此外还有教育系，其毕业生为甘肃教育事业的中级干部建设，对甘肃教育事业有很大影响，尤其是在国立西北师范学院未建立前，其一部分毕业学生为中学师资的来源。[②]医科和农科的设立，改变了甘肃当时医疗卫生和农业落后的局面。

全面抗战之前，宋恪在《甘肃学院之后顾与前瞻》一文中提及：兰州“仅有两所高级中学——省立兰州中学及甘院附中，每年仅能毕业两班，不过二三十人。其中一般家道殷实者，赴平津京沪一带升学；家道贫寒者，即行辍学就职，那么，能上甘院者就寥寥无几了”。平、津、沪等高校云集之地被日军占领，各级学校或停办或内迁，大量学生在沦陷区和后方颠沛流离，无法就学。因此，国民政府教育部于1937年9月底制定各级学校临时借读办法，以救助战区学生；响应国家政策，甘肃学院对于辗转来到甘肃的外省籍借读生和转学生尽量予以收容，使其不致失学。而且，报考甘肃学院的外省籍学生也明显增多，甘肃学院的生源结构开始出现多样化。大量外省籍的学生来到甘肃，报考甘院，使得学院的生源地范围不断扩大，这有助于提高生源质量和办学质量，提高学校的社会影响力。

抗战时期，甘肃学院的学生对甘肃的抗日救亡运动做出了巨大贡献。甘肃学院教育系学生自治会常务干事刘日修，于1937年10月下旬加入中国共产党，他积极组织组织周围爱国学生，为全省青年学生开展抗日救亡运动准备了组织基础。甘肃学院成立了青抗团分团，有90%以上的学生参加了两个以上的抗日组织、各分团都纷纷出街头墙报，介绍前方战况，举办读书会与讲演会，组织歌咏队，防空救护队和劝募队等。[③]《甘院学生》创刊于1933年，实际上是中国共产党领导下的一个进步刊物，它在发动青年学生积极参加抗日救亡活动、宣传中国共产党的抗日主张、鼓励建立群众性的救亡团体等方面，起了很大的作用。

（二）国立西北师范学院西迁兰州

独立设置高等师范学院，注重培养中等学校师资，是抗战期间国家教育制度的一项重要改革。在地域分布上，尤重西南、西北大后方师范教育的发展。

---

①《兰州大学档案》，甘肃省档案馆藏兰州大学档案，档号1-2-323。

② 张克非主编《兰州大学校史》（上编），兰州：兰州大学出版社，2009年，第80页。

③ 张克非主编《兰州大学校史》（上编），兰州：兰州大学出版社，2009年，第111页。

1937年由内迁陕西的北平师范大学等三院校组成的西北联合大学，按照次年颁布的《师范学院规程》，于1938年7月分设师范学院，1939年8月，在西北联大改组中，独立设置西北师范学院，9月1日国立西北师范学院宣告成立，并委任原北平师大校长李蒸为学院院长[①]，校址在陕西城固县。1940年4月，教育部以城固地处偏僻，高等学校过多，不足以应西北广大社会之需要，不利于学校本身的发展，且甘肃又迫切需要培养师资发展教育为由，经通盘筹计，令西北师范学院再迁兰州，并作为永久校址。[②]对此决定，甘肃当局和各界人士均表热诚欢迎，全力支持。同年5月，甘肃省政府致电教育部，表示“国立西北师范学院迁兰，省府及地方人士均热诚欢迎，祈电令该院派员来甘筹备”。在当时的历史条件下，学院西迁兰州，困难极大。对此，院长李蒸正视现实，积极筹办，部令下达后，着手准备，当年6月即率员赴兰州勘查。经调查比较商议，选定兰州西北郊十里店为永久校址。当时的十里店，地处郊野，环境艰苦。学院选此为校址，既有现实考虑，又有长远设想，既可防避日军空袭，又有利于学校今后发展，还可借助黄河皮筏以为往来城区交通之便。

学院由陕西迁往甘肃，耗费甚巨，但教育部所拨经费又很有限，因而不可能在短期内全部迁入兰州，只得分期实行。实际上分成了三步：第一步，1941年3月奉教育部命令先在兰州设立国立西北师范学院兰州分院，同年11月举行分院开学典礼，齐国樑任兰州分院主任。[③]在之后的两年里，李蒸等人白手起家，在荒滩上一步步完善学校的设施和条件，筹建校舍，但因经费不足，校舍建设也较困难。1942年6月2日，李蒸院长向教育部呈文：“……以五万元购地二百七十余亩，而以十万元建房，仅建成教室七个……其余房舍如办公室、学生宿舍、食堂及其他公用室，或租借兰州市疏建区房屋，或省立某小学校舍（价款共三万五千元，均未当付）”“……将本院新校舍全部建筑费六百万元，迥予拨给……如不能一次拨此巨款，亦请照两个年级建筑计划，拨给二百五十万元，连同设备费共给二百八十万元”，[④]但得到实际费用仅半数。通过李蒸院长的努力，得到蒋

①《关于国立西北师范学院于九月一日宣告成立的布告》，西北师范大学档案馆馆藏民国档案，档号33-5-4。

②《各校迁设地点西北师范学院迁移兰州》，西北师范大学档案馆馆藏民国档案，档号33-6-6。

③《为该院在兰筹设分院已由部订办法仰派员往筹备并与甘教厅商进行由》，西北师范大学档案馆馆藏民国档案，档号33-10-1。

④《为陈述本院兰州分院需要建筑设备费迫切情形等由呈文》，西北师范大学档案馆馆藏民国档案，档号33-0014。

介石的支持,从西北建设专款中拨给学校建设费用。第二步,1943年,城固本院学生基本完成学业后,师院本部和大多数教职员迁转兰州,城固改为分院,作为过渡。李蒸主持兰州本院工作,黎锦熙和袁敦礼主持分院工作。第三步,1944年,城固分院学生全部毕业,城固分院宣布结束,国立西北师范学院全部迁来兰州。[①]近代兴学以来第一所高等师范学校在甘肃扎根、成长,将中国的师范教育向西推进了1000公里,对发展甘肃乃至西北文化教育有重要意义。

师院直接继承于北平师范大学,系科设置比较齐全,在办学传统、培育人才、辅导和支持中等教育的发展等方面,都为甘肃教育做出了重要贡献。西北师院设有国文、英语、史地、数学、理化、教育、体育、家政、博物、公民训练等10个系和劳作专修科。修业年限本科4年,专修科2年。[②]迁来兰州后又增设了国文、理化等5个专修科,以及劳作师资和优良小学教师训练班,以适应加快培养训练中小学师资的需要。其教师阵容较强,除上述所提外,黎锦熙、李建勋、董守义、袁敦礼、邹豹君等知名学者受聘任教。1944年全院有在校学生1010人,全部教职员302人。[③]

师院是在艰苦的环境下建设和发展起来的,抗战期间,师院为西北地区培养了大批有爱国热情、有责任心的基层师资力量,促进了甘肃初、中等教育的发展。依照《师范学院规程》,师院课程分为普通基本科目、教育基本科目(公共必修)、分系专门科目(分必修与选修)和专业训练科目四类。普通基本科目中除"三民主义"外,有国文、英语、体育等科。教育基本科目包括教育学和心理学,其基本内容是杜威和桑代克的教育学说;教育专业科目有26门,其中有教育哲学、教育统计、教育与职业指导、学务调查等。这使得大多毕业生有较扎实的专业知识,也有较强敬业精神,教学认真负责,能按教学计划完成教学任务。

国立西北师范学院设有教育研究所,以研究高深教育学术,训练学术专才及协助有关教育机关研究教育问题、改进教育设施为目的。师范研究所在李建勋的领导下做出了一系列学术成果。李建勋、许椿生的"战时与战后教育"研究,金澍荣、尹赞钧的"中等学校英语教材及教法之研究",王镜铭的"战时民众

① 刘基、王嘉毅、丁虎生主编《西北师范大学校史(1902—2012)》,北京:教育科学出版社,2012年,第135页。

②《国立西北联合大学改组为国立西北大学国立西北医学院及国立西北师范学院办法》,西北师范大学档案馆馆藏民国档案,档号33-5-1。

③ 刘基、王嘉毅、丁虎生主编《西北师范大学校史(1902—2012)》,北京:教育科学出版社,2012年,第94页。

组训”研究等课题，都取得了良好的成绩。其他学科，如黎锦熙的《中国古今文法研究提纲》《方志今议》《国音字母拼音练习表》等数部专著，以及陆懋德的《史学方法大纲》《上古史》也在城固期间完成并获得国家学术奖励。[1]同时办有《国立西北师范学院学术季刊》，发表过一些有相当影响的研究论文。此外，还有多篇探究边疆史地的论文问世，如邹豹君《甘肃走廊的重要性》《由地理和地缘方面论兰州市将来的发展》[2]等多人的研究论文。

抗战期间，学校为辅导地方和社会教育做出了很大努力。学校设有“小学教育通讯研究处”，即早期的函授教育。对小学教员进行再培训，改进小学教育；同时研究解答小学教育面临的困难和实际问题，更好促进基础教育的发展。[3]学校还在城固郊区和十里店开展民众教育及社会教育，提高普通民众素质，激发他们的爱国热情，积极投身抗战。1941年，在邯留乡成立了“乡村社会教育实施区”，让本校学生开展社会教育、兵役法宣传、讲授卫生和科技知识。[4]当师生撤离时，当地民众依依不舍，加以挽留，并赠“善教民爱”锦旗。[5]

（三）创设国立西北技艺专科学校

在抗战后方创设西北技艺专科学校，也是抗战期间教育主管当局的一项重要决策。1939年国民政府批准在兰州设立西北技艺专科学校，1945年改名为国立西北农业专科学校，后又改为西北农业学校，[6]此举适应了战时对专门人才之迫切需求。

1939年，教育部以欲“开发西北必先培植人才”的理由，向行政院提议设立国立西北技艺专科学校，经“最高国防会议”批准，国立西北技艺专科学校乃应运而生。[7]学校主要以“以教授应用科学，培植技术人才，发展西北生产事业”为宗旨。先设畜牧、兽医、农学、森林、农业经济五科，待以后再酌量增设土木水

---

① 刘基、王嘉毅、丁虎生主编《西北师范大学校史（1902—2012）》，北京：教育科学出版社，2012年，第103-104页。

② 尚季芳：《抗战时期内迁高校与西北地区现代化——以国立西北师范学院为中心的考察》，《西北师大学报》2012年第5期。

③《国立西北师范学院教育系小学教育通讯研究处招生简章》，《国立西北师范学院校务汇报》1941年第22期，第8页。

④《国立西北师范学院乡村社会教育实施区三十学年度工作报告书》，西北师范大学档案馆馆藏民国档案，档号33-216-4。

⑤ 王镜铭：《国立西北师院城固社会教育试验区两年半工作介绍》，《甘肃民国日报》1943年11月第3版。

⑥ 钱伟长总主编《20世纪中国知名科学家学术成就概览》（农学卷），北京：科学出版社，2013年，第580页。

⑦ 傅九大：《甘肃教育史》，兰州：甘肃人民出版社，2002年，第441页。

利、机械、纺织、化学制造等科，校址定于兰州西果园①。西果园是兰州近郊风景优美的小村，居民八十多户，均以农业生产为生，交通方便，环境优美。学校四周高山矗立，为本校学生实验造林的好场所。山谷间有泉水流出，可借此进行灌溉。此处远离喧嚣，杨柳夹岸，桃李满园，民风质朴，为学生修业提供了宁静的住所，同时也有利于躲避日军的轰炸。1939年6月，教育部委派曾济宽为筹备主任来兰州筹建，筹备时间为4个月，并聘请本省有关人士殷良弼、杨著诚、谷子俊等12人为筹备委员。由于筹委会的积极筹备，省府及其相关部门在选址、建筑、聘师、招生等方面的支持协助，建设进展较快。为尽快开学，暂借教育厅旧址和实验小学等处房舍作为临时校舍。6月筹备，9月招生，首届定于从兰州、天水、宁夏、青海等四地招生，于9月25日评定考生成绩，录取农业50人，农学、森林、兽医、畜牧各科40人，共计新生210人。10月16日在所借校舍开学上课，曾济宽被委任为校长。不料在11月29日到12月26、27、28日，遭日军飞机轰炸，临时校舍被毁，图书仪器损坏，被迫暂行放假，直到次年3月校舍修复才开学复课。1940年初，选定兰州市郊西果园为固定校址，开始校舍建设。当时与鸿记及太华建筑公司订立合同，开工建设，招标兴建办公室12间，教室24间，图书仪器室12间，教职员宿舍45间，学生宿舍44间，工人住房6间，食堂及厨房共16间，浴室及茶水室共15间，厕所共8间。②当年9月竣工搬迁，随即在新校开始办公、上课。学校条件虽极简陋，但师生情绪甚高，又得到社会各界的支持协助，办理较顺利。

国立西北技艺专科学校所设系科，分五年制和三年制两种。五年制专科设有农艺、森林、畜牧、兽医4科，招收初中毕业生；三年制专科设有农学科、林学科、畜牧科、兽医科、农业经济科等5科，招收高中毕业生。还开办过凿井等三个训练班，培养初中级急需人才。该校的突出特点是崇尚实际，鼓励学生学以致用，重实践，使学生“认清其所学为改良当地农业生产而学，为改进农民生活而学”“更于求得实学之后，实地用其所学”。辛树帜先生在任教办学期间，强调两点：“一是结合实际，学以致用。要求农学系学生熟悉棉、麦等的育种和栽培，要求林学系的学生入山采集；二是热爱专业，刻苦学习。他曾经带领学生走访

① 杨重琦主编《兰州经济史》，兰州：兰州大学出版社，1991年，第400页。
② 王觉源：《战时全国各大学鸟瞰》，重庆：独立出版社，1941年，第295-296页。

农村，为民割麦。”[①]该校重视实验实习及研究场所、设施建设，先后在武威、榆中、平凉、临洮等地开设农、林、牧场及研究室，供师生实验实习之用，为培育实用人才发挥了积极作用。1942年6月首届三年制专科学生毕业，服务于社会，成为甘肃省培养的第一批农业技术人才，至1944年先后培育了各科毕业生168人。

1947年7月，国立西北农业专科学校校长由路葆清担任，不久学校改名为西北农业学校，增设了农田水利科。1950年，该校并入国立西北兽医学院（即现在的甘肃农大）。[②]

（四）筹立国立西北医学专科学校

抗战期间，全国上下一片混乱，经济枯竭，生活凋敝，疾病大肆蔓延，缺医少药，人民生活在痛苦中。

为应对现状，在兰州中山大学成立时就有人提出设立医学高等院校的想法，但未能实现。20世纪30年代初，教育部通令“各省设立农学专科学校与医学专科学校”。而以甘肃当时的现状，另设学校确为不实际。1931年10月8日，邓春膏呈请甘肃省政府将设农医专科学校之款拨归甘肃学院设立农科与医科，“一则不负教部之功令，再则适应甘肃之现状”。[③]

到1933年3月，省政府才批准甘肃学院设立本省第一个“医学专修科”，但当时办学经费有限，甚至有停办的危险，在邓春膏和首任医科主任宋子安的努力下，购置设备，才得以办下去。在前一年，省政府将省属中山医院划归学院，作为医科学生临床实习的基地。从1933年到1941年，因为经费、师资、生源的问题只招收过三届学生，且根据当时的规定，招收高中毕业生，学制5年，因为达不到6年，所以毕业时不给予学士学位证，办学不完善，也不成熟。但对甘肃医科高等教育的发展却有划时代的意义，是甘肃医学高等教育从无到有的转变。

1941年宋恪接任甘肃学院院长后，开始整顿各专业。1942年4月8日，教育部下令“为培养医学专门人才，以适应西北环境之需要，决定于三十一学年度在

① 史念海主编《辛树帜先生诞生九十周年纪念论文集》，北京：农业出版社，1989年，第9-10页。

② 康叙五：《原国立西北技艺专科学校的变迁》，载中国人民政治协商会议兰州市委员会文史资料和学习委员会《兰州文史资料选辑（第十七辑）》，兰州：兰州大学出版社，1998年，第20页。

③《甘肃学院档案》，档号6-2-208。

兰州设立“国立西北医学专科学校”。[1]遂聘请国立(兰州)西北医院院长张查理、教育部医教会干事汪元臣、甘肃学院医专科主任于光元等三人“会同负责”,以于光元为主任委员,在兰州筹建国立西北医学专科学校,并邀请兰州医药、教育、卫生、科学机关负责人参与其事。1942年8月,国立西北医学专科学校正式成立,校址选定在兰州市上西园。

1942—1945年,国立西北医学专科学校举步维艰,缓慢行进,各项设备都不齐全,师生生活条件艰苦。1942年秋季即张榜招收了两班学生:学制四年的招收高中毕业生;学制六年的招收初中毕业生,前两年补习高中课程。因为经费的问题,招生少,设备也简单。教学设备中仅有三架显微镜及少量仪器,实验课利用教室进行,临床实习在当时的兰州小西湖中央医院(即现在的兰州军区总医院前身)。在住宿方面,低年级学生搭通铺住在校内,高年级学生则在小西湖租住民房。为了养成学生自觉自动自治的精神,让学生自己组织班代会,自主处理相关问题。若学生不能自主解决的,即由训导处举行讲座为学生解答。[2]虽然条件艰苦,但学校内充满正能量,自强自立的精神影响深远。

从1943年起,学校一边继续招收六年制的新生,一边培养四年制学生。[3]1945年夏,教育部决定,将国立西北医学专科学校建制撤销,并入设在陕西的国立西北医学院,改名为国立西北医学专科学校兰州分院。国立西北医学院院长侯宗濂亲自从西安来兰州接管,兼任兰州分院院长。1946年,该院并入新成立的国立兰州大学。

国立西北医专的诞生,对一向缺医少药、急需医药专门人才的甘肃,无疑是雪中送炭,深得民心。集中有限的人力物力,以谋提高医学教育的效能,为甘肃医科高等教育的发展做出了很大贡献。抗战胜利,教育“复原”,国立西北医学院迁兰未果,而国立西北医专又为该学院的分院,形成了南郑一部、兰州一部的分立分散局面。

---

① 周正荣主编《兰州大学校史》(医学编),兰州:兰州大学出版社,2009年,第3页。

② 甘肃省教育厅:《二十九年上半年甘肃教育实施概况》,《甘肃教育半月刊》1940年第13-14期,第9页。

③ 朱允明:《甘肃解放前四十年教育史料》,手写本,第46页,甘肃省图书馆藏。

三、战时高等教育之成就及特点

政府的方针政策决定着高等教育的发展方向。甘肃配合国民党中央政府在“战时当作平时看”的基本思想指导下实施了一系列的方针政策，稳定了战争所带来的慌乱局势，增加甘肃高校数量，提高办学质量。部分高校迁入甘肃，使得高校师生有相对稳定自由的环境，同时提供了相互交流的机会，拉近了学者、师生间的关系，为之后建设人才的培养和科研的繁荣创造了条件。

（一）改变了高等教育在地区发展上不平衡的现状

抗战之前，高校大多集中在东部一带，内地高校较少。据统计，抗战前高等学校的分布为：上海有22校，北平有15校，广东、河北两省各8校，湖北、山西各6校，江苏5校，浙江、江西、福建各4校，湖南、广西、云南、河南、山东、辽宁各2校，安徽、四川、新疆、甘肃、吉林、察哈尔各1校。①全面抗战爆发后，在政府的支持下创立国立大学，东部高校迁入甘肃，改变了高校分布不均的局面，也促进了甘肃科学文化事业的进步和发展。到1949年8月，甘肃设有4所高等学校，共有在校学生1810人，教职工630人，其中专任教师238人。②总之，甘肃高等教育的发展为抗战和战后培养了大量人才，并促进了甘肃教育的发展。以前这些地方都是偏远或内地省份，交通不便、信息不灵，与上海、北京，沿江沿海等地方相比有较大差距，而由于战时学校的迁入，将先进文化知识带给这些地方的人民，大大促进了这些地方的发展。③

（二）配合开发西北，培养专门人才，促进了民众思想解放

甘肃学院师生在抗战期间积极从事面向大众的社会教育工作。举办妇女识字班、举办民众夜校、举办合作事业训练班、举行公开演讲、举办促进宪政讲演等等。④西北技艺专科学校的农业经济科设有本校与天水行营西北经济研究所合办之西北经济调查处，农学科有农场武威粉厂，与甘肃气象测候所合办榆

① 毛礼锐、沈灌群主编《中国教育通史》第5卷，济南：山东教育出版社，1988年，第294页。

② 甘肃省地方史志编纂委员会、甘肃省志教育志编辑委员会：《甘肃省志（第五十九卷）·教育志》，兰州：甘肃人民出版社，1991年，第293页。

③ 申晓云主编《动荡转型中的民国教育》，郑州：河南人民出版社，1994年，第244页。

④ 张克非主编《兰州大学校史》（上编），兰州：兰州大学出版社，2009年，第117页。

中四所测候所，兽医科也设家畜医院。[1]这些举措促进了西北农业的开发、农科气象技术和卫生事业的发展，有利于开启民智，有利于西北地区民众思想的解放和西北文教的发展。

（三）抗战时期甘肃的高等教育是在特定的背景之下进行的，势必有其复杂性

一是办学条件复杂，学校的起步比较困难，资金紧张。甘肃学院医学专修科成立后，由于甘肃省地方财政空虚，无力筹拨款项，后即面临停办的危险。二是学校人员复杂，在促进学校发展的同时，也带来管理的不便，学校的管理措施也不尽完善，矛盾较多。国立西北技艺专科学校曾发生两次大事。第一次是在1940年冬季。学校成立时经费困难，学生的伙食不够且质量差。学生去找校长曾济宽，却与训导郑伯豪发生争执。有些学生砸毁了食堂内的一些饭桌，有些则出言不逊，甚至辱骂。对于此事件，学校当局扬言要开除肇事学生，但在各方调解下，学生迎回校长，此事暂告结束。学校在期末考试结束后，采取另一种手法，对肇事学生以成绩不及格而通知退学。第二次是1941年夏季，发生了学生投河自杀事件。农科经济系学习优良的朱文江入学前参加了特务组织，为摆脱这一组织，他背井离乡来兰州上学。但该组织仍对他进行威胁，并布置活动任务，他被迫自杀。[2]

总的来说，抗战期间甘肃的高等教育取得了较好的发展，改善了甘肃在文教方面赤贫的局面，开启民智，解放思想，使甘肃成为当时有力的后方保障，也影响着今日之教育格局。

---

① 王觉源：《战时全国各大学鸟瞰》，重庆：独立出版社，1941年，第297页。

② 康叙五：《原国立西北技艺专科学校的变迁》，载中国人民政治协商会议兰州市委员会文史资料和学习委员会《兰州文史资料选辑（第十七辑）》，兰州：兰州大学出版社，第19页。

第五节　抗战时期甘肃的社会教育与边疆教育

社会教育和边疆教育是国民教育的一部分，在抗战特殊的历史条件下，重视社会教育和边疆教育，普及了抗战爱国知识，激励了各民族积极抗战。

一、全面抗战前的社会教育

甘肃省的社会教育开始于1910年，提学使陈曾佑在兰州拟创建图书馆为其发轫。之后，社会教育有所发展，1924年，甘肃省第二次教育行政会议提出在甘肃实施平民教育，在各地组织创建平民教育促进会，试办平民教育学校。1926年，甘肃省政府又通令各县，机关、商会、会馆等都要附设平民学校，招收平民或无力求学者。教授的主要内容是《平民千字文课》，教员主要是政府干部，实行男女分班制，免收学费，一天学习一两个小时。并组织通俗的演讲团，办民众教育馆、简易书报，主要目的是使民众识字，以“启迪民智”。到1933年，省教育厅对民众学校的办学宗旨、课程设置、修业年限等作了详细的规定，毕业进行考试。全面抗战前，甘肃省的社会教育机构已经有了初步的发展。

（一）省立社会教育机构

全面抗战前，甘肃省省立的社会教育机构主要有：一是省立民众教育馆。该馆成立于1926年，由庄严寺改设而成，最初名为甘肃省教育馆，由甘肃省政府直接管理。1932年改归教育厅管辖，并改馆名为甘肃省立民众教育馆。二是省立图书馆。该馆系1916年募款创建，1917年1月成立，称为甘肃公立图书馆，1932年遵令改为甘肃省立图书馆。三是省立社会教育推广处。1914年成立甘肃省立通俗教育事务所，内分通俗讲演、通俗阅报各股，1928年改为甘肃省立社会教育推广处，内分游艺、体育、宣传三股，后又将游艺股改为调查股。四是省立公共运动场。公共运动场初设于兰州学院街大佛寺内，嗣因该地改设中山市场，乃迁移于木塔巷木塔寺内，并直辖于省立社会教育推广处，以作为城区民众练习运动的场所。后因该地面积狭隘，不能举行大规模运动，1934年11月，另在兰州城东南选适当地点，辟为省立公共运动场。五是省立民众学校。省立第一民众学校于1928年成立，名为甘肃省政府附设第一民众学校，后逐渐发展。[①]此外，还有刘尔炘设立的五泉图书馆、88处省立讲演所和24处阅报处、1928年筹办的兰州市博物馆以及民众问字及代笔处。

（二）县立社会教育机关

全面抗战前，甘肃省县立社会教育机关有：一是民众教育馆。民国初期，各县开始设立教育馆，最先是1926年崇信县成立教育馆，1927年庆阳县成立通俗教育馆。到1928年共成立4处，1938年共计有26处。二是各县图书馆。1928年，各县设立图书馆者17处，1938年可考者有53处。三是各县公共体育场。甘肃各县公共体育场在1935年成立者有49处，至1936年有62处。四是各县民众学校。甘肃各县民众学校，1930年由甘肃教育厅拟定甘肃各县民众教育委员会组织章程，甘肃各县民众学校办法大纲，及各县民众学校学生缺席惩罚规程。1931年，各县有民众学校51校，职业教员82人，以后逐年增进。1936年有140校。除此之外，全面抗战前，各县还设有73处通俗讲演所、91处民众阅报处以及58处民众问字及代笔处。[②]

二、全面抗战时的社会教育

（一）社会教育概略

全面抗战时期的社会教育，包含两个方面的内容：一是失学民众教育（1941年并入“国民教育”统一办理）；二是以民众教育馆为中心的宣传、文化、体育活动。此时期的社会教育主要以推行战时民众补习教育为主。

从1938年开始，甘肃推行战时民众补习教育，其对象主要以16岁至35岁的失学民众，教学的内容主要是公民教育和识字教育两种，学习期限一般为两个月。开设课程有4门：公民、国语、习字、唱歌。学习时间依次是30分钟、50分钟、20分钟、20分钟，共计2小时。其中主要是以公民课为中心且渗透在各科中，以推行国民党政令为目的，以“启发民智，策励民气，提高文化水准，增强抗战力量”为宗旨。1939年春在全省61个县普遍推开，由各县民教馆负责办理，

① 甘肃教育厅编审委员会编印：《甘肃教育概览》，甘肃省政府印刷局，1936年，第67-69页。
② 皇甫均：《甘肃近三十年教育史要》（初稿），手写本，甘肃省图书馆藏。

动员各级学校教职员、社会团体及机关职员，利用已有校舍设备，每天授课2小时。全省已有63个县推行民众补习教育，所用经费中央补助、省款、地方款大约各占三分之一。两年共办班21829个，结业民众64.48万人。①

1941年，民众教育主要由中心学校和国民学校的民众教育部实施，同时中等以上学校均设附属民众学校。课程主要是国语、常识、算术、音乐四科，其中国语包括读书、写字、作文三项内容，常识有公民、史地、自然等内容，算术有笔算和珠算，共计200小时，每日教学2小时，每节课30分钟。1943年，省教育厅对民众教育的实施原则、实施方法、经费及师资等作了规定，确定县以上所在地中等学校、乡中心国民学校、保国民学校及专设民众学校，为民众教育的主要施教机关，并鼓励民众自主受教和行政强迫受教。这样民众教育的渠道增多，受教人数增多，促进了民众教育的发展。②

（二）社会教育实施方案

一是调整社教机关。由于过去甘肃省各县社教机关，组织既不健全，经费又甚支绌，导致社教事业无法推进。抗战时期，对其进行了切实整顿。人事方面，令饬各县将所有社教机关主管人员的资历等项，遵照甘肃省新颁布的民教馆、图书馆、体育场规程的规定，依限呈报，由厅核准。其服务人员的训练，除了在省立兰州师范学校，办理社会教育师范科，经常培养社教师资外，还于1941年春季在西北训练团举办民教馆工作人员训练班，调训现任馆长或主任四十余人。以后每年均有各种训练。组织方面，令饬各社教机关必须依照规定，并参酌当地实际需要，确定分组的多少，以达到名称划一、系统分明，并依据各县具体情况有不同安排。事业方面，1939年到1941年规定推行战时民教为中心工作。1941年后，战时民教并入国民教育办理，为各校共同负担的任务，各县民教馆遵照教育部规定的每月中心工作实施要点，切实办理。考核结果表明编贴壁报、举办歌咏队、开办民众学校最为普遍而有成效。经费方面，除省立民教馆图书馆逐年增加经费编列省预算外，各县视具体情况而定。

二是推行战时民教。抗战后，国民党中央规定各县市必须举办战时民众补

① 傅九大：《甘肃教育史》，兰州：甘肃人民出版社，2002年，第471页。

② 甘肃省地方史志编纂委员会、甘肃省志教育志编辑委员会：《甘肃省志（第五十九卷）·教育志》，兰州：甘肃人民出版社，1991年，第383页。

习教育，招收16岁至35岁的失学民众，予以两个月的训练，藉以启发民智，策励民气，提高文化水准，增强抗战力量。甘肃省当时人口约620万，16岁至35岁失学民众约180万人。抗战期间，甘肃省为抗战后方重镇，对于失学民众补习教育，更应切实举办，曾于1938年冬订立《甘肃省战时民众补习教育进行计划》及各项法规二十余种，分令施行。[①] 1938年，战时民教开始举办，上半年毕业民众为204937人。

三是实施电化教育。电化教育为传播文化的重要工具，甘肃省交通不便，需要尤为急切。电影教育、播音教育方面，自甘肃省广播电台筹备成立，即会同该电台设置教育讲座，定时约请专家前往广播。技术人员培养方面，开办训练班、设立电化教育服务处等均对社会教育产生了积极影响。1938年，增设电化教育施教区，“上年已成立三个电影施教区，三个播音指导区，依照原定计划，今年应再各增两区”。[②]在增设施教区的同时，训练人员是实施电化教育的另外一个重要内容，“甘肃办理电化教育人员，极感缺乏，教育厅特请准教育部派专门人才来省，负责训练电化教育人员，以应实际之需要”。[③]

四是倡导国民体育。甘肃省国民体育由教育厅体育委员会支持推进，各县民教馆设有体育场的，均指定职员负指导民众运动的责任。为促进民众重视运动，每年秋季分区举行联合运动会，除中小学学生参加外，还设有公开组，欢迎社会民众参加运动。

三、战前边疆教育政策述论

近代以来，由于外国列强的侵略，中国的边疆出现多次危机，有识之士深切感受到研究边疆的必要性。南京国民政府也意识到要开发边疆须办现代教育，提高“边民”的文化素质，同时给“边民”灌输“国族”意识，以便团结起来抵制外敌入侵。[④]即有大批人员前往边疆进行考察，著书立说，并为南京国民政府制定边疆教育政策提供建议。

---

① 甘肃省政府教育厅编：《抗战时期之甘肃教育》，第37–40页，甘肃省图书馆藏。

② 甘肃省教育厅：《二十九年上半年甘肃教育实施概况》，《甘肃教育半月刊》1940年第13–14期，第23–24页。

③ 龙君东：《抗战以来之甘肃教育》，《西北论衡》1941年第9卷第10期，第697页。

④ 刘亚妮：《民国时期甘宁青边疆教育研究述评》，《青海民族研究》2005年第3期。

推行边疆教育的方式是“教”“养”“卫”三结合，即利用教育培养民族思想、增进产业、训练国防自卫能力。在“养”“卫”的基础上实现“教”，提高民众素质，以有爱国意识的良好公民保卫边疆的和平稳定。[①]在此原则上相关边疆教育政策逐渐出台。

1929年6月，国民党召开三届二次中央全会，会议通过了《关于蒙藏之决议案》，提出了发展蒙藏教育的总体政策。该项政策包括四项内容：1.通令各盟旗及西藏、西康等地主管官厅，迅速创办各级学校，编译各种书籍及本党党义之宣传品；实行普及国民教育，厉行识字运动，改善礼俗，使人民能受三民主义之训育，具备自治之能力。2.确定蒙藏教育经费。3.在教育部内特设专管蒙藏教育之司科。4.在首都及其他适宜之地点，设立蒙藏青年之预备学校。特定国立及省立之学校，优遇蒙、藏、新疆、西康等地学生。

1929年，甘肃省政府核准颁布《修正甘肃全省回教教育促进会组织大纲》，规定促进会以促进全省回民教育为宗旨，促进会由热心教育的回教人士、省教育厅、民政厅、国民党省党部、省教育会代表等人组成。其职权有处理省教育行政机关委任事项，强迫回民学龄儿童入学等。[②]

1930年4月，南京国民政府第二次全国教育会议通过了《蒙藏教育实施计划》，出台了关于蒙藏地区的一系列教育政策，在教育行政、教育经费、教育图书、高等教育、普通教育和社会教育等方面作了具体详细的规定，并以此为之后20年间施行边疆教育的总体计划。[③]这些对蒙藏教育的发展起到了促进作用，是南京国民政府边疆教育逐渐开始的标志。

1931年3月，教育部制定和实施《蒙藏教育计划》，在行政管理、普通中学设置、高等中学设置、图书和教材的编印、经费预算等方面做出了计划，这些政策的出台预示着蒙藏教育的逐渐展开。[④]

1934年2月8日，教育部下发《中央政治学校设置边疆分校初步计划纲要》，第一条即有“为推广边疆教育，培养健全国民，以增进边疆福利，并为边疆青年

① 刘曼卿：《边疆教育》，上海：商务印书馆，1937年，第64页。

② 甘肃省地方史志编纂委员会、甘肃省志教育志编辑委员会：《甘肃省志（第五十九卷）·教育志》，兰州：甘肃人民出版社，1991年，第90页。

③ 刘亚妮：《南京国民政府时期边疆教育探析》，《兰州大学学报》2013年第1期。

④ 孙懿：《抗战时期民国政府的边疆教育政策》，《中国边疆史地研究》2005年第4期。

研究高深学术及从事各种职业之预备”的表述，明确提出了边疆教育的概念。1935年，南京国民政府教育部、蒙藏委员会联合制定了《推广边疆教育实施办法》，并呈行政院批准。[①]在全面抗战爆发后，设置各种教育机构，发展边疆教育。

四、战时边疆教育政策的施行及成效

边疆教育指少数民族的教育，在甘肃主要是指回、藏、蒙古等少数民族教育。抗战之初，本省边疆民族约有180万人（含今属宁夏的西海固地区），约占全省总人口的四分之一。其中回族最多，集中在今临夏、甘南、平凉、肃北等地区，藏族次之。[②]但当时的边疆民族经济文化落后，民族隔阂明显，本民族的语言文字、生活习俗独特且深受宗教的影响。在这种特殊的情势之下，发展边疆教育迫在眉睫。

1935年，甘肃边疆教育进一步发展，遵照教育部命令以中央所拨边疆教育补助费筹设边教小学10处。全面抗战开始后，为开发西北，巩固国防，将边疆教育提到了较高的地位。1937年，甘肃省的回族教徒约有两百万，设有回教教育促进会并设有多所分会，会中大多附设小学，给回族子弟授以相当教育，但因经费不足，设备等大多比较简陋。甘肃的藏族多散居在夏河、临潭、永登、西固等县，这些县小学大多收藏族子弟入学，待其小学毕业后，继续升学读书的，与汉族子弟同受中等以上的教育，不分地域。[③]全面抗战开始之时，在回藏地区设有小学，但因经费不足，推行实施力度并不大。

1938年初，甘肃省教育厅特设第四科，专司蒙回藏初等教育；按照“均衡发展，普遍施教”的原则，拟定边疆教育实施计划大纲，当年先在省城设立西关、东关两所小学（招收回民子弟为主），“以为初步之倡导”。1939年在全省展开，分两期在宁定（今广河）、夏河等34县设立单级回藏小学80所，并规定按年增设，共完成招收六期。1940年，又在临洮等15个县增设单级小学24所。1941年统计，已在38县设立边校114所187班，学生6851人，设校增班所需经费“纯赖中

---

① 黄问歧：《民国二十三年中国教育回顾与今后展望》，载中国第二历史档案馆《中华民国史档案资料汇编 第五辑 教育)》，南京：江苏古籍出版社，1994年，第150—163页。

② 傅九大：《甘肃教育史》，兰州：甘肃人民出版社，2002年，第463页。

③ 刘曼卿：《边疆教育》，上海：商务印书馆，1937年，第64页。

央补助”[①]。到1942年则开始实施“国民教育”，将边疆教育统一于国民教育中，相应经费也划拨到国教经费中。同年，教育厅制定《甘肃省边疆中心学校设施要则》，规定在藏民聚居的村镇或中心寺院设中心学校，在各校小学部与民教部，凡年龄在6岁以上15岁以下的失学儿童，无论僧俗均得入小学部，15岁至35岁失学男女入民教部，所授课程除按教育部颁发的小学课程标准及省颁办法外，可按需要斟酌教授藏文，课本由省部发放。[②]

除以上办学管理外，对学校类型也进行调整。甘肃按四种类型改编原来所设的边疆学校，将71所学校分别改为中心学校和国民学校，划归各县办理；将陇东各县边校改为中心学校，划归“特教”统一办理；将省城、皋兰的3所学校拨归新设置的兰州市政府接办；卓尼的7所学所学校仍由私人办理，由教育厅监督、补助。另有7所学校因办理不善饬令停办。此后省府又拨专款在回藏民众聚居的临夏、夏河等7县设立省立中心学校12所，所有学生伙食、书籍、制服等费用均由学校津贴，可视为“重点”边校。边教纳入国教后，除临夏、宁定、夏河、卓尼等县及兰州各校较具民族特点外，多数边校与一般国民学校并无多大区别。到了1943年，因经济的限制，一切保持原状。此后两年间，全省36县共设边疆初等学校140所，其中中心学校37所，国民学校103所，共有班级316个，学生9319人，教职员398人。[③]

边疆教育除小学外，还开办了一批边疆中等学校。1923年临夏的地方贤达鲁效祖、马秉良创建了初级学校，这可算是较早的中学。到了1941年，该校被命名为甘肃省临夏中学，后一年增设了高中部，成为完中。到了全面抗战爆发时，中学增多，北平西北公学迁来兰州，甘肃回民教育促进会创办知行中学，地方贤达张涟倡办了康乐初级中学。1943年马全钦在积石山境内创办魁峰中学，马鸿逵、马步青在临夏县开办云亭中学和青云中学等私立学校。1949年甘肃解放时，少数民族地区有普通中学5所，少数民族学生38人。

在边疆地区，除创办小学、中学外，还创办了师范学校和职业学校。1938年，将上海停办的“伊斯兰师范学校”在平凉县恢复建立，到了1941年7月

① 甘肃省教育厅：《甘肃省边教概况手稿》，1942年，甘肃省图书馆藏。

② 甘肃省地方史志编纂委员会、甘肃省志教育志编辑委员会：《甘肃省志（第五十九卷）· 教育志》，兰州：甘肃人民出版社，1991年，第90页。

③ 傅九大：《甘肃教育史》，兰州：甘肃人民出版社，2002年，第464-465页。

改建为国立陇东师范学校，到1949年，共培养了240多名回族教师。1940年，国民政府教育部在兰州设立国立西北师范学校，次年迁至临夏尕庙台，培养边疆地区的师资力量。此外还有职业学校。1938年，成立国立拉卜楞区实用初级职业学校，隶属国民党中央组织部，设有卫生、畜牧两科，1946年改为甘肃省立夏河简易师范学校，在校学生116人。1944年成立的国立拉卜楞寺青年喇嘛职业学校，选派青年喇嘛一百多人就学，设有纺织、边疆师范、卫生、印刷等专业，1947年该校停办。①

抗战期间推行的边疆教育，沟通了民族感情，加强了边胞联系，推广了现代文化，提高了少数民族群众的政治觉悟和文化素质。民国初期，阿訇很受地方的尊重，不仅主持宗教活动，还传播文化知识，能识文认字的人较少。抗战时期大量推行边疆教育之后，改变了甘肃回族教育观念薄弱的现状。临夏云亭中学和云亭小学、大拱北小学等学校学生人数达到四五百人。张家川、龙山小学和阿阳中学的学生达到五百多人。临潭启西小学和启西女校的学生也有百余人。平凉伊斯兰师范还培养出了一批具有中等专业知识的学生。②

全面抗战开始后，开发边疆的呼声愈发强烈，要让边疆同胞团结起来抗战，发展边疆教育迫在眉睫。为适应抗战，边疆教育一是要以提高边民的生产、教育水平为出发点，利用教育来培养人民的生活能力和职业技能；二是边疆教育要以国防教育中的培养民族精神为重心，面临外敌入侵，主要唤醒边民的爱国意识。③为此，国内一批知名学者赴西北地区进行考察指导，代表人物有顾颉刚，他为甘肃边疆地区的教育做出了贡献。

1937年9月，顾颉刚等考察至甘肃时，发现甘肃少数民族较多，且因风俗、语言种种不同因素的影响，很多地方无法推行学校教育。就回族人民来说，认识的汉文少，大多人未进入汉人学校学习，可他们又有学习汉文的需要。顾颉刚提议在回民区域中设立“阿訇训练班”及“回民师范学校”，选择回民中的优秀青年，对其进行师范教育，培养回民自己的师资力量。在甘肃的藏传佛教区域，人们把孩子送进寺院便是受教育，政府设立的新式学校倍受冷落。顾颉刚认为

① 甘肃省地方史志编纂委员会、甘肃省志教育志编辑委员会：《甘肃省志（第五十九卷）·教育志》，兰州：甘肃人民出版社，1991年，第409-411页。

② 甘肃省民族事务委员会、甘肃省民族研究所：《甘肃少数民族》，兰州：甘肃人民出版社，1989年，第61页。

③ 刘曼卿：《边疆教育》，上海：商务印书馆，1937年，第11页。

可让寺院内部人员先学汉文，使他们具有现代文化知识，再由他们向边民教学。与回民教育一样，在这些地区设立师范学校，培养他们的师资力量。卓尼禅定寺的宋堪布就在寺中设立了半日学校，半天诵经，半天学读汉文。[①]

抗战时期，在甘肃推行边疆教育，国民政府拨给的办学经费有限，为团结一致抗战，少数民族地区有识之士开始捐资兴学。为鼓励各地人士捐资兴学，国民政府还制定了《捐资兴学褒奖条例》，条例规定："凡私人或团体捐助公立或已立案之私立学校、图书馆、博物馆、美术馆、体育场、民众体育馆，或其他有关教育文化事业者，依本例给予褒奖"，并详细规定了褒奖方法及标准，甘肃省也依据实际情况制定了捐资兴学的褒奖办法。[②]

1939年到1942年间，在裕固族首领顾嘉堪布的倡导下，在本民族人民的支持下，先后在祁丰、西岔河、红湾、莲花、明海创办了5所小学，有专职教师5名，学生135人，[③]这是裕固族自己创办的现代化的教育。

在这种政策鼓励之下，少数民族地区人民送子弟入学的也逐渐增多，促进了边疆地区的发展，起到了巩固国防的作用，符合战时"三民主义"的教育宗旨，正如《抗战期间之甘肃教育》所说："对于边疆同胞，当以各种方式普遍施教，统一语言，增进国家民族意识，藉收道一风同，巩固边圉之效"。

边疆教育的发展仍然很有限，距"均衡发展，普遍施教"相差较远。就抗战期间甘肃回族教育来说，当时入学的回族子弟较少，尤其是女性。经济困难是造成这种状况的重要原因，虽有回教协会或回教教育促进会补助，仍是杯水车薪。因经济困境，回族青少年的生活饮食习俗不被尊重，饮食问题难以解决，这对于他们的求学有很大阻碍。[④]1913年在青海创办了一所蒙文学校，不久，这所学校因旗王的去世而停办。到了抗战期间，国民党青海省政府征召蒙古各旗学生去西宁上学，但因牧民疑虑过深，结果告吹。1946年，在马鬃山地区办起一所小学，但因游牧而没有子弟入学。[⑤]所以这期间甘肃边疆教育有所发展，但发展是不均衡的，普遍施教仍只是空头支票。

---

① 李芳、杨红伟：《顾颉刚与甘肃教育》，《兰州教育学院学报》2003年第2期。

② 李亚妮：《论国民政府时期甘宁青的边疆教育》，《兰州大学学报》2006年第3期。

③ 甘肃省民族事务委员会、甘肃省民族研究所：《甘肃少数民族》，兰州：甘肃人民出版社，1989年，第204页。

④ 沙恒君：《改进西北回教教育的我见》，《新西北》1944年第7卷第7、8期，第34页。

⑤ 甘肃省民族事务委员会、甘肃省民族研究所：《甘肃少数民族》，兰州：甘肃人民出版社，1989年，第268页。

第六节　战时教育与甘肃社会变迁

抗战期间，甘肃教育的发展速度较缓，但经过不懈努力，近代国民教育体系在甘肃基本确立，幼儿教育、小学教育、中学教育、高等教育和社会教育体系较完善，教育内容在培养民众抗战爱国思想的同时，学习科学知识，重视实践的技能的培养。但因各种因素的制约，教育的发展也存在不足之处。

一、战时教育培养了一大批人才，为甘肃乃至西北的开发奠定了人才基础

甘肃战时教育的推行，特别是战区高校内迁的决策，对于改变中国文化教育的不均衡状况，保存高教实力及推动西南、西北地区文教事业的发展，均具有重大作用①。甘肃高等教育有了较快发展，从省立院校到多所国立高等院校并存。在日军侵略战争的破坏下，甘肃协助国民政府创办国立甘肃学院、国立西北师范学院、国立西北技艺专科学校、国立西北医学专科学校，为抗战培养了大后方的专门技术人才，推动了甘肃技术人才的培养和医疗卫生事业的发展。

战时甘肃有了第一所国立高等师范院校，为初等教育和中等教育培养了大批师范人才且维系了战时学术的发展。西北师范学院设有教育研究所，以研究高深教育学术、训练学术专才及协助有关教育机关研究教育问题、改进教育设施为目的。教育研究所在李建勋的领导下取得了一系列学术成果，如李建勋、许椿生的“战时与战后教育”研究，金澍荣、尹赞钧的“中等学校英语教材及教法之研究”，王镜铭的“战时民众组训”研究等课题。②

从全国各地调入甘肃的专家、学者对甘肃教育起到很大作用。抗战期间，有很多专家和学者来到甘肃，建设大后方文化，这些人在艰苦的环境下为甘肃教育做出了很大贡献。如著名的史学家、教育家顾颉刚先生，抗战期间两次来到甘肃，考察甘肃的教育情况，对甘肃教育现状、问题、发展等作了分析。1937年，他受命考察西北地区的教育，通过调查和了解，对西北地区的教育有了较为深刻而独到的认识，并提出了一套有利于教育发展的措施。顾先生在“社

① 陈杏年:《抗战时期国民政府的教育政策述论》,《山西师大学报(社会科学版)》1995年第3期。

② 刘基、王嘉毅、丁虎生主编《西北师范大学校史(1902—2012)》,北京:教育科学出版社,2012年,第103页。

会教育讨论会”上说：“小学教师为农村民众之领导者，而甘肃以交通不便，外省人士至者绝少，教科书外几无任何知识食粮，当此抗战时期，国家有非常之变，民众不可无适当之训练与之因应，欲训练民众，动员民众，则训练小学教师其首要也。”[①]他同时提出“师范教育是小学教师的根源”。

除顾颉刚外，还有许多从外地来到甘肃从事高等教育的学者。他们有的奉命来创办学校，比如国立西北师范学院创立者李蒸；有的应聘任教，身负开发西北、建设甘肃的重任，如1941年10月，国立西北师院兰州分院正式成立后，聘请来作院主任的齐国樑先生以及全国知名学者、教育家黎锦熙教授。1942年，黎锦熙来兰州分院视察指导工作，在住土屋、点蜡烛的艰苦条件下，坚持教学和研究工作。这些知名学者的敬业精神和坚毅的品德激励着一代代学人。

二、战时教育培养了民气、民力，推动了地方基层社会的发展

近代甘肃接受教育的人口十分有限，文盲半文盲占人口的绝大数，要实现大众脱盲，必须发展社会教育。20世纪30年代，甘肃省政府指示各县开展民众社会教育，要求各教育机关、学校附设民众学校，利用夜间或假日上课，抑或高校师生亲自到乡间指导民众学习，教民众识字。以国立西北师范学院为例，在李蒸先生的热心推动下，师院的社会教育于1941年1月在城固和兰州拉开帷幕，师院社会教育的活动内容有抗日宣传、政治动员、补习教育、合作训练、甲长训练、扫除文盲、卫生宣传、开设诊疗所、破除迷信、提倡新生活、开办游艺室、开设民众代笔处和设立妇女识字班等。

1941年在城固邯留乡举行社教活动，扫除文盲社教组共招收208名学生，以《民众课本》与黎锦熙自编的《扫除文盲急读合音表》为教材，教民众识字。在兰州，社会教育的地点择在师院近旁的孔家崖和十里店，1943年的社教活动，办三种补习班，其中儿童班共7班，250多人；妇女班2班，50多人；成人班100多人。[②]1944年8月，举办儿童、中学、妇女和成人四种补习班，其中十里店共招收160名学员，孔家崖共招收学员250余人。[③]在抗日宣传方面，孔家崖社教队创

① 顾颉刚：《西北考察日记》，达浚、张科点校，兰州：甘肃人民出版社，2002年，第194、203页。
② 纪海泉：《社教漫谈》，《甘肃民国日报》1943年8月29日第3版。
③ 阎河祥：《孔家崖队工作述要》，《甘肃民国日报》1944年8月25日第3版。

办民众周报，开设民众阅览处，同时邀请甘肃科学教育馆来十里店放映幻灯，观众多，反响大。

师院举行的社会教育，对外影响很大，受到社会各界重视和褒扬，诸如师院这样的社会教育，其他高校也有进行，这种社教工作加强了学校和社会的联系，学生有了实际的工作经验，民众亦获得一定文化常识，更使他们逐渐萌发了合作民主、抗日必胜的爱国信念，解放了思想，促进了底层社会的现代化进程。[①]

三、战时教育培养了众多爱国青年，亦进一步提升了甘肃人民的爱国精神

全面抗战爆发后，全国上下开展抗日救国运动，在国共两党的共同努力下形成了抗日民族统一战线，教育界的抗日救国统一战线也在甘肃逐渐建立起来。

战时初中等教育的教材内容更注重战时需要，鼓励抗日救国。就其各科教材来看，语文教材内容主要是：激发爱国思想及发扬民族精神之散文；爱国志士言行传记，爱国尚武诗歌；记载国耻之文字；有关救国之名人言论。自然科学教材内容主要是：军事工业原料；替代外货的工业制造原料；科学与国防关系；国家资源研究。算学学科：普及军事测量术；枪炮射击计算术；军事计算与统计。艺术科学教材内容主要是：日用器具的制造；军用品及军器模型的制造；国防建筑图案；国防歌曲。[②]共产党和国民党实施的其他措施也鼓励了民众的抗战。八路军驻甘办事处联系各阶级，大量的抗日救亡组织和报刊纷纷出现，先后建立了"甘肃青年抗战团""西北青年救亡读书会"等抗日救亡组织；创办了《抗战通讯》《西北青年》等刊物，宣传抗日。

国民党倡导知识分子积极参军。1942年10月，蒋介石通电全国，要求"各级学校之兵役适龄学生，自三十二年一月起，一律依法抽签，按序征召，依其强度，配服役务，不得予以缓役"。[③]这一通电，标志着知识青年从军运动拉开了帷幕。各大高校积极参军，下面就以国立西北师院来说明当时知识青年从军的情形。

在知识青年从军的热潮中，师院师生踊跃登记参军。师院文书曹成贵一马

---

① 尚季芳：《抗战时期内迁高校与西北地区现代化——以国立西北师范学院为中心的考察》，《西北师大学报（社会科学版）》2012年第5期。

② 甘肃省政府教育厅：《甘肃教育实施方案》，1939年，第14页，甘肃省图书馆藏。

③ 江沛、张丹：《战时知识青年从军运动述评》，《抗日战争研究》2004年第1期。

当先，给征集委员会主任李蒸上《请缨书》，内容慷慨激昂，他最终与另一个师院文书张恩福参军。师院史地系教授张云波先生虽已超过从军年龄，但也积极响应从军。师院学子也积极从军，“1944年的《西北日报》对此多有记载。10月31日，师院附中学生潘鉴廷、王文定等9人前去报名。11月13日登记西北师院附中2名学生。12月26日又报道截至本月20日师院报名已达70余人”。[①]在师院从军学生入营时，十里店各界又举行了欢送大会，盛况空前。

师院师生从军是大后方高校从军的一个缩影，国难当头，知识分子以此种方式来达到救国救民的目的，表达其爱国之心。“就整个甘肃的知识青年从军而言，按国民政府的预定，甘肃征集数额为1000—3000人，但后来争相报名者比比皆是，以致报名数额达到了15000余名，经体检合格者亦6000余名，远远超过了原有的配额”，[②]其爱国之心由此可见。

当然由于处于抗战特殊时期，甘肃教育的发展亦有不足。

第一，政策带有很强的应急性，以致政策计划制定较多，但实施并不普遍，且在“国教统一”的教育宗旨下，教育更注重政治思想的控制，来实现对学校师生的一体化领导。有些做法遭到了大后方广大师生的抵制和抗议，像钱穆先生所说“由政府来统制教育，并非坏事，毋宁说是政府的一种进步的表现，但私人意见，仍望政府能采取较宽的自由主义……否则这种统制将成为空洞无物”。[③]

第二，在战时条件下，经济落后、经费不足、教室设备简陋和师资短缺，增加学校数量与提高质量之间难以协调发展。因为战争的破坏和基层教育发展的不完善，导致了高等教育的不发达，而基层教育中的师范教育的落后，又造成了师资的短缺，为此，当局采取了一些短期培训以及调配师资的手段来缓解当时“师荒”的局面。据1941年统计，酒泉所属的7县，共有小学165所，约210个班，每级2人，亦需教员430多人，但实际服务人数不过百数十人，而大多数小学教员由高小毕业或略识文字者担任。再因教师待遇低，不少教师改行换业，每到春秋开学时，总出现“师荒”，这对教育的影响甚大。[④]为解决这个问题，省府、教育厅一再安抚、许诺，也采取了措施，但收效甚微。省主席谷正伦在对中等学校

①《学府风光·师院》，《西北日报》1944年12月26日第3版。

②《从军青年超过配额，集中各区待命护送》，《甘肃日报》1945年1月5日，第2版。

③ 钱穆：《四十年之北大》，《抗战中的中国文化教育》，中国现代史资料编辑委员会翻印，1957年，第70页。

④ 王鼎极：《甘肃省立酒泉师范学校实施概况》，《甘肃教育》1941年第3卷第3、4期，第16页。

校长讲话时说：各级教职员生活清苦，本府特别关怀，“我敢向各位保证，只要是事实许可，对本省教职员待遇的改进，必继续作最大努力，希望全体教职员安心服务，乐道安贫”。教育厅厅长郑通和也用这种精神鼓励来表达政府的关怀。他在全省教育行政会议的讲词中说：“教育为精神事业，努力教育事业之报酬，不在物质而在精神。”他要求大家为了抗战建国“应以快乐而兴奋之情绪，忍耐战时遭遇之物质困难”，尽管环境清贫，大部分师生仍然坚持，尤以高校突出。

同时，边疆教育的发展又受到回藏民族文化的影响，且大多数边疆学校与宗教、寺庙联系较多，一些群众因为传统观念、生活习俗和宗教的影响，不愿意送子女去上学。为此政府出台许多政策来鼓励少数民族儿童入学。省主席谷正伦说：“在复杂的宗教面前，教育机会应该一律平等。要设法劝导回胞上学，入学以后要尊重他们的生活习惯。要以教育的力量，化除同胞间不必要的隔阂。[①]但是，因为文化的影响，再加上长期推行的民族歧视，以及少数民族自己的宗教教育，使得政府推行的措施收效有限。

参考文献：

[1]傅九大：《甘肃教育史》，兰州：甘肃人民出版社，2002年。

[2]甘肃省地方史志编纂委员会、甘肃省志教育志编辑委员会：《甘肃省志（第五十九卷）·教育志》，兰州：甘肃人民出版社，1991年。

[3]罗廷光：《行政教育》（上），福州：福建教育出版社，2008年。

[4]甘肃省政府教育厅：《甘肃教育实施方案》，1939年，甘肃省图书馆藏。

[5]皇甫均：《甘肃近三十年教育史要初稿》，手抄本，甘肃省图书馆藏。

[6]郭寄峤：《郭主席政论》第2辑，1948年，甘肃省图书馆藏。

[7]庄泽宣：《甘肃教育概况》，1937年，甘肃省图书馆藏。

[8]甘肃教育史志编辑室：《甘肃幼儿教育简史》，兰州：甘肃教育出版社，1990年。

[9]朱允明：《甘肃解放前四十年教育史料》，手写本，甘肃省图书馆藏。

[10]顾颉刚：《西北考察日记》，达浚、张科点校，兰州：甘肃人民出版社，2002年。

① 傅九大：《甘肃教育史》，兰州：甘肃人民出版社，2002年，第468页。

[11]中国人民政治协商会议甘肃省委员会文史资料研究委员会:《谢老在兰州》,兰州:甘肃人民出版社,1985年。

[12]甘肃省政府教育厅:《抗战期间之甘肃教育》,1945年,甘肃省图书馆藏。

[13]魏永理主编《中国西北近代开发史》,兰州:甘肃人民出版社,1993年。

[14]甘肃省教育厅:《教育部三十二年施政报告》,1944年,甘肃省图书馆藏。

[15]刘基、王嘉毅、丁虎生主编《西北师范大学校史(1902—2012)》,北京:教育科学出版社,2012年。

[16]甘肃教育厅编审委员会编印:《甘肃教育概览》,甘肃省政府印刷局,1936年。

[17]陈赓雅:《西北视察记》,甄暾点校,兰州:甘肃人民出版社,2002年。

[18]张克非主编《兰州大学校史》(上编),兰州:兰州大学出版社,2009年。

[19]王觉源:《战时全国各大学鸟瞰》,重庆:独立出版社,1941年。

[20]史念海主编《辛树帜先生诞生九十周年纪念论文集》,北京:农业出版社,1989年。

[21]周正荣主编《兰州大学校史(医学编)》,兰州:兰州大学出版社,2009年。

[22]刘曼卿:《边疆教育》,上海:商务印书馆,1937年。

[23]甘肃省教育厅:《甘肃省边教概况手稿》,1942年,甘肃省图书馆藏。

[24]甘肃省民族事务委员会、甘肃省民族研究所:《甘肃少数民族》,兰州:甘肃人民出版社,1989年。

[25]中国人民政治协商会议甘肃省委员会文史资料研究委员会编:《甘肃文史资料选辑(第十二辑)》,兰州:甘肃人民出版社,1982年。

[26]清水县政协文史资料委员会、国立第十中学校友清水联谊会:《清水文史(第二辑)》,1993年。

[27]中国人民政治协商会议甘肃省兰州市委员会文史资料委员会:《兰州文史资料选辑(第五辑)》,1986年。

第六章

抗战时期甘肃社会生活变动

社会习俗是人们在长期生活中所形成的生活习惯，它是很长一段历史时期内经过缓慢发展而形成的，根深蒂固，因此最难改变。甘肃地处中国西北，和西北其他地区一样，较为封闭和保守，但是在全民族抗战时期，由于大规模移民的冲击、工农业的发展变化，甘肃的社会生活习惯也开始发生了变化，出现了诸多新的因素。

第一节　抗战时期甘肃社会生活方式变革

生活方式的变革涵盖面广泛，然而最直观的反映便体现在人们的衣食住行方面，以此为切入点，对斯时社会风貌、民众的日常生活进行还原，对探究历史真相大有裨益。

一、服饰的变化

服饰作为人类生活必不可少的因素之一，反映着各族人民的生活方式、社会制度、风俗习惯和审美观念。故而服饰除了能满足人们的物质需求外，还代表着一个时期的思想文化。在漫长的中国历史上，社会变革和改朝换代随之而来的风俗变化，往往直观地就表现在服饰上，譬如赵武灵王“胡服骑射”的军事改革、清军入关勒令剃发留辫等。清末民初，由于西方风俗的传入和社会新思潮的兴起，中国社会的大变革也带来了中国传统服饰的大变革。此处以甘肃为例，对这一趋势进行鸟瞰。

甘肃地处西北，相对闭塞，民国前期对于京沪流行的新装接触较少，其服饰仍基本沿袭清俗。汉族传统服饰款式单一，上衣有衫、袄、袈等样式。衫，为单衣，兰州俗称为汗榻，长至膝盖，颜色多为青、蓝、月白，质料有土布、麻布、褐布等，绸缎甚少，其圆领无袖，对襟布扣，透汗凉快，更显简洁清爽、潇洒利落，并且大多在领边、袖边、襟边、下摆镶其他颜色的宽边，缀绣彩锦。以后衫逐渐演变为短至臀部，较窄，不绣彩锦的样式。短袖衫兰州方言称之为“亮肘儿”，即女性所穿的无袖或短袖衫。其“面料多为阴丹蓝色或月白色，也有淡红或玫瑰红滚花镶边的春秋装，类似于旗袍的上半身”。[①]袄即兰州人在冬季时多用御寒之皮袄，一般是用绵羊皮制成，不搭布面，俗称之为“光板子”，多由牧羊人或马车夫所穿，加上蓝黑颜色的织贡呢布面或羊皮缝制的领子，便成了一件体面保暖的冬大衣。袈为无袖，样式同衫，略窄，有单、棉、夹之分。肚兜为上方下圆，上绣各色图案，有口袋，男女老少皆穿，贴身护在胸前，上下各有带，系在脖颈、腰后，为无袖内衣，多套头穿着，有单、棉之分。

帽子有布帽、皮帽、毡帽、草帽等种类。妇女大多承袭清俗，随身携带手帕。姑娘未嫁时梳两条辫子，或一条辫子坠后，出嫁时将头发盘成多种样式的发髻。妇女的首饰有头饰、耳坠、手镯、戒指等，金饰品较少。鞋有布鞋、草鞋、麻鞋、缎靴子、皮鞋等种类，男子在春、夏、秋三季多穿圆口单布鞋，冬天穿棉鞋；女子穿绣花的木头高跟鞋、平底鞋。袜子为白布缝制，妇女用白布包脚，外套袜套。山区妇女和男子多用腰带束腰劳作。男女有荷包、针扎（也叫针插）、银镶象牙、牙签子等装饰品。[②]

老兰州人遵奉古训，穿衣讲究男不露手，常作袖手旁观状；女不露脚，因缠脚裹足而趔趄不前，行走艰难。男不露脐，女不露皮。穿衣讲究分里外、合身份。穿衣风格要整齐统一，忌混搭乱穿衣服。

“五四”以后，受外来风潮影响，知识青年中普遍开始剪长辫、蓄短发，戴“西洋帽”，着中山装，但为数不多。女知识青年剪去长辫，改为齐耳短发，妇女挽发髻的也逐渐稀少。直至抗战时期，民风日开，外来移民带来了新的服饰装扮，既美丽又方便。主要变化有兰州市民所穿服饰大襟减少，出现了对襟衣。腰系黑布腰带的人多了，有的腰带长可围几圈，两头围在怀中间，打成“虎抱头”结，拒风寒于身体外。妇女冬穿棉袄、长袍，城市出现妇女夏穿短袖者。职员、商人、文化人，冬穿皮、棉长袍，围脖巾，夏穿长衫或短装，也有开始穿中山装的。[③]这一时段传统服饰的特点在市民的服饰上仍然有所体现，但也出现了一些新的变化，新的服饰陆续进入兰州市场。

---

① 蒙自福主编《兰州民俗风物》，兰州：甘肃人民出版社，2014年，第109页。
② 邓慧君：《甘肃近代社会史》，兰州：甘肃人民出版社，2007年，第116页。
③ 兰州市地方志编纂委员会：《兰州市志（第五十八卷）·民俗志》，兰州：兰州大学出版社，2014年，第212页。

二十世纪四十年代，一些新式服装逐渐进入兰州市场，并且走进兰州市民的日常生活中。著名作家茅盾在甘肃的省会兰州游历时看到“新开张的洋货铺子三三两两地在从前没有此类店铺的马路上出现了，新奇的美术字的招牌异常触目，货物的陈列式样也宛然是‘上海气派’；陌生牌子的化妆品，人造丝袜，棉毛衫裤，吊袜带，手帕，小镜子，西装领带，应有尽有，非常充足”。[①]又如见广告：“本店特由哈尔滨聘到名师承做男女各种最新时服，样装保证裁剪、包君满意”。[②]本则广告反映了西服已经在兰州市场上销售，同时西服的样式也能够跟随时代的潮流。而下面这则关于警察抓小偷的信息，则反映了1940年代西服在兰州市民日常生活中还是新鲜事物：“市警局侦缉队于7月18日下午5时在惠东旅社七号，查获窃去罗实西服店藏青华达呢西服一套之窃贼，计褂裤背心四件，窃犯唐华甫一名，带局审讯，该犯供认7月17日下午一时到该店，见人正在睡觉时，将其偷出，送存美新洗染店不讳，将赃物起获，交失主领取矣，唐华甫现正讯办”。[③]由于西服属于新的服饰式样，对于市民来说是新鲜的事物，因此自然吸引了小偷的注意。由此可见，新式服饰是比较稀少和昂贵的。

在抗战时期，兰州制呢厂所产产品也开始向兰州市民出售，以帮助市民过冬，当时报纸有记载“查本厂所制各种呢绒及各色毛毯过去以成品无多，仅限于本市各机关公务人员购买。兹以严冬将届，本厂为适应战时后方需求，特自十月份起，日夜加工赶制大批成品，现已开始出售，欢迎社会各界人士来厂自由采购，此启”，[④]这体现了呢绒在兰州市民日常生活中的变化情况，呢绒开始向市民出售。商店为了促进服饰的销售，打出了各式各样的促销信息，例如“建中绸缎百货商店，周年纪念、各货原价、请君早临、酬谢主顾、一律九折、莫失良机。十一月一日起十四日止”。[⑤]上述信息反映了绸缎在兰州市的销售情况。由于销量比较小，兰州市各商店为促进绸缎的销量做了诸多的努力。

绸缎是1940年代兰州服装市场上重要的布料之一，各商店相继推出了绸缎的促销信息，如“中正路协华绸缎商店，各货备齐，原码八八折扣，大减价开

① 茅盾：《见闻杂记》，广州：花城出版社，1984年，7-8页。
②《罗实西服店》，《甘肃民国日报》1943年5月22日第1版。
③《市警局缉获窃盗西服犯》，《甘肃民国日报》1943年7月21日第2版。
④《兰州制呢厂出售成品》，《甘肃民国日报》1943年10月28日第1版。
⑤《建中绸缎百货商店利成时鞋百货店》，《甘肃民国日报》1943年11月5日第1版。

始”。[1]关于协华绸缎商店的产品信息，如“协华商店绸缎百货，新到大批御寒物品，男女毛料、各色驼绒、童女男衣、鞋帽衬衫，种类多不细载，请君驾临参观，九扣大减价，酬谢顾主、原码不动、良机无久、欲购从速”。[2]1940年代，外国的制衣原材料进入了兰州市场，譬如“财政部花纱管制局兰州办事处，顷奉令定明日起，以美国种棉花供应市民。此种棉花以丝毛长、保温强为特点，价格闻仍遵照限价。生花每市斤86元，熟花每市斤90元，又据该处负责人称，各机关团体有大量之需者，可造具员工名册，前往洽购”。[3]外国的原材料在兰州市场上占有了一定的地位，愈加加剧了绸缎行业的竞争。

在此背景下，各家商店相继打出了价格战，如“大丰绸缎商店，绸缎布匹都有，花色新颖，日用百货俱全，定价低廉”。[4]在服装的价格方面，以1944年兰州雍兴公司生产的毛呢、花呢和车毯的价格为例，此厂宣传“比布便宜，比布耐穿。各色毛呢每尺100元，棉毛花呢每尺62元，四六车毯每条1400元，各色花呢每尺105元，各色毛线每磅400元，五七车毯每条1650元”。[5]再以一家商店的宣传促销信息为例，“夏令良友，每套十六尺，特种头号，原价三十万元、四十万元，现价每套为二十二万元、三十二万元，各色男女大衣，时代丽美夹克”。[6]上述信息反映了绸缎行业竞争的残酷性。

总体来说，抗战时期在省会兰州及较大城镇，一般居民多喜穿长衫，夏则单布大褂，冬则棉袍或皮袍，老农尤喜戴一副祖传之老花眼镜。服饰的变化主要体现在青年男女上。在近代以来的中西文化碰撞中，经过长时间的对比筛选，老式传统服饰颜色单调晦暗、穿着不便等诸多弊端逐渐被人所发现。青年学生以中山装为主，政府公职人员则多着西装，颜色以黑色深灰为主，质料则褐布兼用。贫家妇女多穿短褂长裤，亦以布带紧束裤脚。富家妇女则多穿旗袍，质料以绸缎丝绒毛呢等品为多。

---

①《协华绸缎商店》，《甘肃民国日报》1943年11月21日第1版。

②《协华商店绸缎百货新到大批御寒物品》，《和平日报》1946年12月4日第3版。

③《兰州花纱局棉花应市》，《甘肃民国日报》1943年12月24日第3版。

④《大丰绸缎商店》，《甘肃民国日报》1944年3月9日第1版。

⑤《雍兴公司兰州毛织厂》，《甘肃民国日报》1944年3月15日第1版。

⑥《夏令良友，首次到兰，特别庆祝三天》，《和平日报》1947年5月6日第1版。

二、饮食的变化

饮食多取决于地方物产和气候条件，在整个抗日战争时期，甘肃民众饮食基本沿袭传统的饮食品种和花样。

甘肃主产小麦、玉米、豆类、土豆等粮食作物，主要粮食为小麦粉、玉米及豆类等。人们习惯上将小麦称为细粮，黍、豆等称为粗粮。川水地区普遍种植小麦，旱地和半旱地种植稷、豆等。稷称为谷子，黍称为糜子，磨的面分别称为谷面、糜面，川水地区多食用小麦，山区多食用谷类。一般住民都是每日三餐，以馒头或者面条为主，极少食米饭，对于菜蔬则不很注重，只有少许腌菜或清油炸辣子面即可。饮料多则用白开水，也有用茶者。西北人热情好客，年节或待客时却佳肴罗列，珍菜毕陈，宴席极为丰盛。农闲季节日食二餐，农忙时日食三四餐，田里劳作的人后晌有加餐。肉食很少，普通人家平日很少食用，只在年节时才可吃到。[①]兰州面食以面条为主，馒头、花卷、饼次之。

面条有许多种制作方法，有擀、拉、揪等，形状有长、短、片、菱、宽、细等。其中以回族人马保子创制于光绪年间的牛肉面最负盛名，其口味清香醇厚，以“一清、二白、三红、四绿、五黄”之特点，深受兰州百姓的喜爱。除了面食，炒凉粉也是兰州市民钟爱的经济小吃之一，“吃炒凉粉这种风气，在兰州很盛行，不仅大人尽吃，就是五六岁的小孩，对它也非常感觉兴趣”。[②]另外，还有元宵也深受兰州市民的喜爱，元宵铺在兰州街头比较常见。如：“元宵铺的设立范围很广，几乎每条街道上都能看见，老远就看见门前放着一口大锅，经常热气腾腾的，再往沸汤里放很多像乒乓球样的元宵，漂在水面上。兰州的元宵铺共有十七家，而且家家的生意都很好。虽然元宵的价钱由每个二分钱涨到现在每个二千元，但爱吃元宵的人，绝不因为它在最近已涨一百倍即裹足不前，要和吃零嘴比还划算的多”。[③]

总体来说，饮食虽基本沿用旧有的习惯，但随着战时西北的开发和人口的迁入，传统的饮食结构和习惯也或多或少地发生了变化。在省会兰州，大街小巷上各家饭店的宣传非常响亮，例如太平洋酒家，“专做荤素宴席，备有喜寿礼

---

① 谷苞主编《西北通史》第5卷，兰州：兰州大学出版社，2005年，第36页。

②《经济小吃炒凉粉》，《西北日报》1949年5月15日第2版。

③《元宵铺生意兴隆》，《西北日报》1949年4月27日第3版。

堂，空气新鲜，招待周到，物适价廉，请驾一试，方知不谬。早餐：小笼包饺、江米烧卖、荤素各馅、绥远梢梅、各样大面、淮扬干丝、新添冷荤、挂炉烤鸭以及经济小吃。午餐：随意便餐、应有尽有、欢迎主顾”。[①]随着战时人口的迁入，各路菜系在西北地区聚集并相互交融，当时的兰州，京菜、川菜、粤菜、清真菜均相当有名。与此同时，具有各种地方特色的小吃店、小饭馆也纷纷兴起。越来越多的人开始习惯不在家中用餐，大饭店、酒楼、小饭店、工厂食堂成为不同职业和阶层人们就餐的场所。[②]在此时期，饮食的高档化得到了快速的发展。兰州之吃，虽不如京沪之盛，却也有几处大馆子，如陶乐春、凯士林、厚德福，其中以陶乐春资格最老，凯士林则中西合璧，西北大厦亦有西餐，但不如凯士林好，厚德福为河南馆，陶乐春则为下江菜。按行市，鱼翅席每桌十六万，海参席十二万，菜尚可口，近日此间特产珍珠萝葡上市，每席皆有火腿烧珍珠萝葡，其味甚佳。饮食高档化虽然得到了快速的发展，但主要是由于大量人口尤其是军政要员及富商巨贾的迁入引起的。对普通百姓来说，消费仍受到了一定程度的限制，大部分市民的日常饮食仍然十分简单和贫苦。“许多穷人家买上一块煤块，两三把引火柴，有四五斤面就是一天的生活……多数人家吃饭从不炒菜，中午多吃散饭，下点酸菜；晚餐多是一锅子面(即汤面条)，里面煮一点白菜、洋芋和萝卜，有时用菜油炝点葱花，逢年过节才能见到一点肉。”[③]

另外，此时期西餐也开始在西北地区流行，各种经营西式面包、糕点和饮料的食品店、糕点店与各式传统食品店的开张丰富了人们的饮食。食品业出现了上海帮的天生园、中国酱园、大升酱园、上海酱园，天津帮的鲜味斋、稻香村等。有名的新式食品有南味糕点、西点、面包、水果糖、各种瓶装露酒、啤酒、汽水以及各种各样的洋杂小百货，品种繁多，应有尽有，实为兰州历史上所罕见。[④]

---

①《太平洋酒家开幕了》,《甘肃民国日报》1945年6月8日第1版。

② 张根福:《抗战时期人口西迁对西部地区社会生活的影响》,《深圳大学学报》2007年第6期。

③ 张福亭:《昔日兰州见闻》,载中国人民政治协商会议兰州市城关区委员会文史资料委员会《城关文史资料选辑(第五辑)》,1995年,第125页。

④ 赵景亨、吉茂林:《原兰州私营商业简况》,载中国人民政治协商会议甘肃省兰州市委员会文史资料研究委员会《兰州文史资料选辑(第三辑)》,1985年,第161页。

三、居所的变化

甘肃地区的人民结合当地的地形、自然环境以及风土人情，逐渐形成了具有浓郁地方特色的民居形式和民居文化。汉族的居住体现出环境对人生活的影响，各地因自然环境的差异而形成不同的民居样式，陇东的窑洞，陇南山地的“板屋”，中西部地区土坯房。一般的汉胞所住房屋多为旧式之平顶建筑，质料则除少数系用砖瓦外，多为土质泥料所建成，房内均垒有土炕，往往一间房屋三分之二被炕占去，人几乎不能转动。西北地处高原，气候寒冷，民间多睡热炕，燃料则系煤末及牛羊马之粪，从初冬迄春季一直燃烧，室内热气熏腾，不利于卫生。外客来访则在凉床上休息，加上高原风力极强，所以窗孔比较小，一般都不能打开，因此光线并不充足。

在中国北方，尤其是西北地区，平房是较为常见的一种民居的建筑形式。因为西北地区雨水较少，日照充足，故而平房较为实用。修建时，平房用料简单且容易获得，施工比较容易，一般以土坯为墙，椽木泥草覆顶，或也可采用砖木为主体结构。顶部建歇山式梁，最后以青瓦覆之，房前屋檐一般较短。

具体以兰州为例，由于城市空间有限，兰州居民因地制宜，在平地建四合院，在崖边和半山上建悬楼，在黄河堤岸上建水榭，并且利用黄土建箍窑，形成多姿多彩的民居文化。[①]兰州地形对住房形式产生了重要的影响，并由此带来了诸多问题。是时，兰州地狭人稠，住宅十分珍贵，俗称“三分宅子四合院，家宽不嫌舍窄”。[②]兰州的住宅形式体现了兰州的特色，并且间接地反映了1940年代兰州市所面临的房荒问题。

兰州市的住房形式有四合院、悬楼、水榭等。“四合院，是兰州居民自明清以来，最普遍的居住院落。四合院，即四四方方的宅院内，四周建盖房屋，面向院中，形成一个封闭、内向的院落。这样的布局，严谨、安全、敞亮、空气清新，上望蓝天，下得地气，阴阳相合，是最理想的场所”。[③]四合院是1940年代兰州市重要的住房形式之一，它体现了兰州市民严谨的住房理念。

悬楼是兰州市另外一种住房形式，“兰州的半山或崖边因地制宜建有悬楼，

① 张津梁总主编《兰州历史文化·民俗民风》，兰州：甘肃人民出版社，2007年，第89页。

② 甘肃省文史研究馆编：《陇上琐忆》，1993年，第159页。

③ 兰州市地方志编纂委员会：《兰州市志（第五十八卷）·民俗志》，兰州：兰州大学出版社，2014年，第252页。

取‘仁者乐山’之意；沿河堤搭建悬楼，也叫水榭，得‘智者乐水’之趣。山崖上的悬楼最集中的地方在金城关、金山寺等”。[①]悬楼适应了兰州地区的地形，以及兰州市地狭人稠的实际情况，是兰州市民因地制宜建立的一种住房形式。

在抗战时期，千百年来代代相传的平静、封闭、分散、亲土而又落后的农业文明下的生活居住方式，被火车的轰鸣、汽车的急驶以及纷沓而至的商行、银行、机关、学校、工厂企业所打破。新式的以钢筋、水泥为材料的建筑物在铁路所到之处渐渐竖起。房屋主要依地势而建，以庭院式和土木式民居为主，玻璃和水泥等新式建材虽然有一定程度的使用，但是仍未全面普及。

抗战期间，兰州曾连续遭日机轰炸，街面店铺损毁者甚多。故在国民政府“建设大西北”的号召下，东部地区迁入的营建厂来兰建了一些新式建筑，其中包含许多沿街铺面。依工务局要求，这些铺面多为二层楼房，墙面一律为高九米的清水砖墙。兰州街面所经营之商铺门类繁多，其中包括粮油店、布料店、绸缎店、钱庄、金店、当铺、估衣店、理发店、药房、客栈、杂货店、书店、饭馆、瓷器店等等，可谓几乎涵盖了市民生活的方方面面。从其城市分布来看：“城内西大街，以钱店、绸缎店、布匹店、百货店、杂货店、军衣庄、印字馆居多；省政府之南，名中山街，皮货店、骨（古）董店、照相馆、书店聚集于斯，平市官钱局与中央银行，即在此街北口；中山市场在东大街，布匹洋货等摊，不下百余；道升巷内，多西药房；其他如医院、客栈、成衣、理发、当店、药肆，各街皆有。南关大行店极多，妓舍杂居期间；东关多烟行，规模宏大，兰州商业精华，即在此两关”。[②]

随着银行、新式学校、教堂、宾馆、医院、机场等设施的开办和设立，新式公共建筑在城区不断出现。这些建筑在风格、样式和材质方面都给古城兰州带来了耳目一新的变化，例如西北银行兰州分行大楼、西北大厦、博德恩福音医院和中正路邮局等。此外，兰州市当局针对旧城改造，出台了一些较为完善的规划方案，使得兰州市政建设逐步走上了现代化之路。

1941年7月1日兰州建市后，有计划地新建、改建和翻修道路、桥梁、排水、路灯等市政设施，提高其设施等级和服务能力。建市之初，市政府就立即开工，修建市区主干道路10条，至1942年陆续完工。经费由中央银行、中国银行、交

① 张津梁总主编《兰州历史文化·民俗民风》，兰州：甘肃人民出版社，2007年，第99-101页。
② 萧梅性：《兰州商业调查》，陇海铁路管理局发行，1935年，第2页。

通银行、农民银行四个国家银行与甘肃省银行合组的贷款委员会洽贷。新路宽15—30米，碎石路面，路两旁各有3米宽的人行道，并栽植树木2233株。原来路两边的旧式铺面一律改建为砖木结构的二层楼房。扩建后的街道两侧，所有商店统一家造成西式无槛门面，但限于经济实力，许多店铺临街是青砖门面，屋里则是土坯砌墙。[①]1943年，由上海陶馥记营造厂承建的西北大厦，其中有甘肃省第一家综合性百货商场——中山商场和一座国际性的大饭店。结构上采用多层砖木结构，主楼门厅高三层，下层以水磨石、马赛克和水泥铺制地面，客房50余间，装潢考究，并设有壁炉和壁橱。大厦内有会议室以及可容纳500多人集会和宴会的礼堂，是专供中外政要名流下榻的高级宾馆。

当然，无论是新式住宅还是现代意味的旅馆，都集中出现在城市，尤其是铁路所及和工商业发展之处，而在广大的乡村，一般民居并没有什么变化。

四、交通工具的变化

近代意义上的交通，包括以新式交通工具为标志的水、陆、空交通，以及借助于新式交通工具而进行的信息传递。与服饰、饮食相比，抗战时期甘肃民众在居住和交通上的变化相对要小一些。

在甘肃，人们外出除了步行之外，主要是借助畜力。传统社会道路设施、交通工具落后，人们出行十分不便，路分官道和便道，官道较为平坦，便道曲折坎坷；交通工具有马、驴、牛、轿子、铁轮、木轮、人力车等。乡民出行多骑驴或马，骑驴者尤多；富人出行乘车或轿子。山区有一种交通工具叫架窝子，又名掮子、骡轿，用两匹骡子先后架行，背负双杆，中驾轿窝，下为绳兜，上铺褥子，放置箱物，人坐卧其上，上搭篾篷，旁边有赶骡的人。甘肃地域辽阔，沿途村落稀疏，一日之程，有尖站、宿站之分。尖站多面点，供吃饭；宿站多车站，供住宿兼吃饭。至于运输，除通公路地区有汽车运输外，其他多用铁轮大车或胶轮车，俗称拉拉车，此外以牛马骆驼驮载运输者亦复不少。汉民习惯骑乘的人亦不少，但不如蒙藏同胞之技术熟练，一般乡民往来多乘马骡等车或轿车，骑小驴者尤多。[②]

黄河流经地区的人们乘坐用牛羊皮制作的皮筏出行，皮筏是很有地方特色

① 马永强：《1941年，战火中兰州开始城建》，载杨重琦主编《百年甘肃》，兰州：敦煌文艺出版社，2001年，第91页。
② 丁焕章主编《甘肃近现代史》，兰州：兰州大学出版社，1989年，第178页。

的水上运输工具，有羊皮筏和牛皮筏。全民族抗战开始后，皮筏运输的重点又转在军用品方面。

全面抗战以来，汽车大量增加，方便市民的社会交往。兰州设市后发展加快，在出行方面，市民开始享受到了多种便捷实惠的城市公共交通。除人力车外，还有交通马车，1943年前后，更是破天荒地开通了公共汽车，有旧汽车改造的班车6辆，由中央广场直达十里店。1943—1945年，先后拓修中华路东段、崇信路、中正路南段、定西路西段、庆安路、民勤路、靖远路等7条路。并将旧日的辕门开辟为中央广场，原有的亭桥拆除，新建4米高的钟塔一座。省际方面，甘肃与陕西、青海、宁夏都有长途汽车来往。

第二节　抗战时期甘肃娱乐生活

从居民日常休闲娱乐的形式上来看，抗战时期传统与现代并存。甘肃传统的文化娱乐形式主要有：戏剧、庙会、腰鼓等。娱乐的场所除戏剧尚有一些专门的戏楼外，其他的大多并无固定之地，空旷处皆可以利用，时间上也常常是借助节日、庙会、农闲、婚丧期间偶聚而乐之。由于全民族抗战的影响和商品经济的不断冲击，甘肃的封闭和“宁静”被打破，人们的生活观念和精神风貌向积极进取、竞争开放的方向转化，传统的娱乐活动也随之发生变化，新兴的娱乐方式开始出现并发展起来。而在广大农村，由于受到经济、文化发展的制约，传统的娱乐方式仍是人们娱乐生活的主要内容。

一、传统娱乐方式的变化

传统的文化娱乐方式在内容上更多地反映了现实生活的变动。已臻成熟、变化较少的传统戏剧，在抗战中也表现出强烈的时代气息。

（一）传统戏曲

甘肃近代有影响的传统地方戏曲首推秦腔，秦腔在甘肃有深厚的群众基础，深受人们喜爱，唱秦腔、看秦腔是人们一项重要的娱乐活动，有些秦腔迷恋者可以一日无饭，不可一日无戏。传统社会的每个村落都有喜爱秦腔的“好家”，数村的“好家”常组织自娱自乐的演出。

甘肃的戏班起于何时，尚难确考。据现存资料可知，明代甘肃已经出现早期的职业戏班。临泽县沙河渠秦腔忠义班创建于明万历十三年（1585年），而高台大寨子（乐善堡）忠义班出现的时间可能更早，约为明洪武十一年（1378年），但资料在“文化大革命”中遗失，虽发现资料的人现仍健在，但现已缺少实物证明。明万历年间文县玉鱼坪出现的袁应登花灯戏班，也是甘肃最早的戏班之一。清代中叶以后，秦腔和各地方小戏普遍发展起来，班社林立。清末到民国初年，为职业戏班繁盛时期，从以赶庙会演出为主开始逐渐转向在城市组建戏院定点演出。①

由于在城市中建立据点，进行营业演出的秦腔班社与日俱增，带来了前所未有的激烈竞争。民国初年，兰州城市人口仅十万人左右，而各种戏班竟有十余个之多，而且大都集中于城南，其竞争的激烈程度是可想而知的。不仅兰州如此，天水、平凉、武威、酒泉等地同样如此。全民族抗战爆发后，甘肃成了大后方，外来人口剧增，外地戏曲剧团也不断涌入，平剧、蒲州梆子、豫剧等剧种的戏班，和这些剧种的著名演员也纷纷进入这一竞争行列。这一新的形势，给甘肃秦腔提供了交流、借鉴和学习的机会，大大开阔了眼界、丰富了经验。同时，竞争也迫使本省的秦腔班社必须保持强大的演员阵容，拥有极大号召力的演员，剧目要适时对路，保持观众的新鲜感，舞台面貌要不断翻新，这自然就促进了甘肃秦腔的发展和变化。

全民族抗战时期，省垣人口增加，又出现了几个民间演出团体，有“文化社”、“新兴社”（亦称为“维新社”）、“新声社”等。尤其是“文化社”实力雄厚，演出最为红火，有60余名演职人员，昼夜两场，盛况空前，培养了许多名噪一时的秦腔艺人。除了省垣的演出团体，各府县也有私人创建或联营的演出团体。比较有名的如陇东的“平乐社”，陇南的“鸿盛社”，武威的“化俗社”等，这些戏班子

① 中国戏曲志编辑委员会:《中国戏曲志·甘肃卷》，中国ISBN中心，1995年，第445页。

持续时间都不长，班主负责组织，每个班子有十来个人。秦腔戏班班主有的是秦腔艺人，有的并非艺人，而是专营此道的人组织戏班子四处挂牌演出。各个戏班子都有拿手剧目，秦腔传统剧目有《四郎探母》《辕门斩子》《葫芦峪》《火焰驹》《劈山救母》《游西湖》等。从20世纪30年代开始，甘肃兰州的戏曲除了秦腔，还有晋剧、京剧、评剧、豫剧等剧种也挂牌演出。这些演出团体不仅带来了人们很少欣赏过的戏曲，还带来了一些新的意识和观念。①

抗日战争时期，兰州有了专门的戏院，内设座位，观众可以买票进入戏院观看演出，并设小卖，出售茶点、果脯。在演出时，演员要用瓜子茶点招待看家，散戏后虚心听其点评。②除了演传统剧目之外，戏剧界也纷纷编排以反映现实生活和抗日救亡为主题的新剧目，不仅满足了群众文化娱乐的需求，也大大激发了群众的爱国主义热情。著名的秦腔剧团西安易俗社，在爱国戏剧家范紫东的主持下，创演了至今仍为范本的《三滴血》等传统剧目和《投笔从戎》《民族魂》《保卫祖国》《还我河山》等新编历史剧。当剧团在各地演出时，所到之处民众奔走相告，争相观看。同时，许多戏剧团体还通过演出募集了大量现金，有力地支持了前线的抗战。

（二）庙会

据统计，兰州附近郊县寺院庙观大小不下百余座，各个庙观都在年节或礼敬神祇的日子举办活动。

庙会的活动有民间、官员、绅士、商家自发组织的；有施主祈神还愿求神的；有行会以扩大影响举办的。庙会组织的戏曲演出，由组织者提前预约。以民间庙会为例，一般组织者选出举办庙会的会长，由会长请戏，筹措经费，筹划庙会活动，有的对外要收门票，有的对外不收门票。行会、商会请戏班子在庙会的演出一般是公演，不收门票。

除了庙会，还有山会。山会的活动仅次于庙会，有些庙会和山会难以区分。山会有附近乡民筹资组织的，也有地方士绅捐资组织的。甘肃有名的山会有兰州的五泉山会、榆中的兴隆山会、临洮的岳麓山会、临夏的太子山会、临潭的莲

① 杨作荣：《秦腔戏在甘肃各地的演变》，载中国人民政治协商会议甘肃省委员会文史资料和学习委员会《甘肃文史资料文库》第9卷，2001年，第24页。

② 张慎微：《甘肃秦腔随笔》，载中国人民政治协商会议兰州市委员会文史资料委员会《兰州文史资料选辑（第十六辑）》，兰州：兰州大学出版社，1996年，第197页。

花山会、会宁的桃花山会等，几乎各县都有山会。山会的活动也以唱戏为主，山会有戏便能吸引四邻八乡的乡民前来游玩，无戏则比较冷清。庙会、山会期间，附近商贩云集，商贸繁荣。有些庙会和山会的组织者借机向摊贩抽取费用，借此大发横财。①

庆阳城西北方向的十五里铺，有个神娘娘大庙堂，也叫“娘娘庙”（现叫桃花山）。每年三月初一起会，环县、华池、合水、庆阳四个县的群众，不顾路途遥远都来赶会，每天来往的群众有二三千人之多。特别是那些无儿无女的乡村妇女，来这里排成一里长的队形，朝拜神娘娘，让娘娘保佑给儿给女，多年来，这已成为一种习惯。为此，文化大棚就编写了宣传资料，通过编写的快板、对口词、故事等教育群众破除迷信，解放思想，相信科学。有时还要求县政府安排一些妇女干部和他们一起去，将求儿求女的妇女召集起来，让妇女干部讲解卫生知识，指出不讲卫生容易生病，也影响生男育女，要提倡卫生，求神拜佛是没有用的。文化大棚还制作了一些妇女卫生用品，送给妇女使用。她们带回去，让周围妇女群众模仿制作，这样，使她们深受启发，开始养成了卫生保健的习惯。从此，朝拜娘娘，求神问卜的事情大大减少了。②

（三）抗战时期陇东分区的文艺活动

陇东分区（原称庆环分区）是陕甘宁边区的一个组成部分，包括庆阳、环县、镇原、曲子、合水、华池等六县。在边区政府成立以前，这些县虽然也有一些秦腔和皮影班社在城乡活动，但是由于交通不便、经济落后，所以，还称不上有什么真正的戏剧活动。在建立了陇东分区以后，随着革命形势的发展，中国共产党对宣传工作提出了新的要求，各项工作都需要文艺工作强有力的配合。另外，由于边区劳动人民在政治上、经济上翻了身，对文化生活的要求也十分迫切，这样，戏剧工作被提到议事日程上来。在中国共产党和边区政府的领导下，在广大群众的支持下，陇东分区的戏剧事业，从无到有，蓬蓬勃勃地开展起来了。

1935年，中国工农红军主力到达陕北后，建立了陕甘宁边区政府，并在环县曲子镇设立了庆环分区（后改为陇东分区），从而揭开陇东革命老区戏剧活动的新篇章。早在1934年设在南梁的陕甘宁边区苏维埃政府就拥有一个四十多人

① 邓慧君：《甘肃近代社会史》，兰州：甘肃人民出版社，2007年，第171页。
②《中国戏曲志·甘肃卷》编辑部：《甘肃陇东老区戏曲活动汇编（第五辑）》，油印本，1984年，第87页。

的新剧团，既演歌舞又演戏。1936年成立的陕甘宁剧社是根据地第一个专业戏剧团体。

1938年，在环县曲子镇（特委所在地），成立了庆环分区的第一个戏剧专业团体——庆环农村剧校。1939年6月，甘肃西府艺人张云率领的一个民间皮影戏班解体后，张云、赵三、袁老五等人流落到甘肃环县曲子镇，由庆环专署收容，专署出面把这几位艺人组织起来，在分区党委书记马文瑞、专员马锡五、宣传部长彭飞等领导的重视和支持下，抽调赵守一、墨遗萍、史虎臣等负责组织、领导这支戏剧队伍，组建起庆环农村剧校（后随行政建制的变化改称陇东剧团）。庆环农村剧校虽称剧校，实际上是一个演出剧团。剧校成立后，没有关起门来学习，而是继承工农红军文艺宣传的经验和传统，坚持通过演出实践学习专业知识和技能，紧密配合形势的需要，充分考虑群众的愿望，和时代的脉搏紧紧相扣，在形式上十分注意适应群众的欣赏习惯，力求做到使群众喜闻乐见，从而受到群众的欢迎，对组织和动员群众进行抗日战争，推动边区各项工作起到了有力的配合作用。①

1939年，剧校迁往庆阳，改编为陇东剧团。剧团初建时，条件十分艰苦，当地政府各部门捐赠了部分用具和几十元作为开办费。因当地工商户和群众捐赠小麦一斗，故群众戏称庆环剧校为“一斗麦剧团”。剧校尽管经费困难，却有良好的组织，在校委会下设四科七股，制定有学习、排练、演出制度。在中国共产党庆环分区党委、庆环分区专署领导下，艰苦创业，不断发展壮大，先后从陕甘宁边区文化协会、延安鲁迅艺术学院、西北民众剧团、抗战剧团、抗日军政大学七分校、陇东党校、陇东中学和部队抽调人员，充实队伍。庆环专署对这支队伍的政治思想和业务素质的提高十分重视，除了由专署和其他部门领导同志专门为他们上课、排戏外，于1941年派剧团全体去延安学习一年，周扬、柯仲平、张庚、马健翎、赵守一等都曾为剧团讲课、排戏。另外，鲁艺和抗战剧团也派了教员，对剧团进行正规训练，使剧团在业务上得到很大提高。1942年，经过整风和大生产运动，剧团方针更加明确，紧密配合边区政府各项工作，深入到边区广大军民中去，为工农兵创作，为工农兵演出，并曾多次直接参加保卫边区的战斗，不少同志在战斗中献出了生命。

①《中国戏曲志·甘肃卷》编辑部：《甘肃陇东老区戏曲活动汇编（第五辑）》，油印本，1984年，第2页。

1949年，剧团开赴兰州，改编为甘肃省文艺工作团。自1938年庆环剧校成立，至1949年进驻兰州，改为文艺工作团，在这短短的十多年中，陇东剧团在没有专业创作人员的情况下，创作并演出了大量戏剧作品，既满足了剧团活动的需要，又培养了一批作家、音乐家。

在庆环剧校和改为陇东剧团时期，剧校自编自演了彭飞的《新打渔杀家》，赵守一的《血战平阳》《血训图》，马健翎的《中国魂》《那台刘》《查路条》《好男儿》，墨遗萍的《张凤娇》《满天飞》等剧目，以及《送郎上前线》《送公粮》等演唱节目。这些演出对宣传抗日起了积极的作用。另外，赵守一、墨遗萍、程秀山等还创作了大量宣传破除迷信、反对封建、提倡妇女解放的《神怕打》《脏婆娘》《放小脚》《钟专员》《保卫家乡》等。当然，限于当时剧校的水平，今天看来，这些剧目不免显得粗糙，但却充满革命激情，为陇东地区的戏剧活动从幼稚发展到成熟，培养了人才，打下了基础。

1940年建立起陇东分区文化协会、陇东戏剧协会等组织。1942年在原陕甘宁边区保安司令部剧团基础上，组织起陕甘宁边区警备第三旅宣传队。陕甘宁晋绥五省联防军三八五旅宣传队（1937年成立于庆阳）也长住庆阳开展活动。抗日大学七分校，陇东中学，庆阳、合水等县也先后组建起宣传队和剧团。这些表演团体多为综合性文工团，兼演戏曲，主要演出的剧种为秦腔、眉户、平剧等。1942年毛泽东发表《在延安文艺座谈会上的讲话》以后，中共陇东分区党委和专署，根据《讲话》精神对分区文协、剧协、陇东剧团、各县剧团和民众教育馆进行了组织整顿、加强力量，使各个演出团体得到进一步发展，创作、演出活动更加活跃。

陇东分区各文艺表演团体的戏曲剧本创作活动，从一开始就得到地委和专署的高度重视和指导，紧密围绕着抗日战争以及分区的各项中心工作进行创作，起到了“教育人民、团结人民、打击敌人、消灭敌人”的战斗作用，如《阎王寨》、《大脚好》（黄俊耀）、《血训图》（赵守一）、《洪承畴》、《友田敏子》（田益荣）、《破奸案》（程士荣、易炎）等，都取得了良好的效果和强烈的反响。

重视对传统戏曲进行改革也是陇东边区戏曲活动的一个重要特点。它基本上经历了三个阶段：一是“旧瓶装新酒”阶段，以戏曲原有形式和方法表现现实生活。于是出现传统戏内容不变只改身份的“时装戏”，如《串龙珠》中完颜龙玫为日本军官，徐达改为伪县长，郭广清改为游击队长，花云改为抗日群众，唱的却是《串龙珠》。在装扮和程式动作上，也是照搬传统，不做任何改变，出现过穿着扎靠的八路军将领，勾着大花脸的日伪军，以及“吾乃贺龙是也”的自报家门等不伦不类的现象，当时大家也都不以为怪。二是在有了一定新的创作剧目积累以后，以纯生活形态去表现这些剧目，抛弃原有的程式动作，模拟、夸张生活动作，形成了一种加杂唱一些戏曲曲调的地方方言话剧。三是在总结上两个阶段经验后，以《在延安文艺座谈会上的讲话》的精神为指导，在继承戏曲传统的基础上加强改革和创新，力求内容和形式完美统一，从而走上以古老戏曲艺术形式表现崭新生活内容的正常轨道，出现了《阎王寨》《大家欢喜》《破奸案》《大脚好》《四查》《两枝枪》《坚壁清野》等一批思想性和艺术性结合较好的优秀剧目。[①]此外，隶属于三八五旅的宣传队在陇东地区也有丰富多彩的活动，宣传抗日救亡思想，演出形式有很多，有歌、舞、活报剧、哑剧、街头剧、话剧、秧歌剧、歌剧、秦腔、眉户、京剧等等。[②]

抗战时期除了专业性的戏剧团体，在交通不甚发达的乡村，人民群众也自发地组织起了文艺娱乐活动，如深受陕甘宁边区群众称赞的“文化大棚”。这支由群众自发组织的文化小分队，拉着大红马，托着兰布帐篷、锣鼓、小提琴、二胡等乐器，翻山串户，走村赶会，搭棚设点，向群众宣传抗日救国、与封建势力作斗争的新思想，深受广大民众的欢迎。

那时候，乡村农活一闲，举办乡会比较多，农民组织起业余剧团、搭台唱大戏。演员们赶到会场，趁大戏还没有开演，群众闲游闲转的时间，很快在台下搭起兰布帐篷开展宣传。有时候发表演说或来一段清唱，有时候讲一个革命故事或说一段快板。材料都是自己根据陇东地委和庆阳县委、县政府的中心工作编写的，内容很丰富，形式灵活多样，群众喜闻乐见。像快板《二流子转变》《捉汉奸》，故事《送郎参军》等，都很能吸引人，每次活动一开始，群众就从剧场的周围围拢而来，拥挤着观看，都说：“它是咱老百姓的文化大棚，演的是咱老百姓的戏。”[③]

抗日战争时期，刘志仁组织的湘乐南仓社火队，深受边区群众欢迎。边区

① 中国戏曲志编辑委员会：《中国戏曲志·甘肃卷》，中国ISBN中心，1995年，第22页。
② 张星点：《三八五旅宣传队在陇东的活动情况》，第59页，甘肃省图书馆藏。
③ 中国戏曲志编辑委员会：《中国戏曲志·甘肃卷》，中国ISBN中心，1995年，第86页。

火热的新生活激发了刘志仁极大的创作热情，1937年，他自编自演了第一部新秧歌剧《张九才造反》。随后，他组织成立了南仓社火队，在边区巡回演出。刘志仁组织编演的新秧歌题材广泛，有《新三恨》《反特务》《保卫边区》《百团大战》《反对摩擦》《新开荒》《大生产》《桂姐纺线》《送郎参军》《边区政府好》《放脚》《读书识字》等，这些节目动员群众抗日救国、保卫边区，歌颂边区政府和人民子弟兵，宣传军民大生产运动和移风易俗的边区生活。1944年11月，刘志仁出席陕甘宁边区文教大会，他带领南仓秧歌队表演《跑红灯》，在边区引起极大轰动，边区政府主席林伯渠为其颁发了“新秧歌运动的旗帜”奖状。刘志仁“把秧歌与新故事结合成为秧歌剧”，他和南仓社火堪称群众新秧歌运动的先驱和模范。

1943年11月，陇东的劳动英雄孙万福参加了陕甘宁边区召开的劳动英雄大会。12月9日毛泽东参观生产展览会，并在中共中央西北局办公厅邀请孙万福、张振财等十七位英雄座谈生产经验。孙万福心潮澎湃，即兴编唱了《咱们的领袖毛泽东》。后来，诗人贺敬之对之加以修改润色，民间歌手配上传统陕北民歌《光棍哭妻》的曲调开始传唱并不断演变，这首歌唱遍了全中国。

总体来说，在抗日战争时期，文艺活动的方式按照各种实际情况及其经常变化的环境，基本上采取的是台上和台下相结合的方式，利用有限的物资条件和经济能力，发挥每个演职人员对革命工作的高度责任感和热情。

二、新兴的娱乐活动

（一）话剧的产生与发展

全面抗战爆发后，在甘肃东部中国共产党领导下的陕甘宁边区庆环分区，首次创建了新型的剧团。二十世纪三四十年代在抗日救亡的时代背景下，话剧产生并迅速发展。

抗战团、伊斯兰学会和省回族教育促中华民族解放先锋队、省妇女慰劳前方抗敌将士分会（由省政府代主席贺耀组的夫人倪斐君发起组织）、王氏兄妹剧团、联合剧团（后改为血花剧团）以及新安旅行团（由江苏教育界人士汪达之发起组织的抗日救亡团体）和平津学生演出队等外地剧团，在兰州开展抗日宣传工作，掀起了抗日救亡运动的高潮。中国共产党驻甘肃的“八办”，执行党的统一战线政策，积极团结各种抗日救亡力量，对一些抗日团体给予切实有效的指导，与国民党所属的救亡团体合作，广泛联合各种力量开展抗日救亡运动。

不少文化界知名人士如张仲实、吴渤、王洛宾、罗珊（王洛宾的妻子）、朱星南等都来甘考察或演出。1938年4月，著名剧作家塞克、作家萧军、舞台美术家朱星南、作曲家王洛宾等先后来到兰州，萧军任《甘肃民国日报》副刊《西北文艺》主编，塞克和王洛宾参加由教育厅组织的西北抗战剧团，在甘肃陇南等地开展抗战宣传。他们还联合中小学生举办美术展览，通过板报、漫画等形式开展抗日宣传。当时的简报有《西北青年》（其主要文章出自八路军驻甘办事处）、《战号》、《妇女旬刊》、《回声》、《老百姓》、《热血》、《抗敌》、《民众通讯》、《现代评坛》和南京迁来的《苦干》等，中共创办的《新华日报》和延安出版的《解放》等报刊也通过八路军驻甘办事处在兰州传播。这些文化界进步知名人士在甘肃的文艺宣传活动不仅为抗日救亡运动做出了贡献，而且对当时甘肃的文学艺术产生了不小的影响。

著名剧作家塞克也参加了联合剧团的演出活动。剧团成立后，上演了《凤凰城》《到前线去》《六年后的九一八》和《卢沟桥血花》等剧目，极大地激发了广大群众的抗日热情。王氏兄妹剧团是由曾任榆中县县长的王云海的五个子女王德璋、王德谦、王德芬、王德威、王德乾组成的家庭小剧团，他们与八路军驻甘办事处联系，积极参加抗日救亡运动，不仅出入机关团体教唱抗日歌曲，还在街头演出宣传抗日的剧目。他们演出的《放下你的鞭子》《打回老家去》等节目，感情真挚，演技精湛，受到兰州广大群众的热烈欢迎，曾经轰动一时。

（二）电影的推广与普及

近代新兴娱乐对社会最有震撼力的要算电影了。1895年12月28日电影诞生，之后向全世界推广，20世纪初传入我国沿海地区，约10年后，传入西北内陆城市。1918年秋，武威富商韩子瞻花重金从西安请来电影放映师，在兰州皖江会馆放映电影，引起极大的轰动。后因片源问题而停止放映。但韩子瞻本人则在此次电影放映中名利双收。1926年甘肃省教育厅筹办兰州民众教育馆，内设可容纳200人的露天电影放映场，这是甘肃最早的官办电影放映场。与此同时，私人电影商人相继进入兰州市面，并常租赁这个唯一的露天电影院进行放映。1932年，甘南人王佐卿在兰州建立首家私家电影院，名为新民电影院，片子从上海联华影片公司引进。后因片源难继，观众逐渐减少，历时三年后，不得不歇业。电影作为新的娱乐方式，刚出现时，人们对某些做法还难以接受，规定男女不能同时观看电影，故只能白天放映男场，晚上放映女场。以后兰州又出现了几家私人电影院，其他城镇也先后出现电影院。1935年兰州启文电影院首先放映有声电影，从此甘肃有了有声电影。到全民族抗战时期，私办、官办、军办的电影院相继出现，1939年，全省新开张了8家电影院。兰州较有名的电影院有绿洲、胜利、金城、兰园等。当时省立民众教育馆和国立科学教育馆也常放映一些宣传科学和教育的电影。

1937年全民族抗战爆发，甘肃成为战时后方，兰州市人口由原来的10万人增至1938年的17万人，经济和文化生活随之活跃起来，电影业也出现了短暂的繁荣。一批反映抗战内容的进步影片和反法西斯斗争的纪录片、故事片也涌入兰州和省内各地，兰州影院一时间相继开业达13家之多。特别是在中国共产党领导和影响下产生的抗日进步影片《风云儿女》《壮志凌云》《到西北去》《青年进行曲》《夜奔》《木兰从军》《四季歌》《八百壮士》《马路天使》《十字街头》在兰州和省内各地上映。民国二十六年（1937年）12月新安旅行团部分成员携带电影放映设备赴平凉开展抗日救国宣传活动，在省立平凉二中（现平凉一中）礼堂放映上海明星影片公司1932年摄制的新闻纪录片《十九路军血战抗日——上海战地写真》（2本）和动画片《民族痛史》（1本）等，开展抗日救国宣传活动。1938年9月新安旅行团10多人抵达兰州，在兰期间，该团除以演出话剧、歌咏、举办座谈会等方式宣传抗日之外，还在兰州民众教育馆等处放映电影14场，观众达2万多人次。仅在该年3月12日纪念孙中山逝世13周年的电影放映中，观众就多达1万2千人。放映影片有《小五义》《十九路军血战抗日——上海战地写真》《防毒面具制造法》《农人之春》以及动画片《民族痛史》《抵抗》等；放映幻灯片有《全国总动员》《儿童的抗战》等。是年5月17日，中共中央和毛泽东驻甘肃代表谢觉哉接见该团后题词："以艺术武装你们的手口，以理论武装你们的头脑，从工作中锻炼你们成为钢铁的战士"，以鼓励他们的抗日爱国热情。1939年1月1日，甘肃省科学教育馆正式成立，馆址在兰州励志路官驿后75号（现兰州通渭路）。通过电影宣传科普知识是该馆的一项重要活动内容。[①]中国自古就是一个注重伦理道德的国家，对国家的责任信念深深镌刻在每一个中华民族子孙的骨子里。在抗战的烽火中，作为大后方的甘肃，通过电影的形式宣传抗日救亡的思想，弘扬了爱国主义精神，传达了革命的理想，并成为一种新兴的文化符号性象征，融入了民族集体记忆的河流中。

抗战期间，省内各县放映活动也比较活跃，成立电影院放映影片的有酒泉中国电影社酒泉放映站等。据当时报载广告统计，仅1939年到1945年的6年间兰州放映影片368部。映出影片主要为三类：一为纯娱乐性的神怪剑侠、风花雪月影片，占到上映影片的一半以上，像《女少爷》《夜来香》《火烧红莲寺》《古屋行尸记》《狼山喋血记》《春园断梦》《新桃花扇》《狂欢之夜》等；二为艺术性较强又兼有精湛演技的中外名片，像《淘金记》《关山飞渡》《马路天使》《夜半歌声》《北极星》《迷途的羔羊》《青山翠谷》《再度春光》《绿野仙踪》《泰山复仇》《魂断蓝桥》等，以美国片居多；第三类影片是受抗战影响产生的抗日进步影片和反法西斯战争的苏联及美国影片，如《淞沪前线》《八百壮士》《十字街头》《风云儿女》《民族万岁》《青年进行曲》《夜奔》《轰炸东京》《盟军进占柏林》《签降》《日本间谍》《保卫家乡》《保卫我们的国土》《德波德捷德苏战争之史实》等。除以上三类影片外，部分片商和影院为追求票房利润，还上映了一些宣传暴力、恐怖、色情内容的不健康的影片，受到当时《甘肃民国日报》《河声报》刊载文章的抨击。[②]

抗日战争时期，由国民政府或部门派遣、组建电影巡回放映施教队（团）在兰州和各县（区）基层放映电影，开展普及科学知识、激励国民爱国抗日的电化教育活动。1939年10月，中华民国政府军委会政治部电影放映队3队一行7人，由队长彭介人率队抵兰放映抗战新闻纪录片、故事片、卡通片，该队在甘肃各地的放映活动长达两年之久。1940年1月8日，在日本飞机连日轰炸兰州时，该部在甘肃省政府门前广场公映《抗战特辑六集》和抗战故事片《八百壮士》等宣传抗日，稳定人心。1941年2月受国民政府教育部委派，大学生葛思恩、俞湘文等从重庆携带电影放映设备和影片《淞沪前线》《绥远前线军容》等到夏河组建“拉卜楞巡回教育施教队”，深入到藏区的卡伽、嘉木寺、西仑等地为牧民放

① 甘肃省文化志电影篇编写组：《甘肃电影大事记·第一部分》，1991年，第9–11页，甘肃省图书馆藏。
② 甘肃省地方史志编纂委员会：《甘肃省志（第六十四卷）·广播电影电视志》，兰州：甘肃人民出版社，2007年，第319页。

映电影、举办展览，宣传抗战和普及教育。1942年国民党中央电影厂直属电影队，携带35毫米皮包机2部，在夏河拉卜楞寺等地巡回放映电影。1943年中华民国政府社会教育部工作队第二支队在兰州举办社会教育电影周。同时甘肃省政府以及教育、民政两厅在1937年组建5个电化教育巡回放映施教队。1941年甘肃省教育厅设立电化教育服务处，将全省划分成7个电影施教区，兰州划为8个电化施教区，在各施教区为学生、群众巡回放映《电学知识》《科学养牛》的科教片和宣传抗战的纪录片、故事片。1939年10月，甘肃省教育厅特种教育巡回教学一团一行22人，由团长朱希仁率领赴陇东各县，用16毫米放映机、小型发电机发电放映故事片、抗战纪录片等。1940年1月，甘肃省抗敌后援巡回宣传队在陇西、甘谷、天水等地放映宣传抗战影片，该队4月1日在陇西公映电影一天，为宁绥前线抗日将士募款。1940年秋，甘肃科学教育馆巡回施教队在夏河拉卜楞寺放映电影，该寺活佛和许多僧官出席同当地百姓观看，这是甘肃省内少数民族地区当时最大的放映活动。1945年甘肃科学教育馆西北电化教育巡回工作队自带设备、影片，在省内公路沿线放映《开花结果》等科学教育短片，该队的活动资金全部由中英庚款董事会和国民政府教育部筹集。

1942年夏八路军总政治部电影团派电影队余丰、吴德、席珍、唐泽华等人携带影片《南泥湾》《白求恩》在华池、环县、合水、庆阳等地为军民放映。1944年冬天，延安电影放映队冒着寒风大雪到环县豹子川，为抗日军政大学七分校学员放映抗战纪录片和苏联故事影片《夏伯阳》。甘肃陇东边区的电影放映活动为甘肃人民电影事业的发展拉开了序幕。

需要提及的是，电影兴起后，沿海的电影工作者也将目光投向了西北，关注西北。1939年，中国电影制片厂的导演郑君里率领一行人马到西北拍摄《西北特辑》，完成后改名为《民族万岁》。其中摄制了大量各民族支持抗战的动人事迹和地方的风土人情，在全国各地引起了强烈反响，这是我国电影史上第一次介绍西北的影片。①

这些作品及时反映了中国军民拼死抵抗日寇进攻的英勇壮举，以及各界各族民众积极支援抗战的爱国热情，受到了各界群众的热烈欢迎和一致好评。中

① 吉光安：《民国甘肃影坛实录》，载中国人民政治协商会议兰州市委员会文史资料委员会《兰州文史资料选辑（第十六辑）》，兰州：兰州大学出版社，1996年，第32页。

国早期的电影工作者在“中华民族到了最危险的时候”，勇猛自觉地挺立在时代的风口浪尖上，充分运用手中的特殊武器，为激励中华儿女奋起抗战起到了不可替代的历史作用。他们用“电影抗战”的独特形式，在华夏大地上筑起了一道新的长城。

同时，不可否认的是，电影作为近代新的娱乐形式，出现伊始也存在一些问题。比如最初在城镇放映，以营利性的私人影院为主，只供上层达官贵人和少数城镇市民观看娱乐。放映初期，其面临的问题很多：首先，最大的问题是片源难以为继，引进一部片子轰动之后便趋于沉寂。最初片源基本由到外地经商的商人顺便携带，抗日战争后期才出现了两家专门经营片源的商人，一直到新中国成立前仍然为两家经营。其次是放映院的秩序难以保障。许多地痞流氓肆意闹事，起哄打架，影响了电影的正常放映，电影院常有藏污纳垢之嫌，普通百姓难以接受。当时，官办和军办的电影放映机构，大多免费为军政人员放映，不允许普通百姓观看。电影作为近代新生事物，虽然最初只供少数人欣赏，但它仍然在向大众娱乐的方向过渡，反映出社会在娱乐方面的进步趋势。

第三节　新文化输入与社会风气转变

一、传统陋俗的嬗变

西北地区历史上遗留有不少陈规陋习。民国时期，也曾倡导“改良风俗”，开展“新生活运动”，革除陋习。但政府对一些陋习的禁令多有名无实，不能根除。抗战时期，甘肃省革除陋习规模重大的活动主要体现在禁烟和禁缠足方面。

（一）禁烟禁毒

1935年，国民党中央将禁烟事项委托军事委员会负责处理，成立了禁烟总会，订定六年禁烟计划，制定各项规程并做出了一定程度的宣传。如在每年

6月3日举行大型的禁烟宣传大会。在禁烟宣传大会上，主要内容是张贴宣传标语，散发传单，同时各机关首长讲述林则徐的事迹，阐述烟毒的危害，以示政府禁烟的决心等，最后将戒烟所没收的烟具当场销毁，同时焚毁一些烟土，摄影留念，大会宣告结束。举行禁烟纪念大会时，气氛较为活跃，例如永昌县在1940年6月3日举行禁烟宣传大会，"远近民众来城听讲观剧者，每日多则千余人，少亦四五百人，均极为之感动"。①榆中县"当场焚毁烟具一千六百四十三件，借资警惕。当焰火冲天之时，群众高呼禁烟口号，响彻入云，情况至为热烈"。②庄浪县"民众参加者约五六百人，首由县长报告开会意义，次由各机关首领，详确讲禁烟利害，并发散传单，听众颇为感奋，对于禁政之重要，烟毒之祸害，均能觉悟，并将去岁至今搜获烟具七百余副，当场尽数焚毁，借表政府禁烟决心，民众一致欢呼，情绪极为浓厚，历数小时，始经解散"。③

国民政府在1935—1940年采取了"两年禁毒，六年禁烟"计划，20世纪40年代又采取了断禁政策，加大毗邻省区的合作，调动民众参与禁毒的积极性。上述诸政策的实施，使甘肃禁政取得了显著成效，尤其在禁种上，甘肃除在少数民族地区和一些偏僻的插花地、飞地还有少量鸦片烟苗外，其他通衢之处的大片良田沃土已种上了粮食作物。应该说，鸦片种植的减少是民国时期甘肃禁政取得的最大成效。此外，贩运和吸食也随着种植的减少而有所收敛，贩运者由过去的公开活动转为秘密的地下私贩，吸食者则因烟价大涨而自动戒除亦不在少数。取得如此成效，和具体政策的制定和落实是分不开的，甘肃禁烟禁毒运动以及烟土运售由禁烟总局（后改禁烟督察处甘肃分处、甘肃稽核处）总司其事；禁种、禁吸，由省府与禁烟委员会具体负责。

禁种：1930年秋，甘肃省列入分期禁种省份。1935年春，皋兰、正宁等22县烟苗禁绝；1936至1937年，按照计划依次推进。至1938年，为适应抗战增加粮食生产需要，将1939年应行禁种各县，提前于1938年一律禁绝；并于烟苗禁绝县份，设立禁烟委员会，协同县府办理禁烟。

禁运：甘肃每年内销外销烟土数目颇大。自实施禁种后，销售数量顿减，所有内销外销烟土，均以禁烟总局为运售专管机关，其下设25分局，均由特货税

①《呈报本县举行禁烟宣传大会日期及宣传情形请鉴核备查由》，档号15-8-212。
②《电报举行"六三"禁烟纪念并扩大禁烟宣传情形请鉴核备查由》，档号15-8-212。
③《为呈报遵令举行禁烟大会情形请鉴核由》，档号15-8-212。

局兼办。1939年1月，禁烟总局改为禁烟督察处甘肃分处（后改为甘肃稽核处），下辖皋榆、靖远、凉州、甘州、临洮、固原、平凉、天水等10个事务所，派员专办。对存土进行登记。所有内外销售烟土，都经禁烟督察分处所属之税收机关验核征税，方准运销。所有外运烟土，均须报监运所，违者以私运论处。除对本省产烟监运统销外，同时还防止外土的输入。

禁售：甘肃自前清便无正式土膏行店，私售私购，毫无统制。1939年9月，禁烟督察分处订定《特许成立土膏行店办法》，以防私售。据《本省登记烟民数限定各县设立膏店家数等级一览表》统计，全省65县，登记烟民数为16.65万余人；限定设立土膏店家数为390家，其中甲等土膏店383家。1940年4月，省府鉴于土膏行店流弊滋生，不仅无益于禁售，且变本加厉，破坏禁烟，故限于4月10日将土膏行店一律撤销，同时成立临时烟土管理所，严禁烟土内销。据知情人士回忆，时兰州市存土2000多箱，“特种行业公会”通过朱绍良向蒋介石请愿，蒋电允“免于焚毁”，不在内地销售，“可以运往敌区”。

禁吸：据《甘肃省禁烟总报告》载，至1936年4月底，全省共登记烟民实数12.8万余人，当即一面印发戒烟执照，一面仍继续登记；至次年秋，登记烟民已达187639人，旋以甘肃灾患频发，各县报告异动数目甚巨，恐尚有不实不尽之处，为彻底整理登记烟民之数目，特许补行登记。1938年冬，因厉行传戒有照烟民，又商同省禁烟委员会，选派禁烟督导委员，分区逐县督导并协同各县府缜密查缉，重行整理。至1939年10月底，全省共有烟民19705人。1940年6月底（此为禁吸完成的最后期限）之前，省府根据各县烟民人数，设立戒烟院所及调验所，制发大量戒烟药片，分批传戒及调验。按照甘肃分期戒烟办法，首先在省城设立戒烟所（后改为省立戒烟医院），施戒省会兰州及皋兰所属烟民，兼办调验事宜。各县则视烟民多寡，设立甲、乙、丙三等戒烟所，按期施戒。1939年10月，全省共有省戒烟医院1处，县戒烟所61个（其中甲等6、乙等36、丙等19），共有床位645个。1940年4月底，全省先后两次为16万人分发戒烟药片178.8万粒；7月，全省各县戒烟院所裁撤；8月，依照《甘肃省各县局烟民调验所组织简则》，凡烟民满3000人之县，利用原戒烟所所址和设备改设烟民调验所（省会兰州及皋兰县合设1所，平凉等21县各设1所，共计22所），其余各县则由当地禁烟机构指定医师或委托邻近县烟民调验所调验。1941年1月和4月，省府先后转发行政院颁布的《肃清烟毒善后办法》和《禁烟禁毒治罪暂行条例》，规定凡种植罂粟、制造和贩运鸦片、聚会抗铲烟苗者处以死刑。各县依令发布告示周知。同年4月，省府令将已判刑执行期满三个月的烟犯调服兵役和工役，各县奉令分别将35岁以下合乎甲级壮丁的调服兵役；35岁以上烟民调服工役，从事城镇街道桥梁维修和县苗圃的劳动。

1941年上半年《甘肃省政府施政报告》宣称，甘肃各项禁政都已依限完竣。但烟苗仍在文县、武都、卓尼、岷县、漳县、徽县、康县、天水等地发现。半年以来，临洮、平凉、华亭、静宁、陇西、庆阳、甘谷、安西、玉门等县，先后缉获烟土共4000余两，烟棒2691枚。1942—1943年全省缉获烟土数量合计为5121.146万两，烟具5731件，烟犯1804人；调验烟民1083人。1944年，武都、文县、西固、舟曲县、岷县、武威、卓尼等12县、局发现烟苗，铲除烟苗约1万余亩；各县收缴烟土7800余两。1945年3月，省府鉴于各地调验烟民，设备简陋，药械缺乏，且调验大多有名无实，流于形式，决定废止调验办法。同年6月，《陕甘两省加强禁烟办法》颁行，对在陕甘两省内犯《禁烟禁毒治罪暂行条例》所定之罪者，各依该条例最高刑处断，对逾期不戒烟者以复吸犯处以死刑。同年8月，省府组织清理委员会彻底清理积存烟土，据报，各县、局历年解缴烟土总计已6万余两。计清出真烟土4.53万余两，分装39箱；假烟土1.53万余两，及膏灰棒2900余两，烟棒141枚，烟具铜锅1只，分装11箱。假烟土及膏灰棒等在省会兰园召集的市民大会上焚毁。[①]

禁烟是一项社会运动，牵扯面很广，需要协调各方面的关系。曾任查禁种烟检查团团员的李宽说："烟祸的蔓延，是一种社会的病态，绝不是偶然的，或独立发生的，一定有其前因后果，而与社会各方面都有错综复杂的关系。因此禁烟一事，也绝不是单方面努力可以完成的，必须要社会全体动员，通力合作，才可以奏效。以往无论个人与个人，团体与团体，机关与机关之间，也常是不能保持密切的联络，甚至互存偏见，各行其是，以至步骤凌乱，徒劳无功，这一点关系禁政的成效甚巨。"[②]诚然，从民众参与的广泛性角度来看，国民政府时期的禁烟是一次有限的社会动员与民众参与运动。按理说，民众既是鸦片烟毒的受害

① 甘肃省地方史志编纂委员会：《甘肃省志（第五卷）· 公安志》，兰州：甘肃文化出版社，1995年，第434-436页。
② 李宽：《禁烟与抗战》，《陇西民报》1940年4月8日第3版。

者，又是禁毒的主力军，加大对民众的宣传力度，取得他们的理解和支持非常重要。只有他们真正意识到毒品的危害，自觉自愿地去抵制毒品，才能推动禁毒工作的顺利开展。

（二）禁绝妇女缠足

缠足是残害中国妇女的千年陋俗。自近代以来，有识之士就积极呼吁禁缠足。甘肃的禁绝妇女缠足自民国开始，经过二十多年的发展，妇女缠足情况到抗战时期有了一定的改观。抗战期间的甘肃省政府，采取了多种措施，在各地县、乡、村开展大规模的禁缠足活动。根据南京国民政府内政部的《禁止蓄辫缠足条例》，结合省内实际，甘肃省政府颁布实施了《禁止妇女缠足条例》，各县成立天足会，通过上街讲演、张贴布告、街头戏剧等形式扩大禁缠足宣传，并采用强制、罚款等方法禁绝妇女缠足。1939年，甘肃省第四行政区所属各县，动员学生上街宣传《甘肃省政府查禁妇女缠足训令》和《查禁妇女缠足办法》。[①]

1940年，赵敏求详细描述了当时甘肃静宁会宁一带妇女的缠足情况，她们的脚，“可以小到两寸半，小到行路如风前杨柳，必扶墙或持杖以免倾跌，久立必须下跪的地步，如此自残，实令人不解。而最堪恨的是老太婆们自残还不算，必令十岁左右的小姑娘们来继续背这个十字架！革命数十年，‘天足会’也努力了几十载，而今日西兰公路两侧的小姑娘仍在缠足，甚至门首写着‘本甲男子不许蓄辫，女子不许缠足’的保甲公约的甲长家中，其小女孩子也因‘她们祖母要裹哩’而缠足，真不知我们作民众工作的朋友在作什么！”[②]。缠足妇女人数众多，城市如此，乡村此风更炽。幼女缠足依然存在。1943年的静宁县：“女孩缠足风气仍然盛行，成年妇女缠足的不必说，而女孩6岁至10岁的还是在缠足。”[③]就是说，直到40年代，甘肃的妇女缠足问题并没有真正解决，在广大农村依然严重。

1940年3月15日，甘肃省政府再次制定公布了《甘肃省各县查禁妇女缠足办法》，要求各县查禁妇女缠足，分列4期（宣传期、劝导期、解放期、强制期）进行，每期时间定为3个月。具体内容如下：

三、31岁以上之妇女未缠足者，禁止再缠；已缠者，劝令解放，不加强制。

---

① 天水市民政局：《天水市民政志》，兰州：甘肃人民出版社，2001年，第517页。

② 赵敏求：《跃进中的西北》，西安：新中国文化出版社，1941年，第56页。

③ 李兰荪：《静宁县的妇女生活》，《甘肃妇女》1943年第2期，第82页。

第三条:在宣传期内,各县政府应会同县党部动员委员会,新生活运动促进会、妇女会及各学校,督促区署保甲人员,举行扩大宣传,并随时利用各种集会,详加阐释。

第四条:在劝导期内,各县政府应督促区署保甲人员,挨户劝导,并由妇女会及当地学校协助进行。

第五条:在解放期内,各县政府应设置女检查员,协同当地保甲人员,施行严密之检查。

第六条:在强制期内,由女检查员强制解放。

第七条:妇女缠足依下列规定,分期查禁之。

(一)15岁以下之幼女未缠足者,禁止再缠;已缠者,限于劝导期内一律解放;逾期尚未解放者,处罚其家长5元以上,15元以下之罚金,并由女检查员强制解放。

(二)16岁以上、30岁以下之妇女未缠足者,禁止再缠;已缠者,限于劝导期内一律解放;逾期尚未解放者,处罚其家长1元以上、5元以下之罚金,并限于解放期内解放;逾期仍未解放者,加倍处罚,并由女检查员强制解放。

第八条:前条一、二两款之罚金,拨充女检查员薪旅费及查禁妇女缠足办公之用,由县政府呈报政府核准动支,并将收支数目每月在县府门前公告一次。

第九条:查禁妇女缠足人员,如有骚扰磕索情事,一经查明或被告发查实,依法惩办。

第十条:强制期满由省政府派员考查,按其成绩,依"禁止妇女缠足条例"第十三、十四、十五各条之规定,分别奖惩之。

第十一条:本办法自公布之日施行,如有未尽事宜,得随时修正之。[①]

1942年颁布的《甘肃施政纲领》第三十二条中有规定:"严禁缠足"[②]。1942年,静宁县对不实行放足政策的民众,一律实行管押处治,立具结书后,方可获释。同年12月报载题为《省妇会推动放足运动》的文章:"据妇运总会发表甘肃新生活运动促进会,因尽于偏僻各县妇女仍有缠足风气,殊有积极推行放足运动之必要,去岁曾通告各区县曾切实办理,已具成效,近复协助妇女工作委员会

①《甘肃省政府公布令兹制定〈甘肃省各县查禁妇女缠足办法〉公布之,此令》,《档案》1997年第S1期(增刊)。

② 张家川回族自治县地方志编纂委员会:《张家川回族自治县志》,兰州:甘肃人民出版社,1999年,第1384页。

积极推行，预料一二年内，所有缠足妇女，即完全绝迹”[①]，直到1944年12月6日，甘肃省政府还颁布了《查禁民间不良习俗办法》，列入查禁的不良习俗就有妇女缠足。[②]

抗战时期的甘肃政府，在废除女子缠足方面做出了相当大的努力，但是由于政治、经济、思想等各方面原因，大多数出台的禁缠足法令形同具文，真正落实者屈指可数，妇女缠足仍是甘肃陋习的重要一面。

（三）破除封建迷信

民国时期，尤其在广大的乡村，封建迷信思想仍旧十分严重。比如生病不看医生吃药，去找巫婆神汉“驱邪”等封建旧俗仍十分普遍。为了开启民智，凝聚民族力量，坚定抗战精神，国民政府加强了对普通民众尤其是青年的教育。

青年为国家中坚，训练青年，为目前教育之中心工作。教育部颁发了青年训练大纲，其训练的宗旨是：信仰三民主义；陶冶高尚人格；注重科学研究；锻炼健全体格；实行负责任事；绝对遵守纪律。[③]并对具体的训练方式也作了详细的规定。

首先，注重思想教育：讲述总理遗教；阅读三民主义并作答记；利用纪念日前往民间宣传；每日行升降旗礼；严令服用国货；举行有关爱国讲演；佩戴最高领袖像章；开会时讲演人提及最高领袖时起立致敬。其次，要求技术层面的科学训练：增进对自然界现象的了解；补充日常生活所需科学知识；改进自然科学教材教学，提高学生程度；练习空袭时警报之辨别，避免毒气之方法；练习消防急救及看护等救护技术；练习驾驶车辆、马匹及军用品之运输；练习军事测量，建筑桥梁，架设电线及各种防御工程；练习日常生活必需品及战时简单军用品之修理与制造。[④]对体格上也有严格要求：讲求食物之营养；注意被褥衣衫洗涤；检查厨房，厕所，及其他生活场所之清洁；灌输医药常识；举行体格检查；厉行疾病之预防与治疗；实行早操跑步；制定运动标准，实施强迫运动；举行校外各种运动比赛；奖励驾驶、游泳、划船等之特种技能比赛优胜者；加紧军事训练；

---

①《省妇会推动放足运动》，《甘肃民国日报》1942年12月16日第3版。

② 天水市民政局：《天水市民政志》，兰州：甘肃人民出版社，2001年，第518页。

③ 甘肃省政府教育厅：《甘肃教育实施方案》，1939年，第22页，甘肃省图书馆藏。

④ 甘肃省政府教育厅：《甘肃教育实施方案》，1939年，第23页，甘肃省图书馆藏。

联系野外露营及长距离步行；奖励射击、骑马等各种比赛优胜者；讲述或阅读古今英雄故事。

通过新文化新思想的传播教育，使普通民众尤其是青年对封建迷信思想的危害有了更加深刻的认识，培养了科学的思想，并通过严格的管理，培养了专门人才，提高了普通民众的抗战意识，为抗战取得胜利尽最大努力。

二、甘肃抗战文化的兴起

全面抗战爆发后，甘肃的群众性抗战文化活动得到迅速发展。1937年4月2日，国民党政府任命朱绍良为甘肃省政府主席，朱绍良未到职。8月任命贺耀组为代主席，主持甘肃政务。邓宝珊兼兰州督备司令。13日，贺耀组在兰州"励志社"宴请了中共代表谢觉哉、彭加伦等人，共同商讨了如何抗日的问题。很快甘肃省政府就出台了一些政策，诸如允许人民发表抗日救亡的言论和集会结社等，掀开了甘肃抗日救亡运动的高潮。

（一）抗战救国团体的蓬勃发展

兰州是一座地处西北高原的古城。抗战以前，由于封建势力影响严重，经济状况落后。在二十世纪三十年代初，中国共产党兰州地下组织遭到很大破坏而又迟迟得不到恢复，所以兰州的进步力量显得很微弱，也没有什么进步学生组织。七七事变后，抗日烽火蔓延到这里，抗日救亡学生组织才相继发展起来。当时兰州成立了一大批抗日救亡团体，如"甘肃青年抗战团""省外留学生抗战团""伊斯兰学会""西北青年救亡读书会""抗日民族先锋队"等。同时，涌现了"血花剧团""王氏兄妹剧团""西北抗战剧团"等文艺宣传组织。

1937年8月，中共甘肃工委的同志接踵而来兰州。刘南生、藺克义、罗扬实和张克勤组成工委领导下的学生工作委员会。刘南生、罗扬实打入甘肃学院，藺克义打入兰州师范学校，张克勤打入兰州中学做学生工作。在学校里，散发和张贴党的抗日救国十大纲领等传单，进行宣传鼓动，感召青年学生关心民族危亡，投入抗日救国洪流，支援前方。刘南生在甘肃学院曾担任学生会主席，国民党复兴社和CC两派学生发生冲突，刘南生等给他们做工作，强调团结抗日的重要性，引导这些学生把注意力转向救亡方面，并将其中的积极分子先后送往延安学习。

甘肃青年抗战团的成员大多数是青年学生，同甘肃省外留学生抗战团、妇女慰劳会和血花剧团一样，其领导机关设在国民党省党部院内，主要领导人都是国民党员。当时，中国共产党面临的任务是参加进去，宣传党的抗日救亡政策，争取党对这个青年组织的领导，大力开展抗日救亡工作。按学委决定，藺克义、罗扬实和张克勤参加了青抗团，不久，即分别被选为组织、宣传、总务部部长。在他们和其他青年党员的积极努力下，青抗团组织得到了巨大的发展，开展了日益活跃的抗日救亡活动，在兰师、兰中、卫校、甘肃学院相继建立了分团，在榆中、靖远、临洮、武威等县迅速发展组织。全省共建立分团七十多个，团员发展达到三千多人。青抗团组织团员在城市、乡村开展抗日救亡宣传，举办读书会、演讲会，组成歌咏队，募集大量捐款、寒衣和各种慰劳品，支援前线战士。

甘肃妇女慰劳会也比较活跃，她们组织起抗属工厂、妇女民众识字班，举办街头墙报，开展支援前方的募捐活动。该会会刊《妇女旬刊》是甘肃妇女在全民族抗战初期开始觉醒起来的标志。

那个时期，外地来兰的两个进步团体，给兰州抗日救亡运动带来了新的朝气。这就是新安旅行团和平津学生演剧队。前者的带队人是汪达之，这是个实践教育家陶行知先生教育理论的一个团体。旅行团的团员大多数是十几岁的男孩子，他们履行陶行知先生教、学、做合一，教育与实践结合，教育为民族民主革命服务的方针，一面出来旅行，一面宣传抗日救亡。平津学生演剧队的成员是平津地区的大、中学生，领导人是共产党员，队里除党组织外，还有中华民族解放先锋队的分队。他们除了进行一般抗日救亡宣传工作外，主要任务是演出抗日救亡戏剧，曾一度轰动了兰州市。

（二）宣传抗战的文化活动格外活跃

抗日救亡运动的发展，促进了进步文化运动的兴起。文化活动素来寂静的金城，谱写了前所未有的文化繁荣的新曲。进步杂志纷纷问世，有进步作家白危主编的《战号》，有著名学者顾颉刚创办的通俗读物《老百姓》，有省外留学生抗战团主编的《热血》，有中共甘肃工委创办的《西北青年》旬刊。旬刊由刘日修、罗扬实、张克勤为编辑。创办时，李义珍女士捐助五十元现洋，作为印刷费用，谢觉哉在旬刊上经常写稿。但由于国民党书报检查机关过于蛮横无理，强迫“开天窗”太多，旬刊只出版七期就夭折了。不久，经党组织批准，张克勤接受了国民党特别党员王季良的聘请，担任《苦干》月刊总编辑。《苦干》原本在南京出版发行，张克勤出任编辑后，使其变成宣传抗日救亡的一个阵地。

当时，还有国民党CC派办的《现代评坛》，主编赵纯瑕是一位思想进步的普通国民党员。《现代评坛》对兰州进步文化运动的发展，曾做过一定的贡献。丛德滋、于干等人创办的民众通讯社，是与当时国民党民间通讯社针锋相对的新闻单位。民众通讯社致力于宣传党的抗日救亡政策，宣传八路军抗日战绩，报道甘肃的抗日救亡运动，是当时新闻界的尖兵。

1935年10月，受中国共产党上海地下党组织的派遣，以苏北淮阴地区中小学生为主要成员的新安旅行团携带着由上海明星影业公司无偿提供的电影放映设备，北上开展抗日宣传。旅行团途经南京、安徽、上海、浙江、山东、北平、河北、察哈尔、绥远等省市，于1937年11月由宁夏抵达平凉。旅行团有14名成员，最大的嵇钰时年17岁，最小的范政只有12岁。1938年2月，新安旅行团风尘仆仆地来到兰州，借宿于省立民众教育馆，开始了他们在兰州的宣传活动。新安旅行团在国民党甘肃省党部礼堂、甘肃省政府门前广场、省立民众教育馆等处放映电影，观众累计2万人次。新安旅行团携带着《小五义》《防毒面具制造法》《全国总动员》《儿童的抗战》《保卫大西北》《全国公共誓约》等影片，尤其是《十九路军血战抗日——上海战地写真》和动画片《民族痛史》，每次放映都能引起人们的强烈共鸣。知情人士回忆说，每次开映之前，旅行团的小同学先教观众唱《热血》《我的中国》《大刀进行曲》等救亡歌曲，接着放映抗战字幕幻灯，歌声、口号声此起彼伏，震耳欲聋，场面蔚为壮观。[①]

1938年，著名作家茅盾和著名翻译家张仲实去新疆途经兰州，对于兰州文化界是一次较大的轰动。他们在兰逗留期间，进步文化人多次访问过他们，还请茅盾作过几次报告。后来，茅盾在文艺报上撰文叙述他西北之行的印象，对于兰州文化运动给予较高的评价。

一批宣传抗战、动员民众的刊物也陆续出刊。1937年到1938年，甘肃工委

① 张克复主编《甘肃史话》，兰州：甘肃文化出版社，2007年，第204-205页。

委员刘日修和共产党员樊大畏编辑出版了《西北青年》。在谢觉哉指导下，它成为工委宣传党的政策、动员抗日力量的一个公开刊物，谢觉哉、彭加伦等人为之供稿，共出版7期。杨静仁、鲜维峻主编了《回声》；著名学者顾颉刚创办了通俗刊物《老百姓》；省外留学生抗战团出版了《热血》；万良才主编了甘肃抗敌后援会的刊物《抗敌》；刘日修主编了《甘院学生》，谢觉哉、罗云鹏、罗扬实等为该刊撰写了文章；丛德滋、于干等创办民众通讯社，油印《民众通讯》新闻稿，宣传八路军的抗日战绩；文化界知名人士萧军和塞克分别主编了《甘肃民国日报》副刊的《西北文艺》和《剧运》专栏。同仁消费合作社、生活书店兰州分店等机构经销了大量宣传抗战的进步刊物。[①]

吴渤还写信邀请塞克、萧军等人来到兰州宣传抗日。很快，塞克、萧军、朱星南、王洛宾、罗珊等人来到甘肃。王洛宾、罗珊、塞克参加了西北抗战剧团，萧军在《甘肃民国日报》任副刊主编。王洛宾当时住在兰州炭市街的一个院里。他根据一位新疆维族人唱的曲调，加工整理和再创作了《达坂城的姑娘》，如今这首歌已经走向了全国乃至世界，成为20世纪华人音乐经典作品。

当武汉失守后，抗战逐渐转入相持阶段。日本对华政策进行了调整，对国民党政府采取了以军事打击为辅、政治诱降为主的策略，国民党日趋反动。一九三八年，甘肃省主席朱绍良下令组建抗敌后援会，借口统一领导，合并各群众救亡团体，实际上各个团体统统被强迫解散了，各种进步杂志也相继停刊。但是，历史事实是否认不了的，人们忘不了曾经在兰州兴起过的群众抗日运动与文化运动的历史。

随着日军的进逼，时局的恶化，许多文化人士和流亡学生也辗转来到兰州。最早到达兰州的文化人是著名作家、记者白危（吴渤）。他和因战争而不得不放弃学业的王德谦三兄妹成立了王氏兄妹剧团，在榆中、兰州等地演出各种抗日节目。《放下你的鞭子》是王氏小剧团的第一个街头剧，其时兰州人尚不知街头剧为何物，更没有见过这种内容的剧目，再加上人们的抗日救国热情高涨，一时间观众如潮。八路军办事处领导人谢觉哉、伍修权都观看过他们的演出。

著名电影人郑君里在抗战期间三次到兰州，用镜头记录了甘肃抗日救亡情况。郑君里是中国著名电影演员、导演，曾用名郑重、千里。作为一个艺术家，

① 龚成瑾：《风起云涌的兰州抗战文化活动》，《兰州学刊》1997年第1期。

在民族危亡之时，他义不容辞地投身到了民族抗战的事业中，花费了三年时间，拍摄了9集大型纪录片《民族万岁》。为此他曾经三到兰州，并以兰州为基地转道青海、武威等地拍摄外景。1939年9月第一次来到兰州，他拍摄了白塔山防空阵地、被击落的日本飞机残骸。1940年春节刚过，郑君里再次来到兰州，补拍了黄河铁桥后，就到青海等地拍摄外景。王洛宾随郑君里到青海湖边，和藏族姑娘卓玛相识，并创作《在那遥远的地方》。1941年1月，郑君里第三次来到兰州，先后在五泉山、青海塔尔寺、武威文庙等地拍摄了外景和素材。4月，拍摄了内蒙古阿拉善旗达理扎雅亲王在兴隆山祭拜成吉思汗的场面。1943年，《民族万岁》终于完成了，公演后引起了轰动。如今人们在这部纪录片中，依然能看到当年甘肃人民开展抗日救亡的情形。①

1941年10月，国民政府监察院于右任院长赴西北考察，返重庆后，多次向有关方面呼吁保护敦煌。1942年，西北史地考察团考察后，建议将莫高窟收归国有，并设立管理、研究机构。1943年，国民政府教育部批准设立国立敦煌艺术研究所，同时成立了筹备委员会，高一涵任主任，常书鸿任副主任。1944年2月，国立敦煌艺术研究所正式成立，直属中央教育部，常书鸿任所长，为我国敦煌学研究事业铺就了一块基石。

此外，张大千、顾颉刚、茅盾等人也在抗战期间来到甘肃，他们或远赴敦煌，或到各地考察，或途经兰州。这些文化人士的到来，宣传了抗日救亡，鼓励一大批甘肃子弟参军奔赴抗日战场，也推动了甘肃文化事业的发展。

为了促进新文化的普及发展，增强人民体质，甘肃省还举办了多种多样的科教文体活动。

1941年3月成立了中苏文协甘肃分会，时任甘肃省主席谷正伦出席开幕式并致辞，表明文化因地域不同，因时代而改变，抗战时期，更应与外界相互沟通，撷取英华而去短取长。谷正伦说："至于战争一端，使民族之接触愈紧，文化之交流愈易，因此，创造新文化之机会亦愈多，此则稽诸往古，亦史彰甚明者也。"②中苏文化协会成立，成为沟通中苏两国文化的桥梁，将苏联文化中有助于我国建设的部分，有计划有系统地进行了介绍与吸收。而西北作为中国文化的发源

① 甘肃省地方史志编纂委员会：《甘肃省志（第六十四卷）·广播电影电视志》，兰州：甘肃人民出版社，2007年，第319页。

② 甘肃省政府秘书处：《谷主席言论集》，1943年，第6页，甘肃省图书馆藏。

地，并且和苏联接壤，以兰州为文化交流的枢纽，当有巨大的收效。

1942年3月25日在兰州成立体育协进会。顾名思义，运用体育界的力量，造成社会爱好体育的普遍风气，促进国民体育的活动，锻炼国民健全的体格，有着非常深远的意义和重大的作用。提倡体育，培养奋发蓬勃的朝气，锻炼民族的精神。谷正伦说："我们从事实上看，一个人生在世界上，其所凭借以维持生命之存在与延续的基本条件，一方面系于健全的精神，一方面便是系之于健全的身体，惟有健全的身体，始能充分表现健全的精神，所以体力之充实，为个人维持生命的一个重要因素，也就是精神健全的阶梯，国家是各个国民的结合体，国家的力量是各个国民体力之总和，国民体力之健全或衰弱，直接影响于本身的生命，间接也就影响于整个的国力。"①

在民族生死存亡关头兴起的抗战文化，唤醒了各民族的抗战意志和决心，团结和号召全国各族人民加入抗日民族统一战线，共同抵抗日本侵略者。可以说文化抗战也是抗日战争的重要组成部分，为抗战的胜利做出了不可磨灭的贡献。

第四节　抗战时期甘肃社会生活变迁的基本特征

随着抗战的爆发与民族危机的日渐加重，国民政府出于持久抗战的战略目的，对西北地区进行了开发与建设，在政府大量人力、物力、财力的支持下，甘肃社会变迁的步伐大大加快了，甘肃社会也藉此机遇得到了较大的发展。但随着抗战的胜利与国民政府转而为发动内战而积极准备，西北地区的开发与建设陷入低潮，甘肃社会也告别了其在抗战时期相对较快的发展速度。

① 甘肃省政府秘书处：《谷主席言论集》，1943年，第8页，甘肃省图书馆藏。

一、抗战时期甘肃各地生活反差巨大

全面抗战爆发后，西北成为抗战的大后方，甘肃的地位骤然上升，既是抗战的大后方，又是接通苏联援华物资的重要通道，大批工业、机关、学校内迁，因军事的需要，大量公路的修筑以及矿产资源的开发，以兰州为代表的城市有了较大的发展。兰州近代工业在抗战前仅有织呢、造币、火柴、制革等几个行业。自抗战以来新兴的行业有机器、铁工、毛织纺织、制革、制药、化学、造纸、玻璃、肥皂、纸烟、印刷等工厂共二百二十余家。[①]金融业兴起，共有金融机构31个，内有总机构11个，分支机构20个。其中国营7个，省营1个，市、县营3个，商营10个。此外还有钱庄（含银号）6个，信托1个，保险3个。[②]高等学校先后创办，主要有国立西北农业专科学校、西北师范学院、由甘肃学院改组而成的国立兰州大学。[③]这些学校吸引了不少学者前来执教，给甘肃带来了新的人文和科学知识，也提升了兰州城市的文化内涵。当时省立、市立、私立等各类中学以及师范学校、职业学校等共计十余所，门类齐全的教育体系逐渐建立。

这一时期政府还改建城镇游览场所，将省府后花园、中正公园、中山公园（今五泉山公园）等面向公众开放。影院以及秦腔、京剧等专门戏院也开始出现。20世纪40年代兰州盖起了西式建筑，比较时尚的建筑有西北大厦、水利大楼、贸易公司大楼、女中美龄堂、省银行大楼等，在今天的中山林一带还修建了几幢西式洋房，这些都使兰州显示出了近代化的城市气息。[④]

总的来说，抗日战争时期甘肃的城市发展取得的成绩是有目共睹的，正如谭希鸿在《十年来之中国经济》中所言："因为抗战，促成了西南西北的快速开发，展开了西南西北的经济新姿态，这是战时经济的一大变动……假如没有抗战，西南西北的开发，还不知是何年何月之事。"[⑤]战争虽不是国人乐意看到的，但是因为抗战所带来的某些积极方面，如西北地区的长足发展，却是举国上下

① 朱允明：《甘肃省乡土志稿》，载中国西北文献丛书编辑委员会《中国西北文献丛书·西北稀见方志文献》第30卷，兰州：兰州古籍书店，1990年，第486页。

② 王恭：《建国前夕的兰州金融》，载中国人民政治协商会议兰州市委员会文史资料委员会《兰州文史资料选辑（第十辑）》，内部准印，1989年，第239页。

③ 魏永理主编《中国西北近代开发史》，兰州：甘肃人民出版社，1993年，第521页。

④ 刘光华主编《甘肃通史》（中华民国卷），兰州：甘肃人民出版社，2009年，第351页。

⑤ 谭熙鸿主编《十年来之中国经济（1936－1945）》，台北：文海出版社，1974年，第98页。

所津津乐道的。

但值得我们深思的是：由于抗战时期甘肃城市的兴盛是特殊环境下的产物，具有暂时性。因为战争，“战时的一切建设，须适合战争的需要，目前是军事第一，政治经济文化各方面的设施，都要以直接或间接推动军事为其目的，凡与抗战无关或阻碍抗战进展的一切事业，应缓办或停办，以免人力物力和财力的浪费”。[①]所以战时色彩非常浓厚。当时的建设只涉及少数几个重点城市，城镇化总体发展很不均衡，依然呈现出城市数量少、规模小、分布不均匀的特征。如天水虽是陇上名城，但是在民国时期，街道面貌变化不大，被人们描述为“天旱一场土，下雨尽是泥”“电灯不明，道路不平”。[②]综合性的大城市数量更少，且仅限于省会城市；区域中心城市及小城镇数量大，仍然没有脱离传统的农牧业模式；工业、文化教育和科技长期落后，较东部地区而言具有明显的滞后性。

二、外来因素是甘肃社会生活变迁的直接推动力

甘肃抗日战争时期社会生活变迁最主要的动力来自外部因素，为民族危机与国民政府的有计划开发建设所推动。这种由政府充当计划者和推动者的角色特征，在一定程度上保证了变迁的时效性和权威性，特别是大批文化人口的流入，不仅促进了甘肃文化教育事业的发展，而且更为重要的是，他们带来的新生活观念也发挥了示范、影响作用，直接推动了传统生活方式的演变。

全面抗战爆发后，甘肃作为抗战后方和西北枢纽，在国民政府的支持下迎来了进行地方建设的难得机遇。特别是国民政府决定将地方军费改由国库拨付，使甘肃财政终于摆脱了此项沉重负担。为促进本省工矿业发展，省政府除了与资源委员会合作创办了数个工矿企业外，省营事业也有一定的进展，先后成立了甘肃开发公司和兴陇工业股份有限公司。甘肃开发公司系由甘肃省政府主办的一家大型企业，其资本拟定为1000万元，广泛投资于纺织、化学、采矿、制革、造纸等行业。兴陇公司是甘肃省银行与交通银行合资2000万元建立

---

① 董汝舟：《战时西北建设之基本原则》，《新西北》1939年第1卷第3期，第20页。

② 窦建孝、刘大有：《天水街道的变迁》，载中国人民政治协商会议天水市委员会文史资料委员会《天水文史资料选辑（第四辑）》，内部发行，1990年，第36页。

的，1944年该公司拥有印刷、化学、营造、造纸4个厂[①]。据统计，1942年甘肃省工厂数、企业资本数以及工人数，已经分别占到全国总数的3.69%、3.19%、3.26%[②]。交通方面，全省陆续兴修和整修了甘新、甘青、甘川、西兰、华双、平(平凉)宁(宁夏)六大公路干线，以及一些省内支线，使全省公路总长达到了4400多公里。纵观西北开发的全过程，政府行为不仅在决策中发挥了关键性作用，而且在具体实施中居于主导地位。甘肃省政府利用其距离牧区较近的优势，鼓励发展棉纺织业和皮革加工业，这是符合地方实际的，也收到了较好的效果。据统计，全面抗战阶段兰州市的皮革工厂由1937年的1家增加到1944年的20家，纺织工厂从2家增加到62家。[③]

传统的甘肃社会虽然同整个中国社会一样是封闭、保守的，但自近代以来它较中国东部地区表现得更为明显。抗日战争时期的甘肃在各种因素的综合作用下，开始走出封闭，走向开放。在这个过程中，甘肃的一些传统开始渐渐弱化并发生转变，尽管它走出封闭带有更多的被动色彩和接受意味，如在人口的流动中，更多的是内迁带来的外地人口流入，而本地人口的流出相对微弱得多，表明其主体在打破封闭心理的过程中，主观能动性的潜力并未得到真正发挥，但它毕竟开始迈上整个社会转型的总进程，体现了这个时代从封闭型的传统生活方式走向开放型的现代生活方式的大趋势，其进步性是显而易见的。

同时，在其社会生活变迁中，其复杂性也不可忽视。事实表明，在缺乏成熟的自生变量的甘肃，外来科技和观念的渗入，只能在某种程度或某些方面起到暂时的作用，而要使作用持久，就有赖于政府长期的政策鼓励和支持，有赖于政府引导、推动变迁者自觉参与，使外生变量真正转换成为甘肃社会自身的内生变量。

---

① 陈真主编《中国近代工业史资料(第三辑)》，北京：三联书店，1961年，第1363—1365页。

② 陈真主编《中国近代工业史资料(第四辑)》，北京：三联书店，1961年，第96页。

③ 甘肃省银行经济研究室：《甘肃之工业》，甘肃省银行印刷厂，1944年，第207页。

参考文献：

[1]邓慧君:《甘肃近代社会史》,兰州:甘肃人民出版社,2007年。

[2]谷苞主编《西北通史》第5卷,兰州:兰州大学出版社,2005年。

[3]刘光华主编:《甘肃通史》(中华民国卷),兰州:甘肃人民出版社,2009年。

[4]萧梅性:《兰州商业调查》,陇海铁路管理局发行,1935年。

[5]杨重琦主编《百年甘肃》,兰州:敦煌文艺出版社,2001年。

[6]丁焕章主编《甘肃近现代史》,兰州:兰州大学出版社,1989年。

[7]甘肃省档案馆:《晚清以来甘肃印象》,兰州:敦煌文艺出版社,2008年。

[8]中国戏曲志编辑委员会:《中国戏曲志·甘肃卷》,中国ISBN中心,1995年。

[9]中国人民政治协商会议甘肃省委员会文史资料和学习委员会:《甘肃文史资料文库》第9卷,2001年。

[10]张星点:《三八五旅宣传队在陇东的活动情况》,甘肃省图书馆藏。

[11]张克复主编《甘肃史话》,兰州:甘肃文化出版社,2007年。

[12]甘肃省文化志电影篇编写组:《甘肃电影大事记·第一部分》,1991年,甘肃省图书馆藏。

[13]吉光安:《民国甘肃影坛实录》,载中国人民政治协商会议兰州市委员会文史资料委员会《兰州文史资料选辑(第十六辑)》,兰州:兰州大学出版社,1996年。

[14]张应骐、蔡廷孝:《鼎新县志》,中国西北文丛书编辑委员会编:《中国西北文献丛书》第48册,兰州古籍书店影印,1990年。

[15]甘肃省地方史志编纂委员会:《甘肃省志(第五卷)·公安志》,兰州:甘肃文化出版社,1995年。

[16]天水市民政局:《天水市民政志》,兰州:甘肃人民出版社,2001年。

[17]赵敏求:《跃进中的西北》,西安:新中国文化出版社,1941年。

[18]李兰荪:《静宁县的妇女生活》,《甘肃妇女》1943年第3期。

[19]甘肃省政府教育厅:《甘肃教育实施方案》,1939年,甘肃省图书馆藏。

[20]甘肃省政府秘书处:《谷主席言论集》,1943年,甘肃省图书馆藏。

[21]朱允明:《甘肃省乡土志稿》,载中国西北文献丛书编辑委员会《中国西北文献丛书》第30卷,兰州古籍书店影印,1990年。

[22]魏永理主编《中国西北近代开发史》,兰州:甘肃人民出版社,1993年。

[23]陈真主编《中国近代工业史资料(第三辑)》,北京:三联书店,1961年。

[24]甘肃省银行经济研究室:《甘肃之工业》,甘肃省银行印刷厂,1944年。

第七章

抗战时期日本轰炸甘肃与反轰炸

卢沟桥事变发生后，随着日本侵华战争的深入，甘肃作为运输苏联援华物资的重要交通枢纽和国民政府相对稳定的抗战后方基地，在抗日战争中的地位骤然上升。因此，日本对甘肃所辖兰州、靖远、武威、平凉、天水等许多人口密集市县进行了大致三个阶段的残酷轰炸。日本的轰炸有地域范围广、轰炸时间长、手段残忍等特点，给甘肃社会各个方面都造成了巨大影响。面对日本的野蛮轰炸，政府和民间相继采取各项救护措施，以实际行动救济被炸难民。甘肃省政府和军民积极应对，组建相关的空袭救济组织和防空机构，出台一系列的救济法规和防空法令，严密部署防空通信警报系统，积极加强各项防空工事建设。中苏空军亦英勇奋战，不畏强敌，在反轰炸斗争中取得了重要成果。甘肃军民始终以不屈不挠的"甘肃抗日精神"激励自身，最终赢得了反轰炸斗争的胜利。

第一节　日本轰炸甘肃之缘起

从1937年11月5日至1943年10月4日，日本对甘肃所辖兰州、靖远、武威、平凉、天水、陇西等人口密集市县进行战略轰炸，主观原因系抗战时期甘肃的重要地位，直接原因系甘肃是联结外援苏联的重要孔道，客观原因是日本迫于侵华战争形势的发展。日本对甘肃军民采取"以炸迫降"的军事战略，妄图通过惨无人道的大轰炸来摧毁甘肃军民的抗日意志，瓦解抗战重要后方基地。

一、抗战时期甘肃的重要地位

抗战前，甘肃省共设置68县、1市、4个设治局[1]。1937年全省总人口数为5903593人，至抗日战争结束的1945年，全省总人数为6563612人。[2]七七事变后，全民族抗战爆发，随着战事的发展，国民政府意识到抗日战争是一场持久

① 1市为兰州市，1933年撤市，1941年正式建市；4个设治局为：拉卜楞、康乐、卓尼、洮西。
②《甘肃省统计年鉴》第3章"甘肃历年人口统计"，1948年，甘肃省图书馆藏。

战，因此对西部大后方愈加重视，总的定位是："西南是抗战根据地，西北是建国根据地"。为此，国民政府加大了对西北的建设力度，掀起了开发西北的浪潮。甘肃作为西北要地和抗战大后方，在抗战中的地位日益凸显。

（一）政治军事地位

九一八事变后，随着日本侵华战争的深入，东北被日军所占据，华北、华中和华南大部分地区处于战火之中。甘肃由于地势险要，易守难攻，地势上对华北和西南有屏蔽掩护之作用，因此在抗战中的军事战略地位骤然上升，成为国民政府相对稳定的后方军事基地。中国共产党亦认识到甘肃在全国抗战中的重要地位，在抗日战争进入相持阶段后，中共中央在对甘肃地区的工作指导中指出：甘肃是国际交通要道，不仅国民党注意在此，日本亦注意此地。所以这地方今天虽为远后方，如果西安失守的话，将来可能变成近后方，同时成为西北的政治中心。因此，我们应该很好地注意此地工作。[①]由此可见，国共双方在政治军事上对甘肃都给予了许多的关注。

首先，甘肃是战时西北地区的军事政治中心。

战时国民政府在兰州设立第八战区司令长官公署，辖甘肃、新疆、青海、宁夏、绥远一部，蒋介石兼司令长官，朱绍良任副长官。1941年2月在兰设立陕甘公路线区司令部，统筹西北后方的军事运输。为了方便与苏联络，国民政府外交部在兰州设立了特派员办事处，交通部在兰州设置了陕甘车驮运输队、甘肃省驿运管理处、西北富华公司驿运处等运输机构，以便接送苏联援华物资供应到前线抗日。从1938年开始，国民党政府所属的资源委员会、军政部、中国银行、交通部、卫生署等单位，采取独资或与甘肃省政府合资经营等方式，对甘肃近代工矿业进行大规模的投资与开发，陆续建立了27家大中型企业。[②]中国共产党亦非常重视在甘肃的发展，抗战时期，党为在甘肃国统区建立抗日民族统一战线、营救失散在河西地区的广大红西路军指战员，向甘肃派驻了中共中央代表，建立了八路军办事处，重建了中共甘肃工委。

其次，甘肃是中国空军的重要基地和训练中心之一。

中国空军在兰州设立了第四路司令部（即兰州空军司令部），统筹甘肃地区

① 王一林：《甘肃抗战史实录》，《党的建设》2005年第8期。

② 张克非：《国家资本与落后地区的近代工业》，《历史教学与研究》1993年第11期。

的防务。空军地勤补给系统有空军第七总站(即兰州机场总站),下辖兰州机场(拱星墩)、西古城机场(在今兰州西固区境内)、东古城机场(在今榆中县清水驿乡西北)、中川机场(今永登县西槽乡境内)、临洮机场、张掖大满堡机场。此外,还设立了空军第三工厂,负责修理各式飞机。[①]1937年10月至1938年3月1日,苏联向中国交付飞机226架,同时派出空军志愿队两个飞行大队来兰参战。1938年冬,中国空军总队迁至兰州西固城,负责整训空军各战斗机队,同时进行飞机的换装补充。驻兰空军作战部队,先后有第八大队(轰炸机)、第十七中队(驱逐机)、第六中队(驱逐机)、第二十五中队(驱逐机)等,此外,还有苏联志愿队战斗机队一中队。

(二)经济地位

1.工业上提供军需民用。

甘肃的工业是为了适应抗战形势的发展和巩固后方根据地而建立的"抗战建国复兴基地"。华东、华南大片领土沦陷后,沿海民族工业内迁,甘肃作为战略大后方和西北重要基地,迎来了发展地方经济的机遇,兰州成为新兴的西北近代工业基地之一。由于战争的需要,甘肃兴建了石油、机械、煤炭、化工、水泥、发电等近代工业,尤其突出的是能源工业,1941年成立了油矿局。抗战期间,玉门油矿产油量逐年增长,自1938年到1949年,玉门油田的产油量约占旧中国45年以来产油总量的70%。[②]甘、陕、宁、青、新各省所用油料全由玉门油矿供应,这就在一定程度上缓解了大后方严重的能源短缺问题。就连1942年美国飞机从重庆出发轰炸东京所用的燃料,也是由玉门油矿提供的。

1938年8月,中国工业合作协会创始人卢广绵和吴去非等人,在宝鸡成立了"中国工业合作协会西北区办事处"(简称"西北工合"),并在甘肃的兰州、平凉、天水等地成立事务所,[③]先后在兰州设立棉毛纺织、皮毛、皮革、木器、缝纫、陶器等30多个基层工业合作社,并在天水、秦安、徽县等地设立指导站,组织火柴、棉毛、面粉、造纸、印刷、油墨等工业合作社,[④]为抗战时期甘肃轻工业的发展做出了巨大贡献。西北工合的发轫旨在支援前线,先后承担并完成了40万条

① 陈应明、廖新华:《浴血长空——中国空军抗日战史》,北京:航空工业出版社,2006年,第144页。

② 于文杰:《兰州经济在抗战中的起飞》,《兰州晚报》2005年9月18日B8版。

③ 尚季芳、张春航:《经济与思想之改进:战时工合运动与西北社会变迁》,《历史教学》2013年第2下期。

④ 于文杰:《兰州经济在抗战中的起飞》,《兰州晚报》2005年9月18日B8版。

军毯的纺织任务，制造了大批麻袋和医用纱布药棉，[①]这就在经济上支援了前线抗战。抗战期间，由于军需民用需求增大，轻纺工业得到了较大的发展，兰州成为大后方的毛纺织工业中心之一。以兰州织呢厂为例，1943年经扩充后，月产军毯一万条，还可生产民用床毯一千条和各类毛呢3000米。[②]兰州制造局（今兰州通用机器厂）是1873年左宗棠将西安机器局迁移兰州后兴建的，战时甘肃向前线提供的大刀、炸弹等抗战物资大部分都是由该局制造的。甘肃生产的军毯、皮革、水泥、酒精等，都是前线抗战中不可或缺的战略物资。

2.抗战物资运送的中转站。

在运送抗战物资方面，甘肃承担着抗战前线的物资保障和运输工作。1939年国民政府修建了兰州到天水、天水到双石铺的公路干线；同年8月铺建了甘川公路（兰州到通北口段），全长364公里。此外，还修建了西兰（西安至兰州）公路和新兰（迪化到兰州）公路，为甘肃公路运输抗战物资提供更多的方便。1942年全省已完成公路全长2037公里，“县乡道路奉令自修筑者计51县，总长9750余公里”[③]。水运方面：组建了兰州水上皮筏运输队，采用传统的羊皮筏子运送物资。1937年11月，甘肃军事运输处利用兰州水上皮筏运输队，转运宁夏地区的苏联援华汽油1.2万加仑，军粮15万多斤。1942年夏，兰州皮筏航运队满载重要的抗战物资汽油抵达重庆，重庆市民前来参观，中外记者登筏采访，并摄制电影，兰州水上皮筏运输队受到了热烈的欢迎。航空方面：1939年，由中德合办的欧亚航空公司开辟的沪新线正式通航，兰州是其中转站。同年中央航空公司开辟的渝哈线（由重庆经兰州至哈密）、兰包线（兰州至包头）、兰渝线（兰州至重庆）、兰宁线（兰州至西宁）开始通航营业。在谈及抗战时期甘肃的交通运输时，原甘肃省社会科学院研究员司俊介绍：“在修建甘肃交通运输网络方面，除国民政府的投资外，人民群众更是积极地投入到抗战的后备建设中，仅国统区内，就征调民力达1712万人次。甘肃的交通从天、地、水三方面形成了一个立体化的运输网络，源源不断地将外援物资以及支前物资运送到抗战第一线”。[④]甘肃作为抗战物资运送的中转站，在抗日战争中发挥了巨大的后勤保障作用。

① 尚季芳、张春航：《经济与思想之改进：战时工合运动与西北社会变迁》，《历史教学》2013年第2下期。

② 蒋致洁：《略论抗战时期甘肃的工业建设》，《兰州学刊》1988年第6期。

③《甘肃统计要览·建设》，1943年，甘肃省图书馆藏。

④ 于文杰：《兰州经济在抗战中的起飞》，《兰州晚报》2005年9月18日，B8版。

3. 人力和财力上支援抗战。

甘肃地处中国抗战大后方，是正面战场兵源、粮秣的重要补给地之一。素有“陇东粮仓”之称的庆阳地区，在抗战时期人民尽管生活艰辛，但还是积极向边区政府交公粮1360万斤，交公草、马料319.2万斤，[①]还组织了数以万计的担架及运输人员支援前线。全民族抗战期间甘肃参军人数达418200人，据27个县的统计，阵亡与病故将士达1678人，征集军马11800匹，[②]各县军队过往副秣补给及输力损失共计4306004335元（国币，系损失时价值）[③]。这些源源不断的粮秣和兵力补充，对于稳定前线抗日、扩充军队战斗力，都起到了极大的促进作用。甘军在中条山一带长期坚持抗战，邓宝珊[④]部队在陕西榆林和日军长期对峙，这些都是甘肃军民对抗日战争所作出的巨大贡献。广大群众通过献金、踊跃认购“救国公债”“同盟胜利公债”和“建设公债”等活动，积极献纳抗战军粮、战马和款项。1938年8月，凉州（今武威市）举行了河西各县献金总动员大会，仅半个月就募得资金126460元。兰州市动员募捐抗日支前，仅三个月群众就捐献现洋10多万元。[⑤]1942年，全省认购“ 同盟胜利公债”2286万元，1943年达7108万元。1942年，甘肃夏河拉卜楞保安司令黄正清带领拉卜楞寺教区的50名上层人士，千里奔赴重庆，向国民政府捐献了价值30架飞机的金银财宝（每架飞机折价15万元）[⑥]。下表以较为准确的数据资料展现了全面抗战时期甘肃人民为抗击日本侵略而捐款捐物的具体详情。

① 瞿学忠：《抗战中的甘肃民众力量》，《兰州晚报》2005年9月18日第B4版。

② 王克江：《抗日战争时期的甘肃兵役》，载中国人民政治协商会议甘肃省委员会文史资料研究委员会《甘肃文史资料选辑（第二十五辑）》，兰州：甘肃人民出版社，1987年，第32页。

③《甘肃省战时财产直接损失汇报表》，档号4-2-174。

④ 邓宝珊（1894年11月10日—1968年11月27日），甘肃天水市人，曾任国民联军驻陕副总司令，第八方面军总司令。旧民主主义革命的勇士，民国时期著名的军事人物。两次国共合作的努力实践者，是为古都北平黎民文物免受战火荼毒、促成震惊中外北平和平起义的关键人物，为此人们尊称他为“和平将军”。在抗日战争中，他同二十一集团军的团结合作、共同抗战，在中国抗战史上所做出的战绩，是人们至今仍津津称赞的典范。

⑤ 丁焕章主编《甘肃近现代史》，兰州：兰州大学出版社，1989年，第416页、第412页。

⑥ 张玉香：《甘南藏区各族人民支援抗战》，《时代风》2005年第4期，第17页。

表 7-1-1　全面抗战时期甘肃人民捐款捐物统计表[①]

年度	类别	数量	单价	合计
1938 年	河西各县捐献金			126460 元
1938 年	兰州市各界捐现洋			100000 元
1942 年	认购同盟公债			22868580 元
1943 年	认购同盟公债			71087500 元
1942 年	甘南捐珠宝	购飞机 30 架	150000 元	4500000 元
1938—1945 年	粮食	40 万担 × 8 年	3490000 元	1116800000 元
1943—1945 年	战马	11801 匹	53333 元	62934733 元
1943 年	电杆	2000 根	1000 元	2000000 元
总计				1280417273 元

二、联结外援苏联的重要孔道

（一）苏联对中国的援助

1937 年 8 月 21 日，苏联与中国签订了《中苏互不侵犯条约》，确立了两国战时的互助合作关系。条约签订后，为谋求苏联的切实援助，蒋介石派军事委员会参谋部参谋次长杨杰、中央执行委员张冲，以“实业考察团”的名义赴莫斯科与斯大林进行谈判，苏联决定尽快向中国提供一些坦克、反坦克炮、高射炮、弹药等军事装备和器材，并同意向中国派遣苏联教官，训练中国军队，使这批军备在中国抗战中发挥最有效的作用。当时援华的苏联空军志愿队由两部分组成：一是援华航空志愿队（主要是驱逐机），二是援华航空运输志愿队（主要是运输机）。1937 年 10 月 25 日，第一批苏联轻型轰炸机 9 架抵兰，到 1938 年 11 月 7 日止，到兰飞机已有 50 架，志愿人员 150 余人。此外，苏联还派出相当数量的技术人员和地勤人员给中国提供技术帮助。苏联先后派出援华军事顾问 300 余人，在国民政府中央军事机关、各军兵种、各战区工作。与此同时，苏联还派遣空军志愿队约 2000 人来华参战，在华参战的苏联空军人员编制曾一度扩充到 4 个大

① 中国抗战损失课题调研甘肃省课题组：《甘肃省抗战时期人口伤亡和财产损失》，北京：中共党史出版社，2010 年，第 17 页。

队。自1937年10月至1941年12月，苏联向中国分批提供了1235架军用飞机，先后向中国政府提供了三笔贷款，用以购买飞机、大炮等战略军备，总数达2.5亿美元，实际动用总数1.73亿美元。[①]

（二）甘肃在苏联援华中的重要作用

1.战时国际生命线。

当时，苏联援华物资的运输通道有两条：一是由苏联塞瓦斯托波尔、海参崴等港口海运至香港、越南海防或缅甸仰光，经滇越铁路或滇缅公路运至中国腹地；二是通过陆路和空中航线经新疆到达兰州。陆路主要是通过古丝绸之路的甘新公路，空中航线为阿拉木图—兰州—汉口。由于1940年6月，法国同意日本的请求，禁止中国使用滇越铁路，同年7月，日本强迫英国关闭滇缅公路，这样“我国西南国际交通路线既断，西南建设成果亦受威胁”[②]。而当时西北国际交通线却畅通无阻，国际援助和军需民用物资全赖于此。甘肃作为“俄机空运孔道”，大多数苏联援华物资，都要经过兰州运往抗战前线，从苏联中亚阿拉木图和西伯利亚外贝加尔前来的飞机和苏联志愿队分别经新疆和内蒙古抵达兰州，在此编组、加油和检查，然后才分遣全国各大战场。据统计，全面抗战初期，先后经兰州飞转各地的苏联驱逐机、轰炸机、运输机约有千架。[③]而中国偿还苏联援助的物资，也主要汇集于兰州后再运往新疆输出到苏联。说到援华物资交通运输线，其中颇多佳话，今日被人们广为传唱的《达坂城的姑娘》这首民谣，就诞生于此。在援华运输的一次联欢会上，这首汉语译配的维吾尔族民歌，经王洛宾加工整理，从兰州传遍大江南北。甘肃作为联结外援苏联的重要通道，这条国际援华物资生命线的存在，亦是引来日本对甘肃惨无人道轰炸的重要原因之一。

2.连接中苏友谊的桥梁。

抗日战争期间，当时的中国政府一直与苏联保持着友好的外交关系，那时中苏两方均以兰州为主要联络基地，进行部分易货贸易。西北各机关所用小轿车，均系用西北羊毛与苏联交换而来，通称“羊毛车”。兰州成立了中苏友好协

① 余贤杰：《战时甘肃：苏联援华大通道》，《甘肃日报》2005年8月18日第7版。

② 张光祖：《开发西北应先建设甘肃》，《西北问题论丛》1943年第2辑，兰州：甘肃省银行印刷厂，第4页。

③ 马永强、张兵：《苏联志愿航空队血洒华夏长空》，载杨重琦主编《百年甘肃》，兰州：敦煌文艺出版社，2001年，第60页。

会西北分会，由兰州市市长蔡孟坚担任会长。为了运送苏联援华物资，国民政府在甘肃成立了甘肃军事运输处、甘肃省车驼管理局等，专门供苏联援华物资的运输。[①]为了统一指挥苏联军队和抗战物资的集散，苏联在兰州设立了外交代表处、军事代表处和空军招待所（开始设在“励志社”，后移颜家沟）。苏联驻兰外交代表办公处与国民政府外交特派员公署邻接，人们反映那条道路泥泞不堪，难以行走，蔡孟坚立即派工进行抢修，从此命名为“友好路”。[②]援华物资沿甘新公路源源不断运到甘肃，为了给苏联客人来往住宿提供方便，国民政府在运输通道上的永登县设立了专门的招待机构，当地人叫它“俄国站”。苏联支援中国的空军总部也设在兰州，在兰常驻有苏联志愿队驱逐机一队，有作战飞机10余架。此外，在兰州还建有苏制飞机修理总厂，苏联技术人员在此训练中国空军空地勤人员。苏联志愿队战士始终与中国空军战斗在一起，直至1941年6月苏联卫国战争爆发后，他们才陆续回国。

三、日本侵华战争形势发展的产物

（一）国际环境的演变

随着第二次世界大战的进行，国际环境骤变，日本逐渐在国际上处于孤立无援的境地。当时美国《时代》周刊上刊载了一幅宣传画，从图中的文字可以看出，美国已表现出对日本的不满，号召世界各国对日本实行制裁，抵制其侵略行径，消灭其法西斯嚣张气焰。

日本对中国的轰炸，肇始于1931年关东军对锦州之轰炸。这是中国第一座遭日机轰炸的城市，也是第一次世界大战爆发以来的首次轰炸事件。轰炸后，英、美、法、意、西班牙等国驻日大使，纷纷向日本政府提出抗议。伴随着欧战的爆发，美英等国也开始转变对日态度，美国一改之前对抗日战争所抱的孤立态度，对日开始强硬，并对日本实施了钢铁、石油等战略物资的禁运，同时，加强对华援助。1940年11月30日，美国总统发表财政援助中国声明，宣布用一亿美元贷款来援助中国抗战。英国也开始不满日本侵华对其在华利益的侵犯，对

① 杨彬：《甘新公路：连接中苏友谊的桥梁》，《兰州晚报》2005年9月18日B3版。

② 蔡孟坚：《首任兰州市长的回忆》，载中国人民政治协商会议甘肃省委员会文史资料研究委员会《甘肃文史资料选辑（第四十五辑）》，兰州：甘肃人民出版社，1996年，第193–205页。

华开始表示支持，而且依靠国联来制裁日本。1941年国际形势骤变，欧洲战场上德国已占领了大半个欧洲，并于6月21日向苏联发动进攻，苏德战争爆发。日本深信德国必将打败苏联，幻想占领中国后，便可与德国会合，称霸世界。因此，为了尽快结束侵华战争，实现其构建“大东亚共荣圈”的痴梦，1941年日本制订了《对华长期作战指导计划》，决定继续进行治安肃正、封锁和航空作战，以便尽快结束侵华战争，抽兵南进，来配合德国在苏德战场上发动的强大攻势。此时苏联继续通过甘肃这条国际生命线向中国提供抗战物资和军需人员，甘肃作为重要的抗战后方基地，越发显得重要。为了切断苏联对华援助通道，在物资上遏制中国抗战力量的发展，尽快结束侵华战争，日本决定对甘肃实行大规模的战略轰炸，不仅对甘肃重要的机场、交通运输线、军需集散地等进行了轰炸，而且对重要市区、居民区、工厂、学校等人口集聚地进行了惨无人道的无差别战略轰炸，甚至直接以机枪扫射市民，目的是挫败甘肃人民的抗战意志，在精神上瓦解大后方的各种抗战力量。

(二)抗日战争的发展

1938年10月，日军攻占华南重镇广州，同时华中枢纽武汉也沦陷，抗日战争进入相持阶段。日本妄图在三个月内灭亡中国的痴梦此时破灭，侵华战线的拉长，反而使日本国力不堪战争的重负。日本速战速决计划的破产，加之中国抗日力量的不断壮大，使得日本政府认识到，单凭依靠武力是无法征服中国的。1938年11月3日，日本首相近卫文麿发表了《东亚新秩序》声明，声称：“如果国民政府抛弃以前的一贯政策，更换人事组织，取得新生的成果，参加新秩序的建设，我方并不予以拒绝”[①]，这也就标志着日军侵华战略发生了重大改变，确立了以军事进攻为辅、政略进攻为主的侵华新方针。日本在对中国进行政略进攻的同时，对兰州等内陆重要交通要道进行轰炸，以辅助其侵华战争的进行。

中国国内抗战形势的变化，也为日本制定轰炸中国内陆地区的政策提供了必要的依据。由于正面战场连续的败退，在国民政府内部，消极悲观的抗战思想开始蔓延，国民党副主席汪精卫居然于1938年12月8日经由越南叛逃投降日本，于1940年3月20日在南京成立了伪国民政府。日本认为，汪精卫的叛

① 复旦大学历史系：《日本帝国主义对外侵略史料选编》(1931—1945)，上海：上海人民出版社，1983年，第279页。

逃，必将引起国内民众抗战决心的动摇，正是瓦解重庆政府的有利时机，此时若对中国国内稍加施压，用轰炸等手段震慑国内民众，必然会大有所获。为此，日本在加紧对国民党当局实行政治诱降的同时，还制定了一系列对中国内地进行大规模战略轰炸的计划，妄图通过战略轰炸，摧毁抗战大后方军民的抗战意志。1937年11月，日本陆军部在《陆军航空部队使用法》中明确规定：政略攻击的实施，属于破坏要地重要的政治、经济、产业等中枢机关。并且是直接空袭市民，给敌国民造成极大恐怖，挫败其意志[①]。1938年12月20日，日本天皇发布《大陆命第241号命令》，进一步对中国内地实行战略轰炸计划。总参谋长闲院宫载仁根据天皇的敕令向侵华日军下达了第345号大陆指令，制订了轰炸中国内陆地区的具体实施计划——《陆海军中央航空协定》，强调要“攻击敌战略及政略中枢，捕捉、消灭最高统帅和最高政治机关”，指示航空部队“在全中国区域内，须协同作战，坚决实施战略、政略航空战，挫败敌继续作战的意志”[②]。为使对华战略轰炸计划有序地进行，日本陆、海军划分了空袭范围，陆军航空部队以航空兵团为主，担任对中国中北部区域的战略、政略航空作战；海军航空部队主要担任对中国南部区域的战略、政略作战[③]。

由于国力军力的制约、外交上的孤立和战争发展长期化的趋势，日军决定以轰炸中国军事要地及内陆中心城市为主，企图起到“威慑、挫败中国抗战意志”的作用，进而把兰州列为日军重点和长期空袭的城市之一。日本陆军航空兵团江桥英次郎中将于1939年1月21日下达“准备华北方面下期进攻作战”的命令，由于当时重庆正处于多雾季节，无法开展轰炸，因此日本决定正式将轰炸重点转移至中国空军西北重要基地兰州。日本对甘肃采取的这种军事战略迫降行动，妄图通过无差别的战略轰炸来恫吓甘肃民众，摧毁甘肃人民的抗日意志，以期达到瓦解抗战重要后方基地，尽快结束侵华战争的丑恶目的。

① 唐学锋：《中国空军抗战史》，成都：四川大学出版社，2000年，第161页。
② 西南师范大学历史系、重庆市档案馆：《重庆大轰炸》，重庆：重庆出版社，1992年，第6页。
③ 唐学锋：《中国空军抗战史》，成都：四川大学出版社，2000年，第162-163页。

第二节　日本轰炸甘肃过程考述

1944年1月18日甘肃省政府上报国立中央研究院社会科学研究所的《甘肃省境内遭受敌机空袭损害统计表》①中记载：1937年7月至1941年9月，日机空袭甘肃各市县共71次，出动飞机1081架次，投弹4090枚。经查阅多方第一手资料，对可信文献资料进行分析甄别，以档案资料为主，加之其他文献资料的补充，本书现将甘肃省境内各市县历年遭受敌机轰炸和侵扰的时间、敌机批次、敌机架数、投弹枚数等做以下汇总，力求较为完整清晰地呈现甘肃省境内遭受日机轰炸、侵扰的情况。

表7-2-1　甘肃省境内各市县历年遭受敌机轰炸、侵扰情况统计表

时间			区域	投弹地点	敌机批次	敌机架数	投弹枚数
年	月	日					
总　计					93	1285	4153
二十六(1937)	十一	五	兰州市	拱星墩机场和靖远东湾	1	7	不详
二十六(1937)	十二	四	兰州市	拱星墩飞机场	1	11	12
二十六(1937)	十二	二十一	兰州市	拱星墩飞机场	1	9	14
二十七(1938)(1938)	一	二十一	兰州市	袭兰未逞，被我军逐回	1	5	未投
二十七(1938)	二	二十	兰州市	东郊机场及市区	1	18	不详
二十七(1938)	二	二十三	兰州市	郊外投弹数枚	1	36	不详
二十七(1938)	九	十五	兰州市	袭兰未逞，被我军逐回	1	23	未投
二十七(1938)	十一	十五	靖远	东湾堡子	1	2	7
二十八(1939)	一	二十一	兰州市	袭兰未逞，被我军逐回	1	5	未投
二十八(1939)	二	九	平凉	城内	2	11	73
二十八(1939)	二	九	固原	城内	1	9	50
二十八(1939)	二	十二	靖远	城内	1	9	44

①《甘肃省境内遭受敌机空袭损害统计表》，档号14-2-566。

续表

时间			区域	投弹地点	敌机批次	敌机架数	投弹枚数
年	月	日					
二十八(1939)	二	十二	兰州市	拱星墩飞机场	2	21	100
二十八(1939)	二	二十	兰州市	城内外及拱星墩西古城机场	3	30	100
二十八(1939)	二	二十三	兰州市	城内外	1	20	58
二十八(1939)	二	二十三	平凉	城内	2	10	33
二十八(1939)	三	七	平凉	城内	1	15	79
二十八(1939)	三	七	永昌	城内外	1	12	40
二十八(1939)	三	十五	平凉	飞机场内外	1	26	47
二十八(1939)	三	十五	泾川	百烟村	1	26	4
二十八(1939)	十	三十	平凉	城内外	2	25	284
二十八(1939)	十一	二十七	靖远	城内外	8	51	200
二十八(1939)	十一	二十七	兰州市	城内外	1	9	40
二十八(1939)	十一	二十九	兰州市	城内外及拱星墩飞机场	3	57	122
二十八(1939)	十二	一	兰州市	拱星墩机场及西古城机场	2	48	130
二十八(1939)	十二	一	靖远	城内	1	1	4
二十八(1939)	十二	二十六	兰州市	城内外及拱星墩西古城机场	4	99	620
二十八(1939)	十二	二十七	兰州市	城内外及拱星墩西古城机场	3	99	620
二十八(1939)	十二	二十八	兰州市	城内外	2	97	420
二十八(1939)	十二	二十八	固原	城内	1	71	1
二十八(1939)	十二	二十八	靖远;景泰县中泉、正路	城内	1	1	3
三十(1941)	五	二十一	兰州市	拱星墩机场及南山沟中	1	28	100
三十(1941)	五	二十二	兰州市	城内外及拱星墩机场	1	39	130
三十(1941)	五	二十四	兰州市	城内外	3	46	60
三十(1941)	五	二十七	兰州市	拱星墩飞机场	3	38	100

续表

时间			区域	投弹地点	敌机批次	敌机架数	投弹枚数
年	月	日					
三十(1941)	六	十二	兰州市	(侦察)	1	1	未投
三十(1941)	六	十八	兰州市	拱星墩飞机场	3	43	100
三十(1941)	六	二十一	兰州市	(侦察)	1	1	未投
三十(1941)	六	二十二	武威	城内外	5	56	162
三十(1941)	六	二十二	兰州市	城内外	4	50	不详
三十(1941)	六	二十三	兰州市	城内外	1	4	未投
三十(1941)	六	二十三	天水	城内外	1	5	未投
三十(1941)	六	二十四	兰州市	(侦察)	1	1	未投
三十(1941)	八	五	天水	城内外	1	27	75
三十(1941)	八	五	陇西	城内外	1	11	47
三十(1941)	八	二十五	兰州市	城内外	1	8	7
三十(1941)	八	三十一	兰州市	城内外	3	10	65
三十(1941)	八	三十一	武威	飞机场汽车站	1	27	193
三十(1941)	八	三十一	临洮	青天镇	1	4	9
三十(1941)	八	三十一	武都	(侦察)	1	9	未投
三十(1941)	八	三十一	天水、靖远	城内外	1	4	不详
三十一(1942)	七	二十一	成县	(侦察)	1	1	未投
三十一(1942)	八	三十	泾川、静宁	(侦察)	1	1	未投
三十一(1942)	九	六	兰州市	窜扰	1	6	未投
三十一(1942)	九	十七至三十	兰州、天水、清水、陇西、平凉	(侦察)	不详	不详	未投
三十二(1943)	七	二十三	兰州市	(侦察)	1	1	未投
三十二(1943)	十	四	平凉、泾川、天水	(侦察)	1	1	未投

说明：1.表格中民国二十六年（1937年）十二月四日、十二月二十一日，民国二十七年（1938年）十一月十五日，民国二十八年（1939年）二月九日、二月十二日、二月二十日、二月二十三日、三月七日、三月十五日、十月三十日、十一月二十七日、十一月二十九日、十二月一日、十二月二十六日、十二月二十七日、十二月二十八日（兰州、固原），民国三十年（1941年）五月二十一日、五月二十二日、五月二十七日、六月十八日、六月二十二日（武威）、六月二十三日、八月五日、八月二十五日、八月三十一日之轰炸详情，参考《甘肃省境内遭受敌机空袭损害统计表》，甘肃省档案馆民国档案，档号14–2–566，第96页。

2.表格中民国二十七年（1938年）二月二十日、二月二十三日、九月十五日，民国三十年（1941年）六月十二日、六月二十一日，民国三十一年（1942年）九月十七至三十日，民国三十二年（1943年）七月二十三日、十月四日之轰炸详情，参考兰州市地方志编纂委员会、兰州市人民防空志编纂委员会：《兰州市志（第五十四卷）·人民防空志》，兰州大学出版社，1998年，第10页、14页、15页。

3.表格中民国二十七年（1938年）一月二十一日，民国三十年（1941年）五月二十四日、六月二十四日，民国三十一年（1942年）九月六日之轰炸详情，参考中国人民政治协商会议兰州市委员会文史资料委员会编：《兰州文史资料选辑（第八辑）》，1988年，内部出版，第31页、284页、293页。

4.表格中民国二十六年（1937年）十一月五日，二十八年（1939年）一月二十一日之轰炸详情，参考甘肃省地方史志编纂委员会：《甘肃省志（第十卷）·军事志·人民防空志》，甘肃人民出版社，2000年，第204页、674页。

5.表格中民国三十一年（1942年）七月二十一日、八月三十日之轰炸详情，参考中国人民政治协商会议甘肃省委员会文史资料研究委员会：《甘肃文史资料选辑（第十辑）》，甘肃人民出版社1981年版，第213页。

6.表格中民国二十八年（1939年）十二月二十八日（靖远、景泰）之轰炸详情，参考白银市档案局：《民国时期靖远县情录》（第二集），第177页。

7.表格中民国三十年（1941年）六月二十二日（兰州）之轰炸详情，参考民国三十年（1941年）六月二十三日的《甘肃民国日报》和《西北日报》。（档案资料、地方史志、文史资料中均对此次轰炸未记载，但经查阅民国报刊资料，载有此事，故本文引用报刊资料的说法。）

综上文字材料和图表材料可以得出，日机对甘肃的轰炸和侵扰，1937年共来袭3批，出动飞机27架次，投弹26枚以上（首次袭兰投弹数不详）；1938年共来袭5批，出动飞机84架次，投弹7枚以上（有几次轰炸投弹数不详）；1939年共来袭45批，出动飞机752架次，投弹3072枚；1941年共来袭35批，出动飞机412架次，投弹1048枚以上（6月22日袭兰投弹数不详）；1942年来袭3批以上，出动飞机8架次以上，对甘肃境内进行窜扰和侦察；1943年来袭2批，出动飞机2架次，对甘肃境内窜扰和侦察。日军之所以对甘肃的轰炸各个年度轰炸次数有如此大的差距，是与其侵华政策和战略的转变密切相关的，可以说，日本轰炸甘肃是日军侵华方针转变的晴雨表。

以表7-2-1整理数据为资料来源，现以地域范围划分，将甘肃省各市县遭受敌机轰炸、侵扰情况做一汇总：

表7-2-2　甘肃省境内各市县遭受敌机轰炸、侵扰情况表

县市别	空袭地点	空袭次数	敌机架数	投弹枚数
总　计		93	1285	4153
兰州市	城内外及拱星墩西古城等机场	54	870	2798
天水	城内外	3	36	75
武威	城内外及机场	6	83	355
平凉	城内外	9	88	516
靖远	城内外	12	64	258
固原	城内外	2	80	51
永昌	城内外	1	12	40
泾川	城外百烟村	2	27	4
陇西	城内外	1	11	47
临洮	城外青天镇机场	1	4	9
武都	（侦察）	1	9	
成县	（侦察）	1	1	

由上可7-2-2看出，日机对甘肃的轰炸和侵扰主要集中在兰州市，共轰炸兰州54次，出动飞机870架次，投弹2798枚。这与兰州在抗战中的重要军事战略位置有关，然日机对靖远亦轰炸和侵扰达12次之多，究其原因，笔者有以下

几点拙见：其一，与靖远的地理环境有关。经过对比民国时期两地的地图，可以发现，靖远县城的地理环境与兰州酷似，如兰州市东面为东郊机场，靖远城东的沙河沿也为机场。兰州南面是五泉山，靖远南面则为“乌兰耸翠”的风景区。兰州市北滨黄河，靖远亦北依黄河。兰州东北是雁滩，靖远东北为武家滩。再加之靖远离兰州不过二百多华里，日军只靠地图分辨轰炸地区，在高空中就很容易将靖远当作兰州误炸了。其二，与日机来犯甘肃的航线有关。由于日机多是从山西运城机场起飞，沿西兰公路，绕过六盘山制高点，经固原、西吉、海原、靖远来兰轰炸，故靖远为日机来兰的必经之地，也因此遭受的轰炸比较多。其三，与靖远的重要军事位置有关。国民政府在靖远县专门设立了甘肃防空第十四中队，架设了专门的防空情报专线，用以提前预知日机的讯息，故我方常在日机未到达兰州时，就已知晓其动态。因此，日机轰炸靖远，其意在摧毁我方的情报系统。其四，日军不仅对兰州、靖远等地进行了战略轰炸，对甘肃其他地区亦是轰炸数次。由此可见，日机的轰炸带有广泛性，不仅仅是为了摧毁甘肃的交通要道、军用机场、居民房屋、黄河铁桥等基础设施，破坏国际重要交通运输线，隐藏其后的目的是破坏居民日常生活，摧毁甘肃民众的抗日意志，对人民实行精神威慑。

日本对甘肃的轰炸，依照时间顺序，以轰炸具体状况和日军侵华方针转变为依据，大致可分为三个阶段，第一阶段：1937年11月至1938年底，此阶段为日军配合华北地面部队对我大后方实施的辅助性轰炸时期。第二阶段：1939年初至1941年底，为日军大规模轰炸甘肃时期。第三阶段：1942年至1943年，是日机对甘肃轰炸的退缩时期。

一、日本对甘肃的辅助性轰炸时期

从1937年11月至1938年底，为日军配合华北地面部队对甘肃实施的辅助性轰炸阶段。日本意图一举摧毁或严重打击我空军战斗力量，掌握侵华战争中的制空权，为此，日本海陆军航空兵集中力量配合平津、河北、上海、察哈尔、山西等地战役，并于1937年底，对河南、陕西、湖北、甘肃等地进行了战略轰炸。此间对甘肃的轰炸规模不大，主要以飞机场、重要交通运输线为目标。而在1938年底，日军轰炸甘肃之所以明显减少，系全面侵华攻势开始，其航空兵力主要配合华北地面部队作战，对甘肃的轰炸兵力不足，无力组织持续的轰炸。根据表7-2-1数据反映，此间日机对甘肃的轰炸和侵扰共8次，来机111架次，共投弹33枚以上。

据李孔炤[①]所著《看他日记》记载：1936年2月29日11时许，突见一架涂着"红膏药"的日本飞机盘旋在市区上空，绕城兜圈子。随后降落在东郊拱星墩机场。机场人员未曾接报，突降一架日本飞机，十分紧张。飞机上下来6名日本军人，得知他们是：驾驶员田野初、大理正义，陆军军官羽山嘉郎、小尾哲三，参谋堂协克雄、阿部正直。机场人员询问时，日本军人说认识甘肃省政府于学忠主席，特来访问。机场人员与于主席联系，于说不认识。下午4时，此6人进省政府拜见于学忠主席，谈了20分钟，即回旅社。第二天，日本飞机离兰，向东北方飞去。这是目前所查文献资料中所记载最早的日机侵扰甘肃领空事件。这次事件实际上是日本轰炸甘肃的前期"火力侦察"，以游历为名，窥探兰州的航空设施、防务情况等，试探甘肃军政大员对日本的政治态度。

1937年11月5日，日机7架首次袭甘，在兰州东郊的拱星墩机场和靖远东湾等处投弹数枚后离去。当时甘肃的防空网尚未设置就绪，当敌机进入市区时并未发出空袭警报，许多市民还误以为是本国飞机，昂首观望。同年12月4日10点50分至12点之间，日机11架轰炸兰州拱星墩机场及其附近地区，共投弹12枚。此时省防空司令部的防空哨已设置就绪，当日机飞过六盘山时，我方及时得到情报，立即发出空袭警报，驻兰空军战斗机队起飞迎战，由此揭开了甘肃上空保卫战的第一页。12月21日，日机又以9架来袭兰州拱星墩机场及附近区域，投弹14枚。

1938年春，日本为配合徐州作战，计划空袭中国内陆地区。其中，1月21日出动5架，2月20日18架，2月23日36架，三次袭击兰州附近机场及市区。1938年1月21日下午1点55分，日机5架欲袭兰州，"防空司令部接到敌机西上情报当即发出防空警报，全市空气极静肃，市面在2分钟后，实行交通管制，我机当纷纷起飞迎战，各防护团队，亦分别出动，准备一切。敌机5架，经平凉西

---

① 李孔炤（1894—1967），名天煐，以字行，兰州人。上海中华职业学校毕业，任教于兰州兴文社学校、省立兰州中学、志果中学、甘肃学院。主编过《兰山》杂志，著有《兰州流传民间文学考》《兰州风土略》等。亲历日军轰炸兰州的惨状，义愤填膺，逐次记载，最后成册，取"看他横行到几时"之意，起名为《看他日记》，记述1937年11月5日至1941年8月31日日机轰炸兰州的情形。

上，至静宁上空时，为2点17分，该部发出紧急警报，我机立即奋起迎击，敌机见我有备，未敢迎战，向北逃去，经靖远上空，我机仍跟随追击，敌乃转向东北逃遁，我机安全而返，当于下午2点30分解除警报，全市恢复常态”①。这次轰炸，由于我省防空措施严密，情报准确，准备充分，故敌机未能得逞。1938年2月20日上午11时，日机18架，在兰州北园白云观附近、省立医院（今兰医二院东边）、制造厂、木塔巷、贤侯街、县门街等地投弹，被我高射炮和空军击落9架。据时人范宗湘回忆：“只见河北盐场堡上空我空军的三架战斗机，摆成三角形阵容，来回盘旋。我方战斗机由上而下，咬着敌机俯冲下来，立刻将敌机队形冲散，两架敌方轰炸机的屁股上冒出了黑烟，倒栽葱似的向下直掉下来。此时，地面上的人们都站出来观战，拍手欢呼，打得好！打得好！每个人都露出了胜利的喜悦。”②23日，日机再次进犯，36架飞临兰州上空，实施报复性轰炸，由于我军的英勇善战，日机慌忙投弹于郊外后逃逸。1938年11月5日，上午5时左右，日机2架轰炸距靖远县城20华里的东湾镇，共投弹7枚，小镇40多间铺房全被炸塌，一户姓杨的3岁女孩被倒塌的房屋压死，38岁的农民魏连改被坍塌的房屋压断了腿，镇子西半截街和南北两边的铺房全被炸塌，街道前后有7个一丈见方的弹坑。③

二、大规模轰炸甘肃时期

从1939年初至1941年底，此阶段为日军大规模轰炸甘肃时期，其中1939年是日本轰炸甘肃最猛烈、最频繁的一年。此间日机共轰炸和侵扰甘肃各地80批次，来袭日机1164架次，投弹4120枚以上。1938年底，日军重新制订了《航空作战协定》，决定此后以轰炸中国军事要地及内陆中心城市为主，企图起到威慑、挫败中国抗战意志的作用。因而加强了山西运城机场和绥远包头机场的空军实力，进而把兰州作为日机长期重点轰炸的城市之一，对甘肃的大规模轰炸，由此拉开了序幕。

---

①《敌机五架昨欲袭兰垣未逞，经我机追击旋向东北方逃去》，《甘肃民国日报》1938年1月22日第3版。

② 范宗湘：《一个旧警官眼中的旧兰州》，兰州：甘肃人民出版社，1994年，第44页。

③ 郭忠庆、彦生：《侵华日军地图与日军对靖远的轰炸》，《档案》2005年第2期。

(一)日本“第一次内陆攻势”下对甘肃的轰炸

1939年二三月间,日本实行所谓的“第一次内陆攻势”。此间日本对兰州等内陆重要城镇进行了轰炸,轰炸的主要目标是市区建筑。2月12日,敌机21架由运城机场起飞分2批袭兰,对兰州市区尤其是一些大建筑物狂轰滥炸,投弹最多的是黄河沿一带和东大街(今秦安路)、黄家园、学院街(今武都路东段)、南关(今中山路东南关什字一带)、贡元巷、东城壕等地。同日,9架日机空袭靖远,投弹44枚,靖远数十间民房被炸塌。2月20日和23日两天,日机分别出动30架和20架轰炸机,于上午12时许对兰州市区进行轰炸。当时有几十枚炸弹投入兰园(今少年宫院内),坐落在兰园内的著名佛教丛林——普照寺[①]和寺外的中山市场(当年甘肃最大的综合性商贸市场)均遭严重炸毁。普照寺所藏的许多文物损失惨重,烧毁藏经6358卷(唐藏5048卷,明藏1310卷),兰州名僧悟明方丈(俗称蓝大师)为了守护普照寺藏经楼而殉难。市中心另外几座寺院,如嘉佛寺[②]、东华观[③]、凝殿观(在今山字石)以及寺内各街道的过街楼等建筑,均在这两次大轰炸中被毁。[④]安守仁[⑤]老先生回忆说:“从1939年农历正月初二至初五,是日军轰炸兰州最厉害的三天。这三天,日军出动百余架飞机对兰州市区实施连续性轰炸。那段时间,也是兰州城遭日机轰炸最惨重的日子。为了躲避空袭,一些市民搬到了兰州市南山伏龙坪、八里窑的山洞里,整天不敢出洞。每次听到警报,大家都非常紧张和慌乱”。[⑥]

1939年2月9日(农历腊月二十一日)上午10时,日机约11架首次空袭平凉,在城内投弹73枚,炸死炸伤群众200余人,炸毁房屋200多间。同日,日机9架轰炸固原,投弹50枚。此时正值年关,平凉百姓们都在准备年货,赶集的人熙熙攘攘,对于日机的来犯毫无防备,许多市民还不知是敌机,翘首观望。日机对主要人口密集的市场进行了惨绝人寰的狂轰滥炸,集贤巷一保安人员的新婚妻子,尚未度完蜜月就被炸死。该巷子一位卖肉的吴老三和妻与子三人均被炸

---

① 普照寺:俗称大佛寺,建于唐代,寺内有金代泰和年间铸造的万斤大钟、千佛阁及明代嘛呢法乾一座,寺中藏有佛经6358卷。

② 嘉佛寺:俗称木塔寺,在今木塔巷内,建于唐贞观九年,当时寺院内还设有供儿童玩耍的秋千、滑梯、木马、双羊等。

③ 东华观:在今广武门,又名元妙观,建于宋代,明代曾大修2次。

④ 甘肃省地方史志编纂委员会:《甘肃省志(第十卷)·军事志》,兰州:甘肃人民出版社,2001年,第670-671页。

⑤ 安守仁:兰州大学历史系教授,当年日军轰炸兰州的目击者。

⑥ 陈菊、王莉:《难以忘却的记忆——亲历者讲述日军轰炸兰州的故事》,《甘肃日报》2005年8月11日第7版。

死。城南名医常恒源，早晨出门为人诊病，闻警报后匆匆回家，刚进家门，院内落下一弹，老人腰部被弹片击穿，当即死亡，家人哭喊至夜，才从院内麦垛中发现尸体。[①]

日本对甘肃永昌的轰炸，是在1939年3月7日。日本出动飞机12架，投弹40余枚，炸死22人，炸伤11人，损毁房屋35间，炸死牲畜17头，[②]真所谓人畜遭殃。3月15日，平凉泾川县百烟村遭受26架日机空袭，共投弹47枚，炸死6人，炸伤2人，炸毁房屋（窑洞）3间。[③]

二三月间的大轰炸，炸毁房屋1000多间，炸死市民100多人，炸伤者更多。令人欣慰的是，在这两次空袭中，我空军奋起迎击，击落日机15架，并将被击落在距市区较近处的日机残骸及驾驶员肢体运到中山林（今甘肃日报社址）和民众教育馆，从1939年2月27日至3月2日进行展览，以教育大家积极防空，鼓舞军民抗战士气。2月27日《新华日报》发表短评《给敌空军更大的打击》："最近兰州空战，我空军一再告捷，更说明了我数量较少而英勇的空军，战斗力在日益增强中。我们对英勇善战的空军，予最崇高的敬礼，并希望政府能实现参政会第三次大会所通过的加紧扩大空军建设案，尽速地增强空军，给敌寇以致命的打击！"这则报道赞扬了我军的英勇善战，鼓舞了广大军民。我军在兰州空战中的胜利，不仅大快人心，更增强了我军奋战到底、坚决抗战的信心。

（二）日本"田"号作战计划的实施

1939年11月至12月初，日本为打击苏联援华的重要交通线，确定以兰州、成都、重庆三地为主要轰炸目标，制定了所谓的"田"号作战计划。此间对兰州的轰炸，集中在重要交通枢纽黄河铁桥。1937年以前铁桥外观颜色是土红色，从空中观察目标太显眼，为了躲避日机轰炸，将黄河铁桥涂改成银灰色。"惟自湘北我军大捷，敌之损失綦重，乃作孤注一掷，于陆则驱兽兵犯我南宁，于空则遣荒鹫夜袭兰州"[④]，日本第一次夜袭兰州，是在1939年11月27日，此夜9时敌机突然来袭，其中8批51架轰炸靖远，投弹200枚，炸毁房屋100余间；1批9架

① 郭继泰、史兵：《日机轰炸平凉罪行纪实》，《平凉党史》2005年第2期。
② 《甘肃省境内遭受敌机空袭损害统计表》，档号14-2-566。
③ 《泾川县敌机轰炸人民财产损失及人民死伤调查表》，档号4-2-11。
④ 李恭：《敌机袭兰纪略》，《档案》2005年第2期。

轰炸兰州市区，投弹40枚。[①]由于民众防空意识增强，此次轰炸死伤较少。日机虽投弹较多，但大多由于盲目投弹，落入铁桥附近的黄河中。由于时值隆冬，黄河封冻，加之夜间明月照映，自高空俯瞰，黄河如一条弯曲的长长白条，给日军起到了地理指示的作用。但无论经历多少次的枪林弹雨，铁桥一直巍然屹立在黄河之上，同甘肃军民的抗日精神一样，不屈不挠。

（三）日本“第二次内陆攻势”下对甘肃的轰炸

1939年12月底，日军陆海航空兵联合实施了以轰炸西北重镇、交通枢纽兰州为目标的所谓“100”号作战方案，即日本对中国内地第二次攻击。日军集中了陆军航空兵50多架飞机，以运城机场为基地；海军攻击机60余架，以武汉为出发点，连续三天对兰州实施轰炸，这是日机抗战期间对甘肃进行的次数最多、最疯狂的一次大轰炸。

从12月26日至28日，日本连续三天对兰州市区实施大规模的轰炸。12月26日，日军出动轰炸机99架，分4批轰炸兰州。兰州师范（今兰州一中）校舍，包括校长室、教务处、中山堂都化为灰烬，绸铺街（今酒泉路中央广场至南关什字段）、县门街等沿街商店均被烧毁；27日日机出动99架，分3批轰炸兰州，炸毁房屋4070间；28日出动97架，分2批轰炸兰州，向黄河铁桥和市区投炸弹420余枚，并投下大量燃烧弹，西关什字及西关（今临夏路）东大街、新关（今秦安路）一带的商店、居民、学校大都被毁。当时市区一片火海，28日后大火燃烧两天，小火7天后才熄灭。此次连续三天的轰炸，是抗战时期日本轰炸兰州出动飞机最多、最疯狂的大轰炸，共投弹1660余枚，炸死75人，炸伤45人。[②]轰炸导致无家可归者达570户、1835人，冻死、饿死和染病死亡者近400人[③]，尸体横陈街头，令人惨不忍睹。诗人王烜写道：“冬月十六、七、八三日，敌机连炸兰垣，灾情惨重。”诗云：“火鸡百翼漫空来，广厦万间飞劫灰。造物不仁刍狗尽，满城一一痛声哀。”“千年古寺化微尘，法相庄严亦返真。一切皆空无挂碍，盈阗阛阓更何论！”[④]诗人以诗词的形式，形象地记录下了此次日本轰炸兰州时的暴行。连续

①《甘肃省境内遭受敌机空袭损害统计表》，档号14-2-566。

②《甘肃省境内遭受敌机空袭损害统计表》，档号14-2-566。

③ 柴玉英：《回忆五十年前日本侵略军对兰州的轰炸》，载中国人民政治协商会议兰州市城关区委员会文史资料委员会《城关文史资料选辑（第五辑）》，1995年，第94页。

④ 甘肃省档案馆：《晚清以来甘肃印象》，兰州：敦煌文艺出版社，2008年，第202页。

三天的轰炸，不仅使我方空军人员精神疲劳，市民亦疲于奔命。兰州许多机关房屋被炸毁，工作人员无法正常工作，当时的甘肃《民国日报》社房屋和机件全部被毁①，工作无法正常进行，日军的暴行由此可见一斑。

1940年，抗日战争呈现胶着状态，我国空军力量有所增强，八路军发动“百团大战”，给日军以沉重打击，日军华北航空军也被华北抗日军队牢牢地牵制住，无法行动，此时日本对内陆作战已明显心有余而力不足，因此这一年度未对甘肃实施战略轰炸。日军制定了“101”号作战计划，将主要轰炸精力集中于重庆，集中了超过当时中国全部空军力量总数的兵力，配备新型的“司侦式”和“意式”重型轰炸机，对重庆开展地毯式的轰炸，妄图通过无差别战略轰炸使陪都人民屈服。

（四）日本对中国内陆的“第五次空中攻击”

1941年，日本制定了以“治安肃正为主要目的，依靠空军力量压迫中国”的侵华方针。5月，制订了对中国内陆地区的第五次大规模空中攻击计划，决定在5—7月间对陕西、甘肃等地交通要道进行轰炸，8月以陆军航空兵为主，集中轰炸重庆、川、陕、甘地区，即所谓的“102”号作战计划。这实际上是日本对甘肃的最后一次大规模进犯。

1941年5月21日，28架日机于上午11时许侵入兰州上空，在东郊仓皇投弹百余枚后逸去。敌机遭我空军和地面部队痛击，2架尾部中弹，1架坠于焦家湾山根，事后察看，为敌重型轰炸机，有敌尸4具，其中一具所戴金戒指上刻有“带队轰炸汉口”字样，据此推断此机乃敌带队指挥机。②5月22日，日机39架袭兰，因我高射炮射击猛烈，一批在东郊机场投弹后逃跑，一批侵入市区上空，在南关一带投弹众多，炸毁民房50余所，炸死男4人，炸伤男10人。③5月27日38架日机空袭兰州拱星墩机场及其附近地区，投弹100余枚，驻兰空军击伤日机1架。④

6月，日机先后于12日、18日、21日、22日、23日、24日，对甘肃省部分地区

①《敌机接连三日袭兰，本报全部房屋机件均被焚毁》，《甘肃民国日报》1939年12月28日第3版。

② 甘肃省地方史志编纂委员会：《甘肃省志（第十卷）·军事志》，兰州：甘肃人民出版社，2001年，第672页。

③ 兰州市地方编纂委员会、兰州市人民防空志编纂委员会：《兰州市志（第五十四卷）·人民防空志》，兰州：兰州大学出版社，1998年，第14页。

④ 甘肃省地方史志编纂委员会：《甘肃省志（第十卷）·军事志》，兰州：甘肃人民出版社，2001年，第676页。

进行空袭和侦察。6月22日，日机56架分5批轰炸武威地区，共投弹162枚，其中燃烧弹20余枚。轰炸中警察局警员各尽其职，维护秩序，执勤期间有1名警士被炸身亡，5人受伤，城内三处地方起火，部分财产和建筑物化为灰烬，大部分商铺关闭。此次轰炸共死亡平民228名，重伤90名，轻伤64名，倒塌房屋718间。[①]日机在轰炸时，还散下许多荒谬的传单来麻痹人们的思想，被政府收集后集中焚毁。当日正值城隍庙会，武威四乡六渠赶会的人较多，日机惨无人道地向人口密集区城隍庙投弹数枚，炸死炸伤者约有数百人之多。直至今日武威民间还有歌谣相传："五月二十八，敌机凉州炸；炸毁城隍庙，尸骨遍地倒"[②]。

1941年8月5日，日机38架对陇西、天水等地区进行了空袭。据档案记载："1941年8月5日，上午12时许，敌机27架盘旋陇西上空，旋以11架实施投弹47枚，4枚未发，死士兵未详，男女民众52人，监犯1人，受伤民众12人。县府及监狱房屋炸毁八十余间，陇西中学(现巩昌中学)炸成一片瓦砾，疮痍满地，建于北宋时期的省级文物保护单位——威远楼也受到轻度破坏，民众商店房屋炸毁亦在五十间以上。"[③]次日上午8时许，日机欲轰炸兰州，但当到达兰州时，正值下雨，无法实施轰炸，于是回返，在经过天水上空时，被这座秀美的古城所吸引，在残暴、杀戮等兽欲的促使下，日机对天水实施了轰炸。27架日机在天水投弹75枚，炸死98人，炸伤52人，炸毁房屋497间。[④]当天大多数炸弹投入了天水城外的藉河坝，炸得最厉害的地方要数天水农贸市场，亲历者孔老太太回忆说："当时炸死炸伤的人特别可怜，有一家主妇和孩子同时被炸死，尸体也找不全，只好把母亲和孩子被炸得四分五裂的尸首，七拼八凑放在一个棺材里(当时县政府给一些无力埋葬死者的家属发给棺材)，男人趴在送葬的棺木上哭得死去活来，那情那景真是揪人心魄，凄惨无比"[⑤]。8月31日，敌机分批侵扰陕甘各地，大部分侵入兰州，日机10架专以学校、医院为目标，投弹65枚，炸毁甘肃学院、公教医院等处房屋400多间，伤亡180多人。[⑥]27架于下午1时左右至武威

① 张惠萍:《日机轰炸武威纪实》,《档案》2005年第2期,第46页。

② 连芝爱:《日机轰炸武威近访记》,载武威市政协文史资料委员会编《武威文史资料选辑(第四辑)》,1996年,第70页。

③《为呈请陇西空袭死伤惨重情实可怜拨款救济由》,档号15-8-365。

④《甘肃省境内遭受敌机空袭损害统计表》,档号14-2-566。

⑤ 孙小云:《日军空袭天水始末》,《档案》2005年第2期,第42页。

⑥ 柴玉英:《我看到的日机轰炸兰州情况》,载中国人民政治协商会议甘肃省委员会文史资料委员会《甘肃文史资料选辑(第四十五辑)》,兰州:甘肃人民出版社,1996年,第158页。

投弹。4架于下午4时15分至临洮投弹。4架空袭天水，主要针对军方进行轰炸，在东教场（当时国民党军队的训练场）投弹并进行扫射，放两枚燃烧弹，一枚投在东教场第二营房大院中间，另一枚投在了营房北面的讲演台背面。因士兵提前进入防空洞躲避，未有人员伤亡。

（五）日本轰炸甘肃的退缩时期

1942年至1943年，是日机轰炸甘肃的退缩时期。此间日机对甘肃的轰炸和侵扰达5次以上，来袭敌机10架以上。由于太平洋战争的爆发，日军在华兵力减少，无暇顾及西北，空战转入防御阶段，大规模空袭作战由此停止。对甘肃的进袭也只是小规模的窥伺和骚扰，而且来袭次数也逐渐减少。1942年7、8、9月，日机多次侵犯甘肃省领空，在兰州、天水、成县、清水、平凉、泾川、静宁、陇西等地进行侦察和骚扰。1943年10月4日，日机1架窜入甘肃省领空侦察，在平凉、泾川、天水等地进行骚扰，据目前资料来看，这是日机最后一次进入甘肃省领空。[①]

据不完全统计，从1937年11月5日起，到1943年10月4日止，日本空军飞机对甘肃领空的入侵，主要包括轰炸、空战、侦察等，总数多达1285架次，投弹4153枚以上。纵观日本轰炸甘肃，有以下几个特点：①地域范围广。从轰炸地区看，不仅轰炸军事重地、省会城市兰州，而且对平凉、武威、靖远等军事要道进行轰炸，更是对天水、陇西等不设防非军事要地无目的地肆意滥炸。从轰炸范围看，不仅对飞机场、军队训练基地、重要交通运输线进行轰炸，更是对市区、商业区、重要建筑物、平民住宅区等非军事区进行野蛮残忍的轰炸。②轰炸时间长。纵向来看，从1937年到1943年，历时六年之久，虽轰炸具有阶段性，由其侵华方针的调整而转变轰炸时段，但总体来看，对甘肃的轰炸时间较长。从横向来看，轰炸有时段性，持续时间长，带有连续性，多集中在5月、6月、8月和11—12月间，这与重庆气候有一定的关联，当重庆遇雨季时，由于天气原因日机无法实施轰炸，因此就将空袭的矛头指向甘肃。③手段残忍。对甘肃进行无差别的、持续的、报复式的、不分昼夜的疲劳轰炸，一次比一次残酷、野蛮，以人口稠密的非军事区为目标，甚至低空飞行使用机枪对密集人群进行扫射。轰炸行动

① 潘卫平：《抗战时期甘肃地区空战概况》，中国人民政治协商会议兰州市委员会文史资料委员会《兰州文史资料选辑（第八辑）》，1988年，第40页。

与其整个侵略计划的实施和国内战事的变化密切相关，带有明确的战略目的性。日本对甘肃人民的非人道战略轰炸，激发了甘肃民众强烈的抗日复仇心理和抗战到底之决心。

第三节　日本轰炸对甘肃社会之影响

日本为了摧毁抗战后方基地，对甘肃所采取的无差别战略轰炸，给甘肃社会带来了深刻的影响，甘肃的人口资源、财产资源、文化教育资源、城镇发展及民众社会生活等，均受到了一定程度的影响。根据1944年1月18日甘肃省政府上报国立中央研究院社会科学研究所的档案资料记载：自1937年7月至1941年9月，日机空袭甘肃各市县共造成1426人死亡、受伤，其中死亡821人（男578人、女243人），受伤605人（男444人、女161人），损毁房屋24124间[①]。另据《甘肃通史》记载：从1937年11月5日至1943年10月4日，日机轰炸了甘肃境内兰州、固原、平凉、靖远、永昌、泾川、天水、陇西、临洮、武威等10多个市县，公私财产损失按法币（1944年）计共64.8亿元[②]。从这些数据资料中，就可看出日机轰炸对甘肃社会影响之巨大。

一、人口资源损失

抗日战争期间，日本对中国的南京、上海、广州、重庆、武汉、西安、兰州等许多人口密集城市进行了残酷的轰炸，据统计，中国被炸死94522人，炸伤114506人，死伤军民达20多万人。[③]日本这种“以炸迫降”的轰炸政策，给甘肃地区造成巨大的人口损失，本文试图通过以下两表，分别从年度和市县范围两方面，对日本轰炸甘肃所造成的人口损失情况作出详尽的表述。

---

①《甘肃省境内遭受敌机空袭损害统计表》，档号14-2-566。

② 刘光华主编《甘肃通史》（中华民国卷），兰州：甘肃人民出版社，2009年，第127页。

③ 高晓星、时平：《民国空军的航迹》，北京：海潮出版社，1992年，第328页。

表 7-3-1 甘肃省境内历年遭受敌机空袭人口损失统计表[①]

（七七事变至 1940 年底）

年度别	死伤人数						
	合计	死亡			受伤		
		小计	男	女	小计	男	女
总计	1426	821	578	243	605	444	161
二十六年（1937 年）	12	6	6	—	6	6	—
二十七年（1938 年）	2	1	1	—	1	1	—
二十八年（1939 年）	675	385	319	66	290	228	62
三十年（1940 年）	737	429	252	177	308	209	99

表 7-3-2 甘肃省各县市遭受敌机空袭人口损害统计表[②]

（七七事变至 1940 年底）

县市别	死伤人数						
	合计	死亡			受伤		
		小计	男	女	小计	男	女
总计	1426	821	578	243	605	444	161
兰州市	406	215	191	24	191	162	29
靖远	34	3	3	—	31	29	2
平凉	259	153	117	36	106	70	36
固原	5	5	5	—	—	—	—
永昌	33	22	20	2	11	10	1
泾川	8	6	2	4	2	2	—
武威	456	257	137	120	199	125	74
天水	150	98	70	28	52	38	14
陇西	73	61	32	29	12	7	5
临洮	2	1	1	—	1	1	—
武都	—	—	—	—	—	—	—

①《甘肃省境内历年遭受敌机空袭人口损失统计表》，档号 14-2-566。
②《甘肃省各县市遭受敌机空袭人口损害统计表》，档号 14-2-566。

以上所述轰炸对甘肃造成的人口损失中的主体指被炸地区的平民和防空救护人员，除此之外，日本对甘肃的轰炸还对参加空战的军事战斗人员也造成了伤亡。据史料记载，在上百次的空战中，阵亡及死难的中苏飞行员共63名[①]，许多苏联战士为了中华民族的解放而壮烈牺牲。在甘肃上空牺牲的苏联志愿队战士有司切帕诺夫（牺牲于1939年8月）、雅士（牺牲于1938年11月）、古力芝（牺牲于1939年12月）、果尔杰耶夫（牺牲于1939年12月）、波拉基诺夫（牺牲于1939年8月）、马特（牺牲于1938年11月）、伊萨耶夫（牺牲于1939年12月）和一些无名英雄们，[②]他们为了中苏两国的友谊和共同的反法西斯事业而长眠在了甘肃的黄土地上。日本的轰炸目标直指人口稠密和繁华地区，轰炸过后，灾区出现了一系列的后续反应，如城市卫生极差、传染病盛行、大量人口的非正常流动等，城市出现了许多灾民，这亦是轰炸对人口资源的间接破坏。如表7-3-3所示，轰炸所造成的人口直接和间接伤亡达101552人。这对甘肃来说，无疑是近代人口发展史上的灾难。

表7-3-3　日本空袭所致甘肃人口直接、间接伤亡汇总表[③]

类别	直接			间接			总计
	死亡	受伤	合计	死亡	受伤	合计	
空袭轰炸	821	605	1426	—	—	—	—
空战伤亡	63	63	126	—	—	—	—
灾民伤亡	—	—	—	100000	—	100000	—
总计	884	668	1552	100000	—	100000	101552

说明：1.表中“空袭轰炸”一栏含固原县死亡5人，现属宁夏回族自治区管辖。

2.“空战伤亡”一栏，内含至少10名苏联飞行员。

3.“空战受伤”人数按死亡人数1∶1估算而来。估算依据：孟国祥《关于抗战时期中国军民伤亡数字问题》，见《抗日战争研究》1995年第3期第105页，“国民党军队受伤1769299人，死亡1328501人，失踪422479人，国统区平民受伤4737065人，死亡4397504人。”

① 魏宏举：《寻访消失的陵园》，《档案》2005年第2期。

② 马永强，张兵：《苏联志愿航空队血洒华夏长空》，载杨重琦主编《百年甘肃》，兰州：敦煌文艺出版社，2001年，第60页。

③ 中国抗战损失课题调研甘肃省课题组：《甘肃省抗战时期人口伤亡和财产损失》，北京：中共党史出版社，2010年，第11页。

档案记载是对日军暴行的无声抨击，甘肃省会警察局第一分局于1940年1月22日所编制的《兰州市敌机轰炸人民死伤调查表》中，详细地记载了轰炸中死亡人员的社会身份和职业。“易中兴：45岁，原籍四川，是一个卖水工，轰炸中在兰州市会馆巷23号被压死；老胡：60岁，原籍甘肃皋兰，是一个街头说书人，在会馆巷23号被压死；马顺如：29岁，原籍河南，是一个出苦力的洋车夫，轰炸中在山字石102号被压死；高杨氏：37岁，原籍甘肃皋兰，是一个厨子，家住火药局6号，在中山林被压死；周英仁：19岁，原籍皋兰，是西北公路局勤务，家住北门街131号，在中山林被压死；甘应福：67岁，原籍甘肃永登，是一个小商人，在马坊门38号被压死；李新民：18岁，原籍陕西，是一个唱戏者，在县门街72号家中被压死；冯祥盛，29岁，原籍皋兰，是一个面商，家住县门街31号，在中山林被压死。”令人发指的是，一些年幼的生命，还没有来得及享受生活的快乐，就过早地惨死在了日军的暴行之下。如：“高尕女：年仅3岁，家住火药局6号，在中山林因避难所倒塌被压死；蒲丑丑，8岁，原籍甘肃皋兰，在山字石61号家中被压死。”[①]

日机的轰炸不仅造成了甘肃大量人口的伤亡，也使许多居民无家可归，成为流民。1940年1月29日，难民李朱氏在给省政府主席朱绍良的呈文中说道：“去年十一月三十日晨七时日寇炸兰，民妇全家八口防避于下官园小庙内，不意敌人向该庙连投炸弹两枚，当时将民妇丈夫李广业立时炸毙，其余长儿李多材，媳妇李何氏及女儿玉兰，孙儿天福、玉凤、翠凤、凤连，同民妇等均受重伤。当时无家可归，只得搬移西乡安宁堡庙内暂宿。兹值严冬寒天，一家十口非老即幼，养生送死一筹莫展。”[②]由此可知，轰炸给市民带来了无比深重的灾难，不仅造成骨肉阴阳相隔，亲人离散，更多的是人民连基本的物质生活都没有保障，居无定所，颠沛流离。

1941年6月22日，日机轰炸兰州时，晋陕绥边区总司令邓宝珊将军的夫人崔锦琴携次女倩子、次子允文、三子允武在黄河北盐场堡山谷内挖的防空洞躲避，壕洞坍塌，4人均罹难。[③]邓宝珊看完电报后沉默不语，双目含泪，三天粒米

①《兰州市敌机轰炸人民死伤调查表》，档号4-2-11。

②《李朱氏呈问全家被炸灾情惨重乞求救济由》，档号158-8-171。

③《邓总司令夫人及男女公子昨日防空罹难》，《西北日报》1941年6月23日第3版。

未进，他以抗日大业为重，仍坐镇榆林，坚持抗战。[①]日本对甘肃疯狂的轰炸，使抗战时期的甘肃人民身处危难，生存条件恶化，大批民众流离失所，加之战争和自然灾害，甘肃人口增长缓慢，人民生活苦不堪言。

二、财产资源损失

日本对甘肃的轰炸，不仅带来了灾难性的人口损失，而且使抗战时期甘肃的直接财产和间接财产均受到一定程度的损失。据民国甘肃省政府1947年10月上报行政院的报告称，整个抗战期间，因为战争原因，甘肃财产的直接损失[②]，以1947年8月兰州市物价指数为标准，折合国币为6478928956502元，间接损失[③]为2964280636281元。[④]（陕甘宁边区政府领导的陇东分区所辖华池、环县、庆阳、合水、新正、新宁6县损失情况未统计在内，有关损失的资料也在内战中被焚毁。）现将有记载的日本轰炸所致甘肃直接财产损失整理如下：

表7-3-4　日本轰炸所致甘肃直接财产损失情况统计表

区域	损失类别（折合国币元）						合计
	房屋	器具	现款	服着物	古物、书籍	其他	
兰州市	11150800	910704	408690	1575211	588475	1230358	15864238
天水	1575000	185000	136680	26920	16775	51672	1992047
武威	360600	106300	87600	15800	34000	2879160	3483460
平凉	265000	64000	—	22000	5000	23811	379811
靖远	96400	6916	—	13000	3680	360	120356
固原	700	120	—	—	—	80	900
永昌	48000	12000	28700	32000	17500	8700	146900

① 关于邓宝珊夫人罹难事件，据《甘肃民国日报》和《西北日报》记载，系1941年6月22日日机轰炸兰州时所发生。而据《兰州市志（第五十四卷）·人民防空志》和《甘肃省志（第十卷）·军事志·人民防空志》资料显示，系1941年8月23日日机轰炸兰州时发生。本书在遵循历史第一史料的原则下，引用第一种说法。

② 直接损失是指遭受敌机轰炸造成的财产损失，主要包括房屋建筑、器具、现款、服着物、古物、书籍等。（参考《甘肃省抗战时期人口伤亡和财产损失》第11页。）

③ 间接损失主要包括防空设备费、疏散费、救济费、抚恤费、迁移费、输力费、副秣费、生产减少、盈利减少、人力损失、过往军队供应费、战时紧急征调物资等。（参考《甘肃省抗战时期人口伤亡和财产损失》第13页。）

④《甘肃省政府统计处关于抗战人口伤亡和财产损失的呈文》，档案号4-2-174。

续表

区域	损失类别(折合国币元)						合计
	房屋	器具	现款	服着物	古物、书籍	其他	
泾川	5000	5900	3000	1800	—	41926	57626
陇西	120622	67873	—	86760	20140	5522	300917
总计	13622122	1358813	664670	1773491	685570	4241589	22346255

说明:1.此表参照1945年8月30日甘肃省临时参议会上报国民政府参议会的《甘肃省历年遭受敌机空袭损害统计表》[①]填写。

2.财产损失价格依照当时市、县报表分析为1938—1941年物价。

历次轰炸共损毁房屋24124间,其中兰州市21669间、天水497间、武威765间、平凉656间、靖远233间、固原38间、永昌35间、泾川3间、陇西228间。上表所列各项损失,虽远不能反映出日本轰炸造成的甘肃直接财产损失,但也可以通过此表,了解各市县直接财产具体损失的程度。轰炸不仅造成了甘肃各市县财产资源的损失,而且给政府各重要机关,亦造成了巨大的直接财产损失。据档案资料记载,抗战期间由于日本轰炸,兰州市警察局财产直接损失共计24000元,其中被毁30间房屋约值21000元,器具被毁约值3000元。[②]省政府卫生处财产直接损失46184元,被毁建筑物约值13364元,器具约值70元,图书约值50元,医药用品被炸毁50箱,医疗器械被炸毁14种约值1630元。[③]甘肃省教育厅及所属机关财产直接损失4296166元,[④]省财政厅财产损失共计34520元。[⑤]

有关轰炸所致甘肃财产间接损失,主要有:防空设备费支出910931175元(系损失时价值),救济费(含县、市库及慈善团体救济金)支出30915694元(系损失时价值),迁移费1200298元,疏散费354105元,抚恤费949200元。[⑥]政府机关单位中,兰州市警察局财产间接损失共计4500元,其中迁移费2000元,抚恤

①《甘肃省历年遭受敌机空袭损害统计表》,档号16-2-459。
②《1944年3月21日兰州市政府呈报战时公私财产损失报告表》,档号14-2-579。
③《甘肃省政府卫生处财产直接损失报告表》,档号14-2-579。
④《甘肃省教育厅及所属机关财产直接损失报告表》,档号14-2-579。
⑤《甘肃省财政厅日机轰炸财产损失报告表》,档号16-2-459。
⑥ 中国抗战损失课题调研甘肃省课题组:《甘肃省抗战时期人口伤亡和财产损失》,北京:中共党史出版社,2010年。

费2500元。[1]甘肃省教育厅及所属机关财产间接损失共计199336元，其中迁移费80308元，防空设备费106728元，疏散费10300元，救济费2000元。[2]省物价管制委员会财产间接损失6200元[3]，省农业改进所财产间接损失共计15000元[4]。

轰炸给市民带来的最直接影响就是房屋的损坏，日本每次出动轰炸机百架左右，日夜连续狂炸。天气奇寒，没炸死也被饿坏冻煞。全城各处均落弹，每条街每条巷，随处可以看见断墙废墟，用砖围一道墙，上面用麦草或芦席盖成屋顶，就这么布置成最简陋的店铺。有些没被炸毁而被波及的住宅商店，主人一回来，因木匠不易找到也不经济，便拿出菜刀柴刀等一切可以利用的器具，自己修缮房屋。[5]日本轰炸后的兰州市街区，道路中断，居民基本生活设施被破坏，房屋倒塌，居无定所。日机不断轰炸兰州，使得原本已濒临崩溃的兰州市住房问题更加严重，轰炸使大片房屋被毁，但许多业主无力修缮，只能被迫流落街头，或者去寺庙等公共场所暂居。

三、文化教育资源的损失

日军侵华时所犯下的罪行罄竹难书，在轰炸甘肃时，不断轰炸各个学校，严重破坏了学校基础设施。国立甘肃学院、省立兰州师范、兰州市立侯府街中心学校等多所学校均遭受损失。1939年2月20日，日本轰炸兰州时，专以我文化机关和平民为投弹目标，致使教育基金保管委员会旧房落一弹，伤一人。甘肃学院落三弹，西关清真寺内之清真小学，毁房两间。[6]1945年国立甘肃学院院长宋恪所填损失报告中详细记载："1939年12月28日，学校房屋墙壁屋顶和教职员宿舍全院被炸，损失仪器图书共计20000元。"[7]为了躲避日机轰炸，兰州师范曾一度被迫迁至榆中，其校长室、教务处以及中山堂在日机的轰炸下化为灰烬。为防日本轰炸，1938年兰州女师迁临洮新添铺，小学部迁兰州黄河北岸的盐场

①《兰州市警察局财产间接损失报告表》，档号14-2-579。

②《甘肃省教育厅及所属机关财产间接损失报告表》，档号14-2-579。

③《甘肃省物价管制委员会财产间接损失报告表》，档号14-2-579。

④《甘肃省农业改进所财产间接损失报告表》，档号14-2-579。

⑤陈淦福：《狂炸后的兰州》，《大风半月刊》1940年第62期，第1886页。

⑥《兰市上空展开空战》，《甘肃民国日报》1939年2月21日，第3版。

⑦《国立甘肃学院敌机轰炸财产损失报告单》，档号32-1-87。

堡，学生人数大减。学校教育在日机的轰炸下受到了严重的影响，教室被炸，学生无法正常上课，整日提心吊胆。学校的被迫迁移，蕴含着对日本轰炸的积极应对，摧毁了日本毁灭甘肃教育的妄想。

不少古建筑群落中弹起火被毁，其中有著名的千佛阁（俗名藏经楼），阁中所藏佛经6358卷（唐藏5048卷、明藏1300余卷），明代嘛呢法轮一座［六层、八面，高三丈余］，均化为灰烬；建筑精巧的嘉福寺（俗称“木塔寺”，唐贞观九年（635年）修建）、东华观（又名元妙观，宋建，内有二十八宿法轮像等文物）也被焚毁。1939年12月下旬，日军飞机连续3天对兰州进行狂轰滥炸，炸毁了唐代贞观年间建的宏伟大寺和绝妙无比的大小佛像及四大金刚和许多珍贵的佛经、文物。据档案资料记载，日本轰炸甘肃期间，甘肃省佛教会、普照寺等财产直接损失达11929850元，[①]其中损失项目包括大雄佛殿、硬币、经典、唐塑佛像、镏金铜像、吴道子壁画、活动法轮等珍贵文物。

在抗战时期，还出现了一起日机轰炸殃及甘肃档案资源的事件。1939年12月26日至28日，日机连续三天轰炸兰州时，将甘肃省财政厅所藏1915年至1925年全省财政档案部分炸毁。1943年，因为省财政厅修复防空洞无经费，厅长梁敬錞以档案所剩残卷无保存价值为由，呈请省政府主席谷正伦批准，将十万余卷档案，按废纸价售永和造纸厂，化为纸浆，此次销毁的档案计有139282件。[②]至此，这批形成于民国初年的全省财政档案，由于日机的轰炸，首先是部分被毁，保存价值降低；其次是财政厅防空洞内无处堆放，防空洞年久失修需要经费修缮，因而被卖给造纸厂，顷刻化为纸浆。

四、对甘肃城镇发展的影响

每一个历史事件发生后都会出现相应的后续效应，日机的轰炸使甘肃农业、工业、商业、交通运输等各方面都受到影响。甘肃是抗战时期前线粮秣供应的重要补给地之一，沉重的战争负担使农民失去了扩大再生产的能力，然而日机专以燃烧弹投掷于田地上，使许多农田被毁，颗粒无收，数年之内无法耕种。正如时人回忆：“轰炸后园子里大火仍燃烧着，七亩多果园菜地全部被炸坏烧

① 《甘肃省佛教会、普照寺等财产直接损失汇报表》，档号4-2-174。

② 姜洪源：《日军轰炸殃及档案》，载甘肃档案馆《甘肃档案史话》，兰州：甘肃文化出版社，2011年，第220页。

干，六七年后树上仍不结果子，地里不长庄稼、蔬菜，以农业为生的我们七口之家，生活不下去，就在那时卖了我的妹妹。”[①]

工业上，由于资金短缺、生产设备被炸等原因，导致许多工厂关闭，工人失业。1939年12月27日，位于兰州南关街26号的甘肃省油矿筹备处遭日机轰炸，该处刚从西安购买的一批材料被炸毁，财产损失达1888.53元。[②]在1941年8月31日的轰炸中，甘肃省机器厂的厂房被炸毁56间，用具仪器图表被毁数件，汽车被炸毁1辆，损失达1385320元。[③]与此同时，许多当时的省营企业，也遭到了不同程度的破坏。

甘肃的商业在敌机的轰炸下亦遭受了严重的破坏。当时甘肃省唯一一座规模巨大的综合性市场中山市场，百货汇集，商业繁华，各种药店、货摊比比皆是。每遇赶集之时，前来逛市场的人熙熙攘攘、络绎不绝。然而在1939年2月23日的轰炸中，中山市场化为一堆废墟，只有一堆堆焦土和残砖烂瓦，连行人都无法通行，市场内的商店、铺面、摊点等全部被毁。商业主要交易市场、街面店铺被毁，使得人们无法进行正常的交易活动。仅1939年12月28日，永益德何洁亭商号就有5处被炸，损失达26730元。[④]为了躲避轰炸，减少人口伤亡，城市人口大量向乡村疏散，这就使得城市里商品需求量大减，直接影响到了城市商业的发展。

日机以城市交通要道和重要建筑物为主要轰炸目标，使得许多房屋建筑被炸毁，道路亦遭到破坏。在日机频繁的轰炸里，市区混乱，基础设施配置严重不足，城市的绿化、环境卫生极差，城市的重建也无法正常实施，多显得仓促和临时构建。每次轰炸过后都伴随着难民的救济、灾后的重建，公共设施的严重破坏等问题，使得居民的生活质量严重下降，人们无法安定有序地生活生产。轰炸对甘肃城市规划变迁产生了巨大影响，更是严重影响了甘肃社会经济的正常发展。日军在轰炸时，经常使用燃烧弹，这就致使轰炸过后市区、街道到处大火弥漫。城市治安恶化，商业买卖交易难以正常进行，尤其是物价暴涨，给一般市

---

① 柴玉英：《我看到的日机轰炸兰州情况》，载中国人民政治协商会议甘肃省委员会文史资料委员会《甘肃省文史资料选辑（第四十五辑）》，兰州：甘肃人民出版社，1996年，第148-159页。

②《甘肃油矿筹备处1940年7月12日呈送1939年12月27日在兰州被敌机轰炸财产损失报告表》，档号27-5-268。

③《甘肃省机器厂函送省政府敌机轰炸损失报告表的呈文》，档号16-2-459。

④《甘肃省会商人被敌机炸毁损失调查表》，档号4-2-174。

民以直接性的打击。1941年7月1日兰州设市后，蔡孟坚任第一任市长，他发动市民劳动服务，将已被炸毁的大佛寺，建成“兰园”，并开辟广场，建网球场、篮球场等，在四周改建公共浴池、灭虱站、弹子房等，供市民娱乐休闲。随后，又将与该地接近的房屋，改建成为模范小学及招待所，将招待所命名“思危斋”，以图后人铭记兰州被日机轰炸之惨状。在“兰园”中央，利用断瓦残砖建造了可容纳500人的“抗建堂”，[①]作为抗战建国的纪念。“抗建堂”是甘肃抗日精神的象征，永远屹立在甘肃民众的心中。

五、对甘肃民众社会生活的影响

（一）对甘肃民众日常生活的影响

日本对甘肃各地惨无人道的轰炸，严重影响了甘肃民众的日常生活。甘肃人口在抗战期间遭到了重创。据《甘肃省流亡人力损失汇报表》[②]记载，抗战时期兰州市流亡人口共78877人，其中男34150人，女31816人，幼童12911人；抗战结束后，民国甘肃省政府统计战时兰州、天水等14市（县）流亡人数为115905人。天灾人祸，加之日机轰炸，抗战时期甘肃民众因冻、饿、疾病死亡者至少在10万人以上。大量人口的不正常流失，给甘肃的人口发展带来巨大的负面影响，给许多家庭带来伤痛，亲人离散，给人们造成了巨大的心理创伤。在轰炸中，“跑警报”“躲轰炸”成为民众日常生活不可缺少的部分，“跑”只是人们惊恐状态下的一种挣扎。由于日机的频繁轰炸，人们不能正常生活和工作，每日都提心吊胆、战战兢兢。许多在乡下有亲戚的人，都跑去乡下躲避日机的轰炸。有时连续几天轰炸，导致人们疲于奔命，劳累过度，影响身心健康。日机的轰炸，加剧了物资缺乏、物价上涨，引起了住房拥挤、交通瘫痪、生活基础设施无法正常运转，给广大市民的衣食住行带来了巨大的影响，严重地影响了居民的日常生活。

1938年，杨巨川在题为《参加老人抗战团，赋此》的九首组诗中写道：“三岛区区骋远东，横行差与独夫同。秉旄我亦呼苍兕，恍见当年姜太公。”王烜赋诗5首和之，其中一首云：“半壁河山夕照红，宁知白首尚心雄。百年烽燧雁门外，

① 蔡孟坚：《我当首任兰州市长的回忆》，载中国人民政治协商会议甘肃省委员会文史资料委员会《甘肃省文史资料选辑（第四十五辑）》，兰州：甘肃人民出版社，1996年，第193–205页。

②《甘肃省流亡人力损失汇报表》，档号4–2–174。

曾有君家老令公。”从这些诗句中，我们就可以体会出甘肃人民不畏敌机狂轰滥炸的抗日精神，勇于面对日本的肆意侵袭。轰炸使市民更加仇恨日本帝国主义，诗人们通过诗词的形式表达了投身抗日、杀敌报国的满腔热忱。

（二）对民众社会心理的影响

社会心理是社会主体在日常生活和交往过程中，通过社会认知对社会存在的一种反映而形成的一种精神现象。重大的历史事件往往对身历其境的社会群体产生重要的心理影响。[①]抗战时期的甘肃大轰炸，是日本侵略者利用现代科技屠杀甘肃民众的暴行，它对甘肃民众精神与肉体的影响和创伤巨大而深远。

费孝通先生在《生育制度》里曾写过这样一段话：“生活历史不同的人不容易对一个象征有相同的反应。一个曾在炸弹下逃过命的人和一个从来就没有见过敌机的人，对于警报所有的认识在程度上有很大的差别。”[②]轰炸给被炸地区人民带来了巨大的心理惊慌和精神紧张，“只要一听到警报声，人们就到处惊恐地乱跑，有人往五泉山上跑，有些挤进防空洞里……”[③]日本轰炸靖远的亲历者张尚瀛老先生回忆说：“我家的一只看门小狗，被震聋了双耳，呆痴地蜷卧在残砖堆旁，有似失魂丧魄。后来这只狗但凡听到爆竹之声，便吓得四处乱窜，尿点直淌，惊恐万状。”[④]日本对甘肃惨无人道的狂轰滥炸，真可谓是人畜遭殃！

日本对甘肃的轰炸，给甘肃民众留下了至今无法愈合的心理创伤。日机轰炸兰州的亲历者张玉明老先生回忆说：“1939年11月，天气很冷，兰州下了大雪，警报响的时候，我一听，不知为什么就跑了出去，有10多架飞机飞了过来，一枚枚炸弹在我们住的窑洞周围不停地爆炸，最后窑洞被炸塌。在罪恶的轰炸中，我失去了母亲和不到3岁的妹妹，从此与父兄别离，借住到舅舅家。”时隔多年，老人依然清晰地记得母亲被害的日子，这种心理上的创伤，至今无法愈合。更为残忍的是，“在1941年的一天，我舅舅住的金昌路、广武门一带，有家姓王的人家结婚。人很多，来了一二十个亲戚，还有许多看热闹的人。到了晚上，日

① 潘洵：《论重庆大轰炸对重庆市民社会心理的影响》，《重庆师范大学学报（哲学社会科学报）》2005年第4期。

② 费孝通：《乡土中国　生育制度》，北京：北京大学出版社，1998年，第134-135页。

③ 陈霞：《“跑警报”兰州人提心吊胆》，《兰州晨报》2005年8月8日第15版。

④ 张尚瀛：《日机轰炸靖远亲历记》，中国人民政治协商会议兰州市委员会文史资料委员会《兰州文史资料选辑（第八辑）》，1988年，第48页。

机来袭，在这家庭院里丢了2枚炸弹，在那儿的人被炸死炸伤20多个，新郎当场被炸死，腿都给炸没了，现场实在太惨，新娘没被炸死，却从此不见了踪影。”[①]日本轰炸给甘肃人民留下的这些惨痛记忆，亲历者至今历历在目，家国之痛，难以忘却。

第四节　轰炸后难民救济问题

轰炸带来的最直接问题就是难民的出现，如何快速有效地救助被炸难民，让难民有衣可穿、有饭可食、有所可居，就成为灾后工作的重点。甘肃被日机轰炸受灾后，不仅政府积极应对，采取一系列行之有效的措施对难民实行救助，而且社会各界和民众自身，也对救济工作给予了大力支持。与以往救济措施相比，此次的救济带有制度性、阶段性、广泛性、民主性、慈善性和再生产性等特点，救济工作中有功亦有过，需要我们唯物辩证地去看待。

一、政府的善后举措

日本轰炸甘肃各地之后，面对众多房屋被炸毁、无家可归的难民，政府立即采取各项措施，积极实施救援。省政府和甘肃全省防空司令部组建相应的救济组织，出台一系列救济法规。这些制度措施，配合政府的具体实际行动，使得大多数受灾难民在灾后得到了及时的救助。

（一）救济组织的成立

由于日机多次轰炸甘肃，造成大量人员死伤和财产损失，许多平民流离失所，无家可归，沦为难民，为收容救济受害者、医治伤员、掩埋死者，时任甘肃省政府主席的朱绍良下令组建专门的政府救济组织，来救护受害民众。1940年1月6日，兰州空袭紧急救济联合办事处正式成立，主任委员朱绍良，委员章亮

① 陈菊：《难以忘却的记忆——亲历者讲述日军轰炸兰州的故事》，《甘肃日报》2005年8月11日第7版。

琛、赵清正、施奎龄、黄秉衡、马志超、杨树信、张良萃、曾扩情、翁燕翼、梁敬錞、祝仁安、王复生、杨守年、吴允用等，总干事翁燕冀。办事处下设总务股、医治股、掩埋抚恤股、难民收容股、救济股等五个股。1941年5月，省政府主席谷正伦下令将该处所办业务全部移交甘肃全省防空司令部办理，防空司令部副司令严武兼任处长。同年8月，天水、平凉、陇西、武威、临洮、酒泉等地也设立了空袭紧急救济联合办事处。1941年12月9日，办事处移交兰州市政府，并改称兰州市空袭紧急救济联合办事处，兰州市市长蔡孟坚兼任处长。

除此之外，甘肃省的救济组织还有甘肃省赈济委员会。1941年8月30日，省赈济会筹办空袭救济，并拟在天水等县设联合办事处。1939年2月底，兰州、平凉、固原等地被炸惨重，中央赈济委员会闻讯后，立即拨款五万元给省赈济委员会，命省赈济会拨发给受灾民众。[①]空袭救济有了统一的组织指挥，这就使得轰炸过后甘肃的救济工作得以有序进行。一位名叫张瑞生的人，家住兰州市黄家园78号，其妻在日机轰炸时，因病未能逃避，被炸死亡，但由于家道贫寒，无力掩埋。故此，皖江旅甘同乡会致函兰州空袭紧急救济委员会，该会立即予以救济。[②]这些空袭救济组织在轰炸后的难民救济中起到了不可忽视的作用。

（二）救济法规的出台

为了行之有效地救济受害民众，政府各部门颁布了一系列救济法规来救济被炸难民。1939年3月，省政府颁布《被炸难民救济费发给标准五项》。这一法规的颁布使被炸难民的救济费发放有章可循，使得房屋损失较为严重的灾民可以得到更多的经济援助。同月，省赈济会拟定五项办法救济被敌机空袭难胞，并通令各县赈济会切实遵照办理。这就使难民不仅暂时得到了生活上的救济，还为今后的生活工作打下了基础。

1939年7月，甘肃省银行为奉行政府疏散建设计划，并便利市民及商行赴郊外兴建房屋起见，特举办建筑防空房屋抵押放款，利率从低计，以月息八厘计算，放款时间以两年为度，手续方面亦力求简便，特规定十一项办法。[③]这一规定的出台，暂时缓解了被炸难民住房紧张问题，有些灾民通过向银行借贷的方

---

①《赈济会拨款五万元救济被炸灾民》，《甘肃民国日报》1939年2月23日第3版。

② 秋帆：《弹片下的呻吟——日军轰炸兰州惨象细述》，《档案》2005年第2期。

③《为便利市民建筑防空房屋，省银行举办抵押放款，规定办法十一项不日即将开始举办》，《甘肃民国日报》1939年7月16日第3版。

式，有了自己修建平民住宅的能力，基本生活居所暂时得到保障。

1940年2月兰州空袭紧急救济联合办事处颁布《关于救济费发放标准给省会警察局的训令》，指出："按市民受灾轻重及目前生活状况分甲乙丙三等发给救济费。计甲等发四十元，乙等发三十元，丙等发廿元。至公务员役被炸受灾者依甘肃省公务员役空袭救济条例第十条之规定由各主管机关负责办理。"①此项法规的出台，科学合理地按照市民受灾轻重及当前生活条件划分救济费等级，且使公务员中的受灾人员也得到了政府的救济。

这些规章制度涉及空袭救济的各个方面，包括人员伤亡后的抚恤、房屋损坏后的修建、解决轰炸带来的物价上涨问题等，这就使得空袭救济有法可依、有章可循，为政府实施难民救济提供了一定的制度保障。据抗战后甘肃省政府统计，抗战时期甘肃支出各项救济费（含县、市及慈善团体救济金）支出总数为30915694元（系损失时价值）。②

（三）政府对难民的关怀

首先，政府发放急赈，拨款救济难民。政府按照难民死伤情况，发给死伤民众抚恤费。政府对房屋遭受轰炸之难民，亦给予救济金，用来补修房屋，受害地区的难民得到了及时的救济。1939年2月间，平凉、固原遭日机轰炸严重，甘肃省政府会议决定，给予拨款救济，通过皋兰、泾川等四县地方概算拨给平凉2000元，固原300元，藉资救济。③1939年2月20日和23日，日机专以市区民房为目标轰炸，市民死伤严重，大片房屋被毁，甘肃省主席朱绍良特令财政厅拨款3千元，交由省会警察局具领转发各受害市民。警察局领款后，即时分别转发。④朱绍良经常亲赴受灾现场慰问灾黎，在1939年12月底，特饬令警察局调查本市被炸灾民，一律准其迁往郊外平民住宅，为灾民在寒冷的冬季提供了栖息之所。对救济中殉职的防护人员和警员，省政府亦是积极办理其善后，加以抚恤。中央赈济委员会获知甘肃被炸的消息后，于1941年5月25日拨款5万元

①《甘肃省兰州空袭紧急救济联合办事处1940年2月29日关于救济费发放标准给省会警察局的训令》，甘肃省档案馆民国档案空袭急救办事处卷，第22-23页。

② 中国抗战损失课题调研甘肃省课题组：《甘肃省抗战时期人口伤亡和财产损失》，北京：中共党史出版社，2010年，第15页。

③《昨省政府会议平凉固原遭敌机轰炸拨款救济，通过皋兰泾川等四县地方概算拨给平凉二千元，固原三百元，藉资救济》，《甘肃民国日报》1939年2月11日第3版。

④《朱主席拨款三千元救济被难市民，已饬省会警察局具领分别散发》，《甘肃民国日报》1939年2月25日，第3版。

救济甘肃灾黎，同年7月9日，又拨发准备金3万元以资救济难民。[①]

其次，如何妥善收容和救济伤病人员及离散难民，成为政府救济的重中之重。1935年下东关火药库爆炸，该处居民深受灾害，省政府为救济起见，曾在东稍门外建设灾民宿舍五十间，以资救济，后以灾民渐次迁徙，遂成废墟。由于日本轰炸造成许多无家可归的难民，遂决定将该灾民宿舍，改作难民收容所，以便收留难民[②]。为了安置难民，1939年甘肃省政府向中央银行、中国银行、交通银行、农民银行四家银行贷款21万元，建成安宁十里店难民安置房，专供轰炸后无家可归者租用。此外，省政府为了给被炸难民提供更多的平民租房，在中山林建平民住所17座、水磨沟建5座、河北徐家湾建4座、凤林关建5座、盐场堡建8座。[③]轰炸造成了许多战争孤儿，他们无家可归，无父母可依，情形实为可怜，为此，省政府特令各慈善机构积极救济贫穷及被难儿童，指出抗战时期难童的救济实为切要之图。[④]在救护伤亡民众方面，防护团做出了巨大贡献。在1939年2月23日的轰炸后，兰州市民伤亡惨重，伤亡人员由防护团员分别送往省立医院暨八十四后方医院进行免费治疗。在1939年2月20日的轰炸中，兰州市受灾严重，朱绍良主席亲往现场视察后，特令拨发赈款1500元，饬由警察局转发给炸死民众，每人各发埋葬费10元，炸毁民房每一门牌发救济费40元，受伤者在兰州医院治疗，省政府为施行赈济起见，付给伤者一切医药费用。[⑤]

二、民间的救济措施

（一）社会各界给予的援助

被炸难民不但得到了政府的救助，民间社会各界亦是给予了他们大量的关怀。在报界，当时的《甘肃民国日报》《西北日报》《和平日报》等都对日机轰炸甘肃各地进行了快速准确的跟踪报道，大力宣传防空疏散的办法，刊载大量的防

---

①《日机本省空袭损害，中赈会拨发准备金三万元》，《甘肃民国日报》1941年7月5日第3版。

②《东稍门外灾民宿舍决改设难民收容所》，《甘肃民国日报》1939年3月21日第3版。

③ 张改妍：《1941—1949年兰州房荒研究》，西北师范大学硕士学位论文，2013年，第61页。

④《省政府昨令各慈善机关救济贫穷及被难儿童，抗战时期难童之救济实为切要之图》，《甘肃民国日报》1939年4月15日第3版。

⑤《朱主席拨款救济灾民赈款一千五百元昨由警局派员散发，受伤市民医药费用亦统一由省府发给》，《甘肃民国日报》1939年2月22日第3版。

空标语和通告，这对政府救济的施行、防空疏散的进行等各项事业，都起到了宣传鼓动的作用，动员人民积极防空。各大报纸上经常刊载文章，以犀利的语言、用鲜明的事实记录下了日军的滔天罪行，铁证如山，使其无法逃避历史的审判，给日本侵略者以有力的回击，并鼓舞市民，不要惧怕空袭，勇敢地进行反轰炸斗争。《甘肃民国日报》刊载文章《对敌机侵袭的认识》，对全民进行鼓动和宣传，以事实揭露日本轰炸甘肃的战略企图，引导人民不畏强敌，坚决抗战。

商界人士捐款捐物，慰问被炸民众。在1939年2月23日的轰炸后，甘肃省会警察局收到特税局长蔡景忱，商号世德店、福长协、广发隆、大记商号、国强军服庄、万盛店及鲁绍华先生等慰劳金400元，转为捐送救济此次被难同胞。警察局派专员前往灾区分发，并代致慰问之意。在1939年12月11日，华陇烟草公司经理张叙五，慨捐1500元救灾。[①]1939年12月4日，集义书馆捐款100元，[②]用以救助兰州市被炸难民。

各社会团体和个人，更是以不同的方式救助着受灾群众。战区政治部新西北剧团，为救济兰州市空袭难民，特组织社会募捐公演，在1940年1月间，筹集到募捐资金万元以上，[③]为难民的救济做出了巨大贡献。三民主义青年团定期赴各难民收容所，慰问兰市难民，并散发慰问物品对受灾群众施以救助。[④]红十字会总会及西安分会，在1940年1月间，特拨款救济兰州被炸难民。[⑤]为了解决轰炸引起的粮荒问题，省平衡会于1940年1月1日起举办平粜，[⑥]这就在一定程度上缓解了难民的粮食紧张问题。英勇的驻兰空军将士，在历次空战中战绩突出，省政府为了犒赏军队，振奋士气，特嘉奖空军1000元，但空军将领深感我被难同胞情实可怜，又将犒赏费移作救济被灾市民之用。[⑦]许多社会知名人士，更是慷慨解囊，为轰炸后的救济献出自己的绵薄之力。本省绅耆裴孟威先生之长子裴广汉，以其历年学费节省之资1000元，送交《西北日报》社，望转发给

---

①《华陇烟草公司经理张叙五慨捐救灾捐款》，《西北日报》1939年12月12日第2版。

②《本社代收捐款救济被炸灾民，深望各界人士热烈捐助救济灾黎 加强抗战阵容，集义书馆慨捐壹佰元》，《西北日报》1939年12月5日第2版。

③《募捐公演昨日结束，预计收入可达万元》，《甘肃民国日报》1940年1月21日第2版。

④《三民主义青年团昨日慰问各收容所难民，胡主任对难民作恳切训话》，《甘肃民国日报》1939年5月7日第3版。

⑤《红十字会及西安分会，拨款救济兰垣被炸难民》，《西北日报》1940年1月24日第2版。

⑥《救济被炸难民食粮之恐慌，省平衡会今日起举办平粜》，《甘肃民国日报》1940年1月1日第2版。

⑦《空军将士移犒赏等费救济被灾市民》，《甘肃民国日报》1939年2月23日第3版。

1939年12月底轰炸后受灾难民，作为救济之用。[①]甘肃遭受的非人道战略轰炸，各国政府亦是伸出援助之手，给予救济。挪威政府特赠送甘肃省各医院鱼肝油六千磅，为难民幼童服用。[②]这在当时药品极为短缺的情况下，无疑是雪中送炭。

（二）民众的自我救助

民众亦在民间开展了广泛的自救运动，来应对日机的轰炸行为。在省会防护总团的指挥下，市民开辟火街并设置火墙，在各家各户，居民都自己备好了一个“平安桶”，平时在里边接满了冷水，以备轰炸后引起火灾而自救。甘肃少数民族众多，少数民族难民往往得不到政府有关部门的特别关注，为此，甘肃省的回族人民组建了回教难民救济会进行自救，以便使回族同胞得到政府以外的更多援助。1939年2月27日，回民救济会为担任空袭时救护工作起见，组建了一支自己的救济队，大队长由马玉田担任，下设四个分队[③]，积极开展民族内部的自救运动。1939年3月15日，泾川县百烟村遭敌机轰炸，百烟村信用合作社社员被炸死六人，炸伤二人。泾川县其他各社得知此消息后，积极在县内组织自救互助，募款救济百烟村灾民。[④]在经历了日机残酷暴行后，民众的力量是弱小的，自我救助能力亦是微乎其微，但以少积多，邻里间、亲朋间，或是街上不相识的陌生人，都在凭借自身的微弱力量，互帮互助，顽强的甘肃民众前赴后继地同疯狂的日机抗争着。

三、救济措施之评价

（一）甘肃救济措施之特点

日本轰炸甘肃之前，甘肃省政府在处理历次灾民救济问题时，采取的是以传统救济为主的消极安置思想，即历来各朝各代盛行的政府“施恩”思想，这种救济措施时效性强，主要内容有收容难民、募捐、施衣、施粥等。这种传统的救济方式主要依靠政府的力量，灾民本身没有要求救济的权利，只是逆来顺受。

① 《裴广汉慨捐壹千元救济被炸灾民》，《西北日报》1939年12月7日第2版。
② 《挪威政府惠我难胞》，《甘肃民国日报》1940年2月4日第3版。
③ 《回民救济会组救济队》，《甘肃民国日报》1939年2月27日第3版。
④ 《百烟村合作社被炸社员，泾川各社募款救济》，《甘肃民国日报》1939年5月27日第3版。

政府亦无“必须”救济之概念，认为对难民的救济只是一种恩施。救济目标不够明确，救济方式也太单一，往往得不到预期的效果，大量灾民还是存在，社会环境混乱不安。而面对日本轰炸后的难民救济则有如下特点：

1. 救济具有制度性和阶段性。全面抗战爆发后，国民政府提出积极的救济政策，设立了赈济专门管理组织——中央赈济委员会，并要求各省成立相应的救济组织。甘肃成立了省赈济委员会和兰州空袭紧急救济联合办事处，并出台一系列的救济法规，这就使得救济措施有法可依、有章可循，之前救济工作中出现的混乱局面大有改善。

此时的难民救济带有明显的阶段性。在日本轰炸甘肃的六年中，随着日本轰炸政策的转变，各个年份对甘肃的轰炸力度大不相同，表现在政府救济中，即为救济措施的阶段性。在日本轰炸甘肃的辅助性时期和退缩时期，政府对难民的救济显得微弱，在日本大规模轰炸甘肃时期，政府对难民的救济力度随之加大。就算是同一年份，由于各个月份日本轰炸的破坏程度不同，政府对难民的救济也大相径庭。从《甘肃省会警察局救济1939年2月23日被炸难民》的花名册中可以看出，此次救济金额偏多，死亡一口发放救济金20元，房屋被炸塌者发放救济金20元至60元不等。[①]而在不多的几天之后，3月11日时，救济费死亡一口减到了10元，房屋被炸塌者所发救济费亦减至5元至40元不等。[②]急赈金额历年历次都不相同，政府根据各地被炸损失程度来决定救济金额多寡，这样的救济方法比较合理，顺应了难民救济工作的实际需要。

2. 救济带有一定的广泛性和民主性。省政府意识到，日本轰炸造成的危害巨大，难民众多，如果单纯依靠政府的力量去进行救济，难民得不到有效的救助，为此，省政府积极动员民间各界参与灾民救济，并大力倡导自我救助思想。民间各界亦为能够参与救济，为难民救济做出贡献而感到骄傲。

表7-4-1　甘肃省会警察局第四分局敌机轰炸死伤人民调查表[③]

姓名	年龄	籍贯	职业	被炸情形	有无家属
史锡波	二五	河北	工人	死亡	无

①《甘肃省会警察局救济1939年2月23日被炸倒塌房屋民众花名册》，档号15-8-2。

②《甘肃省会警察局代发空军司令部救济被炸死伤及房屋倒塌民众花名册》，档号15-8-2。

③《甘肃省会警察局第四分局敌机轰炸人民死伤调查表》，档号4-2-11。

续表

姓名	年龄	籍贯	职业	被炸情形	有无家属
姜延明	二三	山东	工人	死亡	无
赵世林	二七	河北	先生	死亡	无
赵吉深	二七	山东	工人	死亡	无
王国元	二六	甘肃	工人	死亡	无
郑君臣	三三	河南	工人	死亡	无
王云祥	二六	甘肃	工人	死亡	无
李盈娃	二一	皋兰	磨房	死亡	无
周赵氏	二三	皋兰	饼铺	死亡	有
王荀节	二〇	山东	军士	死亡	无
马登魁	八三	皋兰	肉铺	死亡	有
鲁英生	三九	皋兰	铜匠	死亡	有
王左禄	二五	皋兰	小贩	死亡	有
王张氏	五六	皋兰	小贩	死亡	有
王忠勇	三六	天水	防护团	右臂受伤	无
高振云	二六	隆德	车户	受伤	有
合计	死亡十四名　受伤二名　计十六名				

上表仅简单列举甘肃省会警察局第四分局敌机轰炸死伤民众十六人，从职业上看，救济具有一定的广泛性和民主性。救济对象中，不仅有普通民众小商小贩、车户工人，而且有防护团员、先生等，不论贫富贵贱，各个阶层各种身份的难民均可得到政府救济。年龄也老幼参差不齐，下至20岁少年，上至83岁老人，这就充分体现了政府灾民救济工作的广泛性与民主性。

此外，灾民在救济工作中也是积极争取应得权利，救济的民主性得以体现。庄廷贤为全家被炸灾情惨重，在请求省府救济的呈文中写道："情因敌机狂炸，贤住的房屋完全被炸，刻下无吃无住。夜住场院，欲（与）难民相同，又兼天寒，痛苦之情一言难禀。屡相告借，离乡背井，目无亲眷，现下有生命之忧，日夜忧思，束手无策，只得呈明下情，恳求钧座大发仁慈，赏洋若干，以救蚁命。如蒙允诺则氏生生世世不忘。”①从文中可以看出，人民对于自身的灾情，敢于上告政府，以求得到救济，政府亦广纳民言，对难民积极实施救助。这就增加了救济工作的民主性，人民参与进来，大胆地请求政府给予救济。

3.救济具有慈善性和再生产性。政府实施对难民的救济，既是政府的职责所在，也在一定程度上反映出了政府对民众的关怀，省府不仅自身发放急赈救济难民，而且动员社会各界积极广泛参与难民救济工作，更是在精神上和生活上关怀受灾群众。三民主义青年团的团员们定期去难民收容所慰问难民，社会各界踊跃开展公演募捐，为救济工作筹集资金。朱绍良主席经常亲赴难民居所慰问难民，他期望在轰炸中失去双亲的孤儿能够得到应有的关注，在政府自身救济能力有限，无暇顾及之时，希望红十字会给予难童援助。

此时甘肃对难民的救济，提出了“寓救济于生产”的救济目标，对于难民不单纯是实物的救济，更多的是组织难民去接受教育和生产，造就再生产的能力。“凡收容难胞内，如年在三十五岁以上者，得分班实施成人教育(参照教育厅现行办法办理)……凡收容难胞内，如有特别技术，有一技之长者，得按照情形登记介绍工作，或送简易工厂做工。”②政府帮助难民实现生产自救，不仅挽救了他们的生命，而且挽救了他们的未来。

(二)救济措施之成效

首先，政府和民间各界对受灾民众的赈济成效显著。政府发放急赈，这就在根本上保障了大部分难民的基本生活，安定了民心，稳定了社会秩序。构建各种难民安置房屋和银行对灾民修缮住宅实行低息贷款政策，这就保证了甘肃灾后重建工作的顺利进行。甘肃各大医院积极配合，医治被炸伤员，这就为难民提供了医疗保障。以上措施粉碎了日本“以炸迫降”妄图毁灭甘肃人民抗战意志的企图。当时至少有40万甘肃青年入伍参战，这些源源不断的兵力对稳定部队、扩充战斗力量起到了极大的作用。老百姓自身安危有了暂时的保障，对抗战最大的贡献就是缴纳公粮，甘肃人民省吃俭用，积极给前线捐粮捐钱。

---

①《庄廷贤呈甘肃省政府主席朱绍良为全家被炸灾情惨重乞求救济由》，档号158-8-171。

②《省赈济会拟定五项办法救济被敌机空袭难胞，昨通令各县赈济分会切实遵照办理》，《甘肃民国日报》1939年3月18日第3版。

民众的抗战热情不断高涨，许多群众性抗战团体如雨后春笋般兴起，著名的有王氏兄妹剧团、新安旅行团等，他们经常走上街头，宣传抗日，鼓舞人民坚持抗战。甘肃作为前线抗战物资的集散地和中国空军的重要军事基地，虽不断经受着日本野蛮残酷的战略轰炸，但依然毫不动摇地支援着前线的抗战。

其次，救济思想的不断进步，将难民救济制度化，并强调国家在救济难民中的主导地位和责任。这就使得政府在难民救济工作中取得了主动地位，政府在人民心中的威望也进一步提升，人们更加相信政府，寄予政府更大的期望。专门救济组织的成立，标志着政府在难民救济工作中树立了新的里程碑，由以往的消极救济向新的历史条件所要求下的积极救济方面转变。这种转变，在当时比较落后不被社会所重视的甘肃地区来说，是巨大的进步。同时，甘肃在全国抗战中的地位，亦有所提高。

（三）救济的局限性

尽管如此，但是由于主客观等多方面原因，甘肃的难民救济依然存在诸多问题，救济工作的开展出现了多方面障碍，这就使得救济措施的实施困难重重。

首先，地方财政吃紧，难民救济经费不足，出现了中央政府与甘肃省政府之间的博弈。由于救济经费有限，许多制度都只能停留在纸面上，并没有得到切实的执行，省政府期望得到中央政府更多的经济援助，而中央政府对甘肃关注不够，认为甘肃穷乡僻壤，损失不大，而将主要的救济精力放在了重庆等地。1941年5月23日，甘肃省主席谷正伦致电重庆赈济委员会："本月马、养、感等日敌机窜袭兰州，盲目投弹，平民死伤甚众，市区房屋被炸，亦多损失惨重，一般难民无家可归，风餐露宿，情实堪悯。谨电察核，恳速拨巨款，以便转发救济为祷。"重庆赈济委员会于6月9日复电道："马、养两日被炸伤亡人员，请参照《修正空袭紧急救济办法》第三条死亡每名发给恤金60元、重伤40元、轻伤15元之规定，饬就余存空袭救济准备金，先行发放。"[①]省政府没有资金救济灾民，希望中央政府可以拨款救济，而中央只是回答应该按照怎样的规章制度去救济，至于款项，只说从空袭救济准备金中抽取，而甘肃省当时的空袭救济准备金，一年还不足三万元。中央政府将救济责任间接委婉地推脱给省政府，然而关于救济

① 甘肃省档案馆：《晚清以来甘肃印象》，兰州：敦煌文艺出版社，2008年，第197-203页。

经费问题，省政府却是心有余而力不足。

其次，省政府与市县政府之间互动不够密切。省政府对除兰州以外的各地区救济不够迅速及时，延误时间，对于县政府上报的难民救济所需，亦是迟迟不拨发，这就使得地方上的难民救济困难重重，仅靠地方政府的弱小力量，难以支撑巨大的救济任务。1939年3月4日，平凉县政府上报省政府："敌机十一架，于上月九日午前十时，在平凉轰炸，死伤117人，毁屋156间，除由地方党政军联合派员详查，予以临时救济，至该县医药多系医生捐助，此后敌机重临即无力担负，亦无处购买，必须准备最低限度敷一千人之救急医药品，计需棉花三百磅，石炭酸十磅，纱布一百磅，注射救急药针一百盒，绷带洋布十五板，碘酒十五磅，外科缝针十二打，昉酒三十磅，来苏十磅，凡士林二十磅，电佛奴儿四两，吗啡五两，红汞十两，鸦片酒十磅，硼酸十磅，呈请省赈济委员会设法拨给。"[①]平凉县政府在轰炸过去将近一个月后，才由于药品短缺而向省政府提出拨发药品请求。然而，关于这批救济药品的拨发，直到1939年7月，历经四个多月后，平凉县政府才得到二万零六百余元的赈款，这笔钱还是省政府分两次拨发的。第一次拨给二万元，后来民政厅厅长施奎龄出巡平凉，考察后发现灾情确实比较严重，上报省政府，然后省政府才再次拨了六百余元，用来救济平凉地区空袭难民。[②]这种省政府对县级地方难民的缓慢救济，就使得本来缺少资金、缺乏药品、住房条件恶劣的县级地区难民，得不到良好的救济。

再次，政府在救济难民工作中的全面规划不够完备，许多救济法规、政策的出台，都是纸上谈兵，资金有限使得救济政策难以顺利展开。救济措施没有切合甘肃实际情况，以取得短期有效的救济效果为目标，没有太多长远的计划。救济的配套措施没有完备地建立起来，各救济部门之间缺少协调有序的配合。救济过程中，更是缺乏有效的监督政策，这就使得许多真正的难民并未得到救济，而一些"关系户"，却在不断地接受"救济"。在详查对比了《甘肃省会警察局1939年2月23日被炸死亡民众花名册》[③]和《1939年3月11日甘肃省会警察局代发空军司令部救济被炸死亡及房屋倒塌民众花名册》[④]两表之后，发现中山市场

①《第二区专署请拨发药品准备救济被轰炸灾民》，《甘肃民国日报》1939年3月4日第3版。

②《省府增拨巨款赈济二区灾黎》，《甘肃民国日报》1939年7月6日第3版。

③《甘肃省会警察局1939年2月23日被炸死亡民众花名册》，档号15-8-2。

④《1939年3月11日甘肃省会警察局代发空军司令部救济被炸死亡及房屋倒塌民众花名册》，档号15-8-2。

大佛寺内死亡的众诚、蓝尕娃、显囱三人，在这两次的救济中都获得了救济金，第一次每人各二十元，第二次每人各十元，这种连续两次领取救济金的情况，在其他人身上尚未发现。更为新奇的是，他们的领款人，都是一个叫王月庵的人，分别以死者师弟、师爷、师祖爷的身份，领走了全部的救济金。这个叫王月庵的人，如果真的与三名死者有关系，确实是死者师弟、师爷、师祖爷，领款理由合情合理，那这三名死者的亲属为什么可以领取两次救济金呢？其中必然存在着政府官员和救济金发放执行人员徇私舞弊、中饱私囊的嫌疑。从这件事情上，就值得我们质疑，救济金是否真的发放给了需要救济的难民。政府救济政策的初衷是为民着想的，可是由于政府自身的腐败，在救济政策的实际操作过程中，难免出现一些贪污腐败的现象。

第五节　甘肃防空建设和反轰炸斗争

抗战伊始，中国的空军还处于初建阶段，能够参加战争的飞机仅有305架，且在协助陆海军及京沪地区的空战中几乎损失殆尽。后来虽有所补充，但到1939年初，中国只拥有飞机300余架，而且由于连年战乱，中国无一家航空工厂可进行飞机的批量生产，只能仿造外国飞机，技术人员、原材料等都依赖于外国。相比之下，1937年日本陆海航空兵力计有航空兵团1个，下辖飞行团5个，飞行联队16个，拥有战机1156架，且日本空军使用的飞机，约有90%为本国制造。[①]中日空军力量对比悬殊，这就意味着，日本轰炸甘肃乃至中国，在积极进攻方面，日本占有绝对的优势。因此，中国空军在明显劣势的情形下，积极防御作战，保卫甘肃领空，力求将轰炸损失降至最低。甘肃军民更是广泛地开展反轰炸斗争，积极采取各种防空措施，用自己的实际行动来回击日本对甘肃的野蛮空袭。1935年1月10日，甘肃省政府及省党部召集会议，讨论筹建防空学会，此后甘肃省逐渐开展了各项积极防空建设（是指自卫中含有攻击性的防空，如

① 唐学锋：《中国空军抗战史》，成都：四川大学出版社，2000年，第66-67页。

各种飞机、高射武器、装备的购置、配备，空、地勤人员的招募、训练等）和消极防空建设（一般纯属防护性质，如疏散、避难、防毒、防火、救护、情报及各种防空工事的构筑等），甘肃的防空建设由此拉开帷幕。

一、防空系统的周密部署

甘肃防空系统的部署，首先是政府建立了一批行之有效的防空机构，其次是建立健全了全省防空通信警报系统，再次是国民政府在甘肃构建了较为严密的防空军事战略配备。这样就使得甘肃从空、地、面三个方面构成了全方位网络式的对敌防空体系，甘肃的领空安全有了一定的保障。

（一）防空机构的设立

卢沟桥事变发生后，时任甘肃省主席的贺耀组在兰州立即成立了“甘肃省会兰州防空协会”，协会下设防护团和情报通讯所。贺耀组任会长，西北混成旅旅长杨德亮兼任总干事负责防空业务，甘肃防空机构的建设由此发轫。1937年11月5日该会改为“甘肃省会防空司令部”（组织结构见图7-5-1），贺耀组兼任防空司令，新一军军长邓宝珊、80军军长孔令恂兼任副司令，191师师长杨德亮兼任参谋长。下设三科三室，第一科办理积极防空事宜，下属地面警备部队、照测部队、高射炮部队、空军部队；第二科办理防空情报事宜，下属情报所、防空总台、防空监视队哨；第三科办理消极防空事宜，下设防护总团，下属避难管制队、消防队、救护队、警备队、警报队、交通管制队、灯火管制队等。参谋室办理作战计划和业务人员训练事宜，甘肃省军械局局长祝仁安兼职负责；秘书室办理公文处理，由杨少毅负责；军需室办理后勤事宜，由孙克昌专职负责。此时各科室人员大都属于兼职，分工后各部门工作逐步开展。1937年12月朱绍良来兰任甘肃省政府主席，将防空各部工作人员都改为专职，他很重视甘肃的防空建设，积极筹备款项构建防空措施，使甘肃的防空逐渐走向完善。1938年5月改“甘肃省会防空司令部”为“甘肃全省防空司令部”，由朱绍良兼任司令，杨德亮兼任副司令，向超中任参谋长，仍设三科三室。第一科科长陈思廉，第二科科长伏景聪，第三科科长彭亚民，参谋室由叶建军负责，秘书室由杨少毅负责，军需室由孙克昌负责。全省防空司令部将全省划分为兰州、武威、平凉、酒泉、天水5个防空指挥区，并在武威、平凉、酒泉、天水设立了防空指挥部。[①]

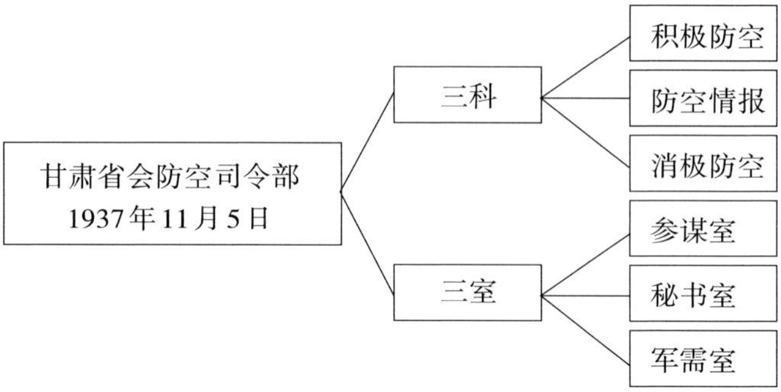

图7-5-1　甘肃省会防空司令部组织示意图

此外，其他防空机构有1941年8月6日成立的"甘肃省防空建设基金征募委员会"，主任委员由第八战区政治部主任曾扩清兼任，副主任委员由杨集瀛、张维、蔡孟坚兼任，该委员会确定由兰州中国银行和中央、交通、农民、甘肃省银行等组成基金保管委员会。为了奖励空军和防空地面部队的功绩，避免为击落敌机的归属而争执等问题的发生，防空司令部专门成立了"兰州地区击落日机鉴定委员会"，第八战区司令部参谋处副处长王珏、监察使署秘书张家珏、甘肃省党部委员李少陵、空军第四路司令部第一科科长左记彰、空军第七总炮站站长施政光、省防空司令部第一科科长陈思廉等人为该会委员，并推选王珏为主任委员，力求公正地鉴定击落敌机功劳的归属问题。[②]

（二）防空通信警报系统的构建

1.防空通信情报机构。1937年7月31日，"甘肃省会兰州防空协会"筹建了情报所，其主要任务是：选定防空监视队、哨的位置，提出队、哨配备方案；选定无线电台的位置；组织通信情报联络网；搜集敌机活动架数、批次、高度、飞行方向等情况；向"甘肃省会兰州防空协会"提供情报；培训防空情报人员；指导防空情报所和防空电台的工作；等等。经过几番组织和人事更迭之后，1938年6月，情报所更改为"甘肃全省防空司令部"下属之情报科，编配无线电总台，各主要城镇设无线电分台。在天水、平凉、武威、酒泉设立"防空情报分所"和"无线电

① 叶建军：《回忆八年抗战期间的兰州防空》，载中国人民政治协商会议兰州市委员会文史资料委员会《兰州文史资料选辑（第八辑）》，1988年，第16-17页。

② 叶建军：《回忆八年抗战期间的兰州防空》，载中国人民政治协商会议兰州市委员会文史资料委员会《兰州文史资料选辑（第八辑）》，1988年，第26-27页。

支台”，情报分所的主要任务是：根据所在地防空指挥部的规定，选定防空电台、防空监视队（哨）的位置；搜集敌机情报，并及时上报给上级组织；督促各台、队、哨认真履行各自职责；定期检查所属通信器材和设备，注意保护和维修；培训防空情报人员。①

2. 有线电和无线电通信建设。抗战之初甘肃的通信设备很简陋，难以满足防空情报网构建的需求。由于日机多从山西运城机场起飞，再经西兰线的西安、长武、泾川、平凉，绕过华家岭制高点，经固原、西吉、海原、靖远依黄河直飞兰州轰炸，故防空司令部在西海固地区架设有线防空情报专线两条，在各地敷设防空无线电台30座。②自1938年至1942年，甘肃全省防空司令部架设了由平凉至华亭，平凉经固原、三营、李旺堡、同心、中宁、中卫至营盘水，靖远至固原，酒泉经金塔至鼎新的防空专用电话干线938对公里，支线403对公里，③这就对传递空中情报起到了重要的作用。此外，当时驻甘新1军、80军、191师、58师（天水）、97师（平凉）和骑兵第5师（酒泉）的军队通信系统，对传递防空情报给予了很大的支持和方便，他们亦为防空司令部提供着迅速准确的情报。

3. 培训防空情报人员。1937年9月由各县保送，并在兰州公告招生，举办了为期一月的甘肃省防空情报人员训练班。参加受训的学员数十人，训练班的课程有《防空常识》《空袭情报的汇报》《情报密码的使用》《防空队哨的组织与任务》等。④整个抗战期间，甘肃全省防空司令部组织过三次这样的情报人员培训，受训人员达150余人。1941年10月全省防空司令部规定：“凡是未经过中央防空学校或本部培训的人员，一律不准担任队、哨长职务”⑤，这就使得甘肃的防空情报人员更具专业性，专业素质比较强。这些人被分配到定西、静宁、张掖、民勤、海原、靖远、会宁等地，成立了防空监视哨、队14个，防空监视哨所30多个。这些防空队哨的队长为上尉军衔，情报员为少尉衔，哨长为中、少尉衔，每月薪饷由防空司令部按正规军发给，每哨还有一至二名哨兵为上士和中士。这

① 甘肃省地方史志编纂委员会：《甘肃省志（第十卷）·军事志·人民防空》，兰州：甘肃人民出版社，2000年，第111页。

② 叶建军：《回忆八年抗战期间的兰州防空》，载中国人民政治协商会议兰州市委员会文史资料委员会《兰州文史资料选辑（第八辑）》，1988年，第18页。

③ 甘肃省地方史志编纂委员会：《甘肃省志（第十卷）·军事志》，兰州：甘肃人民出版社，2000年，第118页。

④ 张尚瀛：《日机轰炸靖远亲历记》，载中国人民政治协商会议兰州市委员会文史资料委员会《兰州文史资料选辑（第八辑）》，1988年，第41页。

⑤ 甘肃省地方史志编纂委员会：《甘肃省志（第十卷）·军事志》，兰州：甘肃人民出版社，2001年，第138页。

些工作人员算为现役军人可免兵役，故在当时征兵紧张的条件下，许多人争着无偿地来防空队哨当兵。他们为了甘肃的防空事业，尽职尽责，在极其恶劣的生活条件下，依然坚守岗位，甘愿吃苦，奉献自己。如打拉池、乾盐池、狼山台等哨所，设在四野无人的荒僻山村，吃饭、用水、取暖都是问题，生活条件极差。更为可贵的是，当敌机来袭时，即使敌机在上面投弹，情报人员依然守在电话机旁汇报情况，有时电话线被炸断了，还冒着生命危险去抢修，他们尽自己最大的努力保护着防空设施的完整。这些身在后方的情报人员，时刻提高警惕，保卫着甘肃人民，他们与在空中和敌机殊死搏斗的空军战士、在地面努力射击敌机的高射炮营战士们一样，都是值得我们尊敬的英雄。

（三）防空警报的建设

防空警报是为了快速准确地告知作战部队、防护人员及市民敌机来犯而设立的防空紧急信号。1937年7月，甘肃省会兰州防空协会在兰州市区建立报警系统所用汽笛2处，手摇警报器2台，电动警报器1台，警钟38口，分布于市内各中心地带。并在五泉山、四墩坪、广武门城墙、省政府门前、白塔山竖立旗杆，悬挂灯旗球，作为辅助性警报设施。1938年5月，甘肃全省防空司令部在定西、静宁、平凉、天水、永登、武威、民勤、张掖等地设立手摇警报器9台，警钟400余口，警旗杆60余处。[①]

防空警报分为空袭警报（敌机要来时的警报）、紧急警报（敌机逼近时的警报）和解除警报（敌机已去时的警报）三种。空袭警报信号为：电（汽）笛：喔——喔、喔……拉响20秒长音后，速拉两响短音，共30秒钟，停2秒钟，连拉6次。警钟：当——当、当……敲一响后，再连敲两响，3分钟为一周期。紧急警报信号为：电（汽）笛：喔——喔、喔、喔……拉响30秒长音后，续拉短音若干次，约1分钟。连续两分钟为一周期。警钟：当、当、当……连续急击两分钟。解除警报信号为：电（汽）笛：喔——。连续两分钟为一周期，警钟：当——当——当……慢击连续两分钟为一周期。[②]由于有时日机一天之内连续数批来犯，故综合实际情况，为了使市民更有效地做好防空准备，甘肃全省防空司令部又对警报信号做出调整："查警报只规定空袭、紧急、解除三种，如敌机分批来袭，第一批去后，

① 甘肃省地方史志编纂委员会：《甘肃省志（第十卷）·军事志》，兰州：甘肃人民出版社，2001年，第129页。
② 甘肃省地方史志编纂委员会：《甘肃省志（第十卷）·军事志》，兰州：甘肃人民出版社，2001年，第132页。

第二批即无法警报，兹再规定凡第一批去后，第二批或寻迹分批来袭，每批至距省垣一百公里范围以内时，即在北塔山五泉山两处各加放号炮一筒，以示敌机又将临头。”[①]这一系列的防空警报措施，就使得甘肃的防空警报建设愈加完备，民众一听到防空警报响起，经过判断，就能安定有序地进行防空躲避。

（四）防空军事战略配备

空中军事部署方面：兰州有中国空军第四路司令部。1937年10月22日，首批苏联空军志愿人员到达兰州，在兰州设立航空学校和训练基地，1937年10月至1938年3月1日，苏联向中国交运飞机226架，同时派出空军志愿队两个飞行大队来兰参战。[②]1938年冬，中国空军专司实战训练的驱逐机教导队从四川的梁山迁至兰州西固城，负责进行空战训练和飞机换装整备，同时做好在兰州迎战敌机的准备。至1939年初，中国空军驻防兰州的有第十五中队和十七中队，此外，还有苏联志愿队战斗机队一中队。这些部队共同担负兰州防空任务，驻扎于拱星墩机场和中川机场。地面防空方面，有中央防空学校炮兵团的1个营驻防于拱星墩机场、白塔山等地，配备有苏制大口径高射炮4门，射高为5000米左右；德制苏罗通高射炮6门，射程为2000米左右；高射机枪30多挺。[③]这些高射武器构成严密的对空火力网，配合空军作战。照测部队系国民党中央防空学校照测第八队，分布于兰州市郊的红山根、孙家台、白塔山、段家滩四处，配有斯伯利照测灯4具。防空司令部成立“防空警备部队”，部署在各个重要城镇或交通据点，严密防范日军使用伞兵偷袭。[④]

高射炮部队在历次的空战中都表现优异，对兰州的防空做出了卓越的贡献。1939年2月20日，共击落来犯日机9架，其中有一架领航的敌人重型轰炸机，就是被白塔山的苏罗通高射炮击落的，后坠于马家山，人机俱毁，有敌尸7具，内有空军大尉1名。1939年2月12日，“敌机26架，经陕西，有进袭兰州企图，我方空军当即驾机飞起迎击，并适时发出警报，至十二时五十分，敌轻轰炸机8架，由北方高空侵入，见我有备，即在郊外投弹逸去。下午一时四十分，复

① 《甘肃全省防空司令部通告》，《甘肃民国日报》1939年12月4日第1版。

② 曾景忠、王东方、章文灿、唐学锋：《血色长空——空军抗战与抗日胜利纪实》，北京：团结出版社，2005年，第24页。

③ 陈应明、廖新华：《浴血长空——中国空军抗日战史》，北京：航空工业出版社，2006年，第145页。

④ 叶建军：《回忆八年抗战期间的兰州防空》，载中国人民政治协商会议兰州市委员会文史资料委员会《兰州文史资料选辑（第八辑）》，1988年，第19页。

有同式敌机12架，潜行侵入，在郊外仓皇投弹数十枚逃逸，查二次投弹我毫无损失，敌机被我机及高射部队猛烈攻击，已极仓皇，我机更作彻底之追击战，直至六盘山附近，见数敌机摇摇欲坠，黑烟缕缕狼狈逃遁。据报敌清水中尉机曾被我击中52发，负重创逃逸，另有8架亦中弹颇多。”①在历次的兰州空战中，空中作战部队和地面防御部队互相积极配合，训练有素，对来犯敌机以严厉的打击。防空军事战略配备的日益完善，防空军事力量的不断增强，使敌机在多次的轰炸中，因我方防空严密，而未敢进入兰州市上空就已逃逸。

防空专业队伍方面：1938年5月，甘肃全省防空司令部先后在兰州、天水、平凉、武威、酒泉等地建立防护团。②为了增强防护团的力量，防空司令部定期检阅防护团，朱绍良经常亲临检阅现场并作恳切训话，为防护人员鼓舞士气。1939年11月29日晚10点左右，日机3批共57架夜袭兰州。在防空作战中，军民同仇敌忾，抗敌之心愈加强烈，尤其是防护团人员，奋勇之精神可佩，得到了省政府的赞扬和嘉许。③

随着防空工作的逐步开展，各市又陆续建立了警报队、消防队、警备队、灯火管制队、交通管制队等专业队伍。兰州还建立了避难指导队和空袭防护团，空袭防护团下属的救护大队由市内各公私医院、卫生事务所和诊疗所组成，设立担架营、青年服务所、红十字会等救护组织。④防空司令部成立后，曾抽调兰州市化学和医学技术人员，组建了防毒研究委员会，并编印了《防毒须知》《简易防毒方法》《中毒救护方法》等材料进行防毒宣传，严防日机在轰炸时使用毒气弹。

二、防空措施之实施

面对日机的残酷轰炸，甘肃省政府和甘肃全省防空司令部积极部署各项防空措施。首先是颁布了各项防空法规，这就使得各项防空措施有法可依、有章可循。其次是采取各项具体的防空措施，如对市民进行防空躲避指导、嘉奖防

①《敌机之前袭兰时曾被我击伤多架，我机凌空迎战大展威力彻底发挥了追击战效能》，《甘肃民国日报》1939年2月18日第1版。
② 甘肃省地方史志编纂委员会：《甘肃省志（第十卷）·军事志》，兰州：甘肃人民出版社，2001年，第83页。
③《再度夜袭后之兰州民众同仇敌忾之心愈益增加，防护人员奋勇服务精神可佩》，《西北日报》1939年12月1日第2版。
④ 甘肃省地方史志编纂委员会：《甘肃省志（第十卷）·军事志》，兰州：甘肃人民出版社，2001年，第84页。

空得力人员、积极进行广泛的防空宣传等，这就调动了广大市民防空的积极性，使得防空工作的开展更加顺利。最后，政府积极组织市民进行防空疏散，构筑坚固的防空工事，力争将空袭的损害降至最低。

（一）各项防空法规的颁布

1937年11月5日下午3时许，日军飞机第一次空袭兰州，当时所有人都毫无防备，市民纷纷跑出来抬头观望。在随后几次日机来袭时，人们还是防空意识不强，甚至在市区实施交通管制时，许多市民不听指挥，随处乱窜。市民如此淡薄的防空意识，促使防空司令部急需颁布一些法令和规章制度，来指引军民的防空行动，加之各种防空措施的实施，必须有一套科学系统的法令进行指导，使广大军民积极、快速、有序地进行防空和避难疏散。于是，防空司令部制定了一系列法令和规章制度。1939年3月，省防空司令部发布四条规章制度，教导市民应严密注意防空。1941年6月，防空司令部特拟定防空注意事项十一条，通令各防护团、队及市民遵守。①防空司令部不仅制定缜密的各项防空措施，而且在防空法令的制定上也是雷厉风行。在1939年12月2日举行的全省防空会议上，防空司令部司令长官朱绍良特令："如有违背防空规定者，无论军民概处以死刑"②。

教育是立国之本，省政府特别重视学校教育工作，对于学校的防空建设，亦是制定了相关法规。1939年3月，省政府拟定小学防空注意事项，通令各小学切实遵办。学校上课时间的改动，不仅保证了教学计划的顺利进行，而且避开了日机来犯的高峰时段。学校开证明给疏散群众，对迁移住户的孩子入学，也提供了方便。学校制定了各项严密的防空办法，这对学校教育中的防空建设起到了积极的作用。

1.防空交通管制。由于抗战时期的兰州市区街道狭窄，每遇警报，人车拥挤，道路交通堵塞，这就为市民的防空躲避带来了极大的不便，为此，防空司令部规定：每日上午7时至下午4时为防空时间，禁止木轮大车在城内通行，在遭遇空袭时为了便利各防空机关的指挥，防空司令部给各防空指挥机关的汽车印发"特别通行证"，除特别规定防护汽车及防空指挥官所乘汽车外，在紧急警报

---

①《省防空司令部拟定防空注意办法十一条，布告市民切实遵守》，《甘肃民国日报》1941年6月27日第3版。

②《朱长官严饬所属遵守各项空防，如有违背无论军民概处死刑》，《甘肃民国日报》1939年12月3日第2版。

以后其他任何汽车均不准通行。预行警报发出后,任何车辆不得进城。发出空袭警报后,汽车须以极缓慢速度行驶,以免伤害行人。如乘羊皮筏子到北山躲避者,每只筏子所载不得超过6人,并不许筏主乘危勒索高价。

2.防空灯火管制。为防止敌机夜间偷袭,防空司令部对城镇实行了严格的灯火管制。甘肃全省防空司令部曾多次发布通告:"夜间如遇空袭,民众避难,必须将灯火及炉火熄灭,门户关好,然后离家,切勿惊慌。"①对市民夜间防空及防空灯火管制做出的具体灯火管制办法有:(1)熄灯:除必要的光亮加以遮蔽外,其余光亮全部熄灭。(2)隐蔽:将室内透向外部的光亮全部隐蔽起来,对天窗、户窗、内外两门等用黑色布罩、黑色油布或多层重叠的黑纸遮上。因作业必须保留的室内灯火,应严密隐蔽,并将室内外门同时关闭。(3)遮光:直接遮盖光源,将特定的方向以外的光亮遮蔽起来,使用金属灯罩或桶形厚黑布罩遮光。有防空任务的紧急军事车船必须继续行驶时,应加以极严密的光源遮蔽。(4)限光:限制向外漏出的光束。必须在露天工作而一时不能停止,只能用光度极低之灯或遮光的手电筒。②

3.强制疏散法令。将空袭损害降至最低最有效的办法就是进行城市密集人口和物资的疏散,但是许多市民留恋故居,宁可整日提心吊胆也不愿意迁移至安全地区生活。许多商户为了谋取更多的利益,更是不愿疏散到郊区。为此,防空司令部特制定一些法令制度,强制市民疏散到安全地带。1939年5月30日,防空司令部规定:"除因负有专责无法疏散之公务人员外,其余男女老幼,限两星期内,一律疏散较远之乡间,以免无谓牺牲,如一般市民,或存观望之心,推诿不疏散者,得由警察局勒令疏散,警察局特饬属晓谕市民赴速疏散。"③同年6月,省政府又制定法令,饬令市民尽快疏散至郊区。这些防空法令法规的出台,不仅详细地规定了疏散对象、疏散时限、疏散方式等具体的操作办法,而且严厉地督促市民抓紧时间疏散,各机关团体更是要实行强制手段,疏散市民,以免日机轰炸造成更多牺牲。

①《甘肃全省防空司令部通告》,《甘肃民国日报》1939年11月30日第1版。

② 甘肃省地方史志编纂委员会:《甘肃省志(第十卷)·军事志》,兰州:甘肃人民出版社,2001年,第97页。

③《警察局积极疏散市民》,《甘肃民国日报》1939年5月30日第3版。

（二）防空躲避指导

当时兰州的街道还保留着清代建筑的样式，道路狭窄，遇水便成了“河道”。日机轰炸时，警报一响，街道内人群混乱，拥挤堵塞。为此，防空司令部专门成立了避难指导队，根据防空洞、壕的地域分布和可容纳人数划分地区，定人定位，专门派员指导群众空袭避难，使之前拥挤混乱的秩序变得有条不紊。鉴于之前日机轰炸时市民出现了躲避不当的情况，防空司令部劝告市民防空时不应躲避于树荫之下，以防敌机扫射。防空司令部亦是经常编写一些劝诫市民积极防空躲避的类似顺口溜的通告，刊载于《甘肃民国日报》等大众读物上，提醒人们时刻注意防空避难。

（三）嘉奖防空得力人员

在防空建设过程中，甘肃更是奖惩分明。为了鼓舞士气，使得军民更加重视防空避难，对甘肃防空得力之人员，国民政府传令嘉奖，以示榜样。省府和防空司令部也特令嘉奖，宣传表扬，还经常在中山林广泛开展空军慰劳大会等群众公益性活动，为空军征募慰劳品，各界人士更是捐款捐物，慰劳空军战士。1939年2月24日上午9时，兰州市各界代表举行慰劳空军将士大会，制作锦旗四面，分赠空军将士、防空部队和防护团，锦旗上分别绣着：“空战宣威”“飞将神勇”“驱逐狂寇”“克称厥职”，而且还举行了赠旗典礼。[①]1939年2月底，日机对兰州进行了两次猛烈的轰炸，在此期间，各防空机关与人员，均极努力职守，经全省防空司令部呈报后，国民政府传令嘉奖此次轰炸中甘肃防空得力人员，以资鼓励。[②]此外，由于空军司令部及甘肃防空司令部所属各部队，在此次空战中奋勇战斗，予敌机以重大打击，航空委员会特拨款慰劳兰州空战人员。防空司令部所属高射炮队、防护团、无线电台及各监视哨等，努力空防，也分别得到防空司令部的奖赏。后方医院救护队的队员于第一时间奔赴投弹地点，普施药品，救护伤员，努力服务，殊为钦佩，防空司令部特赏五十元，以资鼓励。[③]

---

① 叶建军：《回忆八年抗战期间的兰州防空》，载中国人民政治协商会议兰州市委员会文史资料委员会《兰州文史资料选辑（第八辑）》，1988年，第16–30页。

②《防空得力之机关与人员委座传令嘉奖》，《甘肃民国日报》1939年3月5日第3版。

③《航空委员会拨款慰劳兰州空战人员，防空司令部奖励后方医院救护队》，《甘肃民国日报》1939年3月13日第3版。

（四）广泛的防空宣传

为了提高民众的防空意识和自我防护能力，普及防空知识，提醒人民随时随地提高警惕注意防空，省府和防空司令部对市民进行了一系列的防空宣传。1940年甘肃省政府训令，每年11月21日为甘肃省防空节。在这天，各大新闻报纸陆续刊登有关防空宣传的文章。在每年7月间，还设置疏散宣传周，编写各种疏散标语，劝导市民积极疏散。疏散宣传周委员会还制订疏散宣传要点，分发给各报社令之扩大宣传，省党部专门组建了一支“疏散晨呼队”，分散省内各地进行广泛的宣传，鼓励市民疏散到乡村躲避空袭。

防空演习的作用是提高各级指挥员的组织水平和防空专业队伍执行任务的能力，增强民众的防空意识，总结防空措施的不足，它是全面检验防空工作是否完备的试金石。1941年5月14日，兰州市举行防空武器联合演习。同年7月26日，酒泉县组织本地方的防空演习，演习内容主要是：发出警报、组织民众从四城门和挖开的城墙口向城外疏散隐蔽。①

当时的中山林和民众教育馆是兰州市各种重大活动的会展中心，防空司令部常常将击落的敌机残骸，在中山林和民众教育馆公开展览，以告市民防空之要。省党部还专门派员赴敌机残骸展览处，讲述空战经过和防空注意事项，加强防空宣传工作。1939年2月27日至3月2日间，在中山林和民众教育馆举行敌机残骸展览会，中山林陈列敌机残骸及敌飞行员尸体，民众教育馆陈列敌机机身、飞机零件、机枪、佩刀、护身符、佛像等。广大市民前去参观展览，无不拍手称快。

（五）防空疏散

1939年6月21日成立了“甘肃省疏散建设委员会”，下设疏散、建设、警卫3个组：秘书处、民政厅、教育厅、保安处担任疏散组的工作；建设厅、财政厅担任建设组的工作；保安处担任警卫组的工作。专门疏散机构的成立，为疏散工作的开展提供了良好的指挥平台，如何安定有序地组织城市人口和货物的疏散，是疏散工作的重点。省政府和防空司令部积极组织人员和物资疏散，至1939年2月26日，兰州市疏散至外县及距省城三十里以外各地的人口已达五万以

① 甘肃省地方史志编纂委员会：《甘肃省志（第十卷）·军事志》，兰州：甘肃人民出版社，2001年，第99页。

上，物品亦已疏散十之八九[①]。由于病人甚多，省立兰州医院为了确保病人安全起见，特通知病人在可能范围内，设法出院，以免遭受敌机轰炸。商品疏散方面，商会布告商民，迅速疏散货物，开具清单，呈商会转请省城特税局派员查验加封，再由各商民自行运输城外（以二十里为限）较为安全地点存放。[②]甘肃省银行在兰州投资50万元（法币），在黄河北岸及兰州西郊购民地营造疏散房屋。至1940年2月底，建成甲种房屋9院，每院20间；乙种房屋20院，每院16间；丙种房屋8院，每院10间；丁种房屋160间。"疏建会"将这些房屋租给疏散到郊外的机关和居民使用，月收房租约2000元，逐渐还清银行投资本息。[③]这些疏散房屋的建造，为疏散到郊区的市民提供了暂时的居所，支持了疏散工作的顺利进行，维护了社会的安定。

（六）防空工事的构筑

抗战时期，为疏散隐蔽人口，减少敌机来袭时人口和物资伤亡，解决"躲"与"藏"的问题，省防空司令部命令各地修筑防空洞、壕。防空司令部绘制防空洞、壕图样，命令各县遵照修筑，防空司令部官员还经常实地检查所修防空洞。兰州市修建机关、个人地下室120个，防空洞100多个，露天防空壕258个，可容纳5万人以上。[④]历经数年，已损坏甚多，为此，1940年8月，防空司令部召集兰州市各机关商讨改进办法，按治安区域分别派员勘查，凡土质不良、位置不当、不合格的，一律责令填封，重新修建。到1941年7月，兰州市共挖防空洞260处，其中公有55处，主要集中在兰州后五泉、大沙沟、旧城墙附近。但是由于质量低劣，现存只有位于兰州市五泉山公园武侯庙西侧的一个防空洞。天水市在北山挖防空窑洞数十个，铁路电缆厂后建成一处长约800米、宽2.5米的砖加固防空坑道。酒泉防空指挥部训令酒泉县政府划分民众避难地点和路线，在城外北大崖头和西坝路槽构筑了防空壕洞，拆了城隍庙，疏通了向西疏散道路。[⑤]

兰州市原有消防器具很少，经请准拨款，在重庆震旦机器铁工厂订购人力

---

①《本市疏散人口达五万人》，《甘肃民国日报》1939年2月27日第3版。

②《省垣各商疏散货物，商会令列单呈报》，《甘肃民国日报》1939年2月28日第3版。

③ 叶建军：《回忆八年抗战期间的兰州防空》，兰州市政协文史资料和学习委员会《兰州文史资料选辑（第八辑）》，1988年，第24页。

④ 叶建军：《回忆八年抗战期间的兰州防空》，兰州市政协文史资料和学习委员会《兰州文史资料选辑（第八辑）》，1988年，第22页。

⑤ 甘肃省地方史志编纂委员会：《甘肃省志（第十卷）·军事志》，兰州：甘肃人民出版社，200年，第142页。

抛龙六部，在兰州购置了一批木杈、木梯、铁锹、洋镐，按治安区域分配，进行消防训练。甘肃省防空司令部饬令各机关、工厂购置水龙和其他消防器材，在兰州各街巷指定地点修建蓄水池，引五泉山泉水和阿干河水。防空司令部深感兰州消防设备不足，除令防护团设法增设外，在1939年2月18日，召集商会和防护团，开会讨论增设民众国消防器材的办法。决议：1.规定民众消防队向制造厂购水龙五架及附件，价目由该会与制造厂商洽，式样由防护团消防队设计。2.本市、蓄水池水道水车亟应修理，由省会工务所负责，限二星期修复。3.所有应用经费，由该会及工会筹付。[①]上项办法由朱司令长官手谕建设厅，限最短期赶制消防器材，并由防空司令部分函建设厅及令饬商会工会依限筹办完成。

第六节　甘肃防空建设评价

20世纪40年代，时任甘肃省主席的谷正伦对甘肃防空建设颇为重视，他对全省防空司令部题词，“建设长空铁垒，消灭敌氛”，表现出了当时甘肃军民对全省防空司令部所寄予的厚望。甘肃的防空建设，就是在广大军民的不断努力建设下，日趋完善的。纵观抗战时期甘肃之防空建设，有其积极的一面，值得我们在当今的防空建设工作中借鉴，但是抗战时期甘肃的防空建设也有其消极的方面，需要我们探讨和反思。

一、积极方面

首先，从甘肃省内来看，甘肃的防空建设是伴随着日机不断的轰炸而逐步建立和完善起来的，纵观甘肃战争史，堪称前所未有之壮举。由于抗战时期中日空军力量对比悬殊，加之甘肃自身防空建设力量有限等主客观原因，积极防空方面做不到主动攻击或歼敌，故消极防空就成为甘肃防空建设的重中之重。

①《击落敌机已寻获八架，防空司令部派员挖掘各处未发炸弹并组民众消防队积极增设消防器材》，《甘肃民国日报》1939年2月23日第3版。

甘肃的防空建设在防空机构的构建、防空通信警报网的建设、防空知识的宣传、各项防空措施的实施等方面，均取得了一定的成绩，对减轻敌机空袭所造成的人力物力损失，对安定民心、稳定社会秩序、增强军民抗战决心等方面，都起到了积极的作用。

其次，从全国抗战来看，粉碎了日军妄图通过轰炸切断国际援华物资重要通道的企图，保证了国际生命线的畅通，援华物资不断地运送至抗战前线，为前线的战场提供了源源不断的抗战物资。日本妄图摧毁甘肃抗战大后方、磨灭甘肃人民抗战斗志的计划在甘肃严密的防空建设下化为泡影。防空建设的完善，减轻了空袭危害，人民有着庞大的防空体系作为支撑，更是不畏强敌，军民抗战意志不衰，在血与火的考验中，更加坚定地支援抗战，表现出更强烈的爱国热情。

二、消极方面

（一）政府自身的局限性

抗战时期，国民政府政治腐败，这就导致在甘肃的防空建设中，防空机构组织重叠。为了邀功请赏，各部门之间经常钩心斗角，遇有突发事件，又是互相推诿，这就给防空建设制造了混乱。如“兰州地区击落日机鉴定委员会”的成立，就是为了避免以往为击落敌机的归属而各防空机构间争执不休现象的发生。虽然成立了该委员会用以专门鉴定击落敌机的归属问题，但是为了邀功请赏，各部门之间仍然在不断地明争暗抢。不仅如此，甘肃的军政人员更是玩忽职守，贪污现象严重，就使得原本就很稀少的防空经费，更是捉襟见肘。由此导致防空工事的修筑质量低劣，防空洞、壕坍塌压死人的悲剧时有发生，如1941年6月22日的轰炸中，晋陕绥边区总司令邓宝珊将军的夫人崔锦琴携次女倩子、次子允文、三子允武在黄河北盐场堡山谷内挖的防空洞中躲避，不幸壕洞坍塌，4人均罹难，由此可见甘肃各项防空工事的修筑质量确实极差。

（二）防空资金的缺乏

由于缺乏防空资金，防空司令部经常在开会时邀请商界人士参加，希望可以得到一些资金方面的援助。国民党中央对甘肃的防空建设，关注不够，资金投入更是不多。甘肃的防空资金，多是由甘肃全省防空建设基金征募委员会向社会各界征募而来，如1941年9月，甘肃全省防空建设基金征募委员会收到甘宁电政管理局五百元，皋兰县地方法院四百元，绥宁陕边区司令部驻兰办事处二百元，陆军某某某[1]军办事处二百元，某某集团军驻兰办事处二百元，甘青监察使署二百元，甘肃省立兰州工业职业学校一百元，甘肃省建设厅手工纺织业推广所一百元，甘肃省陆地测量局一百一十四元。[2]甘肃经常缺乏防空设备和消防器具等，但上报国民党中央政府许久之后，才能得到微薄的拨款。防空官兵的薪水更是少之又少，加上当时物价飞涨，米珠薪桂，官兵们无法维持生活。在这种困难情况的威胁下，一些防空哨所官兵，有的放赌，有的贩卖鸦片烟，有的以“破坏防空专线”罪名苛诈老百姓。[3]防空资金的缺乏，就使得甘肃在防空建设上出现诸多问题，许多防空措施制订出来后，由于防空经费的缺乏而大都成为一种设想，省政府和甘肃全省防空司令部，面对甘肃薄弱的防空建设，更是心有余而力不足。

（三）防空的临战应急性

防空的临战应急性，政策的筹划不周，没有结合实际情况进行政策法规的制定，就使得许多政策法令只是一纸空文，没有实施，甚至只是空谈无法实施。各种防空、疏散措施，都是一时之行为，没有长远的打算，在日机轰炸频繁的时段里，防空及时加强，在日机轰炸较少的时段里，防空得不到应有的重视。这种临时抱佛脚的心态，使得各项政策的实施不够系统全面。在工业的疏散上，甘肃只是将重要的物资转运至较为安全的郊区，并没有再进行组织生产。对比陕西之防空建设，值得当时国民政府借鉴的是宝鸡申新纱厂的窑洞车间案例。窑洞车间是1940年1月在宝鸡长乐塬动工兴建的，被命名为“纺纱第二工场”，1941年5月，宝鸡申新纱厂被日机轰炸后，炸毁房屋20余间，烧毁棉花千余包，经济损失惨重，惟地下窑洞车间却安然无恙。1943年11月20日，著名文学家林语堂在参观宝鸡申新纱厂地下车间后，撰写《枕戈待旦》一书在美国发表，其中写道：“这是他所见到的中国抗战期间最伟大的奇迹之一。”[4]

① 报刊原文如此撰写，系为了不暴露我军驻地及编号。

②《防空建设基金，本市各界踊跃捐献》，《甘肃民国日报》1941年9月14日第3版。

③ 张尚瀛：《日机轰炸靖远亲历记》，载中国人民政治协商会议兰州市委员会文史资料委员会《兰州文史资料选辑（第八辑）》，1988年，第41页。

④ 陕西省人民防空办公室：《陕西省防空志》，陕西省地方志资料丛书，1999年，第97页。

第七节　中苏空军的反轰炸斗争及其意义

抗日战争时期的甘肃空战，主要是以兰州为中心进行的，虽然敌我空军力量对比悬殊，但是中国空军和苏联志愿航空队并肩作战，与敌机展开了殊死搏斗，取得了一次次的胜利。1937年12月4日，日本海军第一联合航空队木更津航空队11架三菱“96”式陆攻机在管久少佐的率领下，于上午7:30从北平的南苑机场起飞，经由山西省五台、陕西省葭县(现称佳县，位于黄河西岸)、宁夏银川、甘肃靖远，飞抵兰州东郊的拱星墩机场轰炸。我空军伊-16战斗机起飞迎战，高射炮开始阻截，由此揭开了甘肃上空保卫战的第一页。

1939年2月12日，日本陆军航空兵团司令官江桥应次郎亲赴运城机场坐镇指挥，10:30分，日本第12、第60、第98战队的29架轰炸机由运城起飞，预定13:00以兰州拱星墩机场为主，兰州市区为辅，对兰州实施战略轰炸，同时伺机寻歼我空军。日军此次轰炸兰州可谓是胸有成竹，计划周密。但是由于领航判断失误，先遣的第12战队9架飞机，误将靖远城当作兰州轰炸，而第60、第98战队日机到达兰州，并立即向市区投弹，我军第17中队的飞行员看到市区浓烟升起，才知日机真的来犯，而且发现日机比自己飞得高很多，因此纷纷加足马力爬升，由于苏制战斗机的工艺问题，这些伊-15无法保持编队爬高，经过一番追逐，此次我军未击落一架日机。全体空军战士均感到脸上无光，怀着满腔的仇恨，准备再次与敌机大战。2月20日，日机30架，分3批轰炸兰州，中国空军起飞驱逐机队第十七队及第十五队伊-15、伊-16驱逐机15架，苏联空军志愿队亦起飞上述两种型号的14架战机迎战，共29架战机，迎击来袭日机。空战中，中苏空军英勇作战，痛歼来犯敌机，先后击落日机9架，其中日本长机、上田虎雄中队长的座机被击落。此次空战，中苏空军一洗之前耻辱，广大市民更是走上街头，欢庆胜利。23日，日机20架再度袭兰，中苏各队起飞50架飞机迎击，围歼侵入敌机，又击落日机6架。诗人徐玉章在观望此两次空战后，看到我军大获战果，赋诗志喜曰:“新正醉饱腹犹果，警钟长鸣敌袭我。万人空巷争出城，南山北山如星移。长空轧轧鬼车来，阵容雁翅逞幺麽。我机齐奋凌云翼，高飞散作五云朵。一机仰攻自下翻，一机横突出其左。我机神速箭辞弦，敌机中弹舟失舵。万尺高空羊角旋……凯歌高奏从军乐。”[①]在这两次的空战中，我空军共击落敌机15架，这是自武汉、广州失手后，中国空军在战场上取得的最大一次胜利，极大地鼓舞了中国人民的抗战信心。《甘肃民国日报》跟踪报道了此次空战概况，20日空战后，“敌机返航时，仅剩21架，首批被我击落之敌机三架，均坠于离兰约四十里之马家山，已有敌重轰炸机一架，在马家山刘家沟寻获，人机俱毁。机内发现敌驾驶员等尸体七具，内有空军大尉一名。此次空战敌损失在美金千万元以上。”[②]在那段时间的《甘肃民国日报》和《西北日报》中，随处可见防空司令部寻觅敌机残骸踪迹的新闻。

1939年2月5日，我空军乘日机轰炸兰州返航时，尾随其后，在敌机降落于运城机场之时，展开轰炸，投弹60余枚，炸毁敌机40多架，[③]建立奇功，使日机自此之后不敢在运城机场停放大量飞机，大大削弱了日机轰炸甘肃的实力。中苏空军在日机来袭时，常是共同迎击敌人。1939年12月底，在日军陆海军航空兵联合实施的“百号”轰炸中，西北交通枢纽兰州成为轰炸的重点目标。51架航空兵重轰炸机从运城起飞，60多架海军攻击机从武汉起飞，连续轰炸兰州三天，不但采用往复轰炸战术，而且使用了大量的燃烧弹。26日，中苏空军奋起反击，与敌机展开殊死搏斗。苏联志愿空军被敌机围裹攻击，英勇的苏联志愿军拼命反击，击落敌机3架，但不幸的是，苏联飞行员古力芝中弹身亡，坠机于五里铺。

在四年的反空袭战斗中，中苏空军共同迎敌，并肩战斗，顽强抵抗，英勇拼搏，建立了深厚的友谊。他们互相勉励，共同赢得了反空袭的一次次胜利，为中华民族抗日战争的胜利做出了巨大贡献。据有关史料记载，在甘肃空战中，中苏空军和地面炮兵部队共击落日机27架，击伤2架。[④]但是在上百次的空战中，中苏空军也付出了极大的代价，阵亡将士63人。[⑤]对那些牺牲在甘肃上空的苏联烈士，兰州人民在中山林立墓碑，召开群众性的追悼会，许多老百姓泣不成声。对于他们的功绩，甘肃人民将铭记于心。

---

① 李恭：《敌机袭兰纪略》，《档案》2005年第2期。

②《兰市上空展开空战》，《甘肃民国日报》1939年2月21日第3版。

③《我神勇空军空前奇功，飞运城轰炸敌机场》，《甘肃民国日报》1939年2月7日第1版。

④ 刘光华主编《甘肃通史》（中华民国卷），兰州：甘肃人民出版社，2009年，第128页。

⑤ 廖明：《忆当年中苏勇士威震长空，抚今朝兰州犹记英雄壮怀》，《兰州晨报》2005年8月11日A35-36版。

在日本对甘肃长达六年的战略轰炸中，甘肃军民从未停止过积极的反轰炸斗争，不论是防空建设还是灾后救济，人们都始终保持着顽强的战斗精神，一次次地与来袭敌机抗争。反轰炸斗争得到甘肃各党派、各团体和各界群众的热烈响应、广泛支持与积极参加，具有较广泛的群众基础。1937年上半年，兰州爱国学生掀起“抵制仇货”运动，在兰州广泛倡导和宣传抵制日货，对日实行经济绝交。学生的爱国行动，激发了兰州一般小商人和普通市民群众的民族情怀，他们也义无反顾地加入到“抵制仇货”运动中来。兰州的大街小巷和商店铺面，随处可见爱国学生书写的抗日宣传单，一时间兰州各商店中的日货基本绝迹。① 1940年10月15日，兰州各界响应国际反侵略运动中国分会号召，在兰州举行反轰炸大会，并募款筹购反轰炸飞机。1941年8月31日，日机78架分8批先后空袭兰州、武威、临洮等地，在武都等地侦察。全省人民同仇敌忾，开展“一元献机”和“一县一机”运动。②商民集资修筑防空洞，军民携手抵御日机空袭，共建新家园，挫败了日本妄图摧毁甘肃民众抗战意志的企图。甘肃民众的反轰炸斗争，同全国各地的反轰炸汇集在一起，成为中国不屈不挠抗战精神的象征，为中国的抗日战争建立了不可磨灭的功绩。

日本轰炸甘肃，同一时期对重庆、西安等国内重要城市的轰炸减轻减少。日本空军部分兵力被驻扎在甘肃的中国空军和苏联航空志愿队所牵制，不得不减少对其他地区的轰炸。甘肃民众的反轰炸斗争，配合着其他城市的反轰炸斗争。各地人民看到日本对甘肃的残酷轰炸，而甘肃民众不畏敌机，英勇奋战，这就极大地鼓舞了同样遭受日本空袭的其他地区民众，给全国人民反轰炸反日本侵略带来了很大的精神鼓励，激发了民众抗日爱国的热情。甘肃反轰炸斗争的胜利，挫败了日本妄图摧毁抗战大后方民众抗日意志的痴梦，在中国抗日战争史上留下了不屈不挠的“甘肃抗日精神”。“甘肃抗日精神”是甘肃军民在抗战时期形成的顽强不屈、不畏敌机轰炸的反轰炸斗争精神，它不仅激励着甘肃军民，还感染了全国人民，激发了全民族的抗日热情。

甘肃作为抗战时期的战略大后方，担负着后勤大队长的职务，通过国际重要交通运输线，为前线抗战提供着苏联军事物资援助。日本亦是以此为轰炸目

① 瞿学忠：《抗战中的甘肃民众力量》，《兰州晚报》2005年9月18日B4版。

② 甘肃省地方史志编纂委员会：《甘肃省志(第十卷)·军事志·人民防空》，兰州：甘肃人民出版社，2000年，第207页。

的，多次对重要交通运输线进行破坏，妄图切断援华国际通道，甘肃民众的反空袭斗争，保证了国际交通运输线的畅通。在日本长达六年之久的轰炸下，兰州东西交通线畅通无阻，黄河铁桥安然屹立，苏联援华物资源源不断地运往抗日前线，这就有力地支援了全国抗战。甘肃在国内抗日战争和国际反法西斯战争上的地位，更是在甘肃民众的反空袭斗争中逐步提升，国民政府更加重视甘肃，越来越深刻地认识到甘肃在抗战中的重要作用。从甘肃军民的反空袭斗争中，全国和世界人民更是看到了甘肃军民强大的抗战决心和顽强的战斗精神。

人民的反空袭斗争为中国赢来了更多国际舆论的同情和支持。日机对甘肃犯下的滔天罪行，激起了全世界爱好和平人士的极度愤慨，法国各党派众议员组织了“同情中国委员会”，抗议日本对华野蛮空袭。国联大会通过的中日问题咨询委员会的决议指出：“日本飞机对中国无防御之都市施行轰炸之问题，咨询委员会严切重视。对于无辜人民，尤以大多数妇孺之遭炸惨死，表示深切之悲痛。因即宣告此种暴行，实属无可原宥，已激起全世界之恐怖与愤怒，并即郑重谴责之。”[①]美英等国人民和政府更是通过甘肃军民英勇的反轰炸斗争，逐步加深了对中国人民和政府的了解和信任，为中国抗日战争提供了更多的援助，增强了中国抗战必胜的信心。

甘肃民众反轰炸斗争的胜利，告诫我们今人，在战争当中，增强军民的凝聚力是取胜的关键。在敌我力量悬殊的情况下，甘肃民众大力建设防空工事，凭借着自身顽强的精神，最终赢得了反空袭斗争的胜利。随着现代化军事战争的发展，反轰炸将成为日后战争战略部署的重要部分，现代化的军队要取得制空权，取得战争主动权。人民防空工作与人民群众的生命财产安全息息相关，要赢得反轰炸斗争的胜利，首先就要搞好平日的防空建设，建立巩固的城市防空体系，不论在积极防空还是消极防空方面，都要做到细之又细，防患于未然，转被动的防御工作为主动的反抗出击。

① 古琳晖：《论抗日战争战争时期日本空袭与中国反空袭斗争》，《南京社会科学》2005年第6期。

参考文献：

[1]丁焕章主编《甘肃近现代史》，兰州：兰州大学出版社，1989年。

[2]刘光华主编《甘肃通史》（中华民国卷），兰州：甘肃人民出版社，2009年。

[3]甘肃省档案馆：《晚清以来甘肃印象》，兰州：敦煌文艺出版社，2008年。

[4]方荣、张蕊兰：《甘肃人口史》，兰州：甘肃人民出版社，2007年。

[5]谷苞主编《西北通史》（第5卷），兰州：兰州大学出版社，2005年。

[6]中国抗战损失课题调研甘肃省课题组：《甘肃省抗战时期人口伤亡和财产损失》，北京：中共党史出版社，2010年。

[7]甘肃省档案馆：《甘肃档案史话》，兰州：甘肃文化出版社，2011年。

[8]范宗湘：《一个旧警官眼中的旧兰州》，兰州：甘肃人民出版社，1994年。

[9]唐学锋：《中国空军抗战史》，成都：四川大学出版社，2000年。

[10]姜长英：《中国航空史》，北京：清华大学出版社，2000年。

[11]陈应明、廖新华：《浴血长空——中国空军抗日战史》，北京：航空工业出版社，2006年。

[12]曾景忠、王东方、章文灿、唐学锋：《血色长空——空军抗战与抗日胜利纪实》，北京：团结出版社，2005年。

[13]甘肃省地方史志编纂委员会：《甘肃省志（第二卷）·大事记》，兰州：甘肃人民出版社，1989年。

[14]甘肃省地方史志编纂委员会：《甘肃省志（第十卷）·军事志·人民防空》，兰州：甘肃人民出版社，2000年。

[15]兰州市地方编纂委员会、兰州市人民防空志编纂委员会：《兰州市志（第五十四卷）·人民防空志》，兰州：兰州大学出版社，1998年。

[16]李孔炤：《日机空袭兰州纪实》，载中国人民政治协商会议甘肃省委员会文史资料研究委员会《甘肃文史资料选辑（第二十五辑）》，兰州：甘肃人民出版社，1987年。

[17]叶建军：《抗战时期的甘肃防空》，载中国人民政治协商会议甘肃省委员会文史资料研究委员会《甘肃文史资料选辑（第二十五辑）》，兰州：甘肃人民

出版社，1987年。

[18]唐国华:《对抗战时期日机轰炸兰州等地的沉痛回忆》，载中国人民政治协商会议甘肃省兰州市委员会文史资料研究委员会《兰州文史资料选辑（第一辑）》，内部出版，1984年。

[19]叶建军:《回忆八年抗战期间的兰州防空》，载中国人民政治协商会议甘肃省兰州市委员会文史资料研究委员会《兰州文史资料选辑（第八辑）》，内部出版，1988年。

[20]潘卫平:《抗战时期甘肃地区空战概况》，载中国人民政治协商会议兰州市委员会文史资料委员会《兰州文史资料选辑（第八辑）》，内部出版，1988年。

[21]张尚瀛:《日机轰炸靖远亲历记》，中国人民政治协商会议兰州市委员会文史资料委员会《兰州文史资料选辑（第八辑）》，内部出版，1988年。

[22]柴玉英:《回忆五十年前日本侵略军对兰州的轰炸》，载中国人民政治协商会议兰州市城关区委员会文史资料委员会《城关文史资料选辑（第五辑）》，内部出版，1995年。

[23]余贤杰:《抗战时期的苏联志愿航空队》，载中国人民政治协商会议兰州市城关区委员会文史资料委员会《城关文史资料选辑（第五辑）》，内部出版，1995年。

[24]瞿学忠:《抗战中的甘肃民众力量》，《兰州晚报》2005年9月18日B4版。

[25]于文杰:《七万陇原将士浴血疆场》，《兰州晚报》2005年9月18日B5版。

[26]于文杰:《1712万人次建成支援抗战交通网》，《兰州晚报》2005年9月18日特8版。

[27]陈菊、王莉:《难以忘却的记忆——亲历者讲述日军轰炸兰州的故事》，《甘肃日报》2005年8月11日第7版。

[28]余贤杰:《战时甘肃:苏联援华大通道》，《甘肃日报》2005年8月18日第7版。

[29]王禄明、陈乐道:《日军轰炸兰州及甘肃各地实录》，《档案》2005年

第2期。

[30]王艾邦:《抗战时期甘肃防空及救济组织概况》,《档案》2005年第2期。

[31]李恭:《敌机袭兰纪略》,《档案》2005年第2期。

[32]潘洵:《抗战时期重庆大轰炸对重庆城市社会变迁的影响》,《西南师范大学学报(人文社会科学版)》2005年第6期。

[33]杨光彦、潘洵:《论抗战时期重庆反空袭斗争的地位和作用》,《西南师范大学学报(哲学社会科学版)》1995年第3期。

[34]古琳晖:《论抗日战争战争时期日本空袭与中国反空袭斗争》,《南京社会科学》2005年第6期。

后 记

《抗战大后方的甘肃》集众人之力完成，从开始设计到最终定稿，历时一年之久。一年中，书稿的全体撰写者，尽力搜求查找资料，多次座谈研讨，目下书稿终于成形。

全书具体内容及分工如下。

绪论：尚季芳、张庆祎

第一章 抗战时期甘肃政治格局刍议：咸娟娟、尚季芳

第二章 八路军驻甘办事处与甘肃抗日战争：原世聪、尚季芳

第三章 抗战时期甘肃经济开发：李佳佳、尚季芳

第四章 抗战时期甘肃城市建设——以兰州为中心：刘海霞、张改妍、尚季芳

第五章 抗战时期甘肃教育变革：翟亮、路琪琪、尚季芳

第六章 抗战时期甘肃社会生活变动：张庆祎、尚季芳

第七章 抗战时期日本轰炸甘肃与反轰炸：杨红霞、窦雅丽、尚季芳

基于上述内容，我们力图较为详细地展现抗战时期甘肃的社情民情，进而阐明甘肃在抗战大后方中的地位和贡献。

这本小书能够付梓，得益于重庆市委大后方工程办、西南大学抗战大后方研究中心和西南大学出版社各位同仁的鼎力赞襄，若没有他们的辛勤工作，就不会有拙作的问世。

该书在写作过程中，参阅了大量前辈的学术成果，在此表示感谢。我的研究生胡君英、王梦洁和李江龙对全书进行了校正，对他们的参与表示感谢。我们深知此书还有诸多不足，需要提升完善之处颇多，衷心期望各位方家教正，留待来日修正。

尚季芳

2022年9月于西北师范大学